EXAMENS DE L'OCDE DES

Québec, Canada

ORGANISATION DE COOPÉRATION ET DE DÉVELOPPEMENT ÉCONOMIQUES

L'OCDE est un forum unique en son genre où les gouvernements de 30 démocraties œuvrent ensemble pour relever les défis économiques, sociaux et environnementaux que pose la mondialisation. L'OCDE est aussi à l'avant-garde des efforts entrepris pour comprendre les évolutions du monde actuel et les préoccupations qu'elles font naître. Elle aide les gouvernements à faire face à des situations nouvelles en examinant des thèmes tels que le gouvernement d'entreprise, l'économie de l'information et les défis posés par le vieillissement de la population. L'Organisation offre aux gouvernements un cadre leur permettant de comparer leurs expériences en matière de politiques, de chercher des réponses à des problèmes communs, d'identifier les bonnes pratiques et de travailler à la coordination des politiques nationales et internationales.

Les pays membres de l'OCDE sont : l'Allemagne, l'Australie, l'Autriche, la Belgique, le Canada, la Corée, le Danemark, l'Espagne, les États-Unis, la Finlande, la France, la Grèce, la Hongrie, l'Irlande, l'Islande, l'Italie, le Japon, le Luxembourg, le Mexique, la Norvège, la Nouvelle-Zélande, les Pays-Bas, la Pologne, le Portugal, la République slovaque, la République tchèque, le Royaume-Uni, la Suède, la Suisse et la Turquie. La Commission des Communautés européennes participe aux travaux de l'OCDE.

Les Éditions OCDE assurent une large diffusion aux travaux de l'Organisation. Ces derniers comprennent les résultats de l'activité de collecte de statistiques, les travaux de recherche menés sur des questions économiques, sociales et environnementales, ainsi que les conventions, les principes directeurs et les modèles développés par les pays membres.

Cet ouvrage est publié sous la responsabilité du Secrétaire général de l'OCDE. Les opinions et les interprétations exprimées ne reflètent pas nécessairement les vues de l'OCDE ou des gouvernements de ses pays membres.

ISBN 978-92-64-08216-8 (imprimé)
ISBN 978-92-64-08217-5 (PDF)

Série : Examens de l'OCDE des politiques rurales
ISSN 1991-7465 (imprimé)
ISSN 1991-7473 (en ligne)

Publié en anglais : *OECD Rural Policy Reviews: Québec, Canada*

Crédits photo : Couverture ©
En haut à droite et en bas à gauche © Gouvernement du Québec
En haut à gauche © Monty Rakusen/Digital Vision/Getty Images
En bas à droite © Chemistry/Digital Vision/Getty Images

Les corrigenda des publications de l'OCDE sont disponibles sur : *www.oecd.org/editions/corrigenda*.

© OCDE 2010

Vous êtes autorisés à copier, télécharger ou imprimer du contenu OCDE pour votre utilisation personnelle. Vous pouvez inclure des extraits des publications, des bases de données et produits multimédia de l'OCDE dans vos documents, présentations, blogs, sites Internet et matériel d'enseignement, sous réserve de faire mention de la source OCDE et du copyright. Les demandes pour usage public ou commercial ou de traduction devront être adressées à *rights@oecd.org*. Les demandes d'autorisation de photocopier une partie de ce contenu à des fins publiques ou commerciales peuvent être obtenues auprès du Copyright Clearance Center (CCC) *info@copyright.com* ou du Centre français d'exploitation du droit de copie (CFC) *contact@cfcopies.com*.

Avant-propos

Étant donné les gains de productivité enregistrés par l'agriculture, avec pour conséquence une réduction spectaculaire de l'emploi dans ce secteur, la croissance des régions rurales dans les pays de l'OCDE dépend désormais de moteurs économiques très divers. La poursuite de la mondialisation, l'amélioration des communications et la baisse des coûts de transport viennent s'ajouter aux facteurs d'évolution économique en milieu rural. Les politiques classiques de subventions à l'agriculture s'avèrent inadéquates pour mettre à profit un tel potentiel. En 2006, l'OCDE a publié un rapport thématique, intitulé *Le nouveau paradigme rural : politiques et gouvernance*, pour mettre en évidence la réorientation qui s'impose dans les politiques de développement rural en fonction de ces importants changements économiques et la nécessité d'une nouvelle approche de la gouvernance.

Les politiques de développement rural commencent à prendre en compte la diversité des moteurs économiques et des types de régions rurales. D'une façon générale, les régions rurales sont confrontées à des difficultés comme le dépeuplement, le vieillissement de la population, le manque de qualifications et, en moyenne, la faible productivité de la main-d'oeuvre, qui réduisent la masse critique nécessaire à l'efficacité des services publics, des infrastructures et du développement des entreprises, et déclenchent ainsi un cercle vicieux. Toutefois, nombreuses sont les régions rurales qui ont saisi les occasions favorables et exploité leurs atouts en termes d'emplacement géographique, d'aménités naturelles et culturelles et de capital social. La réussite de ces régions rurales dynamiques apparaît clairement dans les statistiques régionales.

L'action en faveur du développement rural pose de nombreux problèmes de politique et de gouvernance, car elle suppose une coordination entre secteurs et entre niveaux d'administration, de même qu'entre les acteurs publics et privés. Les pays de l'OCDE ont donc entrepris de changer de paradigme afin que leurs approches intègrent ces grands enjeux. Il s'agit surtout de donner la priorité aux territoires et non plus aux secteurs, et de préférer les investissements aux subventions.

Le caractère pluridisciplinaire du développement rural explique le manque de cadres d'analyse fouillés permettant d'appréhender et d'évaluer les approches territorialisées multisectorielles. Pour combler cette lacune, l'OCDE coopère avec les parties intéressées dans le monde entier. Les travaux de l'Organisation sur le développement rural se sont intensifiés après la création, en 1999, du Comité des politiques de développement territorial (TDPC) et de son Groupe de travail sur les politiques territoriales dans les zones rurales. Ces organes offrent aux gouvernements un espace de réflexion sur le développement régional et rural. Début 2006, la Direction de la gouvernance publique et du développement territorial (GOV) a lancé, sous l'égide du TDPC, une série d'examens des politiques rurales nationales, dans laquelle s'inscrit le présent examen consacré au Québec (Canada), en vue d'approfondir les connaissances internationales en la matière.

Remerciements

Cet examen a été réalisé par la Direction de la gouvernance publique et du développement territorial (GOV) de l'OCDE en collaboration avec le gouvernement fédéral du Canada et le gouvernement provincial du Québec.

Le Secrétariat tient à remercier tout particulièrement Donna Mitchell (Directrice exécutive, Secrétariat rural et aux coopératives, gouvernement du Canada) et Robert Sauvé (sous-ministre au ministère des Ressources Naturelles et de la faune – MRNF – gouvernement du Québec), pour le soutien important qu'ils ont apporté à ce projet.

Une équipe d'examinateurs a participé à la recherche et à la collecte d'informations et prodigué ses conseils lors de la production de cet examen.

- **Australie :** Marcus James, General Manager, Department of Infrastructure, Transport, Regional Development and Local Government, délégué de l'Australie auprès du Comité des politiques de développement territorial (TDPC).

- **France :** Max Barbier, chargé de mission développement local de la Délégation interministérielle à l'aménagement du territoire et à l'attractivité régionale (DATAR), ministère de l'Espace rural et de l'aménagement du territoire, Service du Premier ministre, délégué de la France auprès du groupe de travail sur les politiques territoriales dans les zones rurales du TDPC.

- **Suisse :** Thomas Maier, collaborateur scientifique, Office fédéral de l'agriculture, Secrétariat d'État à l'économie (SECO), délégué de la Suisse auprès du groupe de travail sur les politiques territoriales dans les zones rurales du TDPC.

Des remerciements tout particuliers à Yannick Routhier (MAMROT, Québec), Lawrence Desrosiers (MAMROT, Québec), Christine Gosselin (MAMROT, Québec), René Tessier (MAMROT, Québec), Jacques Defoy (MAMROT, Québec), Bruno Jean (Université du Québec à Rimouski), Stève Dionne (Université du Québec à Rimouski), Christine Burton (Secrétariat rural, Canada), Christian Fortin (Secrétariat rural, Canada),

Renée Fortin (Secrétariat rural, Canada), Clément Côté (Secrétariat rural, Canada), François Gauvin (Développement économique Canada pour les régions du Québec) et Ray Bollman (Statistique Canada).

L'examen a bénéficié du concours précieux d'experts extérieurs. Des informations et des données sur les politiques ont été fournies par les Professeurs Yancy Vaillant (du département d'économie de l'entreprise de l'Université autonome de Barcelone) et Peter V. Schaeffer (de la Division of Resource Management, West Virginia University).

L'examen a été dirigé par Joaquim Oliveira Martins, (chef de division à la Division de la compétitivité et de la gouvernance régionales) ; il a été rédigé et coordonné par Markus Berger (administrateur) et Raffaele Trapasso (administrateur) sous le contrôle de David Freshwater (responsable du Programme de développement rural de l'OCDE). Erin Byrne a préparé l'examen en vue de sa publication.

Table des matières

Acronymes et abréviations 15

Résumé 17

Évaluation et recommandations 21

Chapitre 1. **Tendances, perspectives et politiques pour le Canada rural** 47
    Points clés 48
    Introduction 49
    1.1 Tendances démographiques dans les régions rurales 60
    1.2 Liaisons rural/urbain 66
    1.3 Bien-être social 70
    1.4 Profil économique 82
    1.5 Viabilité environnementale 95
    1.6 Les enjeux et les réponses au niveau des politiques fédérales 104
Notes 116
Bibliographie 124

Chapitre 2. **Profil économique du Québec rural** 129
    Points clés 130
    Introduction 131
    2.1 La notion de « rural » au Québec 133
    2.2 Niveaux et sources de revenus 142
    2.3 Niveau de bien-être des Québécois ruraux 172
    2.4 Enjeux et opportunités 179
Notes 191
Bibliographie 197

Chapitre 3. **Évaluation de la politique rurale au Québec** 199
    Points clés 200

Introduction 201
3.1 Évolution de la politique rurale 202
3.2 Politique rurale : mesures et gouvernance..205
3.3 Gouvernance multiniveaux 233
3.4 Politiques sectorielles..238

Notes..262

Bibliographie 264

Annexe 3.A1 268

Chapitre 4. **Recommandations** **271**

Points clés 272
Introduction 273
4.1 Gouvernance inclusive 275
4.2. Développement des régions moins favorisées...290
4.3 Environnement et développement durable 322

Notes..330

Bibliographie 331

Tableaux

Tableau 1.1	Évolution de la population dans les régions rurales et petites villes du Canada, les provinces et les territoires 62
Tableau 1.2	Répartition des nouveaux immigrants (c'est-à-dire des immigrants arrivés durant les cinq années précédentes), Canada 65
Tableau 1.3	Répartition des navetteurs par lieu de résidence et lieu de travail 69
Tableau 1.4	Progrès social : moyenne des SDR par type urbain/rural ...77
Tableau 1.5	Répartition des médecins et de la population totale au Canada, 2004 79
Tableau 1.6	Emploi par secteur industriel dans les régions rurales et petites villes, 2008...83
Tableau 2.1	Le Québec en chiffres..133
Tableau 2.2	Population rurale et urbaine du Québec, 2006..................138
Tableau 2.3	Répartition des revenus au Québec et écart par rapport à la moyenne nationale, 2005 142
Tableau 2.4	Étendues protégées par la Loi sur les terres agricoles, 2009 157
Tableau 2.5	Fertilité des sols et altitude 159

Tableau 2.6	Nombre d'établissements sociosanitaires publics dans le Québec rural...175
Tableau 2.7	Nombre d'établissements d'enseignement dans le Québec rural 177
Tableau 2.8	Taux annuel d'obtention de diplômes et de décrochages dans l'enseignement secondaire dans le Québec rural......177
Tableau 3.1	Le nouveau paradigme rural 207
Tableau 3.2	Budget total de la deuxième Politique nationale de la ruralité, 2007-2014 229
Tableau 3.3	Impact des projets approuvés des CLD 245
Tableau 3.A1.1	Dépenses ministérielles ciblées sur les territoires et les résidents ruraux, en millions de CAD...............................268

Graphiques

Graphique 0.1	Tendances de l'urbanisation dans l'OCDE, au Canada et au Québec entre 1996 et 2005 22
Graphique 0.2	Progression du revenu des ménages dans les régions essentiellement urbaines, intermédiaires et essentiellement rurales du Québec 22
Graphique 0.3	Évolution de l'emploi et du chômage dans les régions rurales et les régions urbaines du Québec............................23
Graphique 0.4	Évolution du nombre des emplois dans les MRC essentiellement rurales..24
Graphique 0.5	Disparités entre les régions rurales dans une sélection de pays de l'OCDE (PIB par habitant) 26
Graphique 0.6	Distance (X) et niveau de revenu (Y) dans les MRC essentiellement rurales du Québec..27
Graphique 0.7	Mise en œuvre de la politique nationale de la ruralité (PNR) du Québec 30
Graphique 1.1	Provinces et territoires du Canada 50
Graphique 1.2	Typologie régionale de l'OCDE..53
Graphique 1.3	Tendances de l'emploi (Y) et de la population (X) dans les régions économiques rurales du Canada et les régions essentiellement rurales de l'OCDE......................................56
Graphique 1.4	Tendances de l'emploi (Y) et de la population (X) dans les régions économiques intermédiaires du Canada et les régions essentiellement rurales de l'OCDE 57
Graphique 1.5	Zones d'influence des régions métropolitaines de recensement dans les RRPV, 2006 59
Graphique 1.6	Gains et pertes de population dans les collectivités............61
Graphique 1.7	Taux de dépendance économique des personnes âgées dans les régions rurales et urbaines 63

Graphique 1.8	Immigrants en pourcentage de la population totale dans les grands centres urbains et les régions rurales	67
Graphique 1.9	Tendances démographiques dans les collectivités rurales accessibles et dans les collectivités rurales éloignées, au Canada	68
Graphique 1.10	Évolution des terrains urbains au Canada entre 1971 et 2001	70
Graphique 1.11	Aménagements urbains et consommation de terres agricoles cultivables	71
Graphique 1.12	Nombre de km$_2$ de terres agricoles cultivables de catégorie 1 dans les provinces canadiennes, en 2001	72
Graphique 1.13	Revenu des ménages en milieu urbain, en milieu rural et dans les ZIM, en 2005	73
Graphique 1.14	Évolution des revenus des RRPV et des GCU, 1984-2004	74
Graphique 1.15	Pourcentage d'individus dans les ménages dont le revenu, toutes sources confondues, est inférieur au seuil de faible revenu (SFR)	75
Graphique 1.16	Taux d'activité dans les régions rurales et les régions urbaines au Canada, 2006	80
Graphique 1.17	Part de l'agriculture dans le PIB national des pays de l'OCDE	84
Graphique 1.18	Part de l'agriculture dans l'emploi national dans les pays de l'OCDE	84
Graphique 1.19	Revenu agricole net et autres sources de revenu des familles agricoles au Canada	86
Graphique 1.20	Pourcentage de travailleurs manufacturiers canadiens résidant dans le Canada rural, 1976-2008	88
Graphique 1.21	Part des ressources naturelles dans le PIB et l'emploi total du Canada	90
Graphique 1.22	Pourcentage de subdivisions de recensement dans les régions rurales et petites villes (RRPV) dépendantes des ressources naturelles, par secteur et province/territoire, 2006	91
Graphique 1.23	Tonnes de bois de sciage produit au Canada	96
Graphique 1.24	Tendances de l'emploi dans la sylviculture et l'exploitation forestière au Canada	97
Graphique 1.25	Augmentation durable de la température moyenne au Canada	97
Graphique 1.26	Les émissions de GES par habitant du Canada comparées à celles d'une sélection de pays	100
Graphique 1.27	Émissions de GES par province en 2005	101
Graphique 1.28	Capacité hydroélectrique installée, par province	102

Graphique 1.29	Capacité installée de production d'énergie éolienne des cinq principaux pays producteurs et du Canada	104
Graphique 2.1	L'écoumène au Québec	135
Graphique 2.2	Classification rurale du Québec	138
Graphique 2.3	Répartition de la population dans les MRC essentiellement rurales du Québec	139
Graphique 2.4	Tendances de l'urbanisation dans l'OCDE, au Canada et au Québec entre 1996 et 2005	140
Graphique 2.5	Tendances démographiques dans les régions rurales et urbaines	141
Graphique 2.6	Distance (X) et niveaux de revenus (Y) dans les régions rurales intermédiaires	143
Graphique 2.7	Distance (X) et niveau de revenu (Y) dans les MRC essentiellement rurales	144
Graphique 2.8	Revenu médian dans les régions rurales, intermédiaires et urbaines entre 2000 et 2005	146
Graphique 2.9	Niveau du revenu disponible et pourcentage d'activités secondaires et tertiaires dans les MRC intermédiaires	148
Graphique 2.10.	Ventilation du marché du travail par secteur dans les MRC rurales accessibles et éloignées	149
Graphique 2.11.	Ventilation du marché du travail par secteur dans les MRC rurales intermédiaires et périmétropolitaines rurales	150
Graphique 2.12.	Évolution du pourcentage du PIB par secteur dans le Québec rural	151
Graphique 2.13	Augmentation des emplois par macro-secteur dans les MRC essentiellement rurales	152
Graphique 2.14	Différence entre le nombre d'emplois sur le lieu de travail et sur le lieu de résidence dans le Québec rural	153
Graphique 2.15	Variation de l'emploi (sectoriel) par MRC essentiellement rurales et MRC intermédiaire	154
Graphique 2.16	Zone agricole au Québec selon la définition de la Loi sur la protection des terres agricoles	158
Graphique 2.17	Nombre de fermes dans les MRC essentiellement rurales, 2006	159
Graphique 2.18	Différents types de forêts au Québec	163
Graphique 2.19	Implantation des entreprises forestières dans l'écoumène du Québec, 2008	164
Graphique 2.20	Implantation des entreprises de production dans les régions essentiellement rurales : nombre absolu (partie gauche) et nombre par habitant (partie droite)	168
Graphique 2.21	Distance et augmentation du nombre d'entreprises selon leur taille	170

Graphique 2.22 Évolution du nombre d'entreprises de services dans le Québec rural 171
Graphique 2.23 Nombre d'établissements de santé dans les MRC essentiellement rurales (X) et distance par rapport aux grandes régions métropolitaines (Y) 175
Graphique 2.24 Pourcentage de Canadiens ayant comme principale institution financière une coopérative de crédit ou une caisse populaire 179
Graphique 2.25 Disparités régionales parmi les régions essentiellement rurales dans une sélection de pays de l'OCDE 184
Graphique 2.26 Taux de croissance global du PIB du Québec rural, 1991-2006 185
Graphique 2.27 Population du Québec par groupe d'âge 186
Graphique 2.28 Projections des tendances du vieillissement dans l'Abitibi-Témiscamingue et au Québec 187
Graphique 2.29 Évolution, en pourcentage, du nombre d'entreprises dans le Québec rural entre 2001 et 2008 189
Graphique 3.1 Modèle causal du développement rural : la fonction des pactes ruraux 222
Graphique 3.2 Mise en œuvre de la Politique nationale de la ruralité (PNR) du Québec 224
Graphique 3.3 Sources de financement des pactes ruraux depuis 2007 ...230
Graphique 3.4 Classement des grandes exploitations agricoles du Québec par type et montant de recettes (250 000 CAD et plus) 242

Encadrés

Encadré 1.1 Géographie et structure administrative du Canada 50
Encadré 1.2 Typologie régionale de l'OCDE et classification rurale 52
Encadré 1.3 Différentes mesures de la pauvreté dans les régions rurales du Canada et des performances des provinces 76
Encadré 1.4 Quel est l'impact du resserrement du crédit dans les régions rurales des pays de l'OCDE ? 94
Encadré 1.5 Développement des collectivités du Québec rural : SADC ... .109
Encadré 2.1 Les réserves indiennes au Canada et au Québec 134
Encadré 2.2 La municipalité régionale de comté (MRC) 137
Encadré 2.3 Changements structurels de la société agricole du Québec 161
Encadré 2.4 La protection de la forêt et la gestion participative des ressources : l'expérience du Québec 166
Encadré 2.5 Différences structurelles entre les économies rurales et urbaines 180

Encadré 3.1	Divisions administratives territoriales du Québec	206
Encadré 3.2	Un indice de développement pour déterminer les collectivités rurales dévitalisées	209
Encadré 3.3	Des politiques pour le Nord-du-Québec	211
Encadré 3.4	Le champ d'application de la politique rurale	212
Encadré 3.5	Les quatre associations partenaires pour la politique rurale	214
Encadré 3.6	L'autorité sur les gouvernements locaux dans la Constitution canadienne	216
Encadré 3.7	Expérience de développement communautaire par le biais de partenariats locaux territorialisés	220
Encadré 3.8	Engagements sectoriels de contribution à la mise en œuvre de la politique rurale	234
Encadré 3.9	Villes et Villages en santé : une initiative communautaire pour une meilleure qualité de vie	254
Encadré 3.10	Les écoles rurales face au déclin démographique : l'école éloignée en réseau	256
Encadré 3.11	Pour stopper l'émigration des jeunes : *Place aux Jeunes*	260
Encadré 4.1	La place de la politique rurale	276
Encadré 4.2	Intégration systématique des politiques publiques et modulation dans les pays de l'OCDE	280
Encadré 4.3	Rejet d'un niveau supralocal de gouvernance élue : le Nord-Est de l'Angleterre, Royaume-Uni	284
Encadré 4.4	Renforcement des capacités locales au Mexique	287
Encadré 4.5	Collaboration entre l'échelon fédéral et l'échelon provincial au niveau de la MRC	290
Encadré 4.6	Gérer la transition communautaire : une expérience canadienne	295
Encadré 4.7	La commercialisation des produits forestiers non ligneux au Québec	297
Encadré 4.8	Opportunités offertes par les énergies renouvelables locales : Totara Valley, Nouvelle-Zélande	303
Encadré 4.9	Biomasse forestière et développement rural : une expérience suédoise et une expérience autrichienne	304
Encadré 4.10	Politiques de création de traditions : le festival du film de Telluride au Colorado, États-Unis	306
Encadré 4.11	Voir dans l'allongement de la vie une opportunité : le cas de Ristijärvi, Finlande	307
Encadré 4.12	L'Internet à large bande dans les zones rurales à habitat dispersé, Allemagne	309
Encadré 4.13	Protéger la main d'oeuvre qualifiée dans un territoire rural : le centre de gestion des prêts étudiants de Gaspé, au Québec	310

Encadré 4.14	Les politiques actives du marché du travail (PAMT) : un mécanisme pour recréer des emplois	313
Encadré 4.15	L'immigration en milieu rural dans les pays de l'OCDE	314
Encadré 4.16	Devenir une « collectivité d'accueil » au Québec	316
Encadré 4.17	L'offre de services en milieu rural : l'expérience de l'Australie et du Royaume-Uni	318
Encadré 4.18	Colombie-Britannique (Canada) : la Division des relations intergouvernementales et de la planification	324
Encadré 4.19	Exemples d'agriculture périurbaine protégée dans les pays de l'OCDE	326

Acronymes et abréviations

AAC	Agriculture et agro-alimentaire Canada
ACLDQ	Association des centres locaux de développement du Québec
ADECRQ	Agence de développement économique du Canada pour les régions du Québec
AR	Agglomération de recensementz
ASADCO	Association des sociétés d'aide au développement des collectivités de l'Ontario
ASRA	Programme d'assurance stabilisation des revenus agricoles
CAD	Dollar canadien
CAR	Conférence administrative régionale
CLD	Centre local de développement
CPTAQ	Commission de protection du territoire agricole du Québec
CRÉ	Conférence régionale des élus
CRRNT	Commission régionale sur les ressources naturelles et le territoire
CSSS	Centre de santé et de services sociaux
DR	Division de recensement
ER	Régions essentiellement rurales (typologie régionale de l'OCDE)
EU	Régions essentiellement urbaines (typologie régionale de l'OCDE)
FIMR	Fonds sur l'infrastructure municipale rurale
FQM	Féderation québécoise des municipalités
GCU	Grand centre urbain
IN	Régions intermédiaires (typologie régionale de l'OCDE)
LPTAA	Loi sur la protection du territoire et des activités agricoles

MAMROT	Ministère des Affaires municipales, des régions et de l'occupation du territoire du Québec
MAPAQ	Ministère de l'Agriculture, des pêcheries et de l'alimentation du Québec
MDEIE	Ministère du Développement économique, de l'innovation et de l'exportation du Québec
MELS	Ministère de l'Éducation, du loisir et du sport du Québec
MESS	Ministère de l'Emploi et de la solidarité sociale du Québec
MRC	Municipalité régionale de comté
MRNF	Ministère des Ressources naturelles et de la faune du Québec
MSSS	Ministère de la Santé et des services sociaux du Québec
MTO	Ministère du Tourisme
PDC	Programme de développement des collectivités
PNR	Politique nationale de la ruralité
PRC	Partenariat rural canadien
RMR	Région métropolitaine de recensement
RRPV	Régions rurales et petites villes
SADC	Société d'aide au développement des collectivités
SDR	Subdivision de recensement
SR	Secrétariat rural du gouvernement du Canada
SRQ	Solidarité rurale du Québec
UMQ	Union des municipalités du Québec
UPA	Union des producteurs agricoles
ZIM	Zones d'influence des régions métropolitaines de recensement et des agglomérations de recensement

Résumé

Le Canada comprend la plus grande région rurale de la zone de l'OCDE. Plus de 90 % de son territoire est essentiellement rural. Toutefois, seulement 29 % de la population nationale vit dans des territoires essentiellement ruraux. Cela est dû à la concentration géographique de la population qui contribue à une fracture rural/urbain grandissante et à un accroissement des disparités régionales. Bien que la stratégie de réduction des disparités entre régions rurales et urbaines par un soutien des activités primaires ne fonctionne plus, compte tenu de la forte réduction de l'emploi dans ces secteurs et des crises structurelles et cycliques actuelles, le Canada et la plupart de ses provinces continuent d'investir significativement dans le secteur primaire, pour sauver les régions rurales. Cependant, le gouvernement fédéral a mis en place de longue date un programme de développement des collectivités (PDC) principalement ciblé sur les régions rurales, ancré dans les territoires qui investit dans des projets et des systèmes locaux de gouvernance. Cette initiative partant de la base, qui opère dans les régions rurales à travers un réseau de centres de développement des entreprises et des collectivités gérés par des groupes d'intérêts locaux, devrait être étendue pour stimuler un développement rural endogène. Actuellement, un trop grand nombre de ressources sont allouées aux politiques sectorielles (en particulier à l'agriculture, à la sylviculture et aux pêcheries) au nom du développement rural. Tout en respectant les responsabilités énoncées par la Constitution canadienne, l'approche fédérale du développement rural aurait tout à gagner d'une meilleure collaboration avec les initiatives provinciales.

La situation au Québec reflète partiellement la situation générale du pays, avec toutefois quelques différences importantes. Ainsi, en dépit de la concentration géographique de sa population, le Québec compte des réseaux de collectivités petites et moyennes (plus de 1 100 municipalités) situées pour la plupart dans des zones rurales[1]. Ces réseaux territoriaux intègrent la priorité sociale historique de l'occupation du territoire comme mode de protection du patrimoine culturel. Dans ce contexte, le gouvernement provincial a développé une vision forte pour ses régions rurales qui stimule l'appropriation tant entre les différents niveaux d'administration du Québec qu'au sein de la société. Il a élaboré une politique nationale de la ruralité (PNR) spécifique et distincte de la politique agricole et économique pour promouvoir le développement rural. Cette politique est centrée sur la construction d'un capital social local et son principal objectif est de renforcer les capacités des collectivités et de veiller à une occupation dynamique et durable des terres rurales. La PNR constitue l'une des approches d'appui au développement rural qui est parmi les plus avancées de l'OCDE.

Les performances de la PNR peuvent certes être améliorées. En particulier, il serait pertinent de mieux intégrer les objectifs de développement territorial, collectif, économique et entrepreneurial et de renforcer davantage encore le rôle de l'échelon supralocal (MRC) dans la gouvernance territoriale. Au Québec, la fracture démographique rural/urbain est moindre que dans le reste du Canada, mais les disparités entre régions rurales se creusent. Alors que les territoires ruraux situés à proximité de centres urbains attirent les personnes et les entreprises, la plupart des régions essentiellement rurales sont en plein changement structurel, en particulier lorsqu'elles sont éloignées et dépendantes des ressources naturelles. Si elles ne parviennent pas à se restructurer et à trouver de nouvelles possibilités d'emploi, ces communautés vont voir leurs niveaux de population décliner. Pour ces régions, une politique rurale largement ciblée sur le développement social territorial risque de n'être pas suffisante. Il faut optimiser les instruments existants pour promouvoir le développement régional et rural et les intégrer dans un cadre commun. Dans le même esprit, les politiques liées à l'agriculture, aux ressources naturelles et au développement économique devraient s'orienter vers une approche encourageant la diversification de la base économique, donnant accès aux bénéfices tirés des ressources naturelles et réduisant les contraintes à l'utilisation des sols dans les régions essentiellement rurales. Enfin, les enjeux environnementaux doivent être bien gérés. Si dans les territoires proches des villes ou dans les zones métropolitaines l'urbanisation doit éviter les aspects négatifs de l'embourgeoisement et protéger les terres et les paysages d'un grand intérêt, il est tout aussi important, dans les régions essentiellement rurales, de garantir une utilisation durable des terres et des ressources naturelles et d'impliquer les collectivités locales dans la prise de décisions stratégiques.

Note

1. Pour ce rapport, une partie seulement du territoire rural du Québec est prise en considération. La politique rurale du Québec s'applique au territoire rural de la partie méridionale de la province. En raison de sa très faible densité de population et de sa spécificité, la majorité de la partie septentrionale du Québec rural est gérée selon un processus politique différent.

Évaluation et recommandations

En moyenne, la population du Québec rural augmente, le revenu des ménages progresse et la base économique continue de se diversifier

En moyenne, le Québec rural attire de nouveaux résidents[1]. Tandis que dans le reste du Canada la population rurale décroît et la population urbaine croît deux fois plus vite que la moyenne de l'OCDE, la tendance enregistrée au Québec est plus proche de la moyenne internationale (graphique 0.1). La distribution spatiale de la population du Québec est différente de celle du Canada. La première repose sur des réseaux relativement importants de petites villes situées dans des régions rurales, tandis que la seconde montre une forte concentration de la population dans les grands centres urbains. Ainsi, on n'observe pas au Québec la grande fracture rural/urbain qui caractérise le reste du Canada. Le Québec rural, dans son ensemble, a vu effectivement sa population croître depuis la fin des années 90, en raison de la concentration des habitants dans les régions rurales accessibles situées à proximité de nœuds urbains et de régions métropolitaines. Comme dans les autres provinces du Canada, ces territoires affichent les taux de croissance de la population les plus élevés du Québec.

Graphique 0.1 **Tendances de l'urbanisation dans l'OCDE, au Canada et au Québec entre 1996 et 2005**

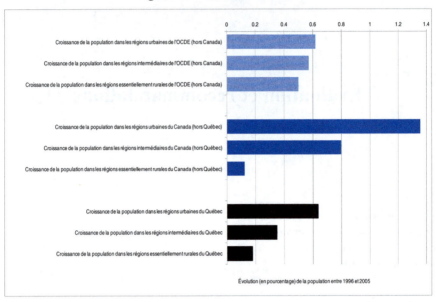

Source : Base de données sur les statistiques régionales de l'OCDE (2009), base de données interne.

Graphique 0.2 **Progression du revenu des ménages dans les régions essentiellement urbaines, intermédiaires et essentiellement rurales du Québec**

2000-2005

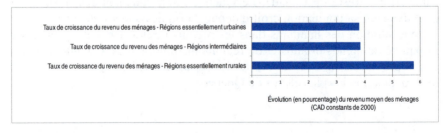

Source : OCDE (2009), « Questionnaire for the Integration of the Background Report », document de travail interne de la Direction de la Gouvernance publique et du développement territorial, OCDE contenant des informations fournies par le MAMROT.

La croissance démographique est allée de pair avec un accroissement des revenus des particuliers. Du fait de la concentration spatiale de la population et de l'activité économique, certaines régions rurales ont développé un cadre de production autonome et enregistré une augmentation des revenus des résidents locaux. Entre 2000 et 2005, le revenu médian des ménages a augmenté plus vite dans les régions rurales que dans les régions urbaines. En particulier, le revenu des ménages a progressé de plus de 5 % dans les régions essentiellement rurales (ER), tandis que dans les territoires intermédiaires (IN) et les pôles urbains (PU) il a progressé de 3.8 % (graphique 0.2). Les principaux facteurs qui expliquent cette évolution positive sont la progression des taux d'emploi (le recul du chômage) dans les régions essentiellement rurales et le processus de diversification mis en place dans un grand nombre d'économies rurales.

En moyenne, depuis la fin des années 80, on recense dans le Québec rural plus de travailleurs et moins de chômeurs. Entre 1986 et 2006, les régions rurales (régions essentiellement rurales, régions intermédiaires et régions rurales périmétropolitaines situées à la périphérie de Montréal et de Québec) ont enregistré une augmentation de l'emploi et une baisse du chômage à un rythme qui a été près du double de celui des régions urbaines (graphique 0.3). En outre, dans les régions de l'OCDE, certains éléments montrent que les tendances en matière d'emploi (et de chômage) sont souvent liées à la croissance régionale, en particulier dans les régions rurales (OCDE, 2009).

Graphique 0.3 **Évolution de l'emploi et du chômage dans les régions rurales et les régions urbaines du Québec**

1986-2006

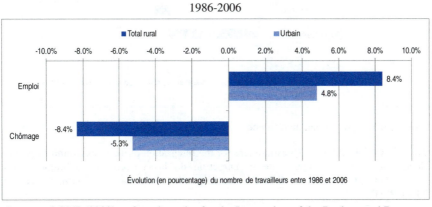

Source : OCDE (2009), « Questionnaire for the Integration of the Background Report », document de travail interne de la Direction de la Gouvernance publique et du développement territorial, OCDE contenant des informations fournies par le MAMROT.

L'économie rurale du Québec est également de plus en plus diversifiée. Les chiffres de l'emploi sectoriel au niveau des municipalités régionales de comté (MRC) montrent que dans un grand nombre de régions rurales et, en particulier de régions essentiellement rurales, le nombre des emplois dans le secteur tertiaire a progressé entre 1991 et 2006 (graphique 0.4). Des tendances positives, quoique moins fortes, ont été également observées pour les activités de fabrication et de construction. En raison de la diversification de leur base économique, les régions rurales ont été à même de retenir et d'attirer les travailleurs et d'atténuer leur exposition aux chocs économiques externes. En conséquence, malgré un nombre limité de données pour mesurer les tendances à court terme des deux dernières années, il est possible également que les régions essentiellement rurales ayant développé une base économique diversifiée et une « économie résidentielle »[2] aient mieux résisté aux effets de la crise financière actuelle.

Graphique 0.4 **Évolution du nombre des emplois dans les MRC essentiellement rurales**

1991-2006

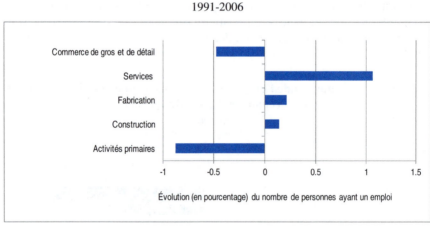

Note : Emplois sur le lieu de résidence.

Source : OCDE (2009), « Questionnaire for the Integration of the Background Report », document de travail interne de la Direction de la Gouvernance publique et du développement territorial, OCDE contenant des informations fournies par le MAMROT.

On observe cependant des disparités importantes, les régions rurales affichant des performances contrastées

En dépit d'une bonne performance moyenne, le Québec rural, et en particulier les régions essentiellement rurales, révèle des tendances divergentes et des disparités importantes. En fait, si la performance moyenne du Québec rural est conforme à celle des régions rurales de l'OCDE, le PIB par habitant varie considérablement d'une région rurale à l'autre. Par exemple, en dépit d'une population relativement faible et géographiquement concentrée (quelque 2.5 millions d'habitants vivent dans les régions rurales de l'écoumène[3]), l'écart-type du PIB par habitant dans le Québec rural rapporté à la moyenne de la province est supérieur à celui enregistré dans la partie rurale des pays scandinaves, de l'Espagne, de la France ou du Japon (graphique 0.5). Il est donc probable que le succès économique du Québec rural dans son ensemble dépend, pour une large part, de la performance des régions rurales intermédiaires et surtout des régions rurales périmétropolitaines.

Au Québec, les disparités de revenu des ménages dans les régions essentiellement rurales ne sont pas liées à l'éloignement par rapport aux principaux centres urbains mais principalement à des facteurs internes dont l'émigration, le vieillissement démographique et la dépendance à l'égard des ressources naturelles. Bien que l'accessibilité soit souvent considérée comme une variable indépendante qui façonne les performances rurales, les territoires essentiellement ruraux du Québec montrent une relation non linéaire entre la distance et les revenus locaux (graphique 0.6). La proportion des régions essentiellement rurales dans lesquelles le revenu des ménages résidents est inférieur à la moyenne du Québec rural est effectivement plus grande parmi celles pouvant être considérées comme relativement proches d'une grande zone urbaine (les régions situées dans un rayon de 300 kilomètres par rapport à Montréal et à Québec sont donc encore situées dans des territoires accessibles au centre de la province).[4] La base économique des territoires moins prospères se concentre bien souvent sur les activités primaires comme la sylviculture, l'exploitation minière ou l'agriculture.

Graphique 0.5 **Disparités entre les régions rurales dans une sélection de pays de l'OCDE (PIB par habitant)**

Ecart-type, 2006 ou dernière année disponible

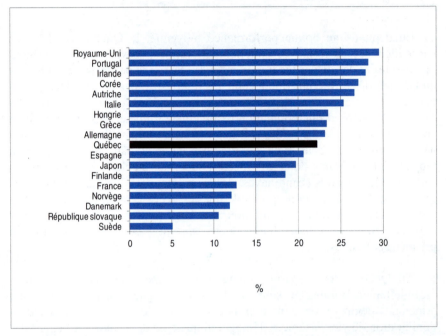

Note : Le graphe montre l'écart-type du PIB par habitant dans les régions essentiellement rurales de l'OCDE. Une valeur plus élevée indique des disparités régionales plus grandes. Pour le Québec, les MRC essentiellement rurales ont été prises en compte.

Source : Base de données sur les statistiques régionales de l'OCDE (2009); Le Conference Board du Canada (2009), *Les communautés rurales : l'autre moteur économique du Québec*, préparé pour le Groupe de travail sur la complémentarité rurale urbaine, juin 2009.

La récession économique mondiale et les enjeux structurels augmentent la vulnérabilité des collectivités reposant sur l'exploitation des ressources naturelles et mono-industrielles du Québec rural. Bien qu'elle ne soit pas en soi une caractéristique négative, la spécialisation d'une économie locale donnée dans des industries reposant sur l'exploitation des ressources naturelles rend plus difficile l'absorption des crises internationales en raison de l'étroitesse et de la moins grande diversité des marchés ruraux du travail. Au Québec, de nombreuses collectivités qui dépendent de l'exploitation

Graphique 0.6 **Distance[1] (X) et niveau de revenu (Y) dans les MRC essentiellement rurales du Québec**

Revenu disponible 2007, prix actuels

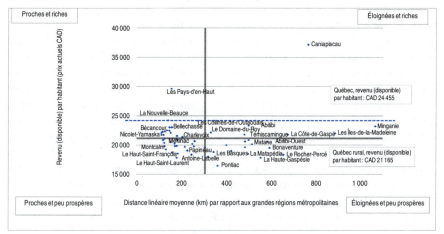

Note : 1. La distance est la distance linéaire moyenne (en kilomètres) entre le centre géographique de la MRC et le centre des régions métropolitaines de Montréal et de Québec.

Source : Base de données sur les statistiques régionales de l'OCDE (2009); OCDE (2009), « Questionnaire for the Integration of the Background Report », document de travail interne de la Direction de la Gouvernance publique et du développement territorial, OCDE contenant des informations fournies par le MAMROT.

commerciale de la forêt sont actuellement touchées par deux crises : *i)* une crise cyclique due à une forte baisse de la demande de produits forestiers, en particulier aux États-Unis ; *ii)* une crise structurelle liée à une concurrence internationale plus vive, une parité plus défavorable par rapport au dollar américain ainsi qu'au coût élevé de l'énergie et des facteurs de production. La concurrence internationale a contribué à la perte d'avantages comparatifs dans la production manufacturière rurale, ce qui a entraîné un recul de l'emploi et une diminution du nombre des entreprises secondaires. Les collectivités spécialisées dans l'agriculture se retrouvent face à des enjeux analogues et si l'augmentation de la taille des fermes a été, dans un premier temps, une réponse efficace, elle a également réduit les possibilités d'emploi et donc la population locale. A son tour, le phénomène a réduit la capacité des économies régionales et locales à diversifier leur base économique ou à produire des services au niveau local.

28 – ÉVALUATION ET RECOMMANDATIONS

*La persistance des disparités régionales
nuit à la compétitivité du Québec rural*

Des évolutions régionales divergentes constituent des enjeux spécifiques pour le développement rural. Dans les régions rurales intermédiaires et périmétropolitaines qui réussissent, l'étalement urbain et l'afflux de nouvelles personnes, bien souvent d'anciens résidents urbains, entraînent un embourgeoisement, exercent des pressions sur l'environnement (du fait d'un intense navettage vers les nœuds urbains mais aussi vers d'autres collectivités rurales) et constituent une menace pour les meilleures terres agricoles de la province situées dans la frange urbaine de Montréal. Inversement, dans les régions essentiellement rurales qui perdent des personnes d'âge actif et des activités économiques, les enjeux sont liés au coût élevé de l'offre de services publics essentiels comme l'école ou les soins de santé, de la reconversion des terres agricoles à l'abandon et de la protection d'un minimum de capital humain et social nécessaire pour garantir le développement, voire la continuité de la collectivité.

*Le Québec rural est confronté à trois
grands défis en termes de gouvernance
et de politiques publiques*

Compte tenu des tendances du développement des régions rurales, le Québec est confronté à trois grands défis en termes de politiques publiques et de gouvernance. Premièrement, un mécanisme de gouvernance inclusive doit articuler le développement social et collectif avec le développement économique. Deuxièmement, les politiques publiques doivent gérer la transition des collectivités dans les régions rurales moins performantes par la stabilisation économique, l'accès aux terres et l'accumulation de capital humain. Troisièmement, il faut s'attaquer aux pressions exercées sur l'environnement dans les régions rurales intermédiaires et périmétropolitaines mais aussi dans les territoires essentiellement ruraux éloignés.

1) Gouvernance inclusive pour les régions rurales

Avc sa Politique nationale de la ruralité (PNR), le Québec a opté pour une approche territoriale et multisectorielle innovante du développement rural qui est appliquée à toutes les régions rurales de l'écoumène. Cette politique contribue à changer la perception d'un déclin rural inévitable et elle est largement conforme à ce que l'OCDE a défini comme le Nouveau paradigme rural. Dans la continuité de la première politique rurale (2002-2007), la deuxième PNR (2007-2014) est désormais largement acceptée comme s'inscrivant dans une vision sociétale forte de la « ruralité » dans la province. A son tour, la caution du public a encouragé l'appropriation locale de la PNR et renforcé la cohésion autour des objectifs des politiques publiques. Pour créer les conditions préalables au développement économique dans les régions rurales, les politiques visent à *i*) renforcer le capital social et humain mais aussi les capacités collectives et à *ii*) favoriser l'occupation dynamique des terres rurales. Les nombreux projets locaux et supralocaux entrepris avec des fonds provenant de la PNR peuvent créer au sein des collectivités locales les conditions sociales qui permettront d'éviter de dépenser des sommes considérables (comme cela se fait dans de nombreux pays de l'OCDE) pour des programmes de développement économique sectoriel qui ne marchent pas. Le principe de l'occupation dynamique du territoire représente un engagement politique et sociétal de maintien de la structure actuelle de peuplement dans les vastes territoires ruraux à habitat dispersé du Québec, même si l'offre de nombreux services publics coûte de plus en plus cher.

La politique est conduite par un ministère non sectoriel, le ministère des Affaires municipales, des régions et de l'occupation du territoire (MAMROT). Elle complète les politiques sectorielles de développement agricole et économique, en ce sens qu'elle est ciblée sur l'autonomisation des niveaux administratifs locaux, en particulier des MRC supralocales. Le MAMROT chapeaute un système efficace de coordination verticale impliquant les échelons provinciaux, régionaux, supralocaux et locaux d'administration. Outre les parties prenantes locales, quatre associations partenaires à but non lucratif contribuent à la mise en œuvre et au suivi des politiques, ajoutant des mécanismes parallèles de corodination verticale (graphique 0.7 ; en rouge, les acteurs clés de la mise en œuvre de la PNR).

Un développement social équitable des collectivités locales est encouragé par des partenariats contractuels ancrés dans le territoire (« pactes ruraux ») entre le gouvernement du Québec et 91 MRC. Les pactes ruraux représentent une approche de mobilisation et d'investissement dans les collectivités rurales qui part de la base ; leur impact a été considérable. Le MAMROT joue un rôle important dans l'aide et le suivi des engagements pris par les MRC. Bien que le principal processus local de coordination horizontale soit délégué aux élus municipaux, le processus de planification participative se déroule dans les comités locaux de développement qui réunissent des représentants de la société civile, des acteurs institutionnels et du monde de l'entreprise et des élus. De plus, 136 agents de développement rural dans les MRC, financés par le gouvernement provincial, sont des acteurs clés des politiques. Ils assistent les comités locaux, soutiennent l'émergence de projets de pactes ruraux et assurent un suivi de leur mise en oeuvre.

Graphique 0.7 **Mise en œuvre de la politique nationale de la ruralité (PNR) du Québec**

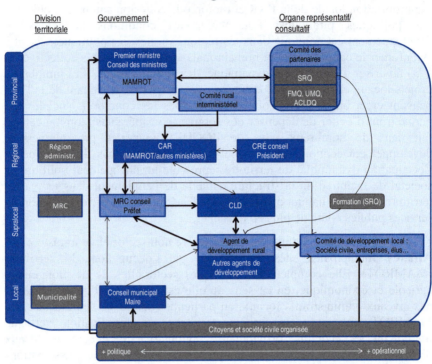

Note : Dans les régions administratives, la CAR (Conférence administrative régionale) réunit les directeurs régionaux des ministères provinciaux tandis qu'une CRÉ (Conférence régionale des élus) est un organe de consultation pour les élus municipaux.

Source : OCDE, à partir de données du gouvernement du Québec, MAMROT.

Des mesures spécifiques ciblent l'innovation et le développement d'expertise dans les régions rurales. Même si des programmes, tels que les laboratoires ruraux, ont souvent une approche expérimentale, leur composante de partage de connaissances peut avoir pour les collectivités une valeur structurante, en particulier sur une longue période. Le budget spécifique des politiques rurales dédié aux mesures de la PNR a un champ d'intervention limité mais son approche de long terme donne aux collectivités une sécurité financière pour leurs plans et leurs engagements d'investissements locaux. En outre, le budget provincial du Québec semble prendre de plus en plus en considération la dimension spatiale des politiques ; le financement des ministères dédié aux régions rurales a augmenté davantage que l'enveloppe globale de dépenses de ces ministères.

Il faut intégrer la gouvernance du développement économique et social dans les régions rurales...

Le Québec investit sensiblement plus que d'autres provinces canadiennes dans la construction de capacités collectives mais la rentabilité de ces investissements peut être encore améliorée. Ainsi, au niveau de la province, les responsabilités publiques en matière de capital social devraient être plus fortement intégrées au développement économique et à l'entrepreneuriat local. Lorsqu'on aura acquis, sur la durée de deux PNR, une expérience importante en matière de pactes ruraux, l'accroissement du niveau de capital social et humain dans les collectivités devrait être suffisamment fort pour réintégrer les deux flux de développement. Une contrepartie institutionnelle unique et intégrée pour les MRC ayant des responsabilités à la fois en matière de développement social rural et de développement économique local était déjà en place avant 2003. Ce dispositif institutionnel facilitait l'intégration à la PNR des mesures de soutien des Centres locaux de développement (CLD), évitait les doublons et favorisait une gouvernance holistique de la politique rurale. Bien que centrés sur le développement économique, les CLD contribuent aux objectifs, aux mesures et aux structures de la PNR. L'intégration faciliterait également l'évaluation de la politique rurale car les impacts sociaux peuvent être difficiles à déceler et sont souvent liés à l'impact économique.

Pour utiliser les capacités nouvelles dans les collectivités rurales, la politique pourrait davantage inclure le secteur privé et ses organisations actuellement exclues du financement direct des pactes ruraux. La PNR a déjà bien progressé en incluant la participation multisectorielle dès le stade de l'élaboration des politiques. En outre, le gouvernement partage la responsabilité avec les principales organisations de la société civiles unies dans le comité des partenaires de la ruralité. Toutefois, au-delà des initiatives privées dans les laboratoires ruraux et des produits spécialisés, il faut s'efforcer d'engager le secteur privé et ses acteurs institutionnels issus du monde de l'entreprise et de l'agriculture dans la réalisation des objectifs de la PNR. La politique peut inclure les acteurs des secteurs pertinents pour aider plus activement les collectivités rurales autonomisées à transformer leurs capacités nouvelles et les projets prometteurs de la PNR en des opportunités commerciales et autres opportunités entrepreneuriales orientées vers le marché.

... et moduler davantage les politiques publiques dans les régions rurales.

La modulation des politiques d'autres ministères peut devenir plus efficace. Une coordination horizontale a été introduite par le biais de la clause de modulation et le MAMROT a été chargé du suivi de l'adaptation des programmes sectoriels aux spécificités des régions rurales. Avec son comité rural interministériel, qui regroupe 18 organes de gouvernement, la PNR s'efforce de trouver un juste milieu entre : *i*) l'intégration des politiques dédiées aux régions rurales par le biais des engagements des ministères sectoriels et *ii*) le ciblage sur des régions rurales désignées et disposant de ressources financières relativement limitées. Toutefois, si plusieurs ministères ont collaboré de manière importante, les efforts déployés pour obtenir qu'ils coordonnent leurs cadres d'action peuvent se heurter à une certaine résistance. Lors de la présentation de nouvelles politiques et de nouveaux programmes, les ministères devraient s'engager à discuter des implications pour les territoires ruraux. Un ministre fort ou une organisation ayant une autorité morale sur chaque organisme gouvernemental aurait probablement plus de réussite dans la mise en œuvre des tâches de modulation fixées par la PNR.

Il est important de renforcer encore l'échelon supralocal...

Pour atténuer le risque d'utilisation excessive d'exercices participatifs de planification stratégique locale et d'épuisement des participants, il faudrait renforcer les responsabilités fonctionnelles des MRC du Québec tout en gardant à l'esprit le rôle des Conférences régionales des élus (CRÉ). Les MRC peuvent devenir le centre des stratégies de développement rural et territorial, y compris de leur mise en œuvre et de leur évaluation. S'agissant de structures administratives existantes, les MRC sont à même d'avoir une vision des programmes de politique rurale mis en œuvre sur un territoire plus large que celle de municipalités spécifiques. Etant donné la difficulté de fusionner des municipalités, les MRC sont l'unité administrative de plus bas niveau ayant compétence pour régler les problèmes de politiques rurales et territoriales entre municipalités. Confier aux MRC la mise en oeuvre des politiques de développement local est une manière efficace de regrouper les nombreuses politiques sectorielles et leurs programmes à l'intérieur d'un système holistique d'offre. De même, les responsabilités sectorielles actuellement coordonnées aux échelons supérieurs pourraient bénéficier d'une approche territoriale renforcée si les MRC obtiennent davantage de compétences et sont plus fortement incitées à collaborer avec les acteurs des secteurs. A cet égard, il est important d'équilibrer les compétences des MRC et celles des CRÉ. Comme elles ont une masse critique de population, les grandes régions administratives peuvent être un échelon plus approprié pour la conception et la mise en œuvre de certaines politiques de développement régional. Soit les CRÉ devraient devenir des administrations régionales propres soit les MRC élargies devraient devenir l'unique niveau de gouvernement régional.

Habiliter l'échelon supralocal ne signifie pas nécessairement introduire un système d'élections au suffrage direct des préfets des MRC, ce qui peut être contestable dans une perspective rurale. Jusqu'ici, le fait que la gouvernance municipale du Québec soit par nature non partisane a évité les conflits politiques sur la politique rurale. Un processus électoral risque de ramener une dynamique décisionnaire à une mentalité d'impact à court terme. De plus, alors qu'en l'absence d'un centre de population unique et dominant, chaque municipalité a actuellement le même nombre de représentants et de voix au conseil de la MRC, des élections au suffrage direct concentreraient le pouvoir électoral dans les municipalités les plus peuplées des MRC au détriment des collectivités rurales plus petites. Pour éviter que les zones urbaines ne pèsent de tout leur poids pour bloquer les politiques de développement rural, il faudrait envisager de révoquer le droit de veto actuel des centres de population dominants au sein du processus décisionnaire des MRC pour les questions rurales.

… d'accroître l'évaluation et le contrôle externes et les capacités des petites collectivités…

A l'intérieur de ce cadre, le rôle de la société civile est d'équilibrer le rôle dominant des élus. Bien que le pouvoir des élus municipaux aux différents niveaux d'administration rende la coordination verticale très efficace, le risque est que les élus perdent de vue les préoccupations des populations locales, diluant l'influence des citoyens sur le système. Dans l'esprit du nouveau paradigme rural, une présence accrue de contrôle externe et d'évaluation des politiques contribuerait à faire en sorte que ces menaces ne se concrétisent pas. En particulier, une évaluation globale effectuée régulièrement ou couvrant l'ensemble de la période de mise en oeuvre du pacte rural et comparable à celle entreprise pour la première PNR, devrait être réalisée par un organisme extérieur avant la fin de la deuxième itération en 2014. Elle pourrait inclure : *i*) une reformulation des objectifs ; *ii*) une évaluation des progrès accomplis par rapport aux objectifs stratégiques et *iii*) un examen des flux financiers. Des indicateurs concrets du succès, mesurant les bénéfices à long terme pour la collectivité, pourraient éviter que les pactes ruraux soient perçus comme un simple mécanisme de distribution de fonds.

Pour aider les municipalités acceptant des responsabilités avec circonspection, les petites collectivités rurales devraient disposer des capacités nécessaires pour établir un programme de développement local et mettre en œuvre les mesures de la PNR. Cela aiderait à s'assurer que les objectifs spécifiques du gouvernement pour le territoire sont pris en compte. Dans bien des cas, les petites municipalités rurales refusent d'accepter davantage de responsabilités car elles n'ont pas les compétences techniques et le soutien politique pour mettre en œuvre des interventions innovantes dans leurs collectivités. Pour remédier à cette situation à l'intérieur de la PNR, il faudrait améliorer les capacités locales de financement avant de renforcer le processus décisionnel local par le biais d'une formation plus substantielle et spécifique de manière à former, motiver et réseauter les agents de développement rural. Il faudrait surveiller attentivement si la rotation importante des agents durant la première PNR s'améliore après les augmentations de salaires récentes et leur reconnaissance accrue par les MRC.

… diversifier les sources de revenus des administrations locales…

Des sources de revenus plus diversifiées que les seules taxes foncières et plus autonomes devraient être mises à la disposition de l'échelon local et de l'échelon supralocal. Cela permettrait aux municipalités d'améliorer leur offre de services aux résidents établis et aux nouveaux arrivants en tenant compte de l'évolution de la composition démographique et sociale des collectivités rurales. Pour répondre aux besoins de nouveaux services et alléger la pression de la fiscalité foncière pour les résidents à revenus modestes établis de longue date et affectés par l'embourgeoisement rural, la fiscalité locale devrait comporter davantage de taxes et de redevances municipales directement liées aux revenus des personnes physiques et à leurs dépenses et devenir moins dépendante des transferts fiscaux. Des sources de revenus plus diversifiées pourraient se traduire par une meilleure affectation des ressources aux mesures de la PNR qui supposent habituellement un cofinancement local. Avec la construction de capacités accrues au niveau municipal, une déconcentration des mesures budgétaires existantes en faveur de la capacité des institutions locales ou supralocales à générer des recettes pourrait être décidée. Ces responsabilités budgétaires supposeraient toutefois, de la part des administrations locales, une obligation de reddition de comptes supérieure à celle actuellement pratiquée par la PNR et la structure de gouvernance qu'elle utilise. La liberté donnée aux administrations locales et supralocales de rapprocher la conception et la mise en oeuvre des politiques publiques des résidents ruraux devrait être contrebalancée par un système fort d'évaluation externe des objectifs et de la gestion financière.

... et faciliter la collaboration au niveau local des politiques provinciales et fédérales.

Au Québec, la coordination verticale des politiques rurales entre échelons administratifs est forte tandis que le niveau fédéral agit principalement en parallèle. Par le biais d'un mécanisme constitutionnel, ce sont les gouvernements provinciaux qui traitent directement avec les gouvernements locaux. Le gouvernement fédéral n'a pas de politique rurale officielle mais les orientations stratégiques de son approche en matière de développement rural coordonnée par le Secrétariat rural (SR) sont analogues à celles observées au Québec. Avec le Partenariat rural canadien (PRC), le SR relie les différentes activités fédérales et locales dans les régions rurales. Son efficacité au niveau local souffre toutefois d'un contexte institutionnel défavorable au sein du ministère de l'Agriculture et de l'agroalimentaire, et de ressources limitées. Le programme de développement des collectivités (PDC), dont le principal atout est la combinaison d'incitations pour le développement des entreprises et la gouvernance locale qui contribue à la création de capacités locales, est une initiative nationale réussie de développement local au niveau fédéral principalement centrée sur le milieu rural. Les bureaux du PDC au Québec (appelés SADC) jouent un role analogue à celui des CLD et relèvent de la responsabilité de l'agence fédérale de développement régional pour les régions du Québec. Leur mandat est d'exploiter les avantages concurrentiels locaux.

Les acteurs locaux doivent être encouragés dans leurs efforts pour améliorer la cohérence entre les mesures fédérales et provinciales de développement rural, étant donné qu'un transfert des programmes de développement rural et communautaire du gouvernement fédéral au niveau provincial est très improbable. Les deux niveaux d'administration ont donc la possibilité de favoriser une plus grande collaboration au niveau local entre les programmes de développement rural et d'encourager plus de complémentarités et de synergies. Comme cela se produit déjà dans un petit nombre de localités, les MRC et les municipalités profiteraient d'un soutien même implicite pour faire un meilleur usage des deux ensembles de mesures aussi longtemps que les mêmes activités ne sont pas financées deux fois.

2) Développement dans les régions moins performantes

La résilience aux chocs exogènes peut être améliorée par le biais d'une stabilisation de l'économie locale...

Du fait de l'exposition du Québec à la concurrence internationale et à la récession économique mondiale, la politique rurale devrait avoir des stratégies plus fortes pour encourager le développement économique et s'attaquer aux défis spécifiques des régions moins performantes. A l'évidence, il est dans l'intérêt des gouvernements nationaux et provinciaux d'encourager la croissance dans toutes les régions, même celles qui sont moins performantes, car elle contribue à la production globale sans affecter les possibilités de développement dans d'autres régions (OCDE, 2009). Dans le Québec rural, les régions moins performantes sont particulièrement exposées aux défis spécifiques compte tenu de leur spécialisation dans les productions manufacturières traditionnelles et les ressources naturelles. Une politique rurale holistique englobant les mesures sectorielles existantes aussi bien que des programmes ciblés sur les collectivités mono-industrielles et sur les MRC dévitalisées devrait apporter des réponses à la situation critique à laquelle sont confrontées de nombreuses régions reposant sur l'exploitation des ressources naturelles et à industrie unique, qui comptent actuellement parmi les entités économiques les plus vulnérables. A cet égard, les efforts complémentaires de soutien financier entrepris par le MAMROT et par le ministère en charge du développement économique encouragent les collectivités à réfléchir à des plans de redynamisation pour une diversification industrielle et à les mettre en œuvre ; mais la gestion de la transition pour les collectivités devrait être renforcée.

La stabilisation de l'économie locale est un objectif de politique important pour les collectivités moins performantes reposant sur l'exploitation des ressources naturelles et à industrie unique, mais qui requiert une approche de long terme prenant également en compte le changement démographique. Pour les régions rurales plus importantes, une économie plus diversifiée est un moyen de contribuer à la pérennité des villes à industrie unique. Les mesures qui ont fait la preuve de leur utilité et sont déjà partiellement mises en œuvre dans le Québec rural visent à optimiser les conditions-cadre de l'entrepreneuriat, à garantir un environnement compétitif de l'entreprise et à fournir des incitations à investir dans les secteurs non liés à la ressource. Etant donné la tradition manufacturière du Québec rural et les compétences entrepreneuriales qui lui sont liées, les services d'incubateurs d'entreprises sont importants car ils offrent un environnement dans lequel les entrepreneurs et les petites entreprises peuvent commercialement valider et transformer leurs idées en produits et services viables. Toutefois, comme les stratégies de diversification sont souvent difficiles à mettre en oeuvre sur les petits marchés du travail locaux, les décideurs politiques devront également discuter d'autres options pour gérer le risque inhérent aux régions moins performantes. Il est crucial que ces approches prennent en considération le fait que dans bien des régions rurales la taille de la population active va diminuer, rendant la diversification d'autant plus difficile (encore que dans les petites régions rurales, la respécialisation via un projet unique couronné de succès peut induire d'autres projets ou attirer de nouveaux résidents).

La stabilisation de l'économie d'une région moins performante devrait s'inscrire dans un processus de transition pour les collectivités qui planifie les fermetures industrielles comme un événement normal dans le cycle de vie d'une industrie reposant sur l'exploitation d'une ressource non renouvelable. Les parties prenantes, qui englobent tous les niveaux d'administration, l'industrie en déclin et les organisations de la société civile, doivent collaborer à une restructuration effective des collectivités en situation de transition. Le processus est long et complexe ; il comporte toute une série d'actions interdépendantes allant des stratégies de diversification, de l'adaptation du marché du travail et des mesures incitatives pour de nouvelles industries et de nouveaux résidents potentiels, à des ajustements de l'offre de services publics et à la stabilisation financière municipale. La transition pour les collectivités doit aller de pair avec un soutien financier limité dans le temps, de toutes les parties prenantes. Elle est pertinente au Québec où les collectivités dépendant pour leurs ressources des taxes foncières sont fortement touchées par la perte de valeur des propriétés et le manque à gagner lié aux pertes d'emplois. Des investissements à court terme pourraient prendre la forme d'un fonds de stabilisation.

... tant dans les industries primaires traditionnelles...

Si la diversification se concentre sur le développement de compétences dans les industries prometteuses, les avantages comparatifs et les nouveaux développements fondés sur le savoir dans les secteurs traditionnels devraient néanmoins être valorisés. En effet, bien qu'en déclin, les secteurs de l'agriculture et de l'exploitation forestière et minière restent au Québec des composantes essentielles de l'économie rurale et génèrent indirectement des emplois supplémentaires à travers leur demande de biens et de services locaux, la commercialisation des produits de la forêt autres que le bois d'oeuvre et les nouvelles technologies d'extraction. Toutefois, à l'instar de certains pans du secteur manufacturier, les industries primaires ne contribueront pas de manière importante à la croissance économique future des régions rurales qui, dans une large mesure, viendra nécessairement du secteur tertiaire.

Au Québec, le système des aides à l'agriculture devrait renforcer les forces du marché, liant l'aide au revenu agricole indépendamment du type d'activité et de production agricoles. Cela pourrait encourager à la fois le développement de l'agriculture et celui d'autres secteurs de l'économie rurale. Pour l'ensemble du Canada, le montant, estimé par l'OCDE, des aides publiques à l'agriculture a diminué et un système découplé d'aide se focalisant sur la gestion du risque commercial a été introduit dans une grande partie de l'agriculture canadienne mais cette situation varie et notamment la production de certains produits de base prédominants au Québec est encore fortement aidée. Bien que l'aide soit également ciblée sur quelques petits producteurs, de nombreux secteurs en bénéficiant ont des revenus particulièrement élevés et des fermes de taille importante, ce qui reflète en partie des prix à la consommation supérieurs à ceux des marchés mondiaux. Un système découplé des objectifs de production et incitant les producteurs à diversifier leurs activités s'inscrirait dans le sens des politiques de nombreux pays de l'OCDE où l'aide n'est plus liée à la production de biens mais à différents types de paiements et souvent couplée à des objectifs d'utilisation des terres. Cela faciliterait l'exploitation des opportunités des marchés émergents dans les secteurs à forte valeur ajoutée comme la production bio et autres productions certifiées de produits agricoles et forestiers (bois d'oeuvre et autres).

L'implication des administrations locales dans la gestion des ressources naturelles pourrait être améliorée. Concernant le cadre décisionnel sur la gestion des ressources naturelles, le gouvernement a raison de cibler son action sur un rôle grandissant des acteurs régionaux et locaux. Cependant, les MRC et les communautés autochtones n'ont encore guère de pouvoir décisionnaire légal pour l'utilisation et la gestion des ressources naturelles sur leur territoire. Une implication plus forte des collectivités rurales et des MRC pourrait accroître les opportunités de développement local. Confier aux MRC et aux communautés autochtones la charge des forêts dites de proximité est un pas engageant sur la voie d'un élargissement de leur rôle leur permettant d'avoir davantage leur mot à dire sur l'impact de la planification et de la gestion forestières pour leurs communautés. A cet égard, les administrations locales (municipalités) auront peut-être besoin du soutien des autorités provinciales lors du transfert de l'expertise de gestion et de la capacité de surveillance.

... que dans les secteurs émergents.

La crise devrait constituer le moment opportun pour élaborer une stratégie de stabilisation qui met en place le cadre d'une nouvelle économie rurale, améliore l'existence locale d'emplois à valeur ajoutée et accroît la dotation globale en capital humain. A titre d'exemple, de nombreux pays de l'OCDE ont développé de nouveaux secteurs en remplacement des industries en déclin, en particulier dans la production d'énergies renouvelables, le tourisme rural et l'accueil des retraités.

Le secteur des énergies renouvelables est l'un de ceux qui offrent le plus grand potentiel de développement socio-économique en milieu rural. En dépit du coût peu élevé de l'électricité, l'existence au Québec d'abondantes ressources éoliennes, hydriques et forestières crée les bases d'une forte industrie des énergies renouvelables et le développement de ce potentiel à l'intérieur de la politique rurale augmentera les opportunités pour les collectivités locales. Dans sa stratégie énergétique actuelle, c'est sur l'hydroélectricité et l'énergie éolienne que le Québec fait porter l'essentiel de ses investissements. Outre les importants projets hydrauliques lancés notamment dans le nord, le projet de production d'énergie éolienne en Gaspésie pour lier des opportunités dans le secteur des énergies renouvelables au développement industriel rural et régional, semble très prometteur. De même, les ressources de l'exploitation forestière et agricole peuvent contribuer de plus en plus à la production d'énergies renouvelables. Toutefois, les politiques doivent éviter de s'enfermer dans des technologies spécifiques. Pour exploiter pleinement les opportunités qu'offrent la biomasse produite par les forêts et les biocarburants, l'exploitation des ressources naturelles nécessite d'investir significativement dans l'innovation et la transformation. D'autres pays de l'OCDE ont acquis dans ces domaines une expérience qui pourrait être également précieuse au Québec.

Le tourisme rural et l'arrivée des retraités sont des secteurs de croissance importants. Le tourisme peut contribuer à remplacer l'activité économique perdue dans des secteurs reposant sur l'exploitation des ressources naturelles et insuffler un nouveau dynamisme aux collectivités bien qu'il ne soit pas la solution pour toutes les collectivités rurales du Québec (compte tenu, en particulier, de la contrainte climatique). Pour développer le tourisme rural, les MRC doivent être davantage incitées à coopérer à la conception et à la mise en œuvre des stratégies. Quelques initiatives ont été lancées pour promouvoir des stratégies spécifiques de tourisme régional mais il est probablement nécessaire de mieux répondre aux enjeux spécifiques du tourisme rural et d'intégrer les stratégies aux activités rurales à l'échelon supralocal. Enfin, il faut s'efforcer davantage de tirer profit du vieillissement démographique et de l'installation d'aînés dans les collectivités rurales. Contrairement à d'autres pays de l'OCDE, le Québec n'a pas encore suffisamment examiné les opportunités d'un allongement de la vie et d'une population importante de résidents âgés pour le développement local de services sanitaires et liés à la santé, le logement et l'éducation.

L'accumulation de capital humain peut être valorisée en retenant, en attirant et en créant des réservoirs de main d'oeuvre qualifiée dans les régions rurales...

Le fait de disposer d'un bassin de compétences donne aux régions rurales la possibilité de se concentrer sur l'innovation et de développer à moindre coût les secteurs émergents. Le pacte qui existe au Québec entre les différents partenaires du marché du travail est un instrument important pour répondre aux besoins spécifiques de la main d'œuvre régionale. Au-delà de ça, la concentration de travailleurs qualifiés peut être accrue via le soutien de l'entrepreneuriat et du travail indépendant, le développement et le transfert d'entreprise.

Les investissements dans l'innovation et les approches entrepreneuriales ont un impact à long terme plus fort sur la création d'emplois que la politique plus courante qui consiste à attirer les entreprises par le biais d'incitatifs financiers. Même s'il est difficile de démontrer que de nouveaux savoirs et de nouveaux réseaux ont abouti à la création d'entreprises ou à leur maintien en activité, les politiques devraient encourager ces approches plutôt qu'un recrutement plus visible de nouveaux employeurs. Il est également essentiel pour le succès économique d'investir dans les technologies de l'information et des communications (TIC) et les infrastructures de transport ainsi que les services d'éducation et de santé dans le cadre d'une approche régionale rurale intégrée centrée sur la main d'œuvre qualifiée. Les organisations commerciales et à but non lucratif peuvent être partenaires pour la promotion de l'entrepreneuriat rural et de l'innovation car elles sont confrontées à un nombre moindre de contraintes légales et réglementaires.

Il peut être crucial pour le maintien en milieu rural d'une main d'œuvre qualifiée de soutenir les CLD et d'encourager les coopératives. Les coopératives représentent une opportunité pour un développement rural durable car elles reposent, pour la plupart, sur le capital social et la mobilisation collective et s'emploient activement à offrir aux régions rurales des services essentiels étant donné la diminution de leur offre par le secteur privé ; ces derniers ayant des objectifs différents. Les coopératives peuvent donc renforcer les principes et les objectifs essentiels de la politique rurale du Québec.

Une autre manière d'élargir les marchés du travail locaux (MTL) en milieu rural est l'immigration de travailleurs étrangers même si l'intégration des migrants pose ensuite des défis. Le Québec met déjà l'accent sur le renouvellement de la population en attirant les jeunes et les immigrants et en les aidant à trouver du travail et de meilleures conditions de vie dans les zones rurales. Dans la mesure où la plupart des migrants d'origine étrangère vivent dans les grands centres urbains, les efforts des acteurs à but non lucratif pour établir leur présence parmi les communautés d'immigrés devraient être renforcés. Il est également important d'aider les collectivités rurales dans leur planification stratégique d'attraction et d'intégration des immigrants pour leur permettre de devenir des « communautés hôtes ». Cela suppose une approche multisectorielle et une forte implication de la population locale qui peut avoir quelques problèmes à intégrer les nouveaux résidents et leur culture. Toutefois, les pouvoirs publics et les collectivités rurales doivent également être bien conscients qu'il est plus important, pour que l'immigration soit un succès, de créer un environnement propice à l'emploi et aux opportunités économiques que de s'attarder à communiquer le caractère souhaitable de cette immigration. Ce ne sont pas les efforts des pouvoirs publics qui seront déterminants pour inciter les migrants à s'établir dans une région rurale mais les opportunités socioéconomiques perçues.

Enfin, les responsables politiques peuvent devoir se préparer à une situation nouvelle dans les parties du Québec rural où l'équilibre économique futur sera moins assuré et l'offre de services plus difficile à maintenir que par le passé. Le débat politique devrait insister davantage sur l'importance des enjeux liés à l'ajustement de l'offre d'infrastructures et de services publics dans les régions où se met en place une transition vers un nouvel équilibre. En dépit des efforts des politiques rurales du Québec pour assurer la continuité des collectivités, l'évolution démographique conduira à un déclin et un vieillissement des populations encore plus grands qu'actuellement. Des solutions innovantes en matière d'offre de services de santé et d'éducation peuvent retarder l'échéance mais elles n'inverseront pas la tendance.

... tandis que l'accès aux terres dans les régions essentiellement rurales doit être amélioré.

Au Québec, le système actuel de protection des terres agricoles ne prend pas en compte les différentes situations locales et s'applique de façon uniforme à toutes les terres agricoles désignées. Il ne considère pas l'agriculture comme une activité ayant des spécificités spatiales avec des rendements et des coûts d'opportunité variables. Une loi adoptée en 1978 fait en sorte que les terres bonnes pour l'agriculture ne soient pas urbanisées ou affectées à d'autres activités. Cette loi et la commission chargée de surveiller sa mise en œuvre privilégient l'agriculture intensive, qui était le modèle agricole jugé le plus viable à l'époque de sa rédaction. Mais l'émergence de nouvelles tendances, comme la pluriactivité des exploitations agricoles, les revenus complémentaires tirés d'activités extra-agricoles et l'exploitation à temps partiel, a réduit la nécessite d'échelle dans l'agriculture.

La situation des terres agricoles protégées des régions essentiellement rurales étant bien différente de celle des terres agricoles périmétropolitaines et intermédiaires, la législation devrait faire une distinction fondamentale entre les différents types de régions. L'évaluation actuelle au cas par cas des demandes d'aménagement des terres agricoles protégées devrait être remplacée par un plan pluriannuel pour les terres agricoles intégrant des mécanismes actualisés d'occupation et de mise en valeur des terres et élaboré par les MRC en consultation avec le public. La gestion de ce plan devrait être concertée avec les mesures de la PNR pour le développement rural et autres planifications stratégiques réalisées au niveau des MRC. Une fois les terres agricoles regroupées en différentes catégories, la loi devrait être modifiée pour les régions essentiellement rurales qui ne sont pas fonctionnellement reliées à des centres urbains afin d'encourager une diversification économique des exploitations ne se limitant pas à la liste des activités actuellement jugées acceptables.

Une modification de la loi aurait également un impact important sur les activités extra-agricoles et encouragerait la diversification économique. Dans les régions rurales éloignées où la rentabilité des activités agricoles est marginale même avec un niveau d'aides élevé, la diversification dans des activités extra-agricoles peut contribuer à ralentir les pertes de terres agricoles en augmentant le revenu des familles agricoles. En fait, les familles agricoles du Québec ont de multiples sources de revenus ; on retrouve cette tendance dans d'autres pays de l'OCDE. Des revenus plus élevés peuvent conduire au développement d'une exploitation à temps partiel mais augmentent les chances de préserver la terre dans les exploitations agricoles.

3) Les défis environnementaux dans les différents territoires ruraux

Face à la croissance démographique et à la pression exercée sur les terres rurales, il importe de protéger les terres et les activités environnementales dans les franges urbaines...

Contrairement aux régions essentiellement rurales, les régions intermédiaires et périmétropolitaines devraient faire l'objet d'une politique spécifique de protection des terres agricoles, de mise en œuvre d'activités favorables à l'environnement et de préservation du patrimoine naturel. S'il ne faut pas totalement stopper l'expansion urbaine, il importe de ne pas gaspiller des terres agricoles d'une grande valeur, le patrimoine naturel et les paysages au profit d'un étalement urbain qui a été intense dans certaines parties du Québec. Comme la qualité des terres agricoles est particulièrement grande dans de nombreuses zones périurbaines, en particulier dans la région métropolitaine de Montréal, une coordination des politiques urbaines, agricoles et environnementales est nécessaire pour parvenir à concilier la protection des terres agricoles, le patrimoine naturel et culturel avec le regroupement et l'aménagement continu des zones urbaines.

Pour être à même d'élaborer une stratégie adéquate pour leur agriculture urbaine et périurbaine, les régions métropolitaines de Montréal et de Québec doivent bien comprendre la valeur et les fonctions des régions agricoles. La valeur résulte de la production de produits de base mais aussi du rôle écologique et culturel de ces régions. Les fonctions sont d'ordre économique, social et environnemental et elles doivent être bénéfiques pour l'ensemble de la collectivité. Comme pour les régions essentiellement rurales, l'efficacité de l'évaluation faite par la commission chargée de surveiller le respect de la loi doit être améliorée. Le processus actuel d'évaluation au cas par cas tend à s'enliser judiciairement et à favoriser la marginalisation rapide de l'agriculture périurbaine au Québec.

La législation actuelle sur la protection des terres devrait être réformée ou remplacée dans les principales régions métropolitaines du Québec par une politique plus stricte de contrôle de l'étalement urbain. Cet objectif ne peut être atteint que lorsque les institutions et les résidents urbains et périurbains sont convaincus d'encourager l'évaluation des terres agricoles et des espaces verts comme un actif collectif pour tous les citoyens. Les autorités provinciales et métropolitaines devraient donc élaborer, avec les agriculteurs locaux et les représentants des groupes de défense de l'environnement et des groupes locaux de citoyens, un nouveau plan pour les terres agricoles urbaines et périurbaines. Différents pays de l'OCDE ont acquis une expérience que les autorités du Québec peuvent vouloir prendre en compte.

… tandis que dans les régions rurales éloignées, les politiques publiques devraient être ciblées sur la protection des aménités environnementales locales.

Les politiques rurales devraient garantir la prise en compte de la qualité de l'environnement dans l'approche d'un développement durable des régions rurales éloignées, qui est actuellement soumis aux contraintes de l'exploitation des ressources naturelles. Dans un contexte de déclin relatif de la population, ces régions risquent d'être perçues comme des territoires à exploiter plutôt que comme faisant partie intégrante de la « ruralité » du Québec. Une telle perception, qui favorise une gestion imprudente de la protection de l'environnement et de la valorisation des ressources naturelles, pourrait être une menace pour la qualité des aménités mais aussi générer des difficultés concernant l'émission de gaz à effet de serre (GES) et autres polluants. Le Canada et le Québec ont commencé plus tardivement que d'autres pays à mener une réflexion sur la viabilité environnementale des collectivités rurales, et en particulier de celles reposant sur l'exploitation des ressources naturelles. Ce n'est qu'en 2005 que le Québec a adopté une législation pour veiller à ce que la gestion forestière maintienne la biodiversité et assure la viabilité des écosystèmes tout en répondant aux besoins socio-économiques. En 2006, une loi sur le développement durable a été adoptée.

Dans l'esprit des efforts déployés par le gouvernement du Québec, la politique rurale et sa mise en oeuvre au niveau local devraient être plus fortement prises en compte dans les décisions stratégiques relatives à la gestion des ressources naturelles. Cela pourrait donner aux collectivités rurales un rôle de gardien et de protecteur des aménités locales, et faciliter leur accès aux bénéfices d'une valorisation des aménités.

Notes

1. Pour cette évaluation, l'OCDE et le Ministère des Affaires municipales, des régions et de l'occupation du territoire (MAMROT) ont créé une typologie régionale qui classe le Québec rural en quatre catégories distinctes : *i*) les régions rurales périmétropolitaines, qui sont à l'extérieur des grandes régions urbaines ; *ii*) les régions rurales intermédiaires, qui sont des régions rurales proches d'un centre urbain ; *iii*) les régions essentiellement rurales centrales et *iv*) les régions essentiellement rurales éloignées. Le reste de la province (Nord-du-Québec) n'est pas pris en compte en raison de sa densité de population extrêmement faible et des accords passés avec les populations autochtones.

2. « L'économie résidentielle recouvre l'ensemble des activités générées localement par la consommation de la population résidant sur le territoire considéré », citation tirée de *La cohésion au service des territoires (dossier de presse)*, réunion informelle des ministres de l'Aménagement du territoire et de la politique de cohésion, qui s'est tenue à Marseille (France), le 26 novembre 2008. (*www.environnement.gouv.fr*). L'expression est également utilisée par opposition au concept d'économie productive.

3. Un « écoumène » est un territoire habité de manière constante. Au Québec, ce territoire est composé de 1 100 municipalités principalement situées dans la partie méridionale de la province (sud, nord-ouest et le long d'une petite frange au nord-est du bassin du Saint-Laurent) où réside la grande majorité de la population de la province. Cet écoumène recouvre à lui tout seul une superficie égale à celle de la Nouvelle-Angleterre (États-Unis).

4. Pour évaluer l'impact de la distance sur les performances régionales dans les régions essentiellement rurales, l'OCDE a calculé la distance linéaire moyenne des MRC par rapport à Montréal et à Québec. Cette distance est exprimée en kilomètres. Toutes les régions rurales pour lesquelles cette valeur moyenne est inférieure à 300 kilomètres sont considérées comme proches de centres métropolitains.

Chapitre 1

Tendances, perspectives et politiques pour le Canada rural

Ce chapitre traite très largement de la situation socioéconomique du Canada rural et expose brièvement la stratégie nationale en faveur du développement rural[1]. Après la présentation d'une typologie régionale, il compare les régions rurales du Canada à d'autres régions rurales de l'OCDE en termes de compétitivité économique. La section 1.1 se concentre sur les tendances démographiques, tandis que les sections suivantes engagent une discussion sur les relations rurales/urbaines et le bien-être social dans le pays. Les sections 1.4 et 1.5 décrivent le cadre économique et les enjeux environnementaux du Canada rural. Enfin, la dernière section présente les principaux enjeux du développement rural dans le pays et la stratégie nationale mise en place pour promouvoir le développement rural, et discute de quelques unes des limites de l'approche canadienne.

Points clés

- **Le Canada est le pays de l'OCDE dont l'espace rural est le plus vaste.** Plus de 95 % du territoire national est rural. L'espace rural s'étend des territoires arctiques aux prairies tempérées frontalières des États-Unis. En dépit de cette immensité, 29 % seulement des Canadiens vivent dans des régions essentiellement rurales (typologie régionale de l'OCDE), du fait d'une forte concentration géographique dans les centres métropolitains.

- **Au Canada, les régions rurales présentent de grandes disparités en termes de performances économiques.** Si l'on prend en compte les taux d'emploi et les tendances démographiques, certaines régions rurales du Canada sont parmi les plus riches de l'OCDE, tandis que d'autres se classent dans le groupe des régions moins performantes.

- **La plupart des disparités économiques dépendent du type de base économique qui caractérise des régions spécifiques du Canada rural.** Les régions les plus pauvres sont souvent des collectivités monoindustrielles spécialisées dans les activités primaires (agriculture, sylviculture et pêche) tandis que les plus riches sont spécialisées dans l'exploitation du pétrole et du gaz naturel et les activités tertiaires.

- **Les industries qui reposent sur l'exploitation des ressources naturelles sont exposées aux chocs internationaux et exercent une pression sur l'environnement.** L'économie canadienne est relativement spécialisée dans les industries de ressources qui représentaient 13 % du PIB national en 2006. La plupart de ces industries sont implantées en milieu rural. Dans de nombreuses collectivités rurales, un grand nombre d'emplois sont dans la production primaire. Cette spécialisation les expose aux chocs internationaux tel qu'un resserrement du crédit et aux fluctuations de la demande internationale de biens courants. Enfin, certaines industries reposant sur l'exploitation des ressources naturelles exercent une pression sur l'environnement du fait d'un niveau élevé d'émissions de gaz à effet de serre (GES).

- **L'agriculture est toujours un secteur d'activité important dans les provinces des Prairies mais elle absorbe une petite proportion de l'emploi local et représente une part relativement faible du PIB.** Dans toutes les provinces, l'agriculture se développe en termes de PIB et de volume de production. Mais sa part dans le

PIB total des provinces diminue. Les technologies qui limitent l'intervention humaine permettent d'accroître la production agricole avec un petit nombre de travailleurs. D'où un recul de l'emploi dans ce secteur.

- **En dépit des défis à multiples facettes qu'il doit relever, le Canada n'a pas d'approche intégrée du développement rural.** Comme dans d'autres pays de l'OCDE, les politiques dans le domaine agricole, la protection sociale et les infrastructures ont un impact important sur le développement rural du Canada. De surcroît, les collectivités rurales reçoivent des aides spécifiques à travers une série d'instruments qui visent à renforcer les entreprises, les réseaux locaux et l'appartenance collective.

Introduction

Le Canada est le deuxième pays du monde par sa superficie ; composé à la fois de grandes villes et d'immenses étendues pratiquement inhabitées dans les territoires du Nord (encadré 1.1), c'est une terre de contrastes. Du fait de son immensité, on y trouve une grande diversité de paysages, de cultures et d'économies régionales. Ce rapport se focalise, en particulier, sur tous ces territoires qui, du fait de leur densité de population et de leur éloignement par rapport aux grands centres urbains/régions centrales, peuvent être classés ruraux. Son objectif est double : montrer la possibilité pour les régions rurales de contribuer à la compétitivité canadienne, et mettre en lumière les enjeux qui pèsent sur la pérennité de ces collectivités.

Il est largement admis qu'au Canada les tendances démographiques, sociales, économiques et environnementales renforcent une fracture rural/urbain grandissante. Cette évolution met en péril la viabilité des collectivités rurales et même le « caractère rural » du Canada. De nombreuses régions rurales, en particulier si elles sont éloignées, se vident du fait de l'exode des jeunes et d'une faible capacité à attirer les migrants (en particulier les immigrants).

L'économie du Canada rural est encore fortement dépendante des activités primaires et manufacturières. Si certains analystes peuvent arguer que le Canada est engagé sur la voie d'une économie post-industrielle, caractérisée par une plus grande diversification et une croissance du secteur des services, les ressources naturelles et les activités reposant sur leur exploitation continuent de générer une proportion importante du PIB canadien (Hessing, *et al*, 2005). Bien que l'économie rurale du Canada ait commencé à s'affranchir d'une dépendance totale à l'égard des ressources naturelles, le processus n'a pas été aussi rapide et n'a pas eu la même

Encadré 1.1 **Géographie et structure administrative du Canada**

Le Canada est un Etat fédéral, subdivisé en 10 provinces et 3 territoires (graphique 1.1). Il occupe en gros les deux cinquièmes du continent nord-américain. Il englobe les immenses territoires de la région arctique et subarctique et, à ce titre, est souvent considéré comme un pays du Grand Nord. Toutefois, même si de grandes étendues de terres à l'intérieur des frontières nationales sont situées en Arctique, le Canada s'étend très au Sud et la péninsule de l'Ontario méridional s'avance profondément en territoire américain. Du fait de sa taille, les contrastes climatiques sont importants entre les différents territoires.

Graphique 1.1 **Provinces et territoires du Canada**

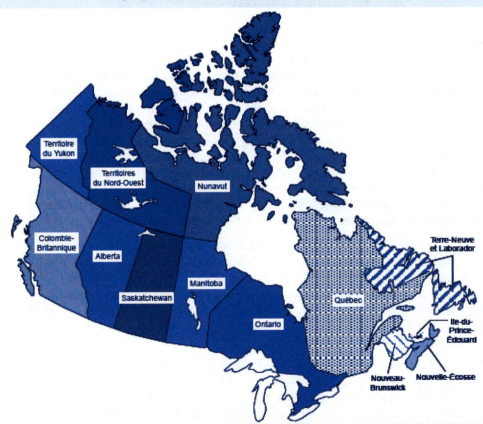

Source : OCDE (2002), *Examens territoriaux de l'OCDE : Canada*, OCDE, Paris.

ampleur que dans d'autres pays de l'OCDE. Les collectivités reposant sur l'exploitation des ressources naturelles ne reçoivent pas l'intégralité des profits de leur spécialisation dans la mesure où les propriétaires des ressources, les principales compétences et la direction stratégique sont souvent implantés en milieu urbain.[2] L'économie fondée sur les ressources exerce également une pression sur l'environnement. Du fait, dans une certaine mesure, de son secteur des ressources naturelles, le Canada est l'un des plus gros émetteurs mondiaux de GES par habitant.

Ce chapitre passe ces questions en revue et fait un tour d'horizon du Canada rural. La première section définit les régions rurales au Canada et présente différentes typologies régionales. La seconde focalise sur les tendances démographiques et évalue les multiples facettes de la relation existant entre régions urbaines et régions rurales. La troisième discute de l'économie du Canada rural en s'intéressant tout particulièrement aux ressources naturelles et à l'attractivité des régions rurales pour le secteur manufacturier. Cette partie du chapitre évalue également la viabilité environnementale au Canada et le potentiel de production d'énergies renouvelables des régions rurales. La dernière section décrit, dans sa conclusion, les principaux instruments d'action et les principales réponses des politiques canadiennes en termes de gouvernance du développement rural.

Il existe plusieurs définitions du Canada rural

Au Canada, on dispose de plusieurs définitions de la ruralité pour les analyses nationales et provinciales. Pour évaluer le Canada et ses provinces, ce rapport utilisera plusieurs définitions. Dans la première section, le Canada rural est défini à l'aide de la typologie régionale de l'OCDE (encadré 1.2). Cette définition permet de comparer les performances du Canada rural à celles d'autres pays de l'OCDE. La deuxième section du chapitre présentera une définition des régions rurales, sur la base des régions métropolitaines de recensement (RMR) et des agglomérations de recensement (CA), et prenant en compte les données relatives au navettage.

La définition OCDE du Canada rural

Une très grande partie du territoire canadien peut être classée rural mais une proportion relativement faible de la population vit dans des régions rurales. Avec 96 % du territoire national classé essentiellement rural, le Canada compte parmi les pays les plus ruraux de l'OCDE, derrière l'Islande et l'Irlande. En dépit d'un très grand territoire rural, la proportion de Canadiens vivant dans des régions essentiellement rurales (ER) n'est que de 29 % tandis que plus de 50 % vivent dans des régions urbaines (EU)

> **Encadré 1.2 Typologie régionale de l'OCDE et classification rurale**
>
> L'OCDE a classé les régions à l'intérieur de chaque pays membre. Les classifications sont établies sur la base de deux niveaux territoriaux (TL). Le niveau supérieur (niveau territorial 2) est constitué d'environ 300 macro-régions infranationales réparties dans la zone OCDE tandis que le niveau inférieur (niveau territorial 3) est composé de plus de 2 300 micro-régions à travers la zone OCDE. Au Canada, les provinces et les territoires sont les unités géographiques de niveau territorial 2 et les divisions de recensement (MRC au Québec) sont les unités géographiques de niveau territorial 3. Cette classification qui, pour les pays européens, est largement cohérente avec la classification Eurostat, facilite la comparabilité des régions d'un même niveau territorial. De fait, les deux niveaux, qui sont officiellement établis et relativement stables dans tous les pays membres, sont utilisés par bien des pays comme cadre de mise en œuvre des politiques régionales.
>
> Un deuxième problème important pour l'analyse des économies régionales concerne la « géographie » différente de chaque région. Pour prendre en compte ces différences et établir des comparaisons significatives entre régions de même type et de même niveau, l'OCDE a établi une typologie régionale selon laquelle les régions ont été classées en régions essentiellement urbaines (EU), régions essentiellement rurales (ER) et régions intermédiaires (IN) au moyen de trois critères :
>
> 1. La densité de population des collectivités dans chaque région. Une collectivité est définie comme rurale si sa densité de population est inférieure à 150 habitants au km^2 (500 habitants au Japon pour tenir compte du fait que sa densité nationale de population est supérieure à 300 habitants au km^2).
> 2. Le type de peuplement des collectivités à l'intérieur d'une région. Une région est classée « essentiellement rurale » si plus de 50 % de sa population vit dans des collectivités rurales, « essentiellement urbaine » si moins de 15 % de sa population vit dans des collectivités rurales et « intermédiaire » si la proportion de sa population vivant dans des collectivités rurales est comprise entre 15 % et 50 %.
> 3. La taille du/des centre(s) urbain(s) à l'intérieur d'une région. Une région qui serait classée rurale sur la base de la règle générale est classée intermédiaire si elle compte un noyau urbain de plus de 200 000 habitants (500 000 pour le Japon) représentant au moins 25 % de la population de la région. Une région qui serait classée intermédiaire sur la base de la règle générale est classée essentiellement urbaine si elle compte un noyau urbain de plus de 500 000 habitants (1 000 000 pour le Japon) représentant au moins 25 % de la population de la région. Cette typologie régionale aboutit au chiffre ci-dessus concernant la répartition de la population par type de région dans les pays de l'OCDE.
>
> *Source* : OCDE (2005), *Panorama des régions de l'OCDE*, OCDE, Paris.

(graphique 1.2). Toutefois, une population relativement faible (33.9 millions d'habitants en 2009), la taille du pays (presque 10 millions de km^2) et la concentration géographique des peuplements humains risquent de fausser la classification territoriale de l'OCDE. C'est pourquoi l'OCDE élabore actuellement une nouvelle définition territoriale qui prend également en compte la distance et l'accessibilité des régions.

Graphique 1.2 **Typologie régionale de l'OCDE**

A. Territoire

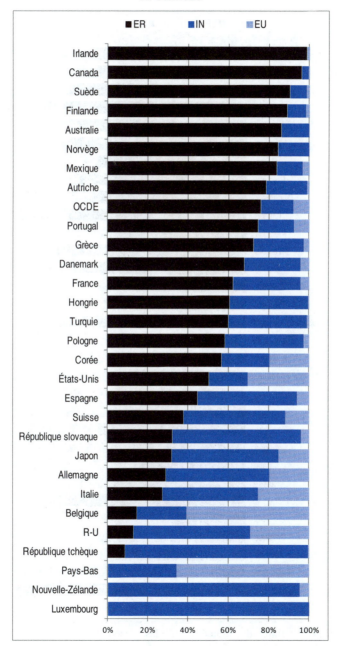

Graphique 1.2 **Typologie régionale de l'OCDE** (*suite*)

B. Population

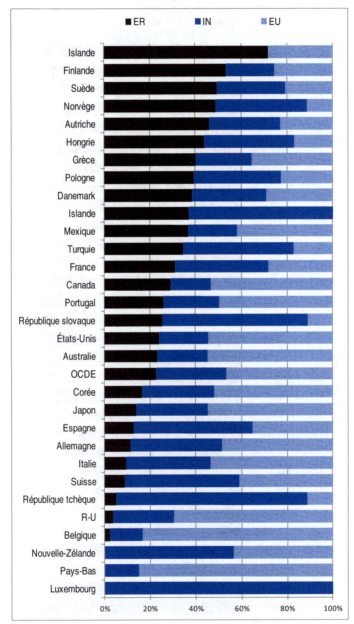

Source : Base de données sur les statistiques régionales de l'OCDE (2009), base de données interne.

Performances du Canada rural à l'intérieur des régions rurales de l'OCDE

En moyenne, les performances des régions essentiellement rurales du Canada sont conformes à celles d'autres régions essentiellement rurales de l'OCDE mais les disparités régionales sont importantes. Au Canada, on observe une fracture importante entre les régions rurales lorsqu'on prend en compte les taux d'emploi et les tendances démographiques entre 1999 et 2006. Les régions ER à taux d'emploi élevé et affichant des tendances démographiques positives (quadrant supérieur droit du graphique 1.3) sont, pour la plupart, situées dans des régions riches en pétrole ou à haute diversification économique. Par exemple, deux régions ER situées en Alberta se classent parmi les 15 régions ER de l'OCDE dont la croissance est la plus rapide. Inversement, les régions rurales dont l'économie dépend des secteurs primaires de l'agriculture, la sylviculture et la pêche, affichent des performances moins bonnes. Cela tient à la concurrence internationale mais aussi à une mauvaise gestion des ressources locales. Par exemple, la Péninsule de Burin, dans la province de Terre-Neuve-et-Labrador se classe parmi les régions les moins performantes de l'OCDE. Son industrie florissante de la pêche a été détruite par la surpêche, ce qui a entraîné le plus haut taux de chômage du Canada avec des pics autour de 30 % dans la deuxième moitié des années 90.

Au Canada, les régions intermédiaires sont tout aussi hétérogènes que les régions ER (graphique 1.4). Les régions intermédiaires les plus riches sont souvent en bordure des grandes zones métropolitaines. C'est le cas des régions de Kitchener-Waterloo et de Barrie, qui sont proches de Toronto et de la région de l'Outaouais au Québec, qui profite de la proximité de la région métropolitaine d'Ottawa-Gatineau. Ces régions intermédiaires bénéficient des retombées économiques et des entrées de population. Inversement, les régions peu performantes sont habituellement des régions dont le marché du travail local est relativement étroit et isolé. Leur économie est dépendante des activités primaires et manufacturières traditionnelles. C'est le cas, par exemple, de la région de Saguenay-Lac Saint-Jean au Québec qui vit de l'extraction minière, de l'agriculture et de la transformation du bois.

Graphique 1.3 **Tendances de l'emploi (Y) et de la population (X) dans les régions économiques rurales du Canada et les régions essentiellement rurales de l'OCDE**

1999-2006

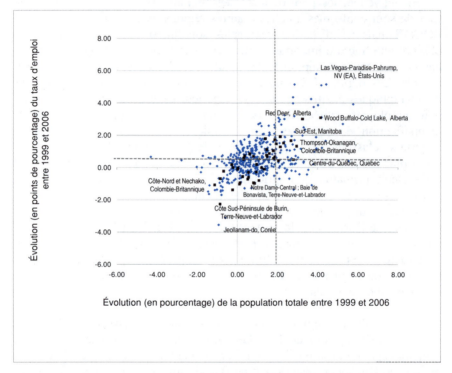

Note : Les « régions économiques » canadiennes sont des groupes de divisions de recensement (c'est-à-dire groupes d'unités géographiques de niveau territorial 3) ; elles sont classées en essentiellement rurales, intermédiaires et essentiellement urbaines à l'aide d'un algorithme analogue à celui présenté dans l'encadré 1.2.

Les points bleus font référence aux régions essentiellement rurales de l'OCDE et les points noirs aux régions économiques rurales du Canada.

Source : Base de données sur les statistiques régionales de l'OCDE (2009), base de données interne.

La typologie rurale nationale

Si la définition de l'OCDE est bien utile pour comparer les performances du Canada rural à celles des régions rurales de l'OCDE, six autres définitions peuvent permettre une évaluation plus détaillée des tendances observées dans les territoires ruraux. Chacune de ces définitions

Graphique 1.4 **Tendances de l'emploi (Y) et de la population (X) dans les régions économiques intermédiaires du Canada et les régions essentiellement rurales de l'OCDE**

1999-2006

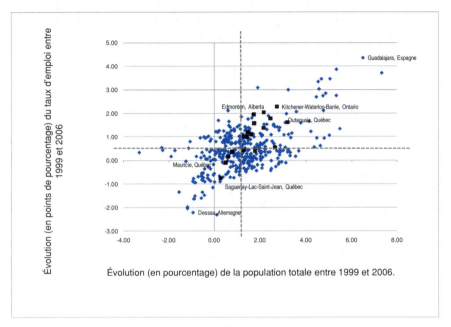

Note : Les « régions économiques » canadiennes sont des groupes de divisions de recensement (c'est-à-dire des groupes d'unités géographiques de niveau territorial 3) ; elles sont classées en essentiellement rurales, intermédiaires et essentiellement urbaines à l'aide d'un algorithme analogue à celui présenté dans l'encadré 1.2.
Les points bleus font référence aux régions essentiellement rurales de l'OCDE et les points noirs aux régions économiques rurales du Canada.

Source : Base de données sur les statistiques régionales de l'OCDE (2009), base de données interne.

met l'accent sur des critères différents (taille de la population, densité ou géographie) et est associée à des seuils ruraux différents. La taille des unités territoriales (unités de base) varie également. Chaque jeu de définitions couvre l'ensemble du territoire canadien.

Le Secrétariat rural fédéral a adopté, pour la plupart de ses analyses, la définition des régions rurales et petites villes (RRPV).[3] Chaque politique et chaque programme fédéral ou provincial peut adopter une definition spécifiquement conçue pour la politique ou le programme en question. Les ministères fédéraux sont toutefois encouragés à utiliser la définition RRPV lorsqu'ils se lancent dans des projets de recherche et d'analyse. Les responsables politiques et les chercheurs doivent également examiner la question de l'identité et des représentations sociales lorsqu'ils définissent la ruralité. Un autre facteur important pour la définition des régions rurales est la manière dont les collectivités se perçoivent et dont elles perçoivent les autres collectivités. L'évaluation locale, plutôt que des évaluations dans l'absolu, peut encourager un engagement fort à l'égard de l'identité rurale.

Les régions rurales, telles que les définit la définition RRPV, peuvent être différenciées en fonction de leurs liens fonctionnels avec les régions métropolitaines. Cette typologie est établie sur la base des « Zones d'influence des régions métropolitaines de recensement et des agglomérations de recensement » (ci-après ZIM) (graphique 1.5). La ZIM est un perfectionnement ou une extension du concept de région métropolitaine de recensement (RMR), d'agglomération de recensement (AR) ou de RRPV présenté ci-dessus.[4] Statistique Canada utilise les ZIM pour mieux montrer les effets de l'accessibilité métropolitaine sur les régions non métropolitaines (Mendelson, Murphy et Puderer, 2000). Ce système de classification est appliqué au niveau des subdivisions de recensement (SDR) et ventile RRPV (ou Autre qu'une RMR/AR) du Canada en quatre sous-groupes en se fondant sur l'importance des flux de navetteurs :

- **ZIM forte** : 30 % et plus des actifs occupés vivant dans la SDR travaillent dans un noyau urbain de de la RMR/AR.

- **ZIM modérée** : au minimum 5 % et au maximum 30 % des actifs occupés vivant dans la SDR travaillent dans un noyau urbain de la RMR/AR.

- **ZIM faible** : entre 0 % et 5 % des actifs occupés vivant dans la SDR travaillent dans un noyau urbain de la RMR/AR.

- **ZIM nulle** : englobe toutes les SDR ayant un petit nombre d'actifs occupés (moins de 40 personnes) ainsi que SDR ne comptant aucun navetteur vers un noyau urbain de la RMR/AR (autrement dit aucun actif occupé vivant dans la municipalité ne travaille dans un noyau urbain de la RMR/AR).

Graphique 1.5 **Zones d'influence des régions métropolitaines de recensement dans les RRPV, 2006**

En utilisant la classification des régions statistiques

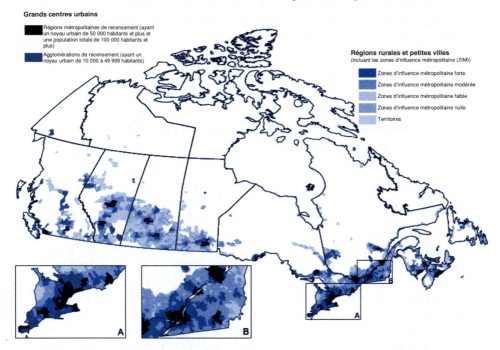

Source : Statistique Canada, *Recensement de la population*, 2006. Carte produite par la Section de la télédéction et de l'analyse géospatiale (TAG), Division de l'agriculture, Statistique Canada, 2010.

Il existe d'autres façons de définir la géographie du Canada qui se fondent sur une classification statistique différente ou sur des typologies provinciales. Les subdivisions de recensement (SDR) et les subdivisions de recensement unifiées (SRU) sont parmi les plus importantes.[5] Lors du recensement de 2006, on a recensé 5 418 SDR. Les SDR peuvent ensuite être regroupées en SRU. Le cas général est une petite ville (SDR) entourée de municipalités rurales (autres SDR). Les SDR sont regroupées à des fins statistiques pour former une SRU. Enfin, les provinces peuvent définir des régions rurales sur la base des divisions de recensement (DR). Les DR sont des régions géographiques intermédiaires entre la municipalité (SDR) et la province. Elles représentent les comtés, districts régionaux, municipalités régionales et autres types de régions à législation provinciale. A Terre-Neuve, dans le Manitoba, la Saskatchewan et l'Alberta, la législation provinciale ne prévoit pas ces régions géographiques administratives. En coopération avec ces provinces, les DR ont été créées par Statistique Canada pour faciliter la diffusion de données statistiques. Dans le territoire du Yukon, la DR est équivalente à l'ensemble du territoire. Les DR sont utilisées pour représenter les unités géographiques de niveau territorial 3 dans la grille territoriale de l'OCDE.

1.1 Tendances démographiques dans les régions rurales

La population rurale du Canada s'est concentrée dans les régions rurales proches de zones urbaines

La proportion de la population vivant en milieu rural a diminué au cours des quinze dernières années mais il peut être difficile d'évaluer les tendances démographiques en milieu rural en raison de l'évolution de la classification régionale.[6] En 2006, les Canadiens vivant dans des régions rurales et petites villes (RRPV) représentaient 19 % de la population canadienne de 2006, contre 20.6 % en 2001 et 22.8 % en 1991 (définition des RRPV). La taille de la population des RRPV a été essentiellement constante depuis 1981 mais sa représentation est compliquée par le reclassement des régions rurales lorsque leur population devient supérieure à 10 000 habitants. Entre 1966 et 1981, on recensait jusqu'à 8 millions de Canadiens vivant dans des régions rurales et des petites villes et entre deux recensements on observait le plus souvent un accroissement de la population. Cependant, à chaque recensement, Statistique Canada reclasse certaines villes et municipalités qui ont atteint les critères de densité d'un noyau urbain ou dont les schémas de navettage changent. Ces reclassements réduisent le nombre d'individus vivant dans des régions rurales.

Les régions rurales dont la population connait la plus forte croissance sont celles intégrées à des marchés du travail urbains (graphique 1.6). Bien qu'au Canada le gros de la population des RRPV vive encore dans des ZIM modérées et faibles, seules les ZIM fortes ont affiché une croissance constante de leur population entre 1996 et 2006, tandis que les ZIM faibles ont enregistré un déclin général entre 1996 et 2006.[7] Ces tendances prouvent l'influence des grands centres urbains sur les régions rurales (ainsi, la croissance des ZIM fortes a été plus rapide que celle des ZIM modérées qui, à leur tour, ont connu une croissance supérieure à celle des ZIM faibles). Des exceptions sont toutefois à signaler, comme l'existence de RRPV à ZIM nulle dans les Territoires. Leur population augmente plus vite que celle des autres RRPV, en raison du taux de natalité élevé des populations autochtones.[8] Une autre exception à signaler est celle de l'Alberta dont les régions rurales à ZIM faible ont connu une forte croissance. Cette tendance est due principalement au secteur pétrolier et gazier qui a engendré quelques booms économiques au cours des quinze dernières années.

Graphique 1.6 **Gains et pertes de population dans les collectivités**

1981-2001

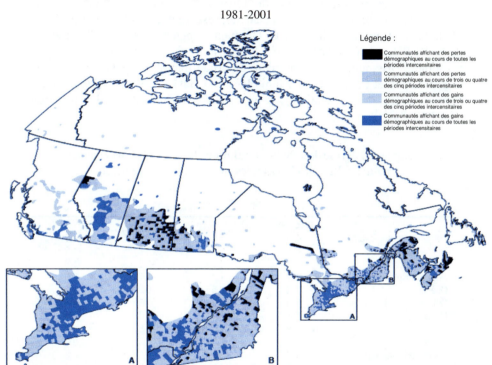

Note : Un gain continu de population se définit par des collectivités (subdivisions de recensement unifiées) déclarant un nombre plus grand de résidents dans chaque période intercensitaire : 1981-1986 ; 1986-1991 et 1996-2001. Une perte continue de population se définit par des collectivités (SRU) déclarant un nombre moindre de résidents dans chaque période intercensitaire : 1981-1986, 1986-1991 et 1996-2001.

Source : Statistique Canada, *Recensement de la population*, 1981-2001. Carte produite par la Section de la télédéction et de l'analyse géospatiale (TAG), Division de l'agriculture, Statistique Canada, 2010.

Dans les RRPV, les tendances démographiques varient considérablement d'une région à l'autre et les provinces les plus peuplées ont un impact important sur la structure démographique nationale. Au niveau provincial, seuls l'Ontario, l'Alberta et le Manitoba ont affiché une croissance uniforme de la population de leurs régions rurales et petites villes entre 1986 et 2006 (tableau 1.1). Selon la classification fédérale régionale, l'Ontario avait la population rurale la plus importante avec plus de 1.8 million de personnes, suivi du Québec avec près de 1.5 million de personnes (2006). Ces deux provinces représentent ensemble près de 53 % de la population rurale du Canada. De manière générale, entre 2001 et 2006, les RRPV du Québec, de l'Ontario, de l'Alberta et de la Colombie-Britannique ont enregistré un solde migratoire positif tandis que Terre-Neuve-et-Labrador, le Manitoba et la Saskatchewan affichaient les pertes nettes de population les plus élevées du fait de l'émigration (OCDE, 2009i).

Tableau 1.1 **Évolution de la population dans les régions rurales et petites villes du Canada, les provinces et les territoires**

1986-2006

	1986-1991	1991-1996	1996-2001	2001-2006
Terre-Neuve-et-Labrador	-3.0	-5.1	-10.6	-5.6
Ile-du-Prince-Édouard	-0.2	2.4	-1.0	-1.3
Nouvelle-Écosse	0.5	-0.6	-2.3	-1.8
Nouveau-Brunswick	-0.2	1.3	-2.7	-2.5
Québec	1.6	3.5	-0.8	2.2
Ontario	9.3	4.7	1.5	2.4
Manitoba	0.5	4.4	0.5	2.4
Saskatchewan	-6.9	-2.0	-3.5	-4.7
Alberta	3.1	7.8	5.5	3.8
Colombie-Britannique	7.2	12.8	-1.1	0.8
Yukon	18.9	16.0	-18.9	2.8
Territoires du Nord-Ouest	4.9	11.0	0.9	1.7
Nunavut				-7.6
Total rural	3.0	3.9	-0.4	1.0

Source : Statistique Canada, *Recensement de la population*, 1986-2006.

Les régions rurales affichent des taux élevés de dépendance économique des personnes âgées…

Au Canada, une proportion plus forte de personnes âgées vit en milieu rural. Le vieillissement démographique est une tendance nationale. Selon Santé Canada (2002), en 2026, un Canadien sur cinq aura 65 ans et le nombre des personnes de 85 ans et plus devrait passer à 1.6 million en 2041, soit 4 % de la population totale. En 2006, 13 % des Canadiens (4.07 millions soit un sur huit) étaient âgés de 65 ans et plus. Ving-et-un pour cent d'entre eux (soit 871 815) résidaient en milieu rural. Toutefois, dans la mesure où les régions rurales ne représentaient que 19 % de la population canadienne, une proportion plus grande d'aînés vivait en milieu rural. La population des régions à ZIM modérée était plus âgée que celle des autres régions. Le pourcentage de résidents de régions à ZIM modérée ayant 65 ans et plus (16 % soit 357 835 personnes) était supérieur à la moyenne nationale (13 %). Dans les régions à ZIM modérée, la part des aînés dans la population a progressé de 2.5 % sur la période 1996-2006. En conséquence, le Canada rural dans son ensemble affiche un taux croissant de dépendance économique des personnes âgées supérieur à celui du reste du pays et, bien entendu, des régions urbaines (graphique 1.7).

Graphique 1.7 **Taux de dépendance économique des personnes âgées dans les régions rurales et urbaines**

1996-2006

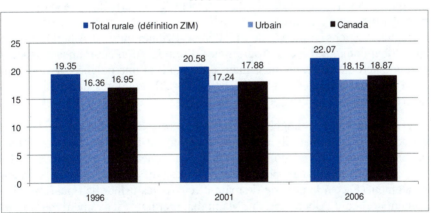

Source : OCDE (2009), « Questionnaire for the Integration of the Background Report », document de travail interne de la Direction de la Gouvernance publique et du développement territorial, OCDE, contenant des informations fournies par le Secrétariat rural (AFC) et Statistique Canada.

L'émigration des jeunes est un phénomène courant. La proportion d'individus de 0 à 14 ans vivant dans des régions rurales n'a cessé de diminuer au cours de la dernière décennie.[9] Dans les zones à ZIM modérée, la baisse de la proportion de jeunes dans la population a été de 4 % sur la période 1996-2006 (Statistique Canada, 2006). On estime, en particulier, qu'entre 1986 et 1996 les régions rurales ont enregistré une perte nette se situant entre 12 et 16 % pour la tranche d'âge des 15-19 ans.[10] Dans certaines provinces, dont la Saskatchewan et Terre-Neuve, les pertes de jeunes ruraux appartenant à cette cohorte d'âge se sont établies entre 21 et 25 %. Si l'émigration des jeunes n'est pas un phénomène propre aux collectivités rurales, en revanche celles-ci connaissent des taux de retour bien inférieurs à ceux des centres urbains. C'est ainsi qu'au Canada seul un jeune rural sur quatre retournera dans les dix ans dans la collectivité qu'il a quittée (Statistique Canada, 2006).

... qui ne sont pas compensés par l'arrivée de migrants étrangers

En moyenne, le Canada rural est peu attractif pour les travailleurs étrangers, en particulier lorsqu'on le compare aux régions urbaines (tableau 1.2).[11] Sur 1.1 million de nouveaux immigrants arrivés au Canada entre 2001 et 2006, 4.9 % seulement se sont établis en milieu rural. Il est probable que les nouveaux immigrants vont continuer à choisir de s'implanter en milieu urbain à moins que les collectivités rurales ne mettent en place des plans actifs de recrutement et de fidélisation pour être compétitives. Certaines régions l'ont fait. Les besoins en main d'oeuvre de certaines régions rurales de Colombie-Britannique, d'Alberta et du Manitoba, conjugués à des programmes d'immigration couronnés de succès et à une activité de recutement intense, ont fait qu'une poignée de divisions de recensement rurales ont figuré parmi les 20 premières destinations des nouveaux migrants entre 2001 et 2006.

Les immigrants étrangers sont essentiels pour la viabilité de nombreuses économies rurales mais ils constituent également un enjeu. Les conditions de travail sont souvent moins favorables en milieu rural et, dans bien des AR, il s'agit de travaux pour lesquels il est difficile de trouver preneur localement. Face à la pénurie de main d'œuvre, les usines de transformation alimentaire de l'Alberta et du Manitoba recrutent activement parmi les immigrants et réfugiés en provenance d'Afrique, d'Asie et d'Amérique centrale (Broadway, 2007 ; Fairy *et al.*, 2008). Toutefois, cette solution génère des pénuries de logement, une demande grandissante de services sociaux, une augmentation des troubles sociaux, la création d'emplois mal rémunérés ou à temps partiel et une baisse relative des niveaux de revenus (Broadway, 2007 ; Donato *et al.* 2007). La collectivité hôte n'a généralement pas l'expérience ou les infrastructures sociales nécessaires pour aider les immigrants, ce qui peut alimenter les tensions raciales ou ethniques (Donato *et al.*, 2007). Si ces problèmes potentiels ne sont pas spécifiques aux collectivités rurales, ils sont probablement aggravés par une assiette fiscale des impôts fonciers plus étroite, une population moins nombreuse pour apporter son concours et ayant peut-être moins l'expérience du développement communautaire interculturel (Beshiri et He, 2009).

Tableau 1.2 **Répartition des nouveaux immigrants (c'est-à-dire des immigrants arrivés durant les cinq années précédentes), Canada**

%

	1996	2001	2006
Grands centres urbains	94.9	94.8	95.1
Ensemble des régions rurales et petits villes	5.1	5.2	4.9
ZIM forte	1.2	1.3	1.3
ZIM modérée	1.8	1.9	1.8
ZIM faible	1.9	1.9	1.7
ZIM nulle	0.2	0.2	0.1
Territoires des RRPV	0.04	0.04	0.03

Source : OCDE (2009), « Questionnaire for the Integration of the Background Report », document de travail interne de la Direction de la Gouvernance publique et du développement territorial, OCDE, contenant des informations fournies par le Secrétariat rural (AFC) et Statistique Canada.

Néanmoins, certaines collectivités rurales ont démontré leur capacité à intégrer les immigrants par la création de services locaux spécifiques (allant de l'épicerie à la musique) pour les populations d'émigrés et de réfugiés. Selon certains universitaires, la capacité d'intégrer les immigrants a probablement enrichi les collectivités locales (Broadway, 2007). Nombre de régions rurales « témoignent de la réalité de la diversité et de la transformation démographique » (Radford, 2007). Certaines caractéristiques de la population émigrée peuvent faciliter le processus d'intégration. Ram et Shin (1999) suggèrent, par exemple, que plus un groupe d'immigrants est mobile plus son degré d'intégration dans la société est grand. En conséquence, la dispersion spatiale de la population est un indicateur de l'intégration socio-économique par opposition aux enclaves d'immigrants (Beshiri et He, 2009). La mobilité des immigrants à l'intérieur d'une collectivité rurale, dans laquelle il existe un sentiment relativement plus fort d'appartenance à la collectivité (Mitura et Bollman, 2003), peut faciliter l'intégration des immigrants dans la société canadienne, contrairement à ce qui se passe en milieu urbain.

En 2006, la plupart des immigrés vivant dans des zones rurales arrivés avant 1986 sont bien établis (3.7 % de la population totale) alors que ceux arrivés ultérieurement représentent une proportion nettement moindre (1.6 % de la population totale). Ce tableau contraste avec celui des régions métropolitaines dans lesquelles les immigrants bien établis sont moins nombreux que ceux arrivés ultérieurement (11 % contre 15 %) (graphique 1.8). Globalement, dans une région métropolitaine, une personne sur quatre est un émigré contre une sur dix dans les RRPV. Il est intéressant d'observer que, comparées aux RRPV, les petites villes ou agglomérations de recensement (AR) ont un nombre analogue d'immigrants et un profil analogue de total d'immigrants pour chaque période d'arrivée. Dans les AR et les RRPV, la plupart des immigrants sont arrivés au minimum 20 ans avant le recensement de 2006 (soit avant 1986). Dans les régions rurales et les petites villes du Canada, les immigrants représentent une proportion plus importante de la population dans les zones à ZIM forte que dans les zones plus rurales.[12]

1.2 Liaisons rural/urbain

Le navettage est intense, mais également multidirectionnel

Avec leurs logements meilleur marché et leurs bonnes aménités naturelles, les régions rurales situées à proximité de grands marchés urbains ont attiré les populations entre 1981 et 2001 (graphique 1.9). Les régions rurales proches de grands centres urbains (GCU) attirent des catégories spécifiques de résidents urbains. Pour les groupes d'âge 25-69 ans, par exemple, les RRPV ont connu une immigration nette uniforme car les familles jeunes s'installent dans les collectivités rurales à distance raisonnable des lieux d'emploi de la ville et les préretraités s'installent dans les régions rurales riches en aménités et activités d'extérieur.[13] En 2001, par exemple, sur 14.7 millions de travailleurs au Canada, 2.8 millions résidaient dans des régions rurales et petites villes (RRPV).

Les flux de navetteurs au départ des collectivités rurales tendent à être multidirectionnel et ne se font pas simplement dans le sens périphérie-centre. Sur les 2.8 millions de travailleurs vivant dans des régions rurales, quelque 2.3 millions travaillaient également dans une RRPV. Parmi eux, 447 000 allaient travailler dans une RRPV différente de celle de leur lieu de résidence. La plupart de ces résidents des RRPV contribuait donc à l'économie d'autres régions rurales, tandis qu'un nombre similaire de travailleurs (environ 444 000) faisaient la navette avec un GCU.[14]. Ces résultats indiquent que pour les travailleurs faisant la navette avec une RRPV, les emplois ruraux sont tout aussi importants que les emplois urbains (tableau 1.3).

Graphique 1.8 **Immigrants en pourcentage de la population totale dans les grands centres urbains et les régions rurales**

2001-2006

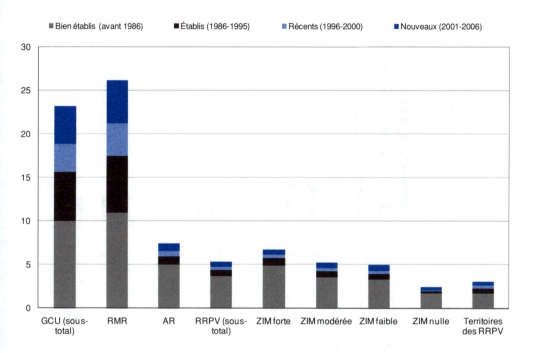

Note : Les grands centres urbains (GCU) sont composés de régions métropolitaines de recensement (RMR) et d'agglomérations de recensement (AR). Les RMR ont une population totale de 100 000 habitants et plus, dont 50 000 et plus dans le noyau urbain ; elles englobent toutes les villes et municipalités dans lesquelles 50 % et plus de la population active fait la navette avec le noyau urbain. Les AR ont un noyau urbain de 10 000 habitants et plus et une population totale de moins de 100 000 habitants dont 50 % et plus de la population active fait la navette avec le noyau urbain. Les régions rurales et les petites villes (RRPV) sont composées des zones d'influence métropolitaines (ZIM) qui sont affectées sur la base de la proportion de la main d'oeuvre faisant la navette avec une RMR ou une AR (ZIM forte : 30 % et plus ; ZIM modérée : 5 % à 29 %; ZIM faible : 1 % à 5 % ; ZIM nulle : aucun navetteur).

Source : Beshiri, R. et J. He (2009), « Les immigrants au Canada rural : 2006 », *Bulletin d'analyse : régions rurales et petites villes du Canada*, vol. 8, n°2, Statistique Canada, www.statcan.gc.ca/pub/21-006-x/21-006-x2008002-fra.pdf.

Graphique 1.9 **Tendances démographiques dans les collectivités rurales accessibles et dans les collectivités rurales éloignées, au Canada**

1981-2001

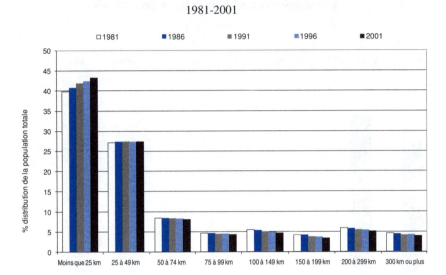

Note : Les communautés situées à plus de 50 km d'une RMR de plus de 100 000 habitants ne sont, en moyenne, pas compétitives (c'est-à-dire que leur part de la population totale est en déclin).

Source : Bollman R. D. (2007), « Les facteurs stimulant l'économie rurale canadienne, document de recherche », série de documents de travail sur l'agriculture et le milieu rural, Statistique Canada.

L'étalement urbain exerce une pression sur les terres agricoles

Dans les trente dernières années, l'étalement urbain a été intense, même s'il s'est concentré sur une partie relativement peu étendue du pays. Au Canada, le paysage urbain est dominé par quatre grandes régions dans lesquelles réside la moitié de la population canadienne : l'Ontario et la conurbation du « fer à cheval doré » (Golden Horseshoe) ; Montréal et la région adjacente ; le sud-ouest de la Colombie-Britannique (« Lower Mainland ») et le sud de l'île de Vancouver, enfin le corridor Calgary-Edmonton. En 2001, l'Ontario représentait environ un tiers des terrains urbains (9 800 km^2). Avec 7 500 km^2, le Québec arrivait en deuxième position, suivi de la Colombie-Britannique (4 100 km^2). Au Canada, la

Tableau 1.3 **Répartition des navetteurs par lieu de résidence et lieu de travail**

	GCU	RRPV	Total régions
Navetteurs par lieu de travail (nombre)			
GCU	3 765 950	163 740	3 929 690
RRPV	443 605	447 000	890 605
Total régions	4 209 555	610 740	4 820 295
Répartition par lieu de travail (pourcentage ligne)			
GCU	95.8	4.2	100
RRPV	49.8	50.2	100
Total régions	87.3	12.7	100
Répartition par lieu de résidence (pourcentage colonne)			
GCU	89.5	26.8	81.5
RRPV	10.5	73.2	18.5
Total régions	100	100	100

Source : Harris, S., A. Alasia et R.D. Bollman (2008), « Le navettage en milieu rural : son importance pour les marchés du travail ruraux et urbains », *Bulletin d'analyse – Régions rurales et petites villes du Canada*, vol. 7, n°6, Statistique Canada, numéro au catalogue : 21-006-XWF, Ottawa.

superficie totale de terrains consacrés à des usages urbains (31 000 km^2 en 2001) s'est fortement accrue au cours des dernières décennies. Entre 1971 et 2001, l'urbanisation a consommé quelque 15 200 km^2 de terres environnantes, soit une augmentation des terrains urbains de 96 % sur la période. Au niveau provincial, ce sont l'Ontario et le Québec qui ont enregistré la plus forte progression. Sur cette même période, l'Ontario a enregistré une croissance de ses terrains urbains de près de 80 % (graphique 1.10).[15]

Les aménagements urbains ont consommé une proportion importante des meilleures terres agricoles du pays (graphique 1.11). Au Canada, environ 46 % des terrains urbains étaient, en 2001, situés sur des terres agricoles cultivables. Or, en dépit de la taille du pays, les terres agricoles cultivables sont au Canada une ressource rare. Les contraintes liées au climat et à la qualité des sols réduisent l'étendue de terres pouvant être utilisées pour des activités agricoles. Seulement 5 % environ du territoire canadien (492 727 km^2) est libre d'entrave sérieuse à la production des cultures. Les utilisations urbaines couvrent 14 300 km^2, soit 3 % des terres agricoles cultivables et 7.5 % des meilleures terres agricoles, classées en « catégorie 1 » dans l'Inventaire des terres du Canada (OCDE, 2009i).[16] Une fois consommées, ces terres sont, à tous égards, perdues à jamais pour l'agriculture.

Graphique 1.10 **Évolution des terrains urbains au Canada entre 1971 et 2001**

km²

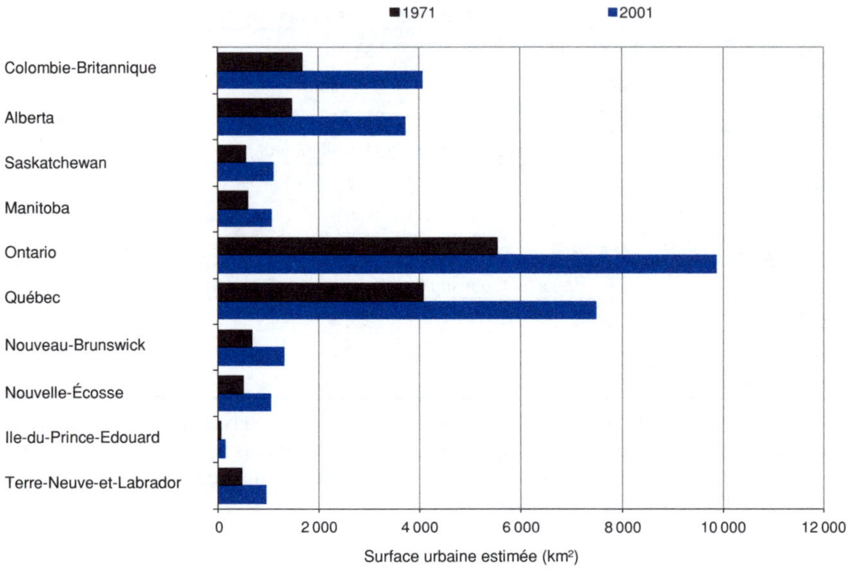

Province	1971	2001
Colombie-Britannique	~1 700	~4 000
Alberta	~1 400	~3 700
Saskatchewan	~500	~1 000
Manitoba	~500	~900
Ontario	~5 500	~9 800
Québec	~4 100	~7 500
Nouveau-Brunswick	~700	~1 300
Nouvelle-Écosse	~500	~1 000
Ile-du-Prince-Edouard	~100	~200
Terre-Neuve-et-Labrador	~400	~900

Surface urbaine estimée (km²)

Source : Hofmann, N., G. Filoso et M. Schofield, (2005), « La perte de terres agricoles cultivables au Canada », *Bulletin d'analyse : régions rurales et petites villes du Canada*, vol. 6, n°1, numéro au catalogue : 21-006-XIF200501, Statistique Canada.

Au Canada, la quantité de terres cultivables varie considérablement d'une province à l'autre. Ainsi, bien que le Québec soit la plus grande province, on n'y trouve que 5 % de toutes les terres agricoles cultivables. Les trois-quarts des terres agricoles cultivables se concentrent dans trois provinces : la Saskatchewan, l'Alberta et l'Ontario (graphique 1.12). L'impact des aménagements urbains sur les terres agricoles disponibles varie donc d'une province à l'autre.

1.3 Bien-être social

Il est difficile de mesurer la qualité de vie dans les régions rurales du Canada et dans les collectivités rurales en général. Par exemple, la vie en milieu rural a ses avantages et ses inconvénients par rapport à la vie en milieu urbain. D'un côté, les collectivités rurales sont en retard sur les

Graphique 1.11 **Aménagements urbains et consommation de terres agricoles cultivables**

1971-2001

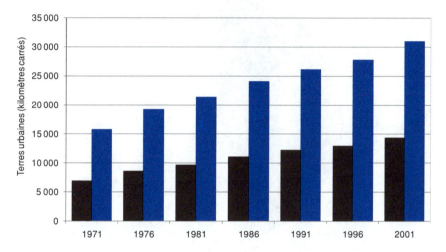

Source : Hofmann, N., G. Filoso et M. Schofield, (2005), « La perte de terres agricoles cultivables au Canada », *Bulletin d'analyse : régions rurales et petites villes du Canada*, vol. 6, n°1, numéro au catalogue : 21-006-XIF200501, Statistique Canada.

collectivités urbaines pour un certain nombre d'indicateurs de la qualité de vie, tels que notamment le revenu des ménages, le niveau d'instruction, l'emploi et la santé. De l'autre, les collectivités rurales sont vantées pour leur qualité de vie sociale et environnementale, avec notamment des niveaux moindres de stress, de délinquance et de pollution, et une plus grande cohésion sociale qui les rend plus attractives comparées aux centres urbains. Mais, ce ne sont là que des variables substitutives du bien-être qui ne peuvent donner qu'une idée générale de ce dont les populations rurales peuvent avoir besoin pour améliorer leur qualité de vie.[17]

Les populations rurales sont moins riches mais la pauvreté est un problème urbain

Au Canada, les populations rurales ont généralement des revenus inférieurs à ceux de leurs homologues urbains.[18] Au niveau national, l'écart de revenu moyen entre les familles rurales et les familles urbaines est

Graphique 1.12 **Nombre de km² de terres agricoles cultivables de catégorie 1 dans les provinces canadiennes, en 2001**

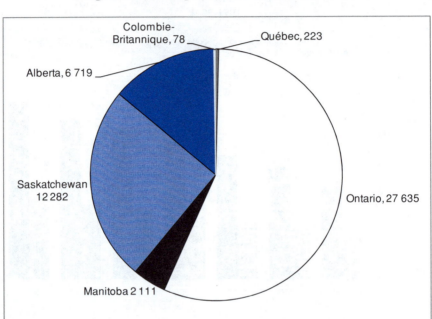

Source : Hofmann, N., G. Filoso et M. Schofield, (2005), « La perte de terres agricoles cultivables au Canada », *Bulletin d'analyse : régions rurales et petites villes du Canada*, vol. 6, n°1, numéro au catalogue : 21-006-XIF200501, Statistique Canada.

d'environ 7100 USD PPA (2005) (graphique 1.13). Toutefois, certains des handicaps en termes de disparités de revenu auxquels sont confrontées les régions rurales par rapport aux régions urbaines sont compensés par trois grands transferts monétaires. Premièrement, du fait de leurs niveaux de revenu moindres, les citoyens des campagnes payent moins d'impôts que ceux des villes (Murphy, 1992 ; Rupnik *et al.*, 2001). Deuxièmement, ils perçoivent également plus de transferts sociaux car le taux de chômage est plus élevé en milieu rural (ce qui génère des niveaux élevés de prestations au titre de l'assurance-chômage). Troisièmement, du fait d'une proportion plus grande d'aînés et d'enfants, les régions rurales reçoivent un montant plus élevé de pensions de retraite et relativement plus de transferts sociaux au titre du Crédit d'impôt enfant (Child Tax Credit).

Graphique 1.13 **Revenu des ménages en milieu urbain, en milieu rural et dans les ZIM, en 2005**

USD constants de 2000 PPA

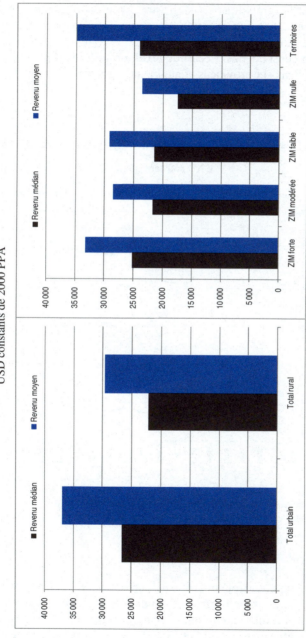

Source : OCDE (2009), « Questionnaire for the Integration of the Background Report », document de travail interne de la Direction de la Gouvernance publique et du développement territorial, OCDE, contenant des informations fournies par le Secrétariat rural (AFC) et Statistique Canada.

L'écart de revenu entre régions rurales et régions urbaines est stable et n'a pas évolué de façon notoire sur les vingt dernières années (Bollman et Michaud, 2006) (graphique 1.14). Il varie toutefois d'une province à l'autre. Entre 1980 et 2000, par exemple, dans certaines provinces canadiennes le revenu rural moyen a augmenté plus vite que le revenu moyen des régions urbaines. En conséquence, l'écart de revenu rural/urbain persiste certes mais il a diminué dans six provinces et augmenté dans trois (Singh, 2004).

Graphique 1.14 **Évolution des revenus des RRPV et des GCU, 1984-2004**

CAD constants de 2000

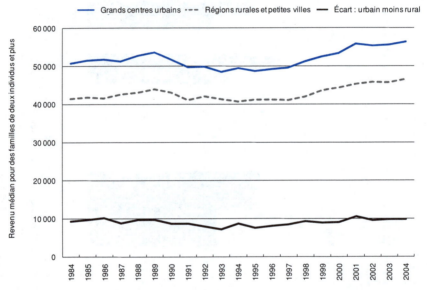

Source : Statistique Canada, Enquête sur la dynamique du travail et du revenu (et Enquête sur les finances des consommateurs, pour les années antérieures).

De nos jours, on trouve moins de personnes en situation de pauvreté en milieu rural qu'en milieu urbain. Depuis la fin des années 1980, l'incidence des ménages à faible revenu dans les régions rurales et les petites villes du Canada, mesurée par le Seuil de Faible Revenu (SFR), a été inférieure à l'incidence des bas revenus dans les grands centres urbains (graphique 1.15).

Le SFR est ajusté pour les différentes catégories d'urbanisation. Le SFR des régions rurales est moindre pour refléter un coût de la vie moindre (essentiellement le coût du logement mais aussi le coût de la nourriture et de l'habillement). Ceci explique en partie la proportion moindre de ruraux vivant dans des ménages dont le revenu est inférieur au SFR. Nonobstant, ce résultat n'est pas stable et il peut changer si l'on utilise d'autres mesures de la richesse ou du bien-être. Selon quelques approches différentes *i*) les régions rurales sont plus pauvres que les régions urbaines lorsque le revenu local est ajusté des coûts de transport, ou *ii*) les franges urbaines sont les zones dans lesquelles le bien-être est le plus grand (encadré 1.3).

Graphique 1.15 **Pourcentage d'individus dans les ménages dont le revenu, toutes sources confondues, est inférieur au seuil de faible revenu (SFR)**

1984-2004

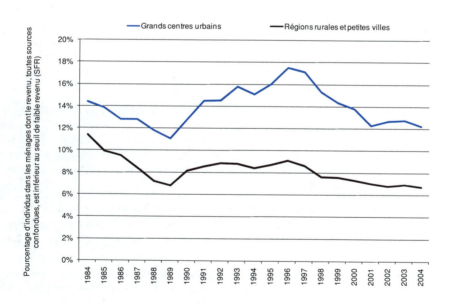

Source : Statistique Canada, Enquête sur la dynamique du travail et du revenu (2004).

> **Encadré 1.3 Différentes mesures de la pauvreté dans les régions rurales du Canada et des performances des provinces**
>
> Un certain nombre de systèmes ont été élaborés et appliqués au Canada pour rendre compte de la qualité de vie et du bien-être social. Ces systèmes mesurent et évaluent le bien-être économique, social et environnemental, au regard de l'équité, des droits de l'homme et de la justice sociale. En général, les techniques utilisées pour mesurer la pauvreté ne sont pas corrigées pour prendre en compte les différences de coût de la vie entre régions urbaines et régions rurales ou ajuster les coûts en fonction de variables autres que le SFR ; elles donnent donc des résultats différents.
>
> - **La mesure de faible revenu** (MFR) (c'est-à-dire la proportion d'individus dans les ménages dont le revenu est inférieur à la moitié du revenu médian national, corrigé de la taille du ménage) montre que l'incidence des faibles revenus peut être plus grande dans les régions rurales que dans les régions urbaines (Rupnik *et al.*, 2001). Ce résultat tient uniquement au fait que le SFR n'est pas corrigé pour prendre en compte les différences de coût de la vie entre régions urbaines et régions rurales.
>
> - **La mesure du panier de consommation** (MPC) inclut les coûts de transport dans le calcul du coût de la vie. Le coût plus élevé des transports en milieu rural du fait du manque de transports publics signifie que le panier minimum de biens et de services au prix du marché coûte plus cher dans les régions rurales et qu'en conséquence l'incidence d'individus vivant en-dessous de la MPC est analogue en milieu rural et en milieu urbain (Bollman et Michaud, 2006).
>
> - **L'initiative des indicateurs d'environnement et de développement durable** (mise en place par le gouvernement canadien) représente un effort substantiel pour mesurer l'impact environnemental des activités économiques actuelles au Canada. En 2004, le gouvernement fédéral s'est engagé à commencer à utiliser plusieurs des indicateurs recommandés, intégrant dans son processus décisionnel des objectifs de propreté de l'eau et de l'air et de réduction des émissions.
>
> - **Des indicateurs du progrès social** ont été également explorés par le Secrétariat rural (organe administratif qui coordonne les politiques rurales au Canada) comme mesure du bien-être social et de la qualité de vie, et appliqués de manière spécifique au Canada rural.
>
> *Source :* OCDE (2009), « Questionnaire for the Integration of the Background Report », document de travail interne de la Direction de la Gouvernance publique et du développement territorial, OCDE, contenant des informations fournies par le Secrétariat rural (AFC) et Statistique Canada.

Selon une analyse quantitative du progrès social dans les régions urbaines et rurales, c'est dans les franges urbaines que le niveau de bien-être est le plus élevé. Harris et Burns (2004) ont élaboré une formule pour rendre opérationnelle une définition du progrès social, qui englobait l'éducation, l'espérance de vie, le taux de dépendance économique des jeunes, l'incidence des bas revenus et le chômage. Dans cette approche, le progrès social dépend : *i)* du pourcentage de la population ayant un niveau d'instruction de grade 9 et plus ; *ii)* de l'espérance de vie moyenne en nombre d'années ; *iii)* de l'évolution de la population locale entre 1996 et 2001 ; *iv)* du taux de dépendance économique des jeunes ; *v)* du pourcentage de la population vivant en-dessous du SFR et enfin *vi)* du taux de chômage. En utilisant principalement les données des recensements de 1996 et 2001, ce modèle a montré que c'est dans les régions rurales à l'extérieur des RMR/AR que le niveau de progrès social tend à être le plus bas et dans les franges urbaines à l'intérieur des subdivisions RMR/AR qu'il tend à être le plus élevé (tableau 1.4). Les taux moyens de progrès social dans les SDR de la frange urbaine ont montré également la plus forte progression sur la période de cinq ans, la moyenne étant passée de 0.37 en 1996 à 0.73 en 2001. Il semble donc que les conditions les plus propices au progrès social soient réunies dans les régions situées à proximité mais pas à l'intérieur d'un noyau urbain.[19]

Tableau 1.4 **Progrès social : moyenne des SDR par type urbain/rural**

Territoire	1996	2001
Noyau urbain	0.268	0.346
Frange urbaine	0.37	0.729
Frange rurale, à l'intérieur d'une RMR/AR	0.365	0.563
Urbain, à l'extérieur d'une RMR/AR	0.01	-0.226
Rural, à l'extérieur d'une RMR/AR	-0.127	-0.062
Total	**-0.02**	**0.032**

Note : Harris et Burns (2004) n'utilisent pas la classification RRPV du milieu rural. Leurs ventilations régionales englobent le noyau urbain, la frange urbaine et la frange rurale et distinguent les régions urbaines et rurales accessibles et périphériques à l'intérieur ou à l'extérieur d'une région métropolitaine de recensement (RMR) ou d'une agglomération de recensement (AR).

Le niveau d'études et l'état de santé des populations rurales sont inférieurs à ceux des populations urbaines

Au Canada, on constate une fracture entre populations rurales et populations urbaines pour le niveau d'études. En 2006, les premières étaient moins susceptibles d'être diplômées de l'enseignement secondaire et de l'université que les secondes ; en revanche, leur probabilité d'être diplômées d'une école professionnelle était plus grande. Plus précisément, en 2006, 25 % des résidents ruraux de 25 à 64 ans n'avaient pas achevé leurs études secondaires contre 13 % des résidents urbains. Environ 17 % des Canadiens ruraux avaient obtenu un certificat ou un diplôme professionnel contre 11 % de leurs homologues urbains. Près de 20 % des résidents des régions tant rurales qu'urbaines étaient titulaires d'un diplôme d'études collégiales et environ 11 % des citoyens ruraux étaient titulaires d'un diplôme universitaire contre 26 % des citoyens urbains (Statistique Canada, 2008). En dépit de la persistance d'une fracture éducative rural/urbain, le niveau d'études des populations n'a cessé de s'améliorer entre 1981 et 1996 dans les régions rurales comme dans les régions urbaines (Alasia, 2003).[20]

Au Canada, la fracture éducative rural/urbain dépend de trois grands facteurs. Tout d'abord, comme dans d'autres régions rurales des pays de l'OCDE, les ruraux sont moins incités à décrocher un diplôme de l'enseignement supérieur dans la mesure où moins d'emplois locaux requièrent des compétences de haut niveau (autrement dit des diplômes universitaires). Ensuite, l'obtention de qualifications supérieures suppose bien souvent d'aller s'installer dans des collectivités urbaines plus importantes. Enfin, les universités canadiennes tendent à être situées dans les grands centres urbains et les collèges techniques et communautaires dans les villes de moindre importance. Compte tenu du niveau d'études post-secondaire des titulaires d'un diplôme de l'enseignement secondaire, en général les diplômés issus de lycées ruraux sont tout aussi susceptibles de suivre un enseignement post-secondaire que les diplômés issus de lycées urbains (Frenette, 2003).

Le Canada rural affiche également un niveau de santé inférieur à celui des régions urbaines, en dépit de certains avantages liés à un niveau moindre de pollution et au mode de vie rural. En général, l'état de santé baisse au fur et à mesure que l'on s'éloigne d'un centre urbain (Desmeules et Pong, 2006 ; Mitura et Bollman, 2003). Pour le nombre de médecins par habitant, le schéma est similaire (tableau 1.5). Des phénomènes en relation avec la santé comme le tabagisme et l'obésité sont plus élevés en milieu rural que dans les régions urbaines tandis que les comportements sanitaires comme de bonnes pratiques alimentaires (consommation de fruits et légumes) et l'activité physique sont moins développés dans les régions rurales (OCDE, 2009i). Les maladies de l'appareil circulatoire, les blessures, les empoisonnements et suicides contribuent à un taux global de mortalité plus élevé dans les régions rurales et les petites villes. Les citoyens résidant dans la plupart des régions rurales sont les plus exposés au risque. Par exemple, les taux plus élevés de mortalité par blessure et empoisonnemement en milieu rural peuvent être liés aux risques professionnels d'activités rurales comme l'agriculture, la pêche et la sylviculture. Dans les régions rurales, les trajets plus longs à effectuer sur des routes dangereuses pour aller travailler et faire ses courses contribuent probablement au plus grand nombre de blessés et de tués dans des accidents de la circulation (Desmeules et Pong, 2006).[21] Toutefois, les taux de mortalité par cancer sont légèrement moins élevés dans les collectivités rurales en raison d'une exposition moindre à la pollution. Les autres avantages de la vie rurale en termes de santé sont un plus grand sentiment d'appartenance à une communauté et des niveaux de stress moindres (Desmeules et Pong, 2006).

Tableau 1.5 **Répartition des médecins et de la population totale au Canada, 2004**

	ZIM forte	ZIM modérée	ZIM faible	ZIM nulle	Territoires	Total rural	Urbain	Canada
% de tous les médecins	1.4	3.2	4.4	0.3	0.1	9.4	90.8	**100**
% de la population canadienne	5.6	7.6	6.6	1.1	0.2	21.1	79.3	**100**

Source : Statistique Canada (2004), Estimations de la population (en frontières du recensement de 2001) ; base de données médicales Southam. Données tirées de : Répartition géographique des médecins au Canada : au delà du nombre et du lieu (2005), Institut canadien d'information sur la santé (ICIS).

Les marchés ruraux du travail affichent de bonnes performances, en particulier dans les Territoires

Les marchés du travail du Canada rural ont des performances inférieures à celles des régions urbaines en termes de taux d'activité, mais les taux d'activité et d'emploi sont relativement élevés. En 2006, le taux d'activité dans les RRPV était de 63.7 %. Les taux d'activité des régions rurales des territoires (68.5 %) sont plus élevés que ceux des régions urbaines et de tous les autres types de régions rurales. Inversement, les régions à ZIM modérée et à ZIM nulle affichent les performances les plus faibles (graphique 1.16). En 2006, le taux d'emploi était de 58.5 % pour le Canada rural contre 63.3 % pour le Canada urbain. C'est dans les régions à ZIM forte que les taux d'emploi pour les régions rurales étaient les plus élevés (62.8 %) tandis que c'est dans les régions à ZIM nulle que ces taux étaient les plus faibles (50.6 %) de toutes les régions rurales et petites villes. En 2006, le taux de chômage était de 8.2 % dans les collectivités rurales contre 6.2 %

dans les centres urbains. Dans les régions à ZIM forte, il était inférieur à celui des régions urbaines, s'établissant à 5.9 %. Le taux de chômage augmente généralement avec la « ruralité », la plupart des régions rurales affichant les taux les plus élevés. A titre d'exemple, les taux de chômage étaient respectivement de 14.6 % dans les régions à ZIM nulle et de 15.5 % dans les Territoires des RRPV.

Graphique 1.16 **Taux d'activité dans les régions rurales et les régions urbaines au Canada, 2006**

15 ans et plus

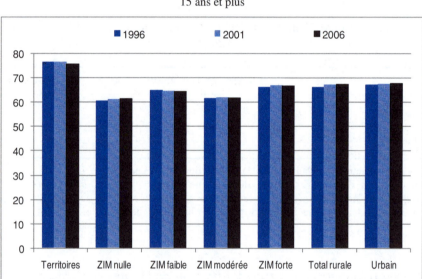

Source : OCDE (2009), « Questionnaire for the Integration of the Background Report », document de travail interne de la Direction de la Gouvernance publique et du développement territorial, OCDE, contenant des informations fournies par le Secrétariat rural (AFC) et Statistique Canada.

Lorsqu'on examine les tendances, les RRPV affichent également de bonnes performances conformes à celles des grands centres urbains (GCU), entre 1996 et 2000. Dans les RRPV, les taux d'activité et les taux d'emploi ont progressé, s'établissant juste au-dessus de 5 % (Rothwell, 2001). Dans le même temps, les taux de chômage ont reculé sur la période (bien que, dans ce cas, les régions rurales aient fait mieux que les régions urbaines). Au niveau provincial, les taux d'activité et les taux d'emploi ont varié de façon notoire entre 1996 et 2000 (Rothwell, 2001). Dans les régions rurales des provinces atlantiques, les taux d'emploi ont progressé entre 1996 et 2000, mais dans chaque province le taux d'emploi a été inférieur au taux d'emploi du Canada rural. Pour le Québec et l'Ontario, les augmentations de l'emploi rural sur la période ont été analogues même si le taux d'emploi de l'Ontario a été supérieur à celui du Canada rural tandis que celui du Québec demeurait inférieur au taux du Canada rural. Les quatre Provinces de l'Ouest ont eu des taux d'emploi rural essentiellement réguliers, qui sont restés supérieurs à la moyenne nationale du Canada rural mais l'écart entre les taux enregistrés dans les Provinces de l'Ouest et le taux moyen du Canada rural s'est resserré.

L'offre de services peut poser problème dans les régions rurales éloignées du fait du vieillissement démographique et du dépeuplement

A mesure que la longévité augmente dans les régions rurales, on s'inquiète que les aînés ne puissent pas recevoir les services dont ils ont besoin, notamment en matière de loisirs, de logement et de soins de santé. Cependant, compte tenu des grandes disparités qui caractérisent le Canada rural, la situation n'est pas homogène sur l'ensemble du pays et certaines régions rurales font mieux que d'autres dans ce domaine spécifique. L'éloignement par rapport aux régions urbaines sera probablement un facteur essentiel pour l'offre de certains biens publics spécifiques. Par exemple, les régions rurales et les régions urbaines adjacentes partagent des emplois, des marchés du travail et des services. Inversement, dans d'autres régions rurales, en particulier dans celles à ZIM faible, un déclin démographique constant a réduit l'assiette fiscale des municipalités rurales, affectant ainsi leur capacité d'offre de services.

L'éloignement et le déclin démographique ont également un impact sur la capacité du secteur privé et de la société civile d'offrir des services essentiels dans les collectivités rurales. Par exemple, les entreprises actives dans les secteurs des transports et de la finance ont des difficultés à maintenir ou étendre leur offre locale de biens et services dans les régions rurales. De même, à mesure que la base de population diminue, le nombre de personnes disponibles pour des services bénévoles ou d'intérêt général diminue lui aussi. Les résidents ruraux sont confrontés à des pressions supplémentaires importantes en termes de temps et de ressources. Ces régions rurales ont dû s'adapter et trouver de nouvelles formules pour l'offre des services indispensables. Les approches de type coopératif, la coopération régionale, la cartographie des actifs pour la planification collective et économique, les stratégies pour attirer et garder les immigrants et les migrants internes ont été autant d'ajustements opérés dans ces régions rurales. Au Manitoba, quelques programmes spécifiques et réussis de parrainage d'immigrants ont contribué à un accroissement de la population dans les zones à ZIM modérée comme dans les zones à ZIM faible. L'une et l'autre de ces tendances ont eu des effets importants pour les collectivités rurales concernées.

1.4 Profil économique

L'économie rurale a une base économique diversifiée…

L'ensemble du Canada rural s'est réorienté de la production de biens à la production de services (tableau 1.6). [22] L'analyse des tendances à court terme montre, par exemple, que la part de l'emploi rural dans le secteur de la production de biens a diminué, passant de 36 % en 2001 à 35 % en 2008, tandis que dans le secteur de la production de services cette part est passée de 64 % à 65 %. Cette évolution est due principalement à l'utilisation de technologies permettant de réduire le travail humain et à la baisse des coûts de transports et de communication. Du fait de l'adoption de ces technologies, les secteurs primaires ont supprimé un nombre considérable d'emplois.[23] Un autre élément du remodelage de l'économie rurale a été la baisse constante des coûts de transport des marchandises et des personnes et des coûts de communication qui a favorisé la dispersion géographique des entreprises et des services dans des régions excentrées (Bollman, 2007).

Le rôle relatif de l'agriculture et des autres activités primaires n'a cessé de décroître

Sur la période 2000-2006, le secteur agricole primaire a représenté en moyenne environ 2.4 % du PIB et 2.7 % de l'emploi total (graphiques 1.17 et 1.18). Bien que proche de la moyenne des pays de l'OCDE en termes de part de la production, l'agriculture canadienne n'emploie pas autant de personnes. Elle constitue une activité à forte intensité de capitaux. En 2006, le capital moyen d'une exploitation agricole était de près de 1.1 million CAD, en progression de près de 36 % par rapport à 2001 (OCDE, 2008). En raison de la grande étendue de terres disponibles, les exploitations on tendance à être très grandes (au Canada, la taille moyenne d'une exploitation était de 422 hectares en 1996 alors que dans les pays de l'OCDE elle était de 173 hectares en 1993).[24]

Tableau 1.6 **Emploi par secteur industriel dans les régions rurales et petites villes, 2008**

	Secteurs de production de biens						Secteurs de production de services										
	Agriculture	Forêt, pêche, mines, pétrol et gaz	Équipements	Construction	Fabrication	Tous secteurs de production de biens	Commerce de gros et de détail	Transport et stockage	Finance, assurances, immobilier et location	Services professionnels, scientifiques et techniques	Soutien aux entreprises et autres services de soutien	Services d'éducation	Soins de santé et assistance sociale	Information, culture et récréation	Services de logement et alimentation	Autres services	Administration publique	Tous secteurs de production de services	Tous secteurs
Nombre d'actifs vivant dans des régions rurales et petites villes en 2008 (en milliers)
Terre-Neuve-et-Labrador	1	9	1	9	9	28	15	5	2	2	2	7	13	2	6	6	6	65	93
Ile-du-Prince-Édouard	2	2	x	3	3	11	4	2	1	1	1	2	3	1	2	1	2	18	29
Nouvelle-Écosse	4	9	1	10	16	40	24	5	5	5	6	9	19	5	8	6	7	99	139
Nouveau-Brunswick	5	8	2	11	20	45	22	9	6	4	5	11	22	3	9	7	9	107	152
Québec	46	17	7	54	145	269	118	39	28	24	22	40	89	22	48	42	28	499	768
Ontario	37	13	19	73	117	260	117	45	28	30	30	46	96	31	47	38	39	547	806
Manitoba	26	3	2	11	18	61	22	9	6	3	3	12	23	4	8	8	7	104	165
Saskatchewan	36	14	2	13	9	74	24	9	8	4	3	11	20	4	9	7	6	103	177
Alberta	53	45	4	43	26	169	57	21	14	13	11	25	38	10	28	19	12	247	417
Colombie-Britannique	11	22	2	35	23	92	38	14	10	14	9	13	25	12	24	10	10	178	270
CANADA	220	142	38	262	386	1 049	439	157	107	99	91	175	348	93	188	144	127	1 966	3 015
% de distribution d'emploi dans des régions rurales et petites villes par province, 2008 (ligne %)
Terre-Neuve-et-Labrador	1	10	1	10	9	30	16	6	2	2	3	7	14	2	6	7	6	70	100
Ile-du-Prince-Édouard	8	8	n.a.	9	11	37	13	5	3	2	3	6	11	3	6	4	8	63	100
Nouvelle-Écosse	3	6	0	7	12	29	18	3	3	3	5	7	13	4	6	4	5	71	100
Nouveau-Brunswick	3	5	1	7	13	30	15	6	4	3	3	7	14	2	6	5	6	70	100
Québec	6	2	1	7	19	35	15	5	4	3	3	5	12	3	6	5	4	65	100
Ontario	5	2	2	9	15	32	14	6	3	4	4	6	12	4	6	5	5	68	100
Manitoba	16	2	1	7	11	37	13	6	4	2	2	7	14	2	5	5	4	63	100
Saskatchewan	21	8	1	7	5	42	14	5	4	2	1	6	11	2	5	4	3	58	100
Alberta	13	11	1	10	6	41	14	5	3	3	3	6	9	2	7	5	3	59	100
Colombie-Britannique	4	8	1	13	9	34	14	5	4	5	3	5	9	4	9	4	4	66	100
CANADA	7	5	1	9	13	35	15	5	4	3	3	6	12	3	6	5	4	65	100
% de distribution d'emploi dans des régions rurales et petites villes par secteur industriel, 2008 (colonne %)
Terre-Neuve-et-Labrador	0	7	2	3	2	3	3	3	1	2	3	4	4	2	3	4	5	3	3
Ile-du-Prince-Édouard	1	2	n.a.	1	1	1	1	1	1	1	1	1	1	1	1	1	2	1	1
Nouvelle-Écosse	2	6	2	4	4	4	6	3	4	5	7	5	5	5	4	4	6	5	5
Nouveau-Brunswick	2	6	4	4	5	4	5	6	5	4	5	6	6	4	5	5	7	5	5
Québec	21	12	18	21	38	26	27	25	27	24	24	23	26	24	26	29	22	25	25
Ontario	17	9	50	28	30	25	27	29	26	31	33	26	28	33	25	26	31	28	27
Manitoba	12	2	6	4	5	6	5	6	6	3	3	7	6	4	4	6	5	5	5
Saskatchewan	16	10	5	5	2	7	6	5	7	4	3	6	6	4	5	5	4	5	6
Alberta	24	31	10	16	7	16	13	13	13	14	12	14	11	10	15	13	10	13	14
Colombie-Britannique	5	15	5	13	6	9	9	9	9	14	10	8	7	13	13	7	8	9	9
CANADA	100	100	100	100	100	100	100	100	100	100	100	100	100	100	100	100	100	100	100

Source : OCDE (2009), « Questionnaire for the Integration of the Background Report », document de travail interne de la Direction de la Gouvernance publique et du développement territorial, OCDE, contenant des informations fournies par le Secrétariat rural (AFC) et Statistique Canada.

Graphique 1.17 **Part de l'agriculture dans le PIB national des pays de l'OCDE**

Moyenne de la période 2000-2005 ou dernière année disponible - pourcentage

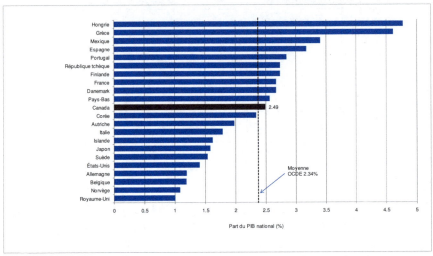

Source : OCDE (2008), *Études économiques de l'OCDE : Canada*, OCDE, Paris.

Graphique 1.18 **Part de l'agriculture dans l'emploi national dans les pays de l'OCDE**

Moyenne de la période 2000-2006 ou dernière année disponible

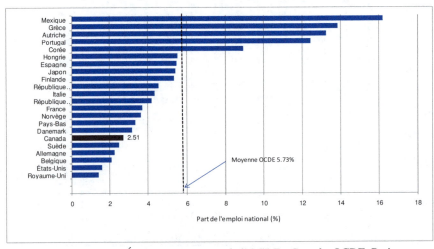

Source : OCDE (2008), *Études économiques de l'OCDE : Canada*, OCDE, Paris.

Étant donné la grande quantité de terres disponibles pour la production agricole par rapport à la population, le secteur agricole est un exportateur net. Le Canada est à la fois le cinquième plus gros exportateur et importateur de produits agricoles et agroalimentaires de l'OCDE (OCDE, 2008). Les débouchés commerciaux et l'accès aux marchés étrangers sont d'une importance cruciale pour le bon fonctionnement et la viabilité à long terme du secteur agricole (GC, 2006).

Les activités agricoles sont de plus en plus intégrées dans un vaste cadre de production régionale et les familles agricoles tirent leurs revenus de sources diverses. Selon Alasia *et al.* (2007), entre 1991 et 2001, on a enregistré une diminution d'environ 11 % du nombre d'exploitants de fermes de recensement tandis que le nombre d'exploitants déclarant un travail extra-agricole a augmenté de 6 %. En 2001, environ 45 % des exploitants de fermes de recensement (soit environ 150 000) déclaraient une activité extra-agricole et plus de 90 % d'entre eux exploitaient une ferme de recensement qui générait moins de 250 000 CAD de recettes brutes (Alasia *et al.* 2007). Le revenu des familles agricoles provient de sources diverses : revenus des activités agricoles, salaires et traitements pour un travail effectué sur l'exploitation, hors exploitation ou les deux et autres revenus non agricoles. Entre 1990 et 2005, la part des revenus agricoles nets dans le revenu des familles a baissé de 16 % en dollars réels tandis que celle des autres sources de revenus (non compris les salaires et traitements provenant d'activités agricoles et extra-agricoles) a augmenté de 21 % (graphique 1.19). La part des salaires et traitements dans le revenu des familles agricoles est de plus en plus importante. En 2005, par exemple, elle a augmenté de 67 % pour s'établir à 41 870 (OCDE (2009i).

Le monde rural a accru sa spécialisation dans la production et les services, avec les PME comme fer de lance

Le fait que les gros producteurs sous-traitent les activités à de petites entreprises indépendantes accroît la spécialisation des régions rurales dans les activités de production. Le Canada rural a toujours eu des emplois dans le secteur manufacturier (transformation du poisson, fonderies, scieries, usines de pâtes et papiers, etc.) mais quelques uns des nouveaux emplois du secteur s'inscrivent dans un réseau de systèmes de livraison en « flux tendus » *(« Just-in-time »)*. Au Canada, la production primaire était une activité rurale car de nombreuses activités se déroulaient à proximité des lieux de récolte et d'extraction de la matière première (usines de transformation du poisson, aciéries, usines de production de pâtes et papiers, fonderies). De même, pour nombre d'activités de production primaire, la

Graphique 1.19 **Revenu agricole net et autres sources de revenu des familles agricoles au Canada**

1990-2005 (CAD de 2005)

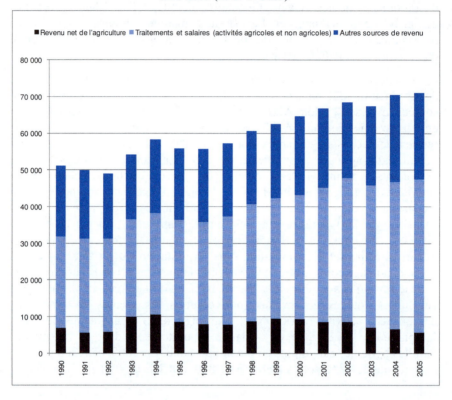

Note : Les revenus que les familles tirent d'une exploitation constituée en personne morale ne sont pas inclus dans le revenu agricole net.

Source : Agriculture et agroalimentaire Canada, taxfiler farm family data (base de données sur le revenu des familles agricoles).

proximité de chutes d'eau, généralement présentes dans les zones rurales, était nécessaire pour actionner les roues à aubes. Mais, sur les trente dernières années, la part du Canada rural dans l'emploi manufacturier total des secteurs non liés aux activités primaires, a augmenté. Au Canada, la proportion de la main d'œuvre vivant dans les régions rurales et les petites villes a augmenté d'environ 0.13 % par an depuis 1976 (graphique 1.20). En 2004, 21 % des travailleurs du secteur manufacturier canadien vivaient dans les régions rurales et les petites villes.[25] Cette tendance démontre que, pour les activités de production, les régions rurales ont probablement acquis un avantage de situation par rapport aux régions urbaines.

Comme en témoigne le nombre des petites et moyennes entreprises (PME), le taux d'entrepreneuriat du Canada rural est supérieur à celui des régions urbaines. Les statistiques tendent à confirmer l'importance cruciale des petites entreprises pour la santé économique du Canada rural. En 2004, les PME implantées en milieu rural représentaient 28 %, sur un nombre total estimé à 1.4 million, des PME implantées au Canada, soit une proportion bien supérieure à la part du Canada rural dans la population globale (un peu moins de 20 %).[26] Cela reflète probablement le rôle important des activités économiques locales reposant sur les ressources naturelles (agriculture, sylviculture, pêcheries et exploitation minière) mais aussi une plus grande activité entrepreneuriale des Canadiens ruraux comparée à celle de leur homologues urbains, hypothèse confirmée par le fait que 6 % des Canadiens ruraux étaient propriétaires d'une PME contre 4 % pour les Canadiens urbains. Les entreprises implantées dans le Canada rural tendent également à être de très petites entreprises. Une étude réalisée en 1999 par Statistique Canada constatait également qu'en 1996, 82 % des entreprises implantées en milieu rural comptaient moins de 10 salariés contre 74 % des petites entreprises implantées en milieu urbain. Une enquête réalisée en 2004 a montré que 86 % des PME rurales se classent dans la catégorie dite des micro-entreprises, ce qui signifie qu'elles emploient moins de cinq salariés. Pour le Canada urbain, ce chiffre est de 83 %.

De même, le prix des services de télécommunications a chuté de 80 % depuis les années 60, améliorant ainsi la capacité des régions rurales à attirer les entreprises et les résidents. Un exemple typique est celui de l'Internet, dont le prix a diminué ces dernières années.[27] La baisse globale du prix du transfert d'informations entraîne une baisse du prix de cette dimension de « ruralité ». Ce prix est relativement moins élevé pour les communications dans le sens rural/urbain. Il est toutefois possible que le prix des communications interurbaines aît baissé plus vite encore. La baisse du prix des transferts d'informations est une arme à double tranchant car si les résidents des campagnes peuvent envoyer et recevoir des informations plus rapidement, ceux des villes également. L'une des conséquences du phénomène est que l'on trouve moins de guichets automatiques dans les régions rurales mais aussi moins d'agences de voyages, ce qui diminue les interactions en face à face.

Graphique 1.20 **Pourcentage de travailleurs manufacturiers canadiens résidant dans le Canada rural, 1976-2008**

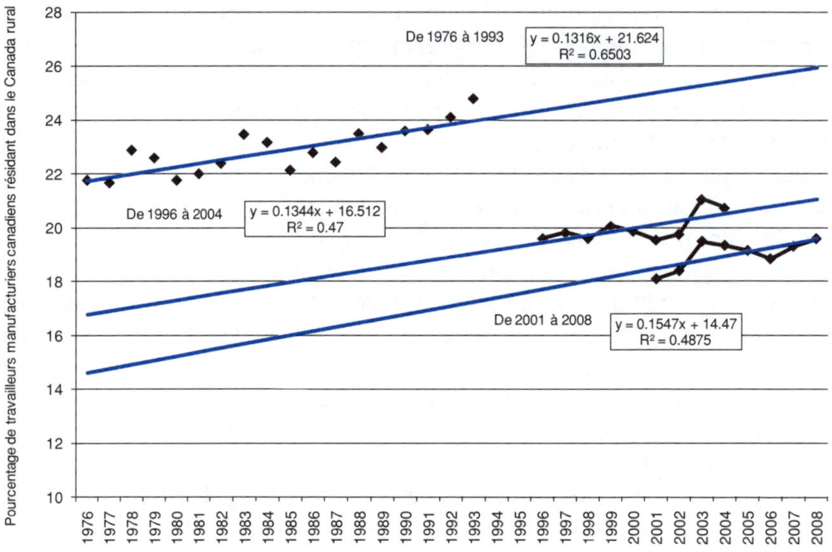

De 1976 à 1993 : $y = 0.1316x + 21.624$; $R^2 = 0.6503$

De 1996 à 2004 : $y = 0.1344x + 16.512$; $R^2 = 0.47$

De 2001 à 2008 : $y = 0.1547x + 14.47$; $R^2 = 0.4875$

Source : Bollman R. D. (2007), « Les facteurs stimulant l'économie rurale canadienne, document de recherche », série de documents de travail sur l'agriculture et le milieu rural, Statistique Canada.

La baisse du coût de transport des personnes bénéficie aux régions rurales accessibles

L'augmentation « des économies d'agglomération » est une autre moteur du changement démographique et économique rural, en particulier dans les régions rurales situées à proximité de GCU. Comme nous l'avons déjà évoqué ci-dessus, entre 1981 et 2001, la population rurale s'est concentrée dans les régions accessibles (c'est-à-dire situées dans un rayon de 50 kilomètres par rapport aux grands centres urbains). Certaines de ces régions rurales produisent des biens et des services spécialisés pour les marchés de niche des régions métropolitaines riches, en pleine croissance et segmentées. De plus, ces collectivités rurales ont aisément accès à des services hautement spécialisés (par exemple, un aéroport international, des centres de recherche et un grand hôpital) qui leur donnent une ouverture sur les marchés internationaux ou leur permettent d'avoir une qualité de vie relativement élevée. Mais toutes les collectivités rurales situées à proximité de centres métropolitains n'ont pas affiché des performances identiques entre 1981 et 2001. Par exemple, dans 5 % des collectivités situées à moins de 25 km d'un GCU, une économie d'agglomération liée à la proximité d'une métropole n'est pas parvenue à stimuler la croissance démographique dans ces collectivités et le nombre des habitants a connu sur la période un déclin continu.

... mais les collectivités rurales reposant sur l'exploitation des ressources naturelles sont encore nombreuses...

Une grande partie du Canada rural s'est émancipée de l'industrie primaire, de la production énergétique, minière et forestière mais la part de ces secteurs dans le PIB demeure relativement importante. En 2006, pour l'ensemble du pays, ces secteurs ont représenté 13 % du PIB total du Canada et 200 milliards CAD d'exportations. Le secteur forestier a représenté 2.4 % (ou 28.8 milliards CAD en dollars constants de 2002), l'extraction minière et la transformation de minerais 3.4 % (ou 40.9 milliards CAD en dollars constants de 2002) et l'énergie (pétrole brut et gaz naturel, énergie électrique et oléoducs) 7.2 % (ou 85.5 milliards CAD en dollars constants de 2002) (OCDE 2009i). Alors que la contribution à l'économie canadienne des secteurs de l'énergie, de l'extraction minière et de la transformation de minerais a augmenté, celle du secteur forestier a diminué, passant de 2.4 % en 1999 à 1.9 % en 2006 (graphique 1.21).[28]

En 2006, le secteur des ressources naturelles a employé directement 911 000 personnes, soit 6.5 % de l'emploi total contre 5.2 % en 1999 (graphique 1.21). Sur ces 6.5 %, le secteur forestier a employé directement 273 300 personnes, soit 1.9 % de l'emploi total au Canada. Dans ce secteur, l'industrie du bois a employé 128 900 personnes, l'industrie du papier et les industries connexes 84 400, l'exploitation forestière 35 500 et la sylviculture 24 500. En 2006, l'industrie minière (extraction et transformation du minerai) a employé directement 369 900 personnes, soit 2.7 % de l'emploi total : 40 000 personnes ont travaillé dans l'extraction du minerai, 80 000 dans la fusion et le raffinage et 240 000 dans les industries de transformation du minerai et de production. Le secteur de l'énergie a généré 269 116 emplois directs soit 1.9 % de l'emploi total.[29]

Graphique 1.21 **Part des ressources naturelles dans le PIB et l'emploi total du Canada**

1999 et 2006

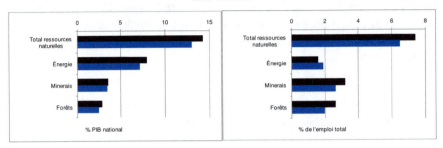

Source : OCDE (2009), « Questionnaire for the Integration of the Background Report », document de travail interne de la Direction de la Gouvernance publique et du développement territorial, OCDE, contenant des informations fournies par le Secrétariat rural (AFC) et Statistique Canada.

Au Canada, on recense 1 475 collectivités dépendantes de la ressource (soit 28 % du total), qui représentent une population d'environ un million de personnes (2006).[30] Les provinces dans lesquelles la proportion de collectivités reposant sur l'exploitation des ressources naturelles est la plus forte sont la Saskatchewan et l'Alberta, tandis que les trois territoires affichent le pourcentage le plus faible de « villes-ressources » (graphique 1.22). Dans les collectivités dépendantes de la ressource, c'est généralement le secteur agricole qui est dominant (37 %), suivi de la sylviculture (33 %), l'énergie (18 %), la pêche (8 %) et l'industrie minière (3 %). La plupart des collectivités dépendant d'une ou plusieurs ressources sont situées dans des RRPV. Si l'on considère la typologie rurale du Canada, les zones à ZIM faible et modérée sont plus spécialisées dans l'exploitation des ressources naturelles que les zones à ZIM forte ou nulle. Cela donne à penser que les collectivités plus proches de centres urbains (ZIM forte) ont une économie plus diversifiée tandis que la géographie et le coût du transport affectent les activités primaires dans les régions les plus reculées (ZIM nulle) où le secteur public est généralement important. Les collectivités des zones à ZIM forte bénéficient de la proximité des marchés du travail urbains tandis que dans les zones à ZIM nulle on trouve souvent des centres de services publics comme la santé et l'éducation et des administrations publiques (Sorensen, De Peuter, 2005).

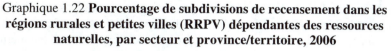

Graphique 1.22 **Pourcentage de subdivisions de recensement dans les régions rurales et petites villes (RRPV) dépendantes des ressources naturelles, par secteur et province/territoire, 2006**

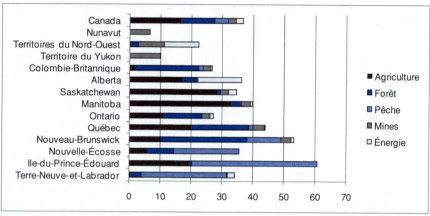

Note : Une subdivision de recensement (SDR) est une ville ou une municipalité organisée qui peut être considérée comme représentative des collectivités – Les SDR des régions rurales et petites villes sont situées en dehors des zones de navettage des grands centres urbains (noyau urbain de 10 000 habitants et plus). – Les collectivités qui sont dépendantes de plusieurs secteurs de ressources tels que l'agriculture, la sylviculture, la pêche, l'industrie minière ou l'énergie, sont prises en compte deux fois dans ce graphique.

Source : OCDE (2009), « Questionnaire for the Integration of the Background Report », document de travail interne de la Direction de la Gouvernance publique et du développement territorial, OCDE, contenant des informations fournies par le Secrétariat rural (AFC) et Statistique Canada.

Une spécialisation excessive dans les industries reposant sur l'exploitation des ressources naturelles pose problème aux collectivités rurales

L'importance des ressources naturelles dans l'économie de certaines collectivités rurales ne doit pas être considérée comme un facteur négatif en soi mais pose un certain nombre de problèmes. Le premier est qu'en raison de « la valeur économique croissante du temps humain » (Schultz, 1972), le capital se substitue de plus en plus au travail. En conséquence, l'emploi dans les activités primaires ne cesse de décliner, ce qui compromet la capacité des collectivités reposant sur l'exploitation des ressources naturelles à maintenir leur taille démographique. Le second est le fait que ces collectivités sont exposées à l'alternance de booms économiques et de récession, laquelle dépend des caprices des marchés internationaux des matières premières ou des décisions des gouvernements ou des entreprises mais pas de l'initiative locale (Sheffer, 2008). Lorsque la demande de ressources produites localement est forte, l'économie est prospère et relativement compétitive. Mais, dès lors que cet équilibre fragile et exogène est rompu, la collectivité est en danger et, dans certaines conditions, elle peut même disparaître.

En règle générale, les villes tributaires des ressources naturelles sont petites et se caractérisent par des marchés locaux du travail simplifiés. Plusieurs facteurs découragent le développement d'une économie diversifiée qui générerait une main d'œuvre plus hétérogène. Ces communautés sont habituellement isolées et éloignées des grands marchés. Les coûts de transport y sont élevés et dissuasifs pour l'implantation d'autres activités économiques. Qui plus est, certaines activités basées sur la ressource versent des salaires relativement élevés ; en conséquence, un seul revenu suffit à faire vivre la famille et seuls les hommes de la communauté ont un emploi. Le taux d'activité des femmes y est moins élevé que dans l'ensemble du pays. Enfin, un problème d'apparence physique se pose également. Dans le cas des vieilles villes, en particulier, l'environnement bâti est jugé non attractif par certains.[31]

Les collectivités canadiennes reposant sur l'exploitation des ressources naturelles présentent toutes ces caractéristiques ; elles présentent également quelques spécificités au niveau provincial (Walisser et al, 2006).[32] Par exemple, l'origine des personnes qui vivent dans les villes mono-industrielles varie d'un bout à l'autre du pays. La population industrielle d'un grand nombre de villes-ressources des provinces atlantiques et du Québec est une population locale qui vivait autrefois de la pêche, de l'exploitation forestière et de l'agriculture. Au contraire, les travailleurs et le personnel d'encadrement des villes-ressources de l'Ontario et de l'ouest canadien sont issus de populations non locales voire étrangères ; les « villes nouvelles » créées dans des régions essentiellement inhabitées sont « artificielles » et les liens culturels entre la population locale et le territoire sont faibles.[33]

Du fait de ces caractéristiques, les collectivités reposant sur l'exploitation des ressources naturelles ne peuvent absorber aisément les coups portés à leur économie lorsque leur principale source d'emplois et de revenus est confrontée à une crise ou à des fermetures soudaines. La crise déclenche un cercle vicieux : perte irréversible d'emplois directs entraînant la perte d'emplois indirects dans le secteur de l'industrie et des services ; déclin rapide de la population générant des pertes d'emplois ultérieures et des réductions importantes de l'offre de services publics ; perte de valeur des propriétés résidentielles, industrielles et commerciales, érosion de l'assiette fiscale et nouvelles réductions de l'offre de services locaux, sentiment de détresse et perte d'espoir dans l'avenir de la communauté.

Il est de plus en plus reconnu qu'un grand nombre de pratiques du secteur primaire ont des conséquences néfastes pour l'environnement qui devraient être prises en compte dans le coût de l'utilisation des ressources. A ce jour, l'utilisation des ressources naturelles au Canada a suivi principalement une approche néoclassique. Cette approche suppose que les forces du marché et les pouvoirs publics peuvent remédier à la dégradation de l'environnement. Cependant, « l'économie néoclassique évite les conséquences durables de la dégradation de l'environnement (perte de vitalité de la base de ressource, extinction des espèces et conséquences pour la société d'une pollution excessive) telle qu'un coût accru en termes de santé publique » (Hessing *et al.*, 2005). Il faut donc développer une approche qui intègre la valeur écologique des ressources et éviter leur surexploitation comme cela a été le cas dans la Péninsule de Burin (Terre-Neuve-et-Labrador), citée un peu plus tôt dans ce chapitre.

La crise économique mondiale menace la viabilité des collectivités rurales canadiennes

Bien que la crise économique mondiale frappe l'ensemble du pays, ses effets se font probablement encore plus durement sentir dans les régions rurales, en raison de la difficulté d'accès au crédit bancaire et d'une demande internationale réduite pour leurs biens (encadré 1.4). Les entrepreneurs installés en milieu rural se heurtent à des obstacles plus grands que leurs homologues implantés en milieu urbain. Premièrement, leurs entreprises tendent à être moins rentables. Selon Industrie Canada, en 2004, la rentabilité des PME rurales était de 26 % contre 29 % pour les PME urbaines. Deuxièmement, les entrepreneurs ruraux tendent à avoir moins de possibilités de choix lorsqu'ils ont besoin d'un crédit-relais pour leur gestion courante et d'un financement pour une création d'entreprise ou le développement d'une entreprise existante. Le fait que les entrepreneurs ruraux tendent à avoir comme principale institution financière des coopératives de crédit et des caisses populaires, le montre bien. En 2004, plus d'un tiers des PME rurales travaillaient avec des coopératives de crédit ou des caisses populaires pour leurs opérations bancaires courantes contre 15 % seulement des PME urbaines. Troisièmement, les PME rurales sont beaucoup plus susceptibles de travailler durablement avec la même institution financière que les PME urbaines ; toujours en 2004, 43 % des PME rurales contre 33 % des PME urbaines travaillaient depuis plus de dix ans avec la même institution financière. Les petites entreprises, qui dominent en milieu rural, voient leurs demandes de prêt plus souvent rejetées.

Encadré 1.4 **Quel est l'impact du resserrement du crédit dans les régions rurales des pays de l'OCDE ?**

La récession et la restriction du crédit menacent la viabilité de nombreuses collectivités rurales de l'OCDE. Bien qu'à ce jour l'impact de la crise ait été essentiellement observé dans les villes, il est probable qu'en 2009 les collectivités rurales en verront les principaux effets négatifs, et ce pour toute une série de facteurs connexes.

Premièrement, les régions rurales sont davantage exposées aux chocs économiques car leurs marchés du travail locaux (MTL) sont étroits, fragmentés et qu'habituellement leurs liens avec les autres marchés du travail sont faibles. En fait : *i*) comme ils sont étroits, toute fluctuation de la demande ou de l'offre a un impact disproportionné et même une perte d'emplois relativement limitée peut avoir des conséquences locales importantes ; *ii*) comme ils sont fragmentés, les personnes ayant des compétences spécifiques n'ont que des possibilités limitées de trouver un emploi correspondant à leurs compétences et *iii*) comme ils sont déconnectés des autres marchés du travail, il est plus difficile d'aller trouver ailleurs un emplois. En outre, les coûts tant financiers qu'en termes de temps, du navettage sont particulièrement élevés dans les régions rurales, ce qui tend à accroître les salaires d'acceptation. Ceci s'ajoutant à un environnement dans lequel les perspectives de travail sont perçues comme limitées, risque de conduire un grand nombre de travailleurs découragés à sortir de la population active. Si tel est le cas, les taux de chômage déclarés seront sérieusement inférieurs à leur niveau réel (Freshwater, 2008).

Deuxièmement, les régions rurales seront également confrontées au problème de la migration de retour et de la baisse des transferts privés. Face au manque de perspectives d'emploi, un grand nombre de personnes qui avaient migré vers les régions urbaines au début des années 90 vont probablement retourner dans leurs localités rurales. On va donc assister à un important déplacement du chômage des villes vers les campagnes. Quelques exemples empiriques de cette dynamique sont déjà observés dans certains pays. La Chine, par exemple, doit gérer aujourd'hui le retour dans les campagnes des travailleurs partis travailler à l'usine dans les villes. Le Mexique est confronté à un afflux de travailleurs revenant des États-unis et à la perte de transferts privés. Il est probable également que la réduction des envois de fonds sera durement ressentie dans les régions rurales d'Europe de l'Est, d'Amérique du sud et d'Asie centrale.

Troisièmement, le resserrement du crédit affectera probablement davantage les petites et moyennes entreprises (PME) implantées en milieu rural que les autres entreprises implantées ailleurs. En effet, dans bien des régions rurales, les PME sont le principal employeur local et produisent l'essentiel de la richesse de la région. Or, ces entreprises sont particulièrement exposées aux crises financières. En fait, les restrictions de crédit affecteront diversement les entreprises selon leur taille, leur implantation et leurs caractéristiques de risque (OCDE, 2008). Dans ce contexte, les PME sont exposées à la crise du fait de leur dépendance à l'égard des crédits bancaires, d'une structure financière plus fragile et d'une solvabilité moindre. En conséquence, même une indisponibilité momentanée de crédits bancaires peut avoir un impact structurel sur les régions rurales en réduisant le nombre de PME implantées dans ces régions.

> **Encadré 1.4 Quel est l'impact du resserrement du crédit dans les régions rurales des pays de l'OCDE ?** (*suite*)
>
> La récession actuelle confronte les régions rurales à deux difficultés liées à l'emploi. La première est le pendant du ralentissement cyclique que connaissent également les régions urbaines dans lesquelles la principale préoccupation des politiques est d'amortir un ralentissement de l'activité qui ne sera pas éternel. Si les entreprises survivent à la crise actuelle, les perspectives de reprise in fine et de création d'emplois sont bonnes. Toutefois, dans de nombreuses régions rurales, une baisse prolongée de l'activité génère un chômage structurel dans lequel les emplois perdus ne reviennent jamais. Cette possibilité pour que la récession entraîne des pertes d'emplois importantes et permanentes et une diminution du nombre d'entreprises génère une deuxième difficulté en matière d'emploi rural.
>
> *Source :* Freshwater, D. et R. Trapasso (2009), « Where Did the Rural Jobs Go? » », rapport non publié préparé pour le Forum de l'OCDE sur la politique régionale, « Crise mondiale, réponses régionales », 30 mars 2009, Paris.

Les collectivités reposant sur l'exploitation des ressources naturelles qui dépendent du secteur forestier sont particulièrement menacées par la crise actuelle du fait de la forte baisse de la demande de bois d'oeuvre.[34] Par exemple, même si au Canada le déclin de l'industrie forestière a commencé à la fin de l'année 2006, c'est au premier trimestre 2009 que les plus mauvaises performances ont été enregistrées en relation avec la crise du marché américain du logement, qui est le principal importateur de bois canadiens (graphiques 1.23 et 24). La production de bois d'oeuvre a chuté de 56 % entre avril 2005 (l'un des pics de la série) et avril 2009. En 2007, l'industrie forestière du papier et de l'emballage a enregistré une baisse de ses recettes nettes de 492 millions, suivie d'une nouvelle baisse de 1 595 millions CAD en 2008. Du fait de la crise, l'emploi a diminué dans la sylviculture et l'exploitation forestière. La Colombie-Britannique, par exemple, a enregistré quelque 20 000 licenciements dans l'industrie forestière, soit un recul de l'emploi de 20 % dans ce secteur depuis le pic de 2004. De manière générale, l'emploi total dans la sylviculture et l'exploitation forestière a diminué de 42.8 % sur la période.[35]

1.5 Viabilité environnementale

Dans le Canada rural, le changement climatique suscite des craintes diffuses. Toutes les régions, urbaines et rurales, vont probablement connaître des hausses de températures, une élévation du niveau de la mer et des épisodes plus fréquents de fortes précipitations. Cependant, les Territoires du Nord dans lesquels on trouve une grande partie des régions essentiellement rurales du Canada sont probablement les plus exposés au

Graphique 1.23 **Tonnes de bois de sciage produit au Canada**

janvier 2001- avril 2009

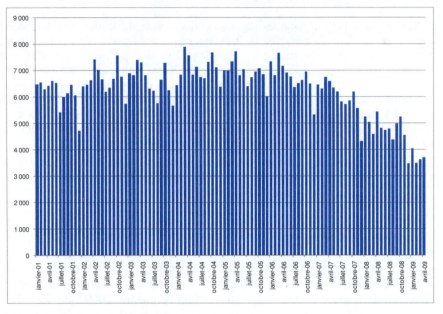

Source : Statistique Canada (2009).

changement climatique. Depuis 1948, les températures y ont progressé de plus de 1.4°C, soit un taux de réchauffement environ deux fois supérieur à la moyenne mondiale (graphique 1.25). Sur cette période, c'est dans les régions septentrionales, à savoir le Yukon et les Territoires du Nord-Ouest, que l'on a enregistré la hausse de température la plus importante du Canada. Pour ce qui est des précipitations, depuis 1950 le changement climatique a modifié la pluviométrie des régions canadiennes ; le résultat est une augmentation des précipitations globales d'environ 12 % pour l'ensemble du pays. Mais, dans la plupart des régions du Nunavut, le niveau des précipitations a augmenté d'entre 25 à 45 %, tandis que dans la partie méridionale du pays il n'a guère varié par rapport à la moyenne sur le long terme.

Graphique 1.24 **Tendances de l'emploi dans la sylviculture et l'exploitation forestière au Canada**

janvier 2001 - avril 2009

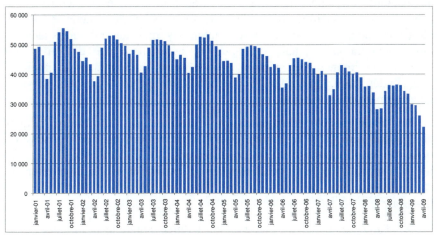

Note : Chiffres non désaisonnalisés de l'emploi.
Source : Statistique Canada (2009).

Graphique 1.25 **Augmentation durable de la température moyenne au Canada**

1945-2007

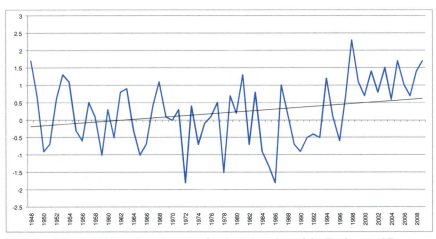

Source : OCDE (2009), « Questionnaire for the Integration of the Background Report », document de travail interne de la Direction de la Gouvernance publique et du développement territorial, OCDE, contenant des informations fournies par le Secrétariat rural (AFC) et Statistique Canada.

Au Canada, les collectivités rurales du Nord, en particulier celles qui sont tributaires de l'exploitation des ressources naturelles, sont affectées par ce changement et par ses variations régionales. Plusieurs facteurs augmentent la vulnérabilité au changement climatique des collectivités tributaires des ressources naturelles. Ces facteurs sont la grande sensibilité climatique de nombreuses ressources naturelles, mais aussi d'autres facteurs liés à leur faible capacité d'adaptation, notamment une diversification économique limitée, une pénurie de ressources économiques disponibles pour l'adaptation, une population vieillissante et un accès aux services généralement plus restreint.

Le changement climatique va exacerber de nombreux risques climatiques actuels ; il présentera de nouveaux risques mais offrira aussi de nouvelles opportunités. Ses conséquences pour les collectivités, l'industrie, les infrastructures et les écosystemes seront considérables. Certains effets du changement climatique ont un impact direct sur les collectivités rurales du Canada :

- Enneigement : son étendue et sa durée annuelle diminuent. Dans l'hémisphere Nord, on a déjà observé une réduction du manteau neigeux de 10 % entre 1972 et 2003.

- Couverture de la mer, des lacs et des fleuves par les glaces : son étendue et sa durée diminuent. La saison pendant laquelle les Grands Lacs sont pris par les glaces a diminué de 1 à 2 mois au cours des 150 dernières années.

- Phénologie des plantes : en Alberta, le début du printemps phénologique a avancé de 26 jours au cours du siècle écoulé.

- Productivité des plantes. La saison de croissance s'est allongée et la productivité des plantes a augmenté.

- Répartition de certaines espèces animales. On a observé une prolifération des poissons d'eaux tempérées et chaudes par rapport aux poissons d'eaux froides.

- Érosion littorale. Le phénomène s'est renforcé suite à une diminution du manteau glaciel, à l'élévation du niveau de la mer, à une activité orageuse accrue et à divers autres facteurs non climatiques. Une érosion et une dégradation accélérées des dunes et du littoral ont été observées dans le golfe du Saint Laurent et dans certaines parties du Canada atlantique.

- Niveaux des eaux des fleuves et des lacs. Les niveaux d'eaux et le calendrier des débits de pointe ont changé. Dans les Prairies, une baisse des eaux de ruissellement en été et en automne, entraînant un moindre niveau d'eau dans les fleuves et les lacs pendant ces périodes, a été observée.

Le Canada est l'un des plus gros producteurs de gaz à effet de serre par habitant…

L'impact de l'industrie pétrolière

Au Canada, les territoires ruraux sont responsables d'une grande partie des émissions de GES, dues principalement à l'extraction de pétrole et de gaz naturel. Bien qu'il aît signé le Protocole de Kyoto, le Canada est le deuxième émetteur mondial de GES par habitant (graphique 1.26). Il est responsable de 2 % des émissions mondiales de GES, et ses émissions progressent plus vite que dans pratiquement tout autre pays de l'OCDE (OCDE, 2008). L'Alberta et la Saskatchewan sont les plus gros contributeurs aux émissions nationales de GES par habitant (graphique 1.27). Les sables bitumineux de l'Alberta, par exemple, sont à eux seuls, responsables de 4 % des émissions totales de GES du Canada (OCDE, 2008). Outre leurs effets en termes de changement climatique, les sables bitumineux génèrent des coûts environnementaux considérables et en progression dans plusieurs domaines : demande supplémentaire d'eau et de gaz naturel (utilisation de un à trois barils d'eau par baril de pétrole extrait) ; accumulation de déchets ; destruction du délicat écosystème boréal et pollution de l'air sous la forme de pluies acides.[36] Le changement climatique et l'engagement pris par le Canada de s'associer à l'action conjointe mondiale contre le réchauffement lui imposent d'adopter un modèle de développement durable, c'est-à-dire des schémas de consommation et de production beaucoup moins énergivores, notamment dans le secteur même de l'énergie.

… mais il est également l'un des premiers producteurs mondiaux d'énergies renouvelables

Hydroélectricité

La production d'hydroélectricité est un des piliers de l'économie rurale du Canada qui est le deuxième producteur mondial de cette forme d'énergie. Cela tient en partie au grand nombre de fleuves qui drainent de grandes étendues sur leur parcours vers les trois océans qui bordent le pays. L'hydroélectricité représente environ 11 % de la production totale d'énergie primaire du Canada. En 2006, l'ensemble des centrales hydroélectriques

Graphique 1.26 **Les émissions de GES par habitant du Canada comparées à celles d'une sélection de pays**

1990-2005, tonnes d'équivalent CO_2 par habitant

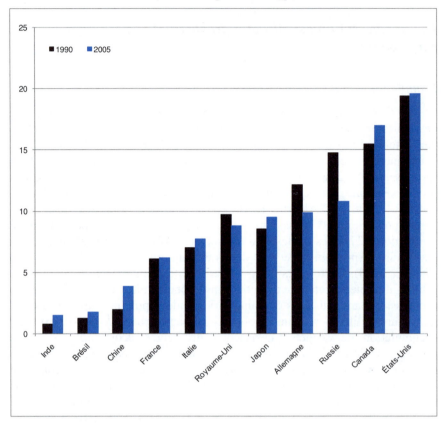

Source : OCDE (2008), *Études économiques de l'OCDE : Canada*, OCDE, Paris.

canadiennes a produit environ 350 millions de mégawatts-heures, soit 59 % de la production totale d'électricité du pays. En 2006, le Canada possédait 499 centrales hydroélectriques d'une capacité de production d'environ 73 000 mégawatts (ou millions de kilowatts). Sur ces 499 centrales, on recensait 360 petites installations hydroélectriques d'une capacité nominale de 50 mégawatts ou moins, produisant ensemble 3 400 mégawatts, soit environ 5 % de la capacité totale de production hydroélectrique du Canada (graphique 1.28).

Graphique 1.27 **Émissions de GES par province en 2005**

Tonnes d'équivalent CO_2 par habitant

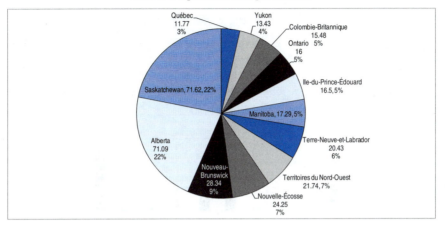

Source : OCDE (2008), *Études économiques de l'OCDE : Canada*, OCDE, Paris.

Du fait de son grand nombre de cours d'eau et de sa topographie, le Québec est le plus gros producteur canadien d'hydroélectricité. Les autres gros producteurs d'électricité d'origine hydraulique sont la Colombie-Britannique, l'Ontario, le Labrador et le Manitoba. Le Canada dispose encore d'un important potentiel hydroélectrique inexploité. De grands projets hydroélectriques sont actuellement à l'étude en Colombie-Britannique, au Manitoba, au Labrador, en Alberta et au Québec. Le pays a également un potentiel d'aménagements d'échelle petite et moyenne, en particulier en Colombie-Britannique, en Ontario et au Québec.

Autres sources d'énergie renouvelable

Bioénergie. Compte tenu de sa masse continentale et de son activité dans les secteurs forestier et agricole, le Canada a accès à des ressources importantes et diversifiées de biomasse pouvant être utilisées pour la production d'énergie. Actuellement, la bioénergie est la deuxième forme la plus importante d'énergie renouvelable du Canada et représente environ 5 % de la production totale d'énergie primaire du pays. Au Canada, les déchets ligneux d'origine industrielle, en particulier les résidus de l'industrie des pâtes et du papier constituent le type de biomasse le plus important, et sont utilisés pour la production d'électricité et de vapeur. Chaque année, le

Graphique 1.28 **Capacité hydroélectrique installée, par province**

2006, en mégawatts

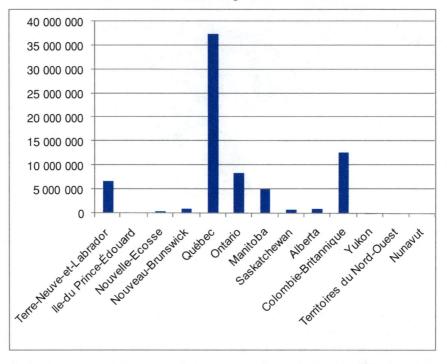

Source : Statistique Canada (2007), *Production, transport et distribution d'électricité*, numéro au catalogue : 57-202-XWF, *www.statcan.gc.ca/bsolc/olc-cel/olc-cel?catno =57-202-x/&lang=fra*.

secteur industriel utilise près de 500 pétajoules de bioénergie.[37] Fin 2006, le Canada comptait 62 centrales fonctionnant à la bioénergie d'une capacité de production totale de 1 652 mégawatts d'électricité ; l'essentiel de cette capacité était construite autour de l'utilisation de la biomasse ligneuse et de la lessive de pâte épuisée mais aussi des gaz de rebuts. En 2006, sept millions de mégawatts-heures d'électricité étaient produits à l'aide de biomasse ligneuse et de lessive de pâte épuisée. C'est dans les provinces ayant des activités forestières importantes comme la Colombie-Britannique, l'Ontario, le Québec, l'Alberta et le Nouveau-Brunswick que l'on trouve l'essentiel de la capacité alimentée à la biomasse.

Les **biocarburants** sont une autre forme de bioénergie en pleine croissance au Canada. Les principales matières premières agricoles utilisées pour la production d'éthanol, substitut de l'essence, sont le maïs, le blé et l'orge. Or, le Canada est l'un des plus gros producteurs et exportateurs mondiaux de ces céréales. Les huiles végétales et les graisses animales peuvent également être utilisées pour la production de biodiesel, substitut du diesel. En 2006, la capacité nationale de production de biocarburants du Canada était d'environ 600 millions de litres d'éthanol et 100 millions de litres de biodiesel. Pour le Canada rural, la production de biodiesel par les exploitations agricoles a considérablement augmenté au cours des dernières années et complète celle des petites unités de production industrielle. Le gouvernement fédéral et les gouvernements provinciaux ont annoncé plusieurs mesures qui devraient conduire à la production et à l'utilisation accrues des biocarburants dans les années à venir.

Énergie éolienne. Avec de grandes étendues balayées par les vents, le Canada dispose de ressources éoliennes excellentes et d'un important potentiel de développement de cette ressource. La plupart des parcs éoliens sont situées dans les zones côtières qui sont considérées être les meilleurs emplacements en raison de l'intensité des vents. Toutefois, le développement de ces parcs est limitée car l'essentiel du littoral canadien se trouve dans des régions éloignées du réseau électrique existant. Fin 2007, on recensait au Canada 1 400 aérogénérateurs en exploitation sur 85 parcs éoliens pour une puissance installée totale de 1 846 mégawatts, contre seulement 60 aérogénérateurs, 8 parcs éoliens et 23 mégawatts de puissance installée il y a dix ans. Les provinces qui arrivent en tête pour leur capacité de production d'énergie éolienne sont l'Alberta, l'Ontario et le Québec. Nonobstant, le Canada arrive encore loin derrière les cinq pays de tête en termes de capacité installée de production d'énergie éolienne (graphique 1.29).

Énergie solaire, géothermique et marémotrice. En matière d'énergie solaire, le potentiel du Canada varie d'une région à l'autre. Plus faible dans les régions côtières en raison d'une forte couverture nuageuse, il est plus important dans les régions du Centre. Mais il varie plus encore d'une région du globe à l'autre. De manière générale, de nombreuses villes canadiennes ont un potentiel solaire qui est internationalement comparable à celui de bien des grandes villes. A titre d'exemple, le Canada pourrait satisfaire près de la moitié de ses besoins en électricité à usage résidentiel en équipant de panneaux solaires les toits de ses immeubles d'habitation. Dans ce pays, l'utilisation de l'énergie solaire s'est accrue ces dernières années même si elle reste relativement faible en termes de pénétration du marché. La capacité installée de production d'énergie thermique à partir du soleil a progressé en moyenne de 17 % par an depuis 1998, atteignant

Graphique 1.29 **Capacité installée de production d'énergie éolienne des cinq principaux pays producteurs et du Canada**

Mégawatts

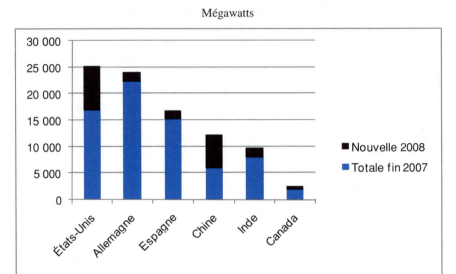

Source : GWEC (Global Wind Energy Council) (2009), *Global Wind Report 2008*, Bruxelles.

290 mégawatts en 2005. Concernant l'énergie géothermique, la ressource canadienne est limitée pour la production de vapeur mais des projets sont à l'étude pour la production d'électricité. En outre, en 2006, quelque 3 150 pompes à chaleur géothermiques ont été installées à travers le Canada dans des immeubles résidentiels, commerciaux et institutionnels. Enfin, l'énergie des océans constitue un formidable potentiel car une grande partie du pays est bordée par les océans. Pour l'heure, le Canada possède en Nouvelle-Écosse une usine marémotrice d'une capacité de production électrique de 20 mégawatts, et d'autres projets pilotes sont actuellement à l'étude.

1.6 Les enjeux et les réponses au niveau des politiques fédérales

La fracture rural/urbain se creuse…

Si les régions rurales continuent de jouer un rôle essentiel dans l'économie canadienne, la fracture rural/urbain se creuse. Comme indiqué un peu plus haut dans ce chapitre, la fracture est multidimensionnelle en ce sens qu'elle implique de nombreux problèmes connexes. *i*) La fracture est d'abord démographique. L'accroissement démographique se concentre le long de la frontière avec les États-Unis et dans les régions rurales accessibles, pour la plupart intermédiaires, situées à proximité des grandes régions métropolitaines. Inversement, les régions essentiellement rurales souffrent du dépeuplement et du vieillissement de leur population. *ii*) Les pertes de population ont affaibli « l'infrastructure sociale » des régions essentiellement rurales. Les collectivités essentiellement rurales souffrent d'un déficit de services publics essentiels liés à la santé et à l'éducation. *iii*) Bien que le Canada se soit réorienté vers un cadre économique différencié, son économie est toujours tirée par les exportations et dépendante des ressources naturelles (qui ont représenté en 2003 environ 22 % des exportations totales) (Hessing, M. *et al.*, 2005). Les ressources naturelles sont extraites des « provinces reculées du Nord » (Hessing *et al.*, 2005). Toutefois, bien que très peu habitées, ces régions ne sont pas perçues, à bien des égards, comme faisant partie intégrante du pays et ont fait l'objet de ce que d'aucuns définiront de colonialisme interne (Hessing *et al.*, 2005). Dans ces régions, la substitution intense et relativement rapide du travail par le capital a aggravé la situation de l'emploi, limitant la possibilité d'intégration des collectivités et territoires. Les régions rurales qui, dans le passé, avaient su attirer les activités de production ont été confrontées à la concurrence internationale et les entreprises ont vu leurs emplois disparaître. Enfin, la fracture rural/urbain alimente également un défi environnemental de grande ampleur qui assombrit l'avenir du Canada rural. Comme indiqué ci-avant, certaines régions rurales contribuent fortement aux émissions de GES à cause d'une exploitation intensive (des sables bitumineux, par exemple).

... et on observe de grandes disparités entre les régions rurales...

En plus de la fracture rural/urbain, il existe également au Canada un fossé important entre les régions rurales les plus riches et les plus pauvres. Ainsi, alors que l'Alberta rural et la Saskatchewan connaissent une croissance spectaculaire du fait de la présence dans leur sol de pétrole et de gaz naturel, d'autres régions rurales spécialisées dans des industries de ressources plus traditionnelles comme la sylviculture, sont confrontées à une récession économique liée à une contraction de la demande internationale pour ces biens marchands. Les disparités régionales sont dues également aux performances des activités locales de production. Certaines régions rurales situées en bordure de régions métropolitaines attirent des entreprises et ont une force d'impulsion suffisante pour générer un développement local. Inversement, les régions rurales peu accessibles accueillent surtout des petites entreprises specialisées dans les productions traditionnelles qui souffrent de la concurrence internationale et, plus récemment, du resserrement du crédit, lequel restreint encore l'accès des PME rurales aux prêts bancaires.

En raison du manque de perspectives d'emploi dans les régions moins performantes, les populations rurales migrent vers les régions métropolitaines ou vers les régions rurales les plus performantes. Mais le départ de travailleurs d'une région pauvre vers une région riche n'est qu'une solution de court terme qui, sur la durée, peut avoir des effets négatifs car, en fait, elle aggrave la situation des régions moins performantes. Le manque de main d'œuvre réduit la capacité de la région d'exploiter des avantages comparatifs locaux (par exemple pour une région ayant un potentiel touristique) ou d'attirer une nouvelle activité (par exemple la production d'énergies renouvelables), maintenant la croissance dans les régions performantes. La mauvaise utilisation de l'avantage comparatif régional risque d'affaiblir l'équilibre économique de l'économie canadienne car elle n'optimise pas l'affectation des facteurs de production.

... auxquels il convient de s'attaquer par une politique holistique de développement rural

Le Canada n'a pas de politique rurale officielle mais il a pris un ensemble d'initiatives gouvernementales pour soutenir le développement rural et régional...

Selon l'évaluation par l'OCDE des différents aspects de l'approche rurale du gouvernement fédéral, le Canada n'a pas de politique rurale officielle mais le Partenariat rural canadien (PRC) représente l'approche du gouvernement fédéral en matière de développement rural, tandis que certains gouvernements provinciaux ont élaboré leur propre politique, stratégie ou programme rural. Le PRC est administré par le Secrétariat rural (SR) au sein d'Agriculture et agroalimentaire Canada. A l'exception de la Colombie-Britannique, toutes les provinces et tous les territoires ont une stratégie ou une politique officielle de développement rural ou une approche plus large du développement régional. Ces stratégies peuvent être triées au regard de leur focalisation en : *i)* stratégies et politiques de développement rural (Alberta, Ontario, Québec, Manitoba et Saskatchewan) et *ii)* approches du développement régional (Nouveau-Brunswick, Terre-Neuve-et-Labrador, Territoires du Nord-Ouest, Nouvelle-Ecosse, Nunavut, Ile-du Prince-Édouard et Yukon). Des politiques fédérales complémentaires visant à améliorer la compétitivité régionale sont mises en oeuvre par le Programme de développement des collectivités (PDC) et six agences de développement régional présentes dans les provinces et les territoires.

A travers le PRC, qui est une initiative horizontale, le SR s'emploie à relier les activités des différents ministères fédéraux et agences existant dans ou ciblés sur les régions rurales et éloignées et travaille avec les administrations infranationales et les parties prenantes non gouvernementales. Depuis 1998, trois PRC successifs ont été mis en œuvre ; le PRC actuel se focalise sur les collectivités rurales face aux enjeux économiques et sur leur transition à une base économique plus compétitive. Il couvre également les collectivités opérant dans un secteur unique tel que l'agriculture, la sylviculture, la pêche, l'exploitation minière et l'énergie. Au cours de la dernière décennie, le PRC a évolué d'une focalisation sur le développement du savoir (1998) au renforcement de collaborations au sein des collectivités rurales et entre elles (2003), tandis que l'objectif du dernier cycle (2008-2013) est de fournir aux collectivités rurales des informations et des outils pour développer les opportunités locales liées aux avantages concurrentiels. Le dernier PRC a été conçu pour : *i)* améliorer la compétitivité rurale ; *ii)* encourager la transformation des idées locales et des actifs inexploités en activités économiques viables ; et *iii)* faciliter le développement de nouvelles opportunités économiques à partir d'aménités existantes. Ces objectifs ambitieux doivent être atteints avec une dotation budgétaire limitée (57 millions CAD pour le dernier PRC de cinq ans). C'est une illustration de l'approche fédérale de l'affectation de la responsabilité des politiques et programmes au Canada rural, non pas à un organisme spécifique mais à tous les ministères fédéraux au service des citoyens ruraux. De fait, une telle approche évite de se trouver dans une situation où d'autres ministères peuvent abdiquer de leur responsabilité et désigner le SR comme seul organisme responsable des intérêts des Canadiens ruraux.

Le PRC englobe la coopération des équipes rurales. S'agissant d'instances de collaboration intergouvernementale et interministérielle, les équipes rurales sont un dispositif important du système fédéral canadien ; elles sont présentes dans toutes les provinces et tous les territoires pour partager l'information, construire de larges partenariats et faciliter la coordination des stratégies des différents acteurs. Mais, dans certaines régions, elles sont discrètes et peu proactives au niveau local, en raison également de ressources limitées. En général, les équipes comprennent des représentants fédéraux et provinciaux (à l'exception de la province de Québec), des ONG et autres parties prenantes impliquées dans le développement rural.

Un autre élément du PRC est la lentille rurale (voir Chapitre 4, encadré 4.2), qui est un mécanisme d'évaluation et d'examen préalables des propositions de politiques publiques affectant les régions rurales. La lentille rurale a pour mission d'encourager une sensibilisation aux besoins et aux situations des collectivités rurales et d'évaluer l'impact de toutes les politiques, programmes et services fédéraux sur les régions rurales et éloignées.[38] Enfin, le gouvernement fédéral a créé un réseau de développement rural pour les chercheurs et les praticiens de l'élaboration des politiques, dont l'objectif est d'aider à informer les politiques et les recherches sur les enjeux et les besoins des collectivités rurales.

Les agences de développement régional sont un autre acteur institutionnel fédéral essentiel pour le développement rural du Canada. On recense six agences régionales dont les quatre premières ont été créées entre 1984 et 1998 : l'Agence de promotion économique du Canada atlantique (APECA) pour les Provinces atlantiques, l'Initiative fédérale de développement économique pour le Nord de l'Ontario (FedNor), l'Agence de développement économique du Canada pour les régions du Québec (ADECRQ) et Diversification de l'économie de l'Ouest Canada (DEO) pour les quatre provinces occidentales. En janvier 2009, deux autres agences ont été inscrites au budget ; il s'agit de l'Agence fédérale de développement économique pour le sud et l'ouest de l'Ontario (FedDev Ontario) et de l'Agence canadienne de développement économique pour les trois territoires du nord (CanNor). Les agences régionales ont été créées dans un souci de déconcentration (pas de décentralisation) du pouvoir fédéral et agissent conformément à l'objectif établi de longue date du gouvernement fédéral, de réduire les disparités régionales et d'offrir à chaque canadien les mêmes opportunités. Dans le cas du Québec, par exemple, le gouvernement provincial applique strictement la juridiction constitutionnelle des provinces pour la compétence unique de traiter avec les municipalités. Le gouvernement fédéral n'est donc pas autorisé à traiter directement avec les municipalités du Québec sans une permission provinciale et l'ADECRQ travaille principalement avec des accords-cadres entre l'échelon fédéral et le gouvernement provincial sur des groupes de projets particuliers. Ces projets sont généralement conçus par d'autres institutions fédérales et ne sont exécutés qu'à travers les organismes régionaux de l'ADECRQ, ce qui permet de respecter les grandes politiques horizontales du niveau fédéral et les programmes sectoriels de portée territoriale.

… avec une approche du développement rural partant de la base…

Pour encourager le leadership local, la capacité des collectivités et le développement des entreprises dans les régions rurales, le gouvernement fédéral a créé le Programme de développement des collectivités (PDC) en 1986. Le PDC est une initiative de développement économique basée sur la collectivité, exécutée dans les régions rurales par les Sociétés d'aide au développement des collectivités (SADC). Les SADC opèrent indépendamment du gouvernement comme des organismes à but non lucratif ; elles sont supervisées par des conseils d'administration dont les membres sont bénévoles et représentatifs des régions et des collectivités qu'elles servent. La partie développement des entreprises est devenue la composante dominante du PDC. Elle apporte son aide à la création, au développement et à la transmission d'entreprises, petites pour la plupart, via des conseils, un financement par l'emprunt, des participations au capital et une assistance technique.[39] Depuis leur création en 1986, les bureaux locaux du PDC au Canada ont accordé 93 000 prêts remboursables, la plupart en milieu rural, pour un montant de 2.7 milliards CAD (données tirées de Community Board, 2009b et ASADCO). Le PDC est également actif dans le Québec rural, sous le nom de Société d'aide au développement des collectivités (SADC), bien que la province ait développé une approche similaire pour promouvoir le développement économique local et l'entrepreneuriat (Centres locaux de développement, voir Chapitre 3). Les SADC travaillent en parallèle avec les initiatives provinciales visant au développement rural, avec toutefois quelques exceptions (encadré 1.5).

> **Encadré 1.5 Développement des collectivités du Québec rural : SADC**
>
> Le Programme de développement des collectivités du Québec repose sur un réseau de 57 bureaux locaux du PDC, les SADC. Comme dans d'autres parties du Canada, les SADC sont dirigées par un conseil d'administration composé notamment de représentants de la collectivité locale. Du fait que le Québec applique strictement la Constitution canadienne dans laquelle les collectivités locales sont placées sous l'autorité du gouvernement provincial, le gouvernement fédéral ne fournit que le cadre du programme et facilite l'échange d'informations à l'intérieur du réseau PDC. Le gouvernement provincial du Québec a également créé une stratégie similaire d'aide au développement local reposant sur des centres locaux (120 centres locaux de développement – CLD – répartis sur l'ensemble du Québec). Aucun mécanisme formel n'a été mis en place par les pouvoirs publics pour faciliter la collaboration entre les CLD et les SADC et éviter les doublons. La collaboration entre les CLD et les SADC n'est possible qu'au niveau local et elle dépend de chaque contexte local. Ainsi, dans un petit nombre de cas, les SADC et les CLD sont fortement intégrés, ce qui permet au conseil d'administration local d'avoir accès à un ensemble plus vaste de ressources et d'outils (virtuellement regroupés) pour promouvoir le développement de leur collectivité.
>
> *Source* : OCDE (2009), « Questionnaire for the Integration of the Background Report », document de travail interne de la Direction de la Gouvernance publique et du développement territorial, OCDE, contenant des informations fournies par le Secrétariat rural (AFC) et Statistique Canada.

Comme les autres parties du PDC, les Sociétés d'aide au développement des collectivités présentent des similitudes avec l'initiative européenne LEADER[40]. Elles reconnaissent qu'avant de dépenser de l'argent pour le développement économique d'une région, il est important d'établir une bonne cohésion sociale. Le développement local conduira alors à une croissance des marchés du travail locaux et, au fil du temps, ce processus créera des possibilités d'emploi supplémentaires. Le gouvernement fédéral s'est engagé à fournir un financement et un soutien durables aux comités locaux, ce qui a permis d'une part le recrutement de personnel au niveau local ayant une responsabilité de surveillance et de conseil à l'instar des agents de développement rural (mis en place par le gouvernement du Québec, voir Chapitre 3) et d'autre part le financement de projets sélectionnés de construction de capacités dans le domaine de chaque PDC. Ces comités sont engagés dans le développement local pour une période de cinq ans. Cela donne la possibilité aux différentes parties prenantes locales de participer à l'élaboration de stratégies de développement local et de sélectionner le type d'activité à développer. Ce programme n'a pas donné partout les résultats escomptés et c'est dans les localités où les résidents ont pris en mains leur devenir économique que son succès a été le plus grand. Ainsi, la capacité du PDC à développer l'activité d'une collectivité donnée est fortement liée au niveau d'engagement de la collectivité locale et à sa capacité de définir une vision claire du développement économique de la région. Comme dans le cas de LEADER, la gouvernance du PDC est décentralisée et les bureaux du PDC relèvent de la responsabilité des agences de développement régional. Cela tient à la nécessité de mieux coordonner l'activité du PDC avec celle des agences de développement régional, de promouvoir l'autonomie locale et d'éviter les interventions faisant doublon.

… et une focalisation spécifique sur les collectivités reposant sur l'exploitation des ressources naturelles

L'approche du gouvernement fédéral en matière de développement rural est axée tout particulièrement sur les villes à industrie unique implantées en milieu rural. Comme indiqué ci-avant, les performances des collectivités reposant sur l'exploitation des ressources naturelles peuvent être très diverses. Si certaines d'entre elles sont florissantes, comme celles qui exploitent les gisements pétroliers de l'Alberta, la plupart sont confrontées à un déclin structurel et probablement irréversible, de l'emploi et de la population, dû à la substitution continue du capital au travail dans les secteurs de ressources. Pour soutenir l'emploi et les revenus, le gouvernement fédéral a mis en place une série d'initiatives, allant des mesures de redistribution sociale aux aides à l'industrie et aux réglementation (Hessing *et al.*, 2005). Les stratégies qui ont minimisé l'impact de la récession économique et des restructurations dans les collectivités tributaires des ressources naturelles sont : *i*) l'anticipation et la planification proactives des fermetures ou du déclin industriel comme un événement normal dans le cycle de vie d'une industrie-ressource, avant la fermeture ou le déclin effectif ; *ii*) la mise en œuvre d'un large éventail d'activités, notamment la diversification des stratégies économiques, l'offre d'aide aux travailleurs et le maintien du moral des collectivités ; *iii*) l'offre d'un soutien financier limité dans le temps qui encourage une stratégie de collaboration pour la gestion des recettes et des services locaux et *iv*) une restructuration en collaboration avec toutes les parties prenantes (Walisser *et al.*, 2005).

En 2008, face à la volatilité des marchés financiers et des marchés de produits, le gouvernement a mis en place un programme d'aide à la restructuration économique des petites villes dépendantes de la ressource, d'un montant de 1 milliard CAD. Les secteurs d'investissement sont : les fonds de formation professionnelle et de valorisation des compétences pour combler les fossés identifiés au plan local ou régional ; les mesures d'aide aux travailleurs en situation spécifique d'ajustement ; le financement de l'élaboration de plans de transition pour soutenir le développement économique et la diversification des collectivités ; les initiatives en matière d'infrastructures d'appui à la diversification des économies locales et autres initiatives de diversification et de développement économiques visant à aider les collectivités à gérer la transition et l'ajustement. Un montant de base de 10 millions CAD a été attribué à chaque province ainsi qu'un montant de 3 millions CAD à chaque territoire du Nord ; le solde du financement a été alloué sur une base par habitant. Cette allocation améliore la capacité de l'ensemble des provinces et des territoires à relever les défis de l'ajustement. Pendant les trois années de la fiducie d'investissement, les provinces et les territoires ont la faculté de puiser dans les fonds pour répondre aux besoins. Le financement est administré par les provinces et les territoires. En 2009, dans le cadre d'un ensemble de mesures de stimulation de l'économie face à la récession mondiale, le gouvernement a investi un montant supplémentaire de 1 milliard CAD pour aider les collectivités affectées par le ralentissement économique, encourager le développement économique et promouvoir la diversification. Ce fonds est administré par les agences de développement régional.

Autres politiques sectorielles ayant un impact sur le développement rural

Des politiques sectorielles fédérales à une portée rurale sont mises en oeuvre, bien souvent dans le cadre d'une juridiction partagée avec les provinces, dans les domaines de l'agriculture, des ressources naturelles, des infrastructures, de l'industrie, des services et des ressources humaines. Il est particulièrement nécessaire d'investir dans les infrastructures car un important déficit dans ce domaine a érodé la capacité d'engagement des citoyens ruraux dans la société (Fairbairn et Gustafson, 2008). Plusieurs plans d'investissement prévoient des financements pour les régions rurales et les petites villes comme la composante collectivités du fonds Chantiers Canada qui représente un montant d'engagement de 33 milliards CAD (2007-2014) (données tirées d'Infrastructure Canada) et les importantes mesures de stimulation du gouvernement fédéral face à la crise économique mondiale. Le gouvernement a rationalisé les processus fédéraux d'approbation de sorte qu'un plus grand nombre de projets puissent démarrer au cours de la prochaine saison de construction. Ces investissements peuvent constituer des ressources importantes pour les collectivités rurales et les petites villes car avec plus de 4 % du PIB 2008, le cadre fiscal canadien est l'un des plus importants de tous les pays de l'OCDE[41] : il comporte à la fois des augmentations des dépenses et des réductions d'impôts (OCDE, 2009).[42]

D'autres ministères fédéraux ont des programmes ou des composantes à l'intérieur des programmes qui ont une incidence sur le développement rural. Les trois principaux projets sont « Cultivons l'avenir » géré par Agriculture et agrolimentaire Canada, le plan Chantiers Canada et le Fonds sur l'infrastructure municipale rurale (FIMR), gérés tous les deux par Infrastructure Canada[43].

- L'objectif de « Cultivons l'avenir » est de construire un secteur agricole innovant et concurrentiel, de gérer les risques de manière proactive et de faire en sorte que le secteur agricole contribue aux priorités des politiques publiques. Il a démarré en 2008 avec un investissement total de 1.3 milliard CAD pour cinq ans en provenance du gouvernement fédéral ainsi que des gouvernements provinciaux et territoriaux. A travers ce projet, les pouvoirs publics : *i*) investissent dans l'innovation ; *ii*) modernisent les systèmes réglementaires et améliorent la coordination des réglementations ; *iii*) s'attaquent aux priorités en matière d'environnement et de sécurité alimentaire ; *iv*) adaptent les programmes aux besoins régionaux et *v*) prennent des mesures qui permettront aux agriculteurs d'être proactifs dans la gestion du risque lorsqu'ils seront confrontés à une catastrophe. Le gouvernement du Canada et les gouvernements provinciaux se partagent les frais de financement dans la proportion de 60:40. Depuis 2008, de nouvelles composantes d'aide axées sur la gestion du risque commercial ont été mises en place : Agri-investissement offre aux producteurs des comptes d'épargne individuels pour compenser les petites pertes de revenu et Agri-stabilité est un programme de stabilisation du revenu basé sur la marge qui dédommage les exploitants agricoles en cas de pertes de revenu importantes. Ces programmes visent à stabiliser les marges brutes des producteurs. Ainsi, les producteurs qui réalisent des marges faibles ne perçoivent aucune aide de stabilisation et ceux dont les marges diminuent perçoivent une aide qui diminue. Le résultat est une réduction tant du niveau de l'aide que de la dépendance aux formes d'aide dont l'effet de distorsion est le plus grand, et une réorientation vers des paiements non liés à des biens uniques mais plutôt centrés sur une approche « agro-globale » de la gestion du risque commercial.

- Infrastructure Canada est, depuis 2002, l'organe de liaison du gouvernement du Canada sur les questions d'infrastructure. Il fait actuellement partie du portefeuille des Transports, de l'Infrastructure et des Collectivités qui regroupe Transports Canada, l'Office des transports du Canada, le Tribunal d'appel des transports du Canada et 16 sociétés d'État.[44] Infrastructure Canada gère différents programmes de financement qui appuient des projets d'infrastructure à travers le pays, notamment plusieurs initiatives nouvelles du gouvernement du Canada dans le cadre du plan Chantiers Canada (d'un montant de 33 milliards CAD). Chantiers Canada a été lancé en novembre 2007 pour aider à la réalisation du plan économique à long terme 2006 du gouvernement fédéral, Avantage Canada, qui expose plusieurs priorités du gouvernement pour les années à venir, notamment la libre circulation des personnes, des biens et des services (« l'avantage infrastructurel »). Le plan Chantiers Canada et le panier de mesures de 2009 de mesures de relance économique reconnaissent les besoins spécifiques en infrastructures des petites collectivités. La composante collectivités (1.1 milliard CAD) du fonds Chantiers Canada fournit une aide ciblée aux petites collectivités de moins de 100 000 habitants. Récemment, le gouvernement a alloué 500 millions CAD supplémentaires à la composante collectivités pour des projets d'infrastructure ciblés.

- Le FIMR a été lancé en 2003, avec une dotation budgétaire initiale de 1 milliard CAD, pour financer des projets d'infrastructure municipaux à petite échelle. Le principal objectif du projet est d'améliorer la connectivité des petites collectivités rurales.[45] En 2007, le gouvernement du Canada a accordé au programme FIMR un financement complémentaire de 200 millions CAD. Pour garantir une répartition équitable des financements et répondre aux besoins individuels des petites collectivités, un minimum de 80 % des investissements du FIMR devait aller à des projets en faveur de municipalités de moins de 250 000 personnes. Pour encourager l'utilisation par les petites municipalités canadiennes de techniques de gestion intégrée des actifs, les provinces et les territoires pouvaient allouer jusqu'à un pour cent de leurs contributions respectives au FIMR à une composante de renforcement des capacités municipales. Au-delà du seuil de 250 000 personnes (qui exclue 16 collectivités pour l'ensemble du pays selon le recensement de 2001), les collectivités « rurales » ne sont plus définies selon le FIMR. Toutefois, les accords de contribution fédéral-provincial ou fédéral-territorial prévoient effectivement des exceptions pour les projets dans des « régions rurales ou isolées » qui ne satisfont pas nécessairement aux exigences obligatoires des projets (OCDE, 2009). En novembre 2007, globalement, près de 94 % des contributions au FIMR étaient utilisées pour des projets dans des collectivités d'au maximum 250 000 personnes (ce qui est bien supérieur à l'objectif initial de 80 %).[46]

L'approche fédérale mise en oeuvre par le Secrétariat rural est confrontée à des défis spécifiques

Comme on l'a observé dans d'autres pays de l'OCDE, l'approche du Canada en matière de développement rural se heurte aux contraintes du défaut d'autorité politique et du faible intérêt des politiques pour les initiatives en faveur du monde rural. L'approche canadienne se heurte, en particulier, aux problèmes suivants :

- Il se peut que le Secrétariat rural se trouve dans un cadre institutionnel défavorable par rapport aux ministères non sectoriels en charge des affaires rurales (comme le ministère non sectoriel du Québec, voir Chapitre 3). Mais, comparé à d'autres cadres institutionnels possibles, le cadre actuel est probablement tout aussi bon. L'obligation faite au SR de rendre des comptes par l'intermédiaire du ministre de l'Agriculture et de l'agroalimentaire (Agriculture et agroalimentaire Canada - AAC) le place plutôt en position de faiblesse mais, comparée à d'autres options, cette position reste la plus forte possible. Il est vrai que les intérêts sectoriels du monde agricole entrent souvent en conflit avec les intérêts des résidents ruraux et l'expérience de nombreux pays de l'OCDE montre que le fait d'inscrire les initiatives de développement rural dans un ministère de l'agriculture tend à réduire la prise en considération des intérêts territoriaux. De même, l'intérêt public porté aux questions rurales tend à être moindre au sein de cette structure que dans le cas d'un ministère ayant une approche territoriale. Toutefois, en faisant dépendre le SR des structures des agences de développement régional qui ont une approche régionale, on risque de minimiser encore sa visibilité étant donné que les agences sont implantées loin des centres d'élaboration des politiques et des budgets d'Ottawa.

- Le mécanisme de la lentille rurale n'a pas été très efficace en raison du défaut d'autorité politique pour faire appliquer ses considérations lors des conseils des ministres. Certains organismes gouvernementaux fédéraux ne procèdent pas à l'examen interministériel à un stade précoce du processus d'élaboration des politiques publiques où les changements sont encore possibles. Cela montre la difficulté pour le SR d'intéresser à sa cause les autres ministères. De plus, la collaboration entre le gouvernement fédéral et celui du Québec pourrait être améliorée pour encourager une concentration effective des activités qui aurait d'autant plus de sens que les principaux objectifs des politiques rurales sont similaires.

- Il n'y a pas de collaboration formelle entre le Secrétariat rural et l'initiative PDC. Bien qu'au niveau local les équipes rurales puissent intégrer des acteurs du PDC, cela ne permet pas une coordination plus intégrée entre les deux approches du développement local. C'est une occasion manquée car les bureaux locaux du PDC disposent souvent d'informations et d'expertise sur les entreprises et les responsables locaux plus exhaustives que celles que peut avoir une agence gouvernementale. A cet égard, la viabilité financière à long terme du PDC devrait être assurée par le gouvernement fédéral (Fairbairn et Gustafson, 2008).

Notes

1. L'OCDE remercie, pour leur contribution à cette section du rapport, MM. Ray D. Bollman de Statistique Canada et Carl Sauriol du Secrétariat rural (AAC) qui nous ont fourni données, informations détaillées et commentaires.

2. Comme l'affirme Roy MacGregor lorsqu'il parle des activités agricoles de la Saskatchewan : Ce n'est pas que l'agriculture ne soit plus rentable dans les prairies canadiennes mais l'argent n'y reste pas, comme le confirme immédiatement un simple coup d'oeil à la rue principale de la plupart des petites villes. (*Canadians, a Portrait of a Country and Its People*, 2007, Penguin Canada, Toronto)

3. La définition RRPV englobe tous les territoires ne faisant pas partie d'une région métropolitaine de recensement (RMR) ou d'une agglomération de recensement (AR).

4. Les flux de navetteurs des ZIM, du type de ceux utilisés pour délimiter les RMR et les AR sont calculés à l'aide de données sur le lieu de travail tirées du recensement. Toutefois, contrairement à la délimitation de la RMR/AR, la ZIM reconnaît la possibilité de centres d'attraction multiples. Les flux de navetteurs entre une municipalité de RRPV du Canada et leur lieu d'emploi dans un grand centre urbain (de 10 000 habitants et plus) sont regroupés pour déterminer le degré d'influence (fort, modéré, faible ou nul) d'un ou plusieurs grands centres urbains sur cette municipalité (Rambeau et Todd, 2000 :3)

5. Les SDR englobent les municipalités (c'est-à-dire les villes constituées, les municipalités rurales, les villes, etc…, telles que déterminées par la législation provinciale) et leurs équivalents tels que les réserves indiennes, les peuplements indiens et les territoires non organisés.

6. Face à la nécessité d'évaluer l'évolution des collectivités rurales et les liens fonctionnels grandissants entre les territoires, le Canada modifie les limites géographiques de ses régions rurales lors de chaque recensement de population. Ainsi, tandis qu'au fil du temps certaines collectivités rurales sont sur le déclin d'autres, situées à proximité de régions métropolitaines, se développent et sont ensuite intégrées dans des régions

métropolitaines. D'autres régions rurales peuvent éventuellement se développer pour former un noyau urbain propre.

7. Du fait du reclassement territorial des régions rurales, la tendance de cette décennie est également affectée par les changements apportés à la définition des RRPV entre les trois périodes de recensement.

8. A l'intérieur des RRPV du Canada, la représentation des autochtones s'accroît à mesure que l'influence urbaine diminue. En 2006, 8.8 % des Canadiens des RRPV s'identifiaient eux-mêmes comme des autochtones (7.9 % en 2001) contre 2.4 % des résidents urbains (2.1 % en 2001). L'accroissement de la population autochtone est principalement imputable à son taux de natalité élevé.

9. En 2006, 17 % (374 135) de la population des zones à ZIM modérée avait entre 0 et 14 ans, ce qui était légèrement inférieur à la moyenne nationale du Canada (18 %). En 1996, la population des zones à ZIM modérée ayant entre 0 et 14 ans représentait 21 % (465 600) de la population totale des zones à ZIM modérée.

10. Ce calcul prend en compte les changements intervenus dans la définition statistique des régions rurales (RRPV) exposée ci-dessus (Statistique Canada, 2006).

11. Il convient de noter que l'immigration est essentielle au soutien de la croissance démographique de l'ensemble du Canada. Les projections de population donnent à penser qu'autour de 2030 l'accroissement de la population canadienne dû exclusivement au solde démographique naturel (naissances moins décès) sera négatif.

12. Les régions rurales isolées du Nord représentent une exception à la tendance générale car elles ont été à même d'attirer un pourcentage relativement élevé d'immigrants hautement qualifiés dans une industrie reposant sur l'exploitation des ressources naturelles et dans les services publics essentiels comme les soins de santé. Attirer les travailleurs qualifiés est une tendance nationale. En 2001, les nouveaux immigrants étaient beaucoup plus susceptibles d'être diplômés de l'université, et ce dans toutes les régions. Toutefois, ceux qui vivent dans les régions rurales du Nord tendent à avoir un niveau d'études supérieur, une rémunération et des taux d'emploi plus élevés. Par exemple, le Canada rural a su attirer davantage de médecins formés à l'étranger que le Canada urbain. En 2004, 26.3 % de tous les médecins du Canada rural avaient été formés à l'étranger contre 21.9 % des médecins des zones urbaines (Institut canadien d'information sur la santé, 2005).

13. Pour les plus de 70 ans, le nombre des départs a été supérieur à celui des arrivées dans les RRPV, cette population cherchant vraisemblablement à se rapprocher des services de soins spécialisés des grands centres urbains.

14. On notera que les RMR et les AR (autrement dit, les grands centres urbains) sont délimitées sur la base du navettage ; donc, par définition, elle englobent déjà toutes les zones périphériques dans lesquelles 50 % et plus des travailleurs font la navette avec le noyau urbain. Pour plus de détails sur la définition des RMR et des AR, voir Statistique Canada (2007), *Dictionnaire du Recensement de 2006*, numéro au catalogue : 92-566, Ottawa (Rapport général préparé pour l'OCDE par Statistique Canada).

15. En 2003, on enregistrait au Canada plus de 18.9 millions de véhicules routiers. Pour la seule période 1999-2003, le nombre des immatriculations de véhicules a augmenté de plus d'un million (Statistique Canada, 2003). Une nouvelle forme d'urbanisme construit autour de l'usage de la voiture a fait son apparition (Environnement Canada, 1996) ; c'est ce qu'on appelle communément « l'étalement urbain ».

16. Au Canada, la superficie totale de terres agricoles cultivables désigne les terres classées par l'Inventaire des terres du Canada en terres agricoles de catégorie 1, 2 et 3, à une échelle de 1:250 000. Ces catégories englobent toutes les terres libres de toute contrainte sérieuse entravant la production des cultures. L'étendue de terres cultivables est obtenue en retranchant de la superficie totale des terres cultivables du pays la superficie des terres cultivables occupées pour des usages urbains et d'autres usages non agricoles.

17. L'OCDE travaille actuellement à l'élaboration d'un programme spécifique visant à améliorer la capacité des statistiques à mesurer la qualité de vie et le « bonheur » des populations dans leur éthos socioéconomique. Les avancées récentes dans le domaine de l'étude du bonheur et de la satisfaction de vivre ont ouvert de nouvelles perspectives. Le temps se rapproche où les statistiques permettront de mesurer le bonheur des individus et de comprendre plus clairement d'autres aspects de leur bien-être subjectif. Ces avancées ouvrent la porte à différents paradigmes pour l'élaboration des politiques : par exemple, des paradigmes qui voient dans le bonheur des individus plutôt que dans le revenu national l'objectif que les responsables des politiques publiques cherchent à maximiser (Deuxième Forum mondial de l'OCDE, « Mesurer et favoriser le progrès des sociétés », juin 2007, Istanbul, Turquie).

18. Le Produit intérieur brut (PIB) reste au Canada une mesure type de l'activité économique. Toutefois, le PIB n'est estimé officiellement qu'au niveau provincial et national. Il y a bien eu quelques tentatives d'estimation du PIB au niveau infraprovincial (c'est-à-dire dans les régions rurales) mais celles-ci se sont heurtées à une insuffisance de données. Toutefois, on estime le PIB pour certains secteurs industriels. En 2006, par exemple, les secteurs tributaires des ressources naturelles (industries primaires et industries manufacturières connexes en aval)

représentaient 17 % du PIB (forêt 2.4 %, minerais 3.4 %, énergie 7.2 %, agriculture 4.0 %). Le Canada rural est important pour le secteur tributaire de la ressource car au Canada 95 % des terres sont rurales et renferment une grande partie des ressources naturelles et environnementales du pays (OCDE [2009], « Questionnaire for the Integration of the Background Report », document de travail interne de la Direction de la Gouvernance publique et du développement territorial, OCDE, contenant des informations fournies par le Secrétariat rural (AFC) et Statistique Canada).

19. Le modèle a montré, en particulier que les SDR de la province de Saskatchewan avaient le taux moyen de progrès social le plus élevé, que les SDR de la Saskatchewan avaient un indice de progrès social légèrement inférieur à 0.9 % en 1996 et à 0.65 % en 2001. On a constaté, en revanche, que les SDR du Nunavut avaient le taux de progrès social le plus faible : en moyenne – 7.6 % en 2001 ; les auteurs mettent toutefois en garde contre le fait que le résultat du Nunavut repose sur un très petit nombre de SDR (N=23). Parmi les dix provinces canadiennes, Terre-Neuve est celle dans laquelle le taux de progrès social est le plus faible : il est en moyenne de –2.9 % pour les SDR de cette province.

20. En particulier, la proportion des individus (de 25 à 54 ans) ayant fait moins de neuf années d'études a baissé et celle des individus ayant suivi un enseignement post-secondaire a augmenté ; ces tendances sont parallèles aux évolutions observées pour l'ensemble du Canada (Alasia, 2003).

21. L'état de santé varie pour les différentes ZIM et l'on observe un schéma spatial des maladies spécifiques. Par exemple, les résidents d'une zone à ZIM forte ont moins de risque de mourir d'une maladie respiratoire que les résidents des collectivités urbaines et autres ZIM. Les citoyens vivant dans des zones à ZIM forte, faible ou nulle déclarent une incidence de l'arthrite supérieure à celle que déclarent leurs homologues urbains.

22. Le secteur primaire englobe l'agriculture et les services connexes, la pêche et le piégeage, la sylviculture (exploitation forestière et bois) et l'activité minière (fer et métaux divers, charbon, pétrole brut et gaz naturel, et services connexes).

23. La principale incitation à adopter des technologies permettant d'économiser la main d'oeuvre est le coût croissant du temps de travail humain (Schultz, 1972). Dans l'agriculture, par exemple, le ratio entre l'indice des taux de rémunération des travailleurs agricoles et l'indice du coût du matériel agricole (mesuré par les coûts d'achat et d'exploitation) est passé de 0.20 au début des années 30 à environ 1.00 au début des années 90 (Bollman, 2007).

24. Au Canada, la taille des exploitations varie d'une province à l'autre. En 1996, la taille moyenne des exploitations était de 104 hectares à Terre-Neuve contre 823 hectares en Saskatchewan.

25. A l'évidence, certains de ces résidents font probablement la navette avec les grands centres urbains.

26. Industrie Canada, novembre 2007, « Perspectives des PME : entrepreneurs canadiens en région rurale », Bulletin trimestriel sur la petite entreprise, vol. 9, n°3, p. 1. On notera que les « petites et moyennes entreprises » sont définies comme des entreprises employant au maximum 500 salariés.

27. La seule exception à signaler est celle des services postaux dont le prix a augmenté depuis le milieu des années 70 (Bollman et Prud'homme, 2006). On entend par là essentiellement le prix de l'affranchissement des lettres et des colis. Ainsi, à l'exception des services postaux, le prix global de la communication d'informations a diminué.

28. Sur le long terme, la contribution au PIB canadien du secteur des ressources primaires a progressé mais, en valeur relative, elle a diminué à cause des taux de croissance élevés du secteur tertiaire ou des services. En 1981, le secteur des ressources primaires représentait 7.1 % du PIB canadien mais en 2002 ce chiffre n'était plus que de 5.8 %. En 1981, le secteur primaire représentait en gros 60 % des exportations totales du Canada mais depuis 1993 cette proportion s'établit entre 30 % et 40 %. Une bonne partie de ce recul peut s'expliquer par la croissance rapide des exportations automobiles à destination des États-Unis, certaines régions rurales en tirant profit en termes d'emplois directs. L'agriculture, la sylviculture, la pêche et la chasse ont connu le déclin le plus rapide, tandis que l'exploitation minière et l'exploration pétrolière et gazière ont été plus stables. Entre 1987 et 1999, le nombre des emplois dans l'agriculture, l'exploitation minière et la pêche a diminué dans tout le Canada. Le nombre des emplois dans le secteur forestier a progressé jusqu'en 1995 mais il a baissé depuis. Toutes les régions canadiennes ont enregistré un déclin de l'emploi dans le secteur des ressources primaires mais c'est au Québec, en Ontario et dans les Provinces maritimes que les pertes d'emplois ont été les plus importantes.

29. A l'exclusion des stations-services et du commerce en gros de produits pétroliers qui a employé à lui seul 96 583 personnes, soit 0.6 % de l'emploi total.

30. Des collectivités sont considérées comme dépendantes des ressources naturelles lorsque 30 % au moins de leur base économique provient de l'un des cinq secteurs de ressources (agriculture, sylviculture, pêche,

exploitation minière, énergie). Ces collectivités tendent également à être très petites : elles ont rarement plus de 10 000 habitants.

31. Concernant l'environnement bâti, il peut changer en fonction des caractéristiques de la ville-ressource. Il existe, par exemple, deux types de villes reposant sur l'exploitation des ressources naturelles : les villes de services et d'offre (*supply and service towns*), qui ont été parfois au départ des villes-champignons, et les villes de compagnie (*company towns*) qui sont généralement de petites localités statiques fortement dépendantes de l'industrie locale.

32. Diversification de l'économie de l'Ouest du Canada, www.wd.gc.ca/eng/9732.asp.

33. Certaines collectivités reposant sur une ressource, comme la ville de pêcheurs de Great Harbour Deep à Terre-Neuve-et-Labrador ou celle d'Uranium City dans la Saskatchewan sont si loin de tout qu'elles ne sont accessibles qu'en avion ou en bateau et par beau temps.

34. Les collectivités reposant sur l'exploitation des ressources naturelles souffrent plus que les autres des ralentissements de l'activité économique. Cela tient au fait que les prix des biens marchands sont généralement procycliques, autrement dit dépendent du cycle de l'activité internationale (Behrooz Afrasiabi, A. (2008), « Procyclicality of Primary Commodity Prices a Stylized Fact? », in P. V. Sheffer, *Commodity Modeling and Pricing Methods for Analyzing Resource Market Behaviour,* John Wiley & Sons, Inc., Hoboken, New Jersey.

35. A l'instar d'autres activités reposant sur l'exploitation de la ressource, la sylviculture s'est réorientée vers un modèle à forte intensité de capitaux. Cela justifie en partie le recul de l'emploi total dans le secteur. Toutefois, la période évaluée étant relativement courte, la réduction de l'emploi est probablement entièrement dépendante de la réduction de la demande internationale. Mais il convient également de rappeler les variations saisonnières (avril est le mois où l'emploi est moindre dans l'industrie forestière canadienne en raison d'une activité plus faible).

36. L'exploitation des sables bitumineux est également réputée responsable de la diminution du nombre des animaux à fourrure (dont le caribou) et de certains oiseaux forestiers dans les régions rurales du Nord de l'Alberta (OCDE, 2008).

37. Un pétajoule est égal à 10^{15} joules. Le joule est une unité standard de mesure de l'énergie.

38. La Lentille rurale met en oeuvre l'intégration des politiques par un ensemble de questions qui sont prises en compte lors de l'évaluation de l'impact d'une politique donnée sur les régions rurales. Ces questions de base sont les suivantes : *i)* Quelle est la pertinence de cette initiative pour

les régions rurales et éloignées du Canada ? *ii*) L'impact de l'initiative se limite-t-il à un milieu rural ou éloigné ? Une région ? Les principaux effets positifs et négatifs sur les Canadiens et Canadiennes des régions rurales ont-ils été cernés et des dispositions ont-elles été prises à leur égard, le cas échéant ? Les Canadiens et les Canadiennes des régions rurales ont-ils été consultés lors de l'élaboration ou de la modification de l'initiative ? De quelle façon sont optimisés les avantages pour les Canadiens et les Canadiennes des régions rurales ? (par exemple, coopération avec des partenaires, élaboration de solutions locales pour régler des problèmes locaux, marge de manœuvre pour prendre des décisions) *Source* : Partenariat rural canadien, www.rural.gc.ca/RURAL/display-afficher.do?id=1228331973112&lang=eng.

39. Quelques cas locaux démontrent le succès du PDC. C'est le cas, par exemple, de l'Association des sociétés d'aide au développement des collectivités de l'Ontario (ASADCO) qui indique les avantages de l'intégration du développement économique et social : les 61 SADC de l'Ontario proposent des prêts remboursables d'un montant de 150 000 CAD aux PME rurales et du Nord. Entre 2003 et 2008, le programme a accordé un montant de 263.6 millions CAD de prêts et levé un total de 700 millions CAD en fonds d'investissement *via* une prose de participation et un financement par un tiers. Plus de 15 000 emplois ont été ainsi créés entre 2004 et 2008, essentiellement dans le secteur des services.

40. LEADER est l'acronyme de Liaisons Entre Actions de Développement de l'Économie Rurale)

41. En dehors du Canada, les pays dont le cadre fiscal est le plus élevé sont les États-Unis (environ 5.5 % du PIB 2008), l'Australie, la Corée et la Nouvelle-Zélande (dans ces trois pays le montant du paquet fiscal représente plus de 4 % du PIB 2008) (OCDE, 2009d).

42. Dans le domaine des ressources naturelles, le gouvernement fédéral cible ses mesures sur les collectivités reposant sur l'exploitation des ressources naturelles, principalement dans le domaine forestier (Programme des collectivités forestières et Programme forestier des Premières nations), encourageant le développement de nouveaux débouchés économiques fondés sur la forêt, l'engagement des collectivités dans les questions de transition sectorielle, le partage d'informations avec d'autres collectivités forestières et les améliorations de l'efficience énergétique et environnementale dans l'industrie des pâtes et des papiers. D'autres programmes importants sont ciblés sur les collectivités de pêcheurs.

43. En 2006, le Canada comptait 16 administrations municipales (autrement dit des villes) de 250 000 habitants et plus. Ces villes représentaient une

population totale de 11 714 548 habitants soit 37 % de la population totale du Canada.

44. Les sociétés d'État canadiennes sont des entreprises publiques qui relèvent soit de la juridiction fédérale soit des juridictions provinciales et territoriales du Canada. Implantées de longue date dans le pays, les sociétés d'État ont été des instruments de la création de l'État. Comme elles sont actuellement impliquées dans tous les domaines, depuis la distribution, l'utilisation et le prix de certains biens et services jusqu'au développement énergétique, l'extraction de ressources, les transports publics, la promotion de la culture et la gestion des biens, les sociétés d'État continuent de jouer au Canada un rôle de premier plan.

45. Le FIMR était destiné à équilibrer l'investissement de 4 milliards CAD annoncé simultanément pour des grands projets d'infrastructure dans les régions métropolitaines lancés par le Fonds canadien sur l'infrastructure stratégique (FCIS).

46. Concernant le FIMR, il conviendrait de prendre en compte quelques différences d'une province à l'autre dans les modalités d'application. Dans le cas du Québec, par exemple, le gouvernement fédéral ne peut pas dépenser unilatéralement de l'argent au titre d'infrastructures municipales sans un accord bilatéral préalable avec le Québec. Comme de nombreux investissements doivent être conduits et financés en partie par les provinces, il est essentiel que les collectivités rurales et les petites villes s'assurent que les projets figurent parmi les priorités du gouvernement du Québec. Après le lancement du FIMR par le gouvernement fédéral (2003-2011), le Canada et le Québec ont négocié un accord pour la gouvernance du programme Infrastructures Canada (2000-2011) et du FIMR.

Bibliographie

Alasia, A., R.D. Bollman, R.D., A. Weersink et J. Cranfield (2007), « Décisions de travailler hors ferme des exploitants agricoles canadiens en 2001 : rôle des déterminants individuels, de la ferme, du milieu et de la région », document de travail sur l'agriculture et le milieu rural n°85, 21-601-XWE, Statistique Canada, Ottawa.

Behrooz Afrasiabi, A. (2008), « Procyclicality of Primary Commodity Prices a Stylized Fact? », in P.V. Sheffer, *Commodity Modelling and Pricing Methods for Analyzing Resource Market Behaviour*, John Wiley & Sons, Inc., Hoboken, New Jersey.

Beshiri, R. et J. He (2009), « Les immigrants au Canada rural : 2006 », *Bulletin d'analyse – Régions rurales et petites villes du Canada*, vol. 8, n°2, Statistique Canada, numéro au catalogue : 21-006-XIE, Bulletin, Ottawa.

Bollman, R.D. (2007), « Les facteurs stimulant l'économie rurale canadienne, document de recherche », série de documents de travail sur l'agriculture et le milieu rural, Statistique Canada, Ottawa.

Bollman, R.D. et M. Prud'homme (2006), « Tendances des prix de la ruralité », *Bulletin d'analyse : régions rurales et petites villes au Canada*, vol. 6, n°7, 21-006-XIF, Statistique Canada, Ottawa.

Broadway, M. (2007), « Meatpacking and the Transformation of Rural Communities: A Comparison of Brooks, Alberta and Garden City, Kansas », *Rural Sociology*, vol. 72, n°4, pp. 560–582.

Canada's Rural Partnership/Partenariat rural canadien (2009), *La Lentille rurale, www.rural.gc.ca/RURAL/display-afficher.do?id=1246383722421 &lang=eng*.

Desmeules, M. et R. Pong (2006), *Comment se portent les Canadiens vivant en milieu rural ? Une évaluation de leur état de santé et des déterminants de la santé ?*, Initiative sur la santé de la population canadienne.

Donato, K.M., C.M. Tolbert, A. Nucci et Y. Kawano (2007), « Recent Immigration Settlement in the Nonmetropolitan United States: Evidence from Internal Census Data », *Rural Sociology*, vol. 72, n°4, pp. 537-559.

Environnement Canada (1996), *L'état de l'environnement au Canada*, Environnement Canada, Ottawa.

Fairbairn, J. et L.J. Gustafson (2008), *Au-delà de l'exode : mettre un terme à la pauvreté rurale*, rapport final du Comité sénatorial permanent de l'agriculture et des forêts, Sénat du Canada.

Fairy, D. *et al.* (2008), *Cultivating Farmworker Rights*, Canadian Centre for Policy Alternatives.

Freshwater, D. (2008), « Active Labour Market Policy: Implications for Local Labour Markets and Régional Development », document de travail, études de troisième cycle en économie de l'agriculture, Université de Kentucky.

Freshwater, D. et R. Trapasso (2009), « Where Did the Rural Jobs Go », document présenté lors du Forum de l'OCDE sur la politique régionale, « Global Crises – Régional Responses », 30 mars 2009, Paris.

GC (gouvernement du Canada) (2006), *Vue d'ensemble du système agricole et agroalimentaire canadien*, Agriculture et agroalimentaire Canada, Ottawa.

Green, M.B. et S.P. Meyer (1997a), « Occupational Stratification of Rural Commuting », in R.D. Bollman et J.M. Bryden, *Rural Employment: An International Perspective*, Brandon University for the Canadian Rural Revitalization Foundation et Wallingford, R-U, pp. 225-238.

Green, M.B. et S.P. Meyer (1997b), « An Overview of Commuting in Canada: With special emphasis on rural commuting and employment », *Journal of Rural Studies*, vol. 13, n 2, pp. 163-175.

Harris C. et M. Burns (2004), *Seven Reports on the Identification of Rural Indicators for Rural Communities – Social Progress*, secrétariat rural à l'Agriculture et à l'agroalimentaire du Canada, Ottawa.

Hessing, M. *et al.* (2005), *Canadian Natural Resource and Environmental Policy* (2e édition), UBC Press, Vancouver.

ICIS (Institut canadien d'information sur la santé) (2005), *Les soins de santé au Canada*, ICIS, Ottawa.

MacGregor, R. (2007), *Canadians, a Portrait of a Country and its People*, Penguin Canada, Toronto.

Mitura, V. et R.D. Bollman (2003), « La santé des Canadiens des régions rurales : une comparaison rurale-urbaine des indicateurs de la santé », *Bulletin d'analyse : régions rurales et petites villes du Canada*, vol. 4, n°6, Statistique Canada, numéro au catalogue : 21-006-XIE, Ottawa.

Murphy, B.B. (1992), « The distribution of federal-provincial taxes and transfers in rural Canada », in R.D. Bollman, *Rural and Small Town Canada*, Thompson Educational Publishing, Toronto, pp. 337-356.

OCDE (2002), *Examens territoriaux de l'OCDE : Canada*, OCDE, Paris, http://dx.doi.org/10.1787/9789264276307-fr.

OCDE (2005), *Panorama des régions de l'OCDE*, OCDE, Paris, http://dx.doi.org/10.1787/reg_glance-2009-fr.

OCDE (2008), *Études économiques de l'OCDE : Canada*, OCDE, Paris, http://dx.doi.org/10.1787/eco_surveys-can-2008-fr.

OCDE (2009), « Questionnaire for the Integration of the Background Report », document de travail interne de la Direction de la Gouvernance publique et du développement territorial, OCDE, contenant des informations fournies par le Secrétariat rural (AFC) et Statistique Canada.

Radford, P. (2007), « Importance de pousser la recherche : arguments en faveur de l'étude des populations d'immigrants et de minorités visibles vivant en dehors des trois plus grandes villes du Canada », *Nos diverses cités*, n°3, Paul Radford, Université Concordia, Montréal, pp. 50-54.

Ram, B. et Y.E. Shin, (1999), « Internal Migration of Immigrants », in S.S. Halli et L. Driedger (eds), *Immigrant Canada: Demographic, Economic and Social Challenges*, Presses de l'Université de Toronto, Toronto.

Rothwell, N. (2001), « Situation de l'emploi dans les régions rurales et petites villes du Canada : mise à jour jusqu'en 2000 », *Bulletin d'analyse – Régions rurales et petites villes du Canada*, vol. 3, n°4, Statistique Canada, numéro au catalogue : 21-006-XIF, Ottawa.

Rupnik, C., M. Thompson-James et R.D. Bollman (2001), « Évaluation du bien-être économique des Canadiens ruraux au moyen d'indicateurs de revenu », série de documents de travail sur l'agriculture et le milieu rural, document de travail n°45, 21-601-MIF01045, Statistique Canada, Ottawa.

Schultz, T.W. (1972), « The Increasing Economic Value of Human Time », *American Journal of Agricultural Economics*, vol. 54, n°5 (décembre), pp. 843 – 850.

Sorensen, M. et J. De Peuter, (2005), « Profil du Canada rural : une analyse des données de recensement sur dix ans (1991-2001) », secrétariat rural à l'Agriculture et à l'agroalimentaire du Canada, Ottawa, pp. 1-96.

Statistique Canada (2008), *Enquête sur la dynamique du travail et du revenu (EDTR)*, Ottawa.

Walisser, B., B. Mueller et C. McLean (2006), « The Resilient City », *Vancouver Working Group Discussion Paper*, Vancouver.

Chapitre 2

Profil économique du Québec rural

Ce chapitre fournit une évaluation socio-économique du Québec rural. La première section présente une typologie régionale pour la définition des régions rurales de la province. La deuxième se concentre sur la source de la compétitivité économique dans les territoires ruraux, discutant du cadre de production, du marché du travail et de la contribution des différents secteurs à l'économie rurale. La troisième section traite essentiellement du bien-être social des Québécois ruraux et met l'accent sur l'offre de services. Enfin, la dernière section de ce chapitre discute des principaux enjeux qui menacent la viabilité des collectivités rurales du Québec.

Points clés

- **Le Québec rural d'aujourd'hui s'inscrit dans une certaine modernité et produit 20 % du PIB de la province.** Globalement, la population rurale augmente au même titre que les possibilités d'emploi du fait de la diversification de la base économique. De nombreuses régions rurales ont réduit leur dépendance à l'égard de l'agriculture et aux autres activités du secteur primaire tout en augmentant leur spécialisation dans la fabrication et surtout dans les activités de services.

- **La fracture rural/urbain est moins forte au Québec que dans le reste du Canada du fait de l'existence d'un réseau plus dense de villes petites et moyennes.** La province compte plus de 1 000 municipalités situées, pour la plupart, dans les régions rurales de la partie méridionale de la province, qui appuient l'objectif social d'occupation du territoire. Un grand nombre de ces municipalités sont fonctionnellement liées. Ainsi, au Québec, de nombreux marchés ruraux du travail sont reliés et relativement vastes.

- **En moyenne, le Québec rural affiche de bonnes performances mais, comme dans le reste du Canada, on observe des disparités régionales.** Les régions rurales situées en périphérie des métropoles et dans les régions intermédiaires ont une base économique diversifiée et attirent les personnes et les entreprises. Inversement, les régions essentiellement rurales, en particulier si elles sont éloignées et dépendantes des ressources naturelles, sont confrontées à un changement socioéconomique structurel qui, dans certains cas, menace leur viabilité.

- **Le changement structurel qui se produit en milieu rural est un phénomène multidimensionnel impliquant des problèmes économiques et sociaux.** En premier lieu, la population des régions essentiellement rurales vieillit et diminue en raison d'un taux de natalité faible, de l'allongement de la vie et d'une émigration nette. En deuxième lieu, certains marchés ruraux du travail offrent moins de débouchés car l'agriculture absorbe un nombre moindre de travailleurs, et les avantages comparatifs des activités reposant sur l'exploitation des ressources naturelles et des productions traditionnelles sont exposés à la concurrence internationale. Enfin, dans certains cas, la dégradation de la qualité environnementale s'ajoute aux enjeux du changement climatique.

- **En particulier, les collectivités rurales reposant sur l'exploitation des ressources naturelles sont les secteurs les plus vulnérables de la province.** Les forces qui déterminent le cours de ces collectivités sont souvent extérieures ; il s'agit, par exemple, de décisions prises par le gouvernement central, les élites financières métropolitaines ou des importateurs/exportateurs internationaux. Dans bien des cas, la crise financière actuelle est le catalyseur du déclin local.

Introduction

Ce rapport se concentre sur l'étude du Québec rural. Le choix de cette province tient à toute une série de facteurs. En premier lieu, le Québec est la province la plus vaste et la plus peuplée du Canada après l'Ontario. En deuxième lieu, la « ruralité » est une composante importante du caractère et de la culture de la province.[1] Bien que la majorité de sa population se concentre dans les centres urbains du sud de la province où l'on trouve les trois principales régions urbaines de Montréal, Québec et Gatineau, le Québec est encore profondément rural, avec des paysages caractéristiques et un nombre relativement grand de collectivités rurales, qui sont fortement attachées à leur territoire. Le troisième facteur est l'importance de la contribution des régions rurales à l'économie de la province. Le Québec est riche en ressources naturelles et dans certaines régions rurales éloignées on trouve des collectivités qui n'existent que par l'extraction et la transformation des ressources naturelles. Le quatrième facteur tient au fait que, pour toute une série de raisons historiques et politiques, le gouvernement provincial est soucieux de garantir la viabilité des collectivités rurales, y compris celles situées dans des régions reculées. Enfin, le Québec présente la caractéristique d'être un vaste territoire aux confins des peuplements humains avec un large éventail de défis à relever mais aussi d'opportunités. En conséquence, l'effort de la province pour promouvoir le développement rural représente une expérience précieuse à intégrer dans les connaissances collectives de l'OCDE sur le sujet.

Seule la partie méridionale du Québec est définie comme rurale par le gouvernement provincial, le nord se caractérisant par une densité de population extrêmement faible avec seulement quelques peuplements humains stables.[2] Alors que dans la plupart des pays de l'OCDE le territoire national se décompose en deux grandes catégories : le milieu urbain et le milieu rural, il existe au Québec une troisième catégorie : le Nord. C'est une région immense qui, à quelques exceptions près, s'étend approximativement du 49ème parallèle au voisinage du cercle polaire. Inversement, la dichotomie rural/urbain existe dans le sud de la province, dans la région dite de l'« écoumène » (écoumène de population) où les peuplements humains sont contigus. Cette région, à elle seule, a la taille de la Nouvelle-Angleterre.[3]

Globalement, le Québec rural affiche de bonnes performances économiques ; on note toutefois des différences entre les régions essentiellement rurales, les régions intermédiaires et les régions rurales périmétropolitaines. En particulier, les régions rurales à proximité de centres urbains sont celles qui ont enregistré les performances démographiques et économiques les plus fortes sur les quinze dernières années (1991-2006). Ces régions ont vu leur population augmenter de 18.5 % alors que la performance moyenne des régions rurales et urbaines était respectivement de 1.6 et 9.6 %. Entre 2001 et 2006, l'emploi local a progressé pour s'établir à 9.4 %, ce qui a eu un impact positif pour le PIB rural qui a augmenté d'environ 3 % par an entre 1991 et 2006 (Conference Board, 2009a). Ces régions périmétropolitaines sont en voie de devenir un espace économique et social essentiel du Québec ; elles encouragent un processus propre de développement endogène reposant sur le secteur des services et sur les productions à forte valeur ajoutée. Inversement, les territoires essentiellement ruraux éloignés voient leur population diminuer (-7.4 % entre 1981 et 2006) et leur cadre économique, spécialisé dans les activités primaires, est soumis aux pressions du changement structurel et d'une conjoncture négative.

Les régions rurales sont confrontées à des défis qui résultent, dans bien des cas, de la transformation continue de leur société et de leur économie. En l'espace d'une génération, le Québec a connu une véritable « révolution démographique ». Cette province, qui avait autrefois le taux de natalité le plus élevé du Canada, a aujourd'hui l'un des plus faibles du continent nord-américain ; ce phénomène, conjugué à l'augmentation de l'espérance de vie et à une immigration limitée, a conduit au vieillissement et, dans certains régions, au déclin de la population rurale. L'augmentation de l'espérance de vie requiert de nouveaux services publics ce qui peut également représenter une opportunité de développer de nouvelles activités économiques. En tout état de cause, le Québec a deux grands défis à relever : le premier est la création de nouvelles possibilités d'emploi pour attirer de nouveaux résidents et immigrants ; le second est l'amélioration de ses aménités pour une meilleure qualité de vie en milieu rural.

Enfin, l'existence de liaisons fonctionnelles fortes entre territoires urbains et territoires ruraux exerce une pression sur les aménités rurales, l'infrastructure de transport et l'environnement. L'étalement urbain et le navettage accru transfèrent sur certaines régions rurales les externalités négatives du milieu urbain comme les embouteillages et la pollution. L'« urbanisation » de certains territoires ruraux est la conséquence d'un développement rural réussi mais le processus n'a pas une approche fonctionnelle de l'aménagement du territoire.

2.1 La notion de « rural » au Québec

L'extrême variation de la densité de population fait que seule la partie méridionale de la province peut être définie comme rurale au sens usuel du terme

En raison du petit nombre de peuplements humains stables et d'une densité de population extrêmement faible, une grande partie du Québec peut être considérée comme une entité territoriale à part lorsqu'on applique la typologie régionale de l'OCDE (Du Plessis, Beshiri, Bollman et Clemenson, 2001). La province de Québec couvre un territoire de plus de 1.5 million de km² situé dans l'Est du pays, grand comme plus de cinq fois le Texas et près de trois fois la France, peuplé de 7.5 millions de personnes. Sa densité globale de population est donc très faible (5.1 habitants au km²). Elle varie toutefois grandement d'un bout à l'autre de la province. La grande majorité des Québécois vit dans le sud, entre le 49ème parallèle et la frontière avec les États-Unis, tandis que dans le reste de la province (région administrative de Nord-du-Québec et parties septentrionales de Saguenay-Lac-Saint-Jean et de Côte-Nord), la densité de population est extrêmement faible. Une partie de ce territoire abrite également des réserves de Premières Nations (encadré 2.1). En outre, le territoire total peut être divisé entre l'écoumène (188 522 km²) et les territoires situés en dehors de cette zone (hors écoumène : 1 260 813 km²). Le premier est situé principalement au-dessus de la frontière avec les États-Unis et le long des rives du Saint-Laurent, et représente la région dans laquelle vit la majorité des Québécois. Le second est composé de territoires internes dans lesquels il n'y a pas de continuité des peuplements humains (tableau 2.1, graphique 2.1).

Tableau 2.1 **Le Québec en chiffres**

Superficie totale	Km²	1 438 228
Écoumène	Km²	188 522
Hors écoumène	Km²	1 260 813
Population totale (2006)		7 435 805
Densités absolues de population	Hab. au km²	5.1
Densité de population à l'intérieur de l'écoumène	Hab. au km²	39.4

Source : OCDE (2009), « Questionnaire for the Integration of the Background Report », document de travail interne de la Direction de la Gouvernance publique et du développement territorial, OCDE contenant des informations fournies par le MAMROT.

> **Encadré 2.1 Les réserves indiennes au Canada et au Québec**
>
> Au Canada, une réserve indienne est définie dans la Loi sur les Indiens comme une « parcelle de terrain dont Sa Majesté est propriétaire et qu'elle a mise de côté à l'usage et au profit d'une bande ». Alors que de nombreuses collectivités se réfèrent au terme de « Première Nation »le terme de « bande » est utilisé par le gouvernement fédéral pour décrire un « groupe d'Indiens » dans une communauté. La Loi sur les Indiens précise également que les terres réservées à l'usage et au profit d'une bande qui ne sont pas dévolues à la Couronne sont également assujetties aux dispositions de la Loi sur les Indiens concernant les réserves. Une réserve est analogue à une réserve indienne aux États-Unis bien que l'histoire des réserves dans ces deux pays soit sensiblement différente.
>
> En 2006, on recensait au Canada plus de 600 bandes résidant dans une ou plusieurs réserves, pour la plupart de faible superficie. La Loi sur les Indiens donne au gouverneur en conseil le droit de « décider si tout objet pour lequel des terres dans une réserve sont ou doivent être utilisées, se trouve à l'usage et au profit de la bande ». Les titres de propriété sur les terres situées à l'intérieur de la réserve ne peuvent être transférés qu'à la bande ou à des membres de celle-ci. Les terres des réserves ne peuvent être saisies par la justice, et les biens d'une bande ou d'un membre d'une bande vivant dans une réserve « ne peuvent pas faire l'objet d'un privilège, d'un nantissement, d'une hypothèque, d'une opposition, d'une réquisition, d'une saisie ou d'une exécution en faveur ou à la demande d'une personne autre qu'un Indien ou une bande » (section 89 (1) de la Loi sur les Indiens).
>
> Des provinces et des municipalités ne peuvent exproprier des réserves que si elles sont spécifiquement autorisées à le faire par une loi provinciale ou fédérale. Peu de réserves jouissent de quelconques avantages économiques tels que des recettes provenant de l'exploitation des ressources. Les recettes de ces réserves sont détenues dans une fiducie par le ministre des Affaires indiennes. Les terres des réserves et les biens des membres de bandes et des bandes situés sur une réserve sont exemptés de toutes formes d'impôts à l'exception des taxes locales. Mais les entreprises appartenant à des membres de Premières Nations n'en sont pas exemptées. Cette exemption a permis à des membres de bande opérant dans le cadre d'entreprises individuelles ou de sociétés en nom collectif de vendre dans leur réserve des produits fortement taxés comme les cigarettes à des prix sensiblement inférieurs à ceux que pratiquent les magasins situés à l'extérieur des réserves. Certaines Premières Nations ont passé avec le Canada des accords d'autonomie gouvernementale tandis que d'autres ont des structures de gouvernance a minima. La plupart se situent quelque part entre les deux.
>
> *Source :* Loi sur les Indiens (R.S., 1985, c. I-5), Loi en cours au 25 novembre 2009 ; Affaires indiennes et du Nord canadien, www.ainc-inac.gc.ca ; « Réserve indienne » dans l'encyclopédie canadienne, www.thecanadianencyclopedia.com.

Le Québec rural accueille le quart de la population de la province et couvre les deux cinquièmes du territoire

La définition du terme rural utilisée dans ce rapport se fonde sur trois variables : *i)* la densité de population, *ii)* la présence d'un centre urbain à

Graphique 2.1 **L'écoumène au Québec**

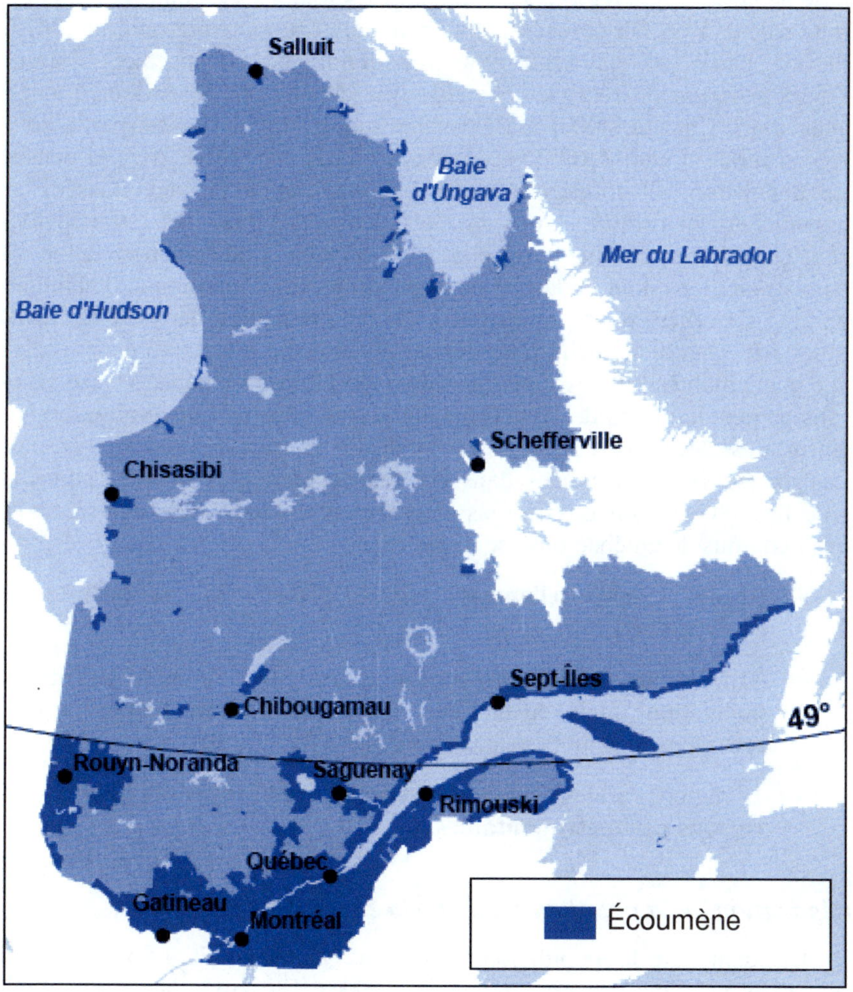

Source : Gouvernement du Québec.

proximité ou à l'intérieur de la région rurale et *iii*) la distance séparant une région rurale donnée des principales régions métropolitaines.[4] En conséquence, 42 % de la province est rurale. Cette étendue est composée de plus de 1 100 municipalités et territoires non organisés et de 34 réserves indiennes.[5] La méthodologie utilisée pour définir ce qui est rural au Québec repose sur des municipalités ou groupes de municipalités appelés ci-après municipalités régionales de comté (MRC), qui représentent les unités de base de la typologie régionale et sont appelés régions TL3 dans la typologie régionale de l'OCDE (encadré 2.2). Premièrement, toute région d'une MRC faisant partie de la région métropolitaine de recensement ou de l'agglomération de recensement telle que définie par Statistique Canada (Statistique Canada, 2007) n'est pas considérée comme faisant partie de la région rurale d'une MRC. Deuxièmement, toutes les MRC dont la densité de population est inférieure à 400 habitants au km^2 sont classées en essentiellement rurales. Troisièmement, les autres MRC et municipalités sont considérées comme rurales si 50 % au moins de leur population vit dans des régions dont la densité de population est inférieure à 400 habitants au km^2. Ce critère réintègre les résidents des campagnes dans les des RMR et les AR. Quatrièmement, pour des raisons d'ordre géographique et social, six municipalités situées dans la région du Nord-du-Québec et six villes plus petites de moins de 13 000 habitants sont considérées comme rurales. Enfin, les MRC essentiellement rurales sont divisées en deux sous-catégories : *i*) celles situées dans des régions centrales ou accessibles et *ii*) celles situées dans des régions éloignées (graphique 2.2).[6] Au terme de ces itérations, le Québec rural se divise en :

- 62 MRC **essentiellement rurales** (dont 31 **accessibles** et 31 **éloignées**) ;

- 21 MRC **intermédiaires** (qui sont des MRC à faible densité de population mais ayant sur leur territoire un centre urbain relativement important) ;

- 10 régions rurales situées à l'intérieur de régions métropolitaines, ou **régions périmétropolitaines**.

Répartition de la population du Québec rural

Un quart de la population totale du Québec, soit 1.95 million de personnes vit dans des régions rurales (2006). En particulier, 70 % de la population rurale (représentant 18.5 % de la population totale de la province) vit dans des MRC essentiellement rurales. On recense 566 000 personnes dans les MRC essentiellement rurales et éloignées tandis que 811 000 personnes vivent dans des MRC essentiellement rurales accessibles. Le reste de la population rurale se répartit comme suit : 21 % (soit 5.5 % de la population globale) vivent dans des MRC intermédiaires et 9 % (2.2 % de la population totale) vivent dans des régions périmétropolitaines (tableau 2.2).

> ### Encadré 2.2 **La municipalité régionale de comté (MRC)**
>
> On recense au Québec 86 MRC (et 14 organismes équivalents). Il s'agit d'unités géographiques et administratives comparables au comté. Chaque MRC est composée d'un certain nombre de municipalités. Le conseil d'une MRC est composé des maires des municipalités membres ainsi que d'un préfet. Le préfet est généralement élu à bulletins secrets par le conseil, parmi ses membres. Le suffrage universel est également utilisé dans huit cas où la population locale élit le préfet qui n'est pas nécessairement maire. Le mandat du préfet est de deux ans lorsqu'il est élu par le conseil ; il est de quatre ans lorsqu'il est élu au suffrage universel.
>
> La principale responsabilité de la MRC est l'aménagement du territoire. La MRC doit, en particulier : *i)* gérer l'utilisation des terres en créant un plan d'occupation des sols qu'elle révisera tous les cinq ans ; *ii)* établir un plan pour la gestion des déchets, la protection contre l'incendie et la protection civile (police); *iii)* veiller au bon fonctionnement des cours d'eau qui traversent son territoire, en particulier de ceux utilisés pour le drainage agricole ; *iv)* préparer les relevés cadastraux pour les municipalités locales ; *v)* vendre des immeubles en cas de défaut de paiement des taxes foncières. Les MRC sont également responsables du développement local ; il leur appartient donc de désigner ou de créer et de financer un Centre local de développement pour aider les entreprises régionales.
>
> Les MRC, dans leur définition comme d'unités politiques, ne couvrent pas l'intégralité du territoire du Québec. Les municipalités locales du Québec (et les territoires autochtones équivalents) n'appartenant pas à une MRC entrent dans les catégories suivantes : *i)* toutes les réserves indiennes ; et *ii)* 14 villes et agglomérations urbaines n'appartenant pas à une quelconque MRC car elles exercent elles-mêmes tout ou partie des pouvoirs qui sont normalement ceux d'une MRC (une ville ou une agglomération dans certains cas n'exerce que quelques uns de ces pouvoirs car certains pouvoirs de la MRC sont à leur tour délégués à une collectivité métropolitaine).
>
> *Source* : OCDE (2009), « Questionnaire for the Integration of the Background Report », document de travail interne de la Direction de la Gouvernance publique et du développement territorial, OCDE, contenant des informations fournies par le MAMROT.

Au Québec, la densité de population est étroitement liée à la distance par rapport aux très grandes régions métropolitaines. Ce qui signifie qu'un très petit nombre de grandes agglomérations sont éloignées des principaux centres urbains, contrairement à ce qui se passe en Suède.[7] Lorsqu'on prend en compte les MRC essentiellement rurales, on peut voir que les régions situées dans un rayon de 150 à 250 kilomètres par rapport aux grandes régions métropolitaines ont des densités de population supérieures (graphique 2.3).

Graphique 2.2 **Classification rurale du Québec**

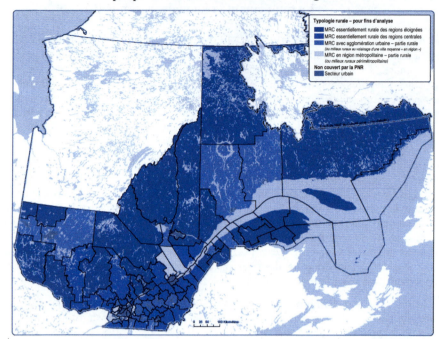

Source : OCDE (2009), « Questionnaire for the Integration of the Background Report », document de travail interne de la Direction de la Gouvernance publique et du développement territorial, OCDE, contenant des informations fournies par le MAMROT.

Tableau 2.2 **Population rurale et urbaine du Québec, 2006**

	Nombre d'individus	%
MRC essentiellement rurales	1 377 455	18.5 %
Éloignées	566 320	(41.1 %)
Accessibles	811 135	(58.8 %)
MRC intermédiaires	410 920	5.5 %
MRC périmétropolitaines	162 295	2.2 %
Rural	1 950 670	26.2 %
Urbain	5 485 135	73.8 %
Québec	7 435 805	100.0 %

Source : OCDE (2009), « Questionnaire for the Integration of the Background Report », document de travail interne de la Direction de la Gouvernance publique et du développement territorial, OCDE, contenant des informations fournies par le MAMROT.

Graphique 2.3 **Répartition de la population dans les MRC essentiellement rurales du Québec**

2006

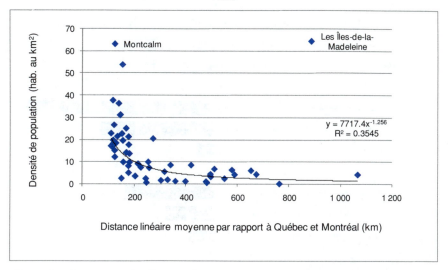

Note : La distance est la distance linéaire moyenne (en kilomètres) entre le centre géographique de la MRC et le centre des régions métropolitaines de Montréal et de Québec.

Source : Base de données sur les statistiques régionales de l'OCDE (2009) ; OCDE (2009), « Questionnaire for the Integration of the Background Report », document de travail interne de la Direction de la Gouvernance publique et du développement territorial, OCDE contenant des informations fournies par le MAMROT.

La fracture démographique rural/urbain est toutefois moins intense au Québec que dans le reste du Canada. La répartition territoriale de la population tend à y être plus proche de celle des pays européens et de la moyenne de l'OCDE. Par exemple, dans les régions rurales la croissance démographique n'est pas aussi faible que dans le reste du Canada et le rythme d'urbanisation y est plus proche de la moyenne de l'OCDE, alors que pour le Canada il est de plus du double (graphique 2.4). Cela tient à l'existence de réseaux relativement denses de villes petites et moyennes dans les régions rurales.

Graphique 2.4 **Tendances de l'urbanisation dans l'OCDE, au Canada et au Québec entre 1996 et 2005**

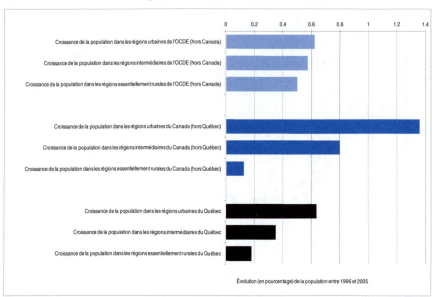

Source : Base de données sur les statistiques régionales de l'OCDE (2009), base de données interne.

La population du Québec rural augmente mais c'est dans les franges urbaines et dans les régions rurales accessibles que la progression est la plus forte

Après un long déclin, le Québec rural voit sa population augmenter depuis le milieu des années 90 mais des disparités régionales subsistent. Entre 1981 et le milieu des années 90, toutes les régions rurales ont enregistré des pertes de population. La modernisation de la société du Québec dans le sillage de la « révolution tranquille » qui a imposé un nouvel ensemble de valeurs et d'aspirations et réduit la taille moyenne des ménages, a favorisé la concentration de la population dans les grandes villes et, en particulier, dans la région métropolitaine de Montréal, dont la population a atteint des sommets pendant cette période.[8] La tendance s'est inversée à la fin des années 90 lorsque, sous l'effet de la contre-urbanisation, les territoires ruraux ont déclaré attirer de nouveaux résidents. Toutefois, ce phénomène a touché principalement les régions rurales intermédiaires et périmétropolitaines. En fait, la population de ces régions rurales a augmenté de 11 % tandis que, sur la même période, celle des régions éloignées a diminué de 7.4 % (graphique 2.5). La capacité d'attraction de ces territoires dépend de plusieurs facteurs dont les plus importants sont la possibilité de venir se greffer sur les services urbains, d'avoir accès à un marché du travail élargi et de profiter des aménités rurales, ce qui a particulièrement séduit pour leur retraite les « baby-boomers », c'est-à-dire les personnes nées dans la décennie qui a suivi la Deuxième guerre mondiale. A l'inverse, les régions isolées ont vu leur population diminuer sur la période couverte par les trois derniers recensements.

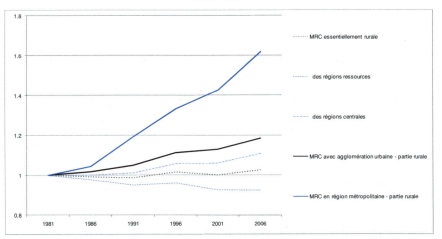

Graphique 2.5 **Tendances démographiques dans les régions rurales et urbaines**

1981-2006

OCDE (2009), « Questionnaire for the Integration of the Background Report », document de travail interne de la Direction de la Gouvernance publique et du développement territorial, OCDE contenant des informations fournies par le MAMROT.

2.2 Niveaux et sources de revenus

Niveau de revenu dans les régions rurales

Reflétant la tendance nationale (voir Chapitre 1), le revenu des ménages dans les régions rurales du Québec est inférieur à la moyenne de la province et au revenu en milieu urbain.[9] En particulier, le revenu des ménages ruraux est inférieur de 11.6 % à la moyenne de la province. L'écart monte à 15 % si l'on compare le revenu rural au revenu urbain. Le revenu par ménage suit également une dynamique similaire (tableau 2.3). On observe toutefois des différences de répartition des revenus par rapport au degré de « ruralité ». Les régions rurales situées à l'intérieur des régions métropolitaines de Québec et de Montréal affichent un revenu par habitant supérieur à la moyenne de la province, et lorsqu'on prend en compte le revenu par ménage, elles enregistrent le niveau le plus élevé du Québec.

Tableau 2.3 **Répartition des revenus au Québec et écart par rapport à la moyenne nationale, 2005**

	Revenu par habitant (prix courants en CAD 2005)	Revenu par ménage (prix courants en CAD 2005)	Revenu par habitant en % de la moyenne nationale (Québec = 100)	Revenu des ménages en % de la moyenne nationale (Québec = 100)
MRC essentiellement rurales	27 550	51 689	85.9	87.7
Éloignées	26 651	49 868	83.1	84.6
Accessibles	28 177	52 958	87.8	89.8
MRC intermédiaires	29 294	56 590	91.3	95.9
MRC périmétropolitaines	33 181	65 267	103.4	110.7
Rural	28 364	53 737	88.4	91.2
Urbain	33 374	60 715	104.1	102.9
Québec	32 074	58 954	100.0	100.0

Source : OCDE (2009), « Questionnaire for the Integration of the Background Report », document de travail interne de la Direction de la Gouvernance publique et du développement territorial, OCDE, contenant des informations fournies par le MAMROT.

L'impact de la distance sur les niveaux de revenus

Bien que l'accessibilité des régions soit souvent considérée comme une variable indépendante qui façonne la performance des régions rurales, les territoires du Québec affichent une relation non linéaire entre la distance et la performance économique. Lorsqu'on prend en compte les MRC classées en intermédiaires, en se fondant sur leur densité de population, on peut voir que certaines régions proches des principales régions métropolitaines affichent de mauvaises performances. Inversement, certaines régions éloignées ont un revenu des ménages très élevé ; c'est le cas de Sept-Rivières, qui est située dans la partie centrale de Côte-Nord à l'extrême limite de l'écoumène.

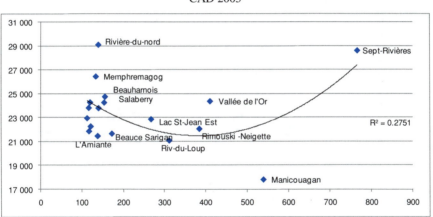

Graphique 2.6 **Distance (X) et niveaux de revenus (Y) dans les régions rurales intermédiaires**

CAD 2005

Source : A partir de données de l'Institut de la statistique du Québec.

On peut également observer une dynamique analogue dans les MRC essentiellement rurales qui affichent des disparités non liées à la distance. En moyenne, les MRC essentiellement rurales sont les régions les moins prospères du Québec mais, comme pour les régions rurales intermédiaires, l'accessibilité et la distance ne sont pas les variables indépendantes qui déterminent la richesse territoriale. Ainsi, lorsqu'on considère la distance moyenne pour les grandes régions métropolitaines et le revenu moyen, on peut classer les MRC essentiellement rurales en quatre groupes (graphique 2.7). Le premier groupe est composé des régions proches et relativement riches : 25 % des MRC essentiellement rurales appartiennent à ce groupe. Le deuxième groupe, le plus important (39 %) est celui des régions proches et pauvres. Dans le troisième et le quatrième groupes, on trouve respectivement des régions essentiellement rurales qui sont éloignées et peu prospères (23 %) et des régions éloignées mais riches (11 %). En conséquence, certaines régions rurales éloignées affichent le revenu le plus élevé tandis qu'un grand nombre de régions centrales affichent de mauvaises performances.

Graphique 2.7 **Distance[1] (X) et niveau de revenu (Y) dans les MRC essentiellement rurales**

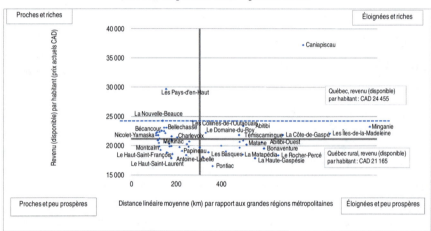

Note : 1. La distance est la distance linéaire moyenne (en kilomètres) entre le centre géographique de la MRC et le centre des régions métropolitaines de Montréal et de Québec.

Source : Base de données sur les statistiques régionales de l'OCDE (2009); OCDE (2009), « Questionnaire for the Integration of the Background Report », document de travail interne de la Direction de la Gouvernance publique et du développement territorial, OCDE contenant des informations fournies par le MAMROT.

Les régions essentiellement rurales ont enregistré la plus forte progression du revenu des ménages dans la province mais, dans certains cas, les disparités se creusent

Entre 2000 et 2005, les régions rurales ont affiché les meilleures performances en termes de progression du revenu des ménages ; toutefois, les disparités entre régions se creusent.[10] En particulier, le revenu médian des ménages vivant dans des régions essentiellement rurales a augmenté de 5.4 % entre 2000 et 2005. Sur la même période, les régions intermédiaires et les régions urbaines ont enregistré une progression de 3.8 % (graphique 2.8 C - D). Parmi les ER, une majorité a fait mieux que le niveau de 5 % de progression annuelle (graphique 2.8 A). Les autres ont affiché une croissance légèrement positive, voire négative (graphique 2.8 B). Les ER qui ont enregistré une performance inférieure (voire négative) pour le revenu des ménages sont également les moins prospères du Québec ; leur revenu est inférieur d'environ 10 % à celui des régions très performantes. Cela indique l'existence de disparités importantes et croissantes parmi les MRC essentiellement rurales.

Le revenu rural dépend de la diversification économique

Reflétant une tendance générale au sein de l'OCDE, au Québec la performance économique des économies rurales depend du degré de diversification de la base économique locale. Cette corrélation est forte, par exemple, dans le cas des MRC intermédiaires, où le revenu local est étroitement lié à la proportion d'emplois dans les activités secondaires et surtout tertiaires. C'est évident dans le cas de Rivière-du-Nord et de Memphrémagog. Dans ces deux MRC intermédiaires, la proportion d'emplois dans le secteur manufacturier et les services est supérieure à 85 %, tandis que la région d'Arthabaska, la moins diversifiée de ce groupe, affiche une proportion d'emplois dans les activités secondaires et tertiaires proche de 65 % (graphique 2.9).

Graphique 2.8 **Revenu médian dans les régions rurales, intermédiaires et urbaines entre 2000 et 2005**

A. ER ayant enregistré la plus forte croissance du revenu

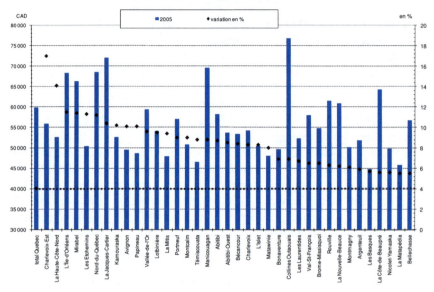

B. ER ayant enregistré une croissance faible ou négative du revenu

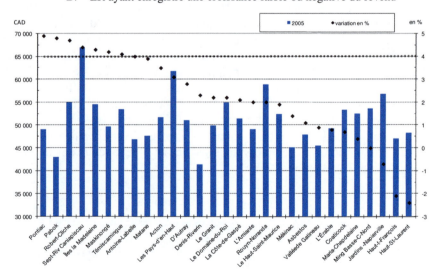

Graphique 2.8 **Revenu médian dans les régions rurales, intermédiaires et urbaines entre 2000 et 2005** (*suite*)

C. Niveau de revenu et taux de croissance des régions intermédiaires

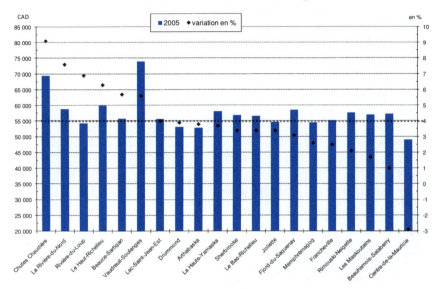

D. Niveau de revenu et taux de croissance des régions urbaines

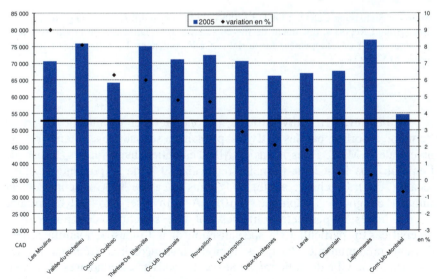

Source : Statistique Canada (Conference Board).

Graphique 2.9 **Niveau du revenu disponible et pourcentage d'activités secondaires et tertiaires dans les MRC intermédiaires**

Le niveau de revenu est calculé pour 2005

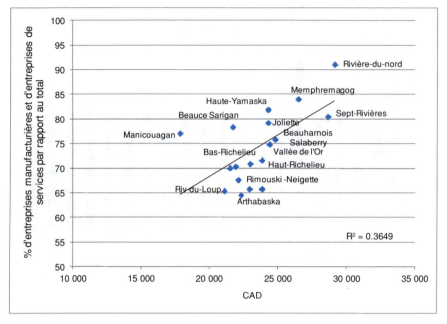

Source : Statistique Canada ; OCDE (2009), « Questionnaire for the Integration of the Background Report », document de travail interne de la Direction de la Gouvernance publique et du développement territorial, OCDE contenant des informations fournies par le MAMROT.

On peut évaluer la diversification économique en examinant la part de l'emploi absorbée par les activités primaires, secondaires et tertiaires au niveau de la MRC. Dans le cas de MRC essentiellement rurales, la part de l'emploi dans le secteur primaire représente 9 % de la population active locale (2006). Ce chiffre atteint 12 % dans le cas de MRC essentiellement rurales éloignées (graphique 2.10). A l'inverse, les MRC rurales intermédiaires et périmétropolitaines ont une structure économique plus diversifiée. En particulier, la spécialisation dans l'industrie manufacturière devient prédominante dans les régions intermédiaires (régions rurales englobant une ville de taille moyenne) où les activités secondaires absorbent près d'un tiers de la main d'œuvre régionale, alors qu'elle décline dans les régions périmétropolitaines où le secteur des services se taille la part du lion (graphique 2.11).

Graphique 2.10. **Ventilation du marché du travail par secteur dans les MRC rurales accessibles et éloignées**

Pourcentage, 2006

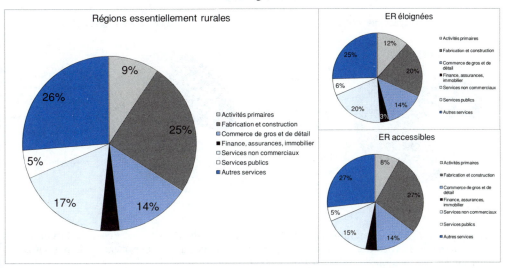

Source : OCDE (2009), « Questionnaire for the Integration of the Background Report », document de travail interne de la Direction de la Gouvernance publique et du développement territorial, OCDE, contenant des informations fournies par le MAMROT.

Entre 1991 et 2006, le Québec rural dans son ensemble a réduit sa dépendance économique aux activités primaires. Sur la période, le poids des activités de fabrication et des services (« services commerciaux » et « commerce de gros et de détail ») a augmenté en pourcentage du PIB total du Québec (graphique 2.12). Inversement, des secteurs comme les « services non commerciaux » ou les « activités primaires » ont vu leur contribution relative au PIB régional diminuer. Le secteur manufacturier et en particulier le secteur des services sont devenus les plus gros employeurs du Québec rural. Ces deux secteurs absorbent respectivement quelque 25 % et 40 % de l'emploi total (2006). Cela confirme qu'au Québec, comme au Canada, les régions rurales sont attractives pour les activités secondaires et tertiaires et, dans certains cas, leur impulsion suffit à générer une dynamique positive au niveau local du fait de l'implantation d'entreprises (et de services connexes) fonctionnellement liés les uns aux autres (voir Chapitre 1).

Graphique 2.11. **Ventilation du marché du travail par secteur dans les MRC rurales intermédiaires et périmétropolitaines rurales**

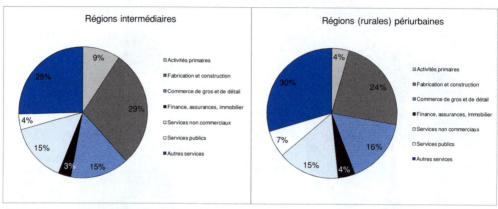

Source : OCDE (2009), « Questionnaire for the Integration of the Background Report », document de travail interne de la Direction de la Gouvernance publique et du développement territorial, OCDE, contenant des informations fournies par le MAMROT.

Dans le Québec rural, la diversification économique a créé de nouvelles et de meilleures perspectives d'emploi. Entre 1991 et 2006, le nombre des nouveaux emplois a progressé plus vite dans les MRC rurales que dans le reste de la province. Lorsqu'on analyse l'emploi par lieu de résidence, le Québec rural est passé de 729 300 emplois en 1991 à 848 600 en 2006, soit une progression de 16.4 % contre 10.7 % pour le Québec urbain. C'est dans ces territoires que le pourcentage d'emplois dans le secteur tertiaire, suivi de la fabrication et de la construction, a le plus augmenté entre 1991 et 2006 (graphique 2.13). Meilleure gestion (innovation organisationnelle), mécanisation mais aussi adoption des TIC ont joué dans ce résultat un rôle important. Le niveau élevé du PIB par travailleur, qui est une variable de substitution de la productivité du travail, montre également que le monde rural a su attirer de nouveaux emplois entre 1991 et 2006. Dans le Québec rural, le PIB par travailleur a augmenté sur la période de 33.2 % (passant de 42 000 à 55 900 CAD). Toutes les régions rurales ont affiché des valeurs supérieures ou égales à celles des régions urbaines (augmentation de 28.9 % dans les régions urbaines et de 27.4 % dans les régions métropolitaines). Le pic a été enregistré dans les MRC essentiellement rurales accessibles, avec une augmentation de 34.4 %, tandis que le minimum (28.9 %) a été enregistré dans les MRC essentiellement rurales éloignées.

Graphique 2.12 **Évolution du pourcentage du PIB par secteur dans le Québec rural**

Entre 1991 et 2006

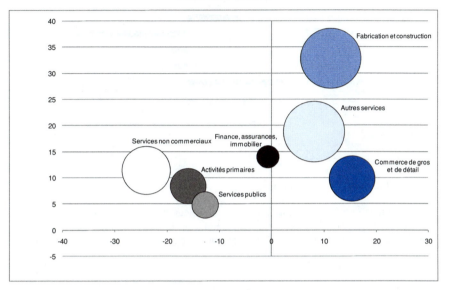

Note : La taille des cercles représente la taille de l'emploi dans chaque secteur. L'axe vertical correspond à la taille du PIB en pourcentage.

Source : OCDE (2009), « Questionnaire for the Integration of the Background Report », document de travail interne de la Direction de la Gouvernance publique et du développement territorial, OCDE contenant des informations fournies par le MAMROT.

Du fait du navettage des travailleurs, le nombre des emplois disponibles pour les résidents ruraux est également influencé par la proximité des marchés du travail urbains, car les personnes qui vivent dans les régions rurales proches de centres urbains profitent de la présence d'un marché du travail local urbain plus vaste. Le nombre total de travailleurs vivant dans des régions rurales est en fait supérieur au nombre d'emplois. Entre 2001 et 2006, le pourcentage de travailleurs vivant dans le Québec rural est passé de 18.8 % à 19.1 %. Inversement, la proportion d'emplois dans les régions rurales a diminué, passant de 16.1 % à 15 %. En particulier, toutes les MRC essentiellement rurales (accessibles et éloignées) peuvent être considérées comme des « zones résidentielles » dans la mesure où le nombre de

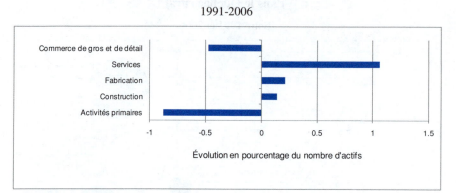

Graphique 2.13 **Augmentation des emplois**[1] **par macro-secteur dans les MRC essentiellement rurales**

1991-2006

Note : 1. Emplois au lieu de résidence.

Source : OCDE (2009), « Questionnaire for the Integration of the Background Report », document de travail interne de la Direction de la Gouvernance publique et du développement territorial, OCDE contenant des informations fournies par le MAMROT.

personnes qui y vivent est supérieur au nombre des emplois locaux. Le fossé entre le nombre de résidents et le nombre d'emplois est encore plus grand dans les MRC intermédiaires qui peuvent être classées en « zones hautement résidentielles » (graphique 2.14).

Les données pour les MRC essentiellement rurales et les MRC intermédiaires montrent que l'augmentation du taux d'emploi a été supérieure dans les MRC essentiellement rurales relativement spécialisées dans le secteur des services. L'augmentation du nombre d'emplois liés aux activités tertiaires a amorti le déclin des autres secteurs comme la fabrication et la construction (en particulier pour les MRC intermédiaires) et les activités primaires (dans les MRC essentiellement rurales). Seules quatorze MRC sur soixante-cinq ont enregistré une perte nette d'emplois locaux. Dans ces MRC, la réduction de l'emploi dans les activités primaires, la fabrication et la construction n'a pas été compensée par la création de nouveaux emplois dans les activités tertiaires (graphique 2.15).[11]

Graphique 2.14 **Différence entre le nombre d'emplois sur le lieu de travail et sur le lieu de résidence dans le Québec rural**

2006, unités

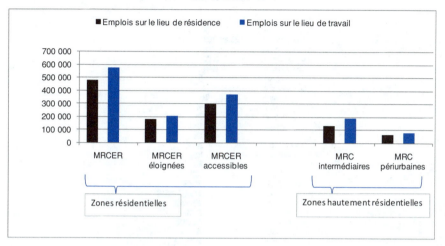

Source : OCDE (2009), « Questionnaire for the Integration of the Background Report », document de travail interne de la Direction de la Gouvernance publique et du développement territorial, OCDE contenant des informations fournies par le MAMROT.

L'analyse démontre que la performance (mesurée en termes d'évolution du nombre de travailleurs résidents ayant un emploi) d'une MRC rurale donnée dépend de trois variables : *i*) l'accessibilité régionale (qui dépend, à son tour, de l'éloignement par rapport aux grandes régions métropolitaines) ; *ii*) la fertilité des sols et le climat et *iii*) la densité de population. En fonction de l'intensité de ces trois variables, les économies rurales affichent des changements qualitatifs. Les MRC essentiellement rurales petites et éloignées, à faible densité de population, ne peuvent être considérées comme une version à plus petite échelle de l'économie que l'on trouverait dans une région essentiellement rurale accessible ou dans une région urbaine. Leur base économique peut présenter des caractéristiques spécifiques telles que : *i*) des chaînes d'offre tronquées, *ii*) la présence de grandes entreprises qui emploient l'essentiel des résidents locaux et *iii*) une dépendance totale à l'égard de la demande extérieure. Suivant cette approche, il est possible de

Graphique 2.15 **Variation de l'emploi (sectoriel) par MRC essentiellement rurales et MRC intermédiaire**

1991-2006, tendances agrégées

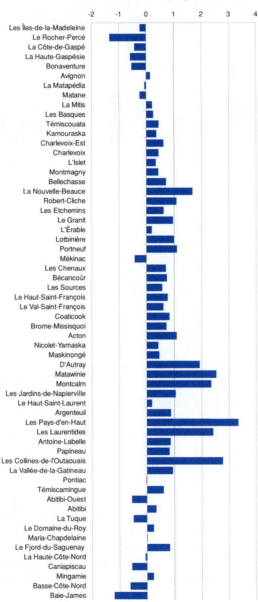

Graphique 2.15 **Variation de l'emploi (sectoriel) par MRC essentiellement rurales et MRC intermédiaire** (*suite*)

1991-2006, tendances sectorielles

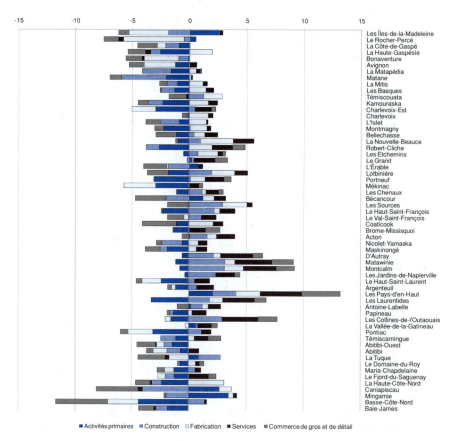

Note : Emplois sur le lieu de résidence.

Source : OCDE (2009), « Questionnaire for the Integration of the Background Report », document de travail interne de la Direction de la Gouvernance publique et du développement territorial, OCDE contenant des informations fournies par le MAMROT.

diviser les économies rurales du Québec en trois groupes ayant des bases industrielles et des caractéristiques de production différentes.

- La première catégorie est celle des MRC périmétropolitaines et des MRC intermédiaires. Ces économies rurales ont une base industrielle diversifiée. On y trouve des activités agricoles en raison de la fertilité de leurs sols et de leur climat. On y trouve également des entreprises de production de technologie moyenne-faible, comme des entreprises textiles ou de transformation de matières premières en provenance de territoires lointains. Elles profitent de la proximité de régions métropolitaines, qui permet aux résidents de travailler en dehors de la région, dans une région urbaine ou dans une autre région rurale adjacente. Enfin, du fait de leur densité de population relativement élevée, on y pratique également une « économie résidentielle » dans laquelle les services de proximité, comme la vente au détail, peuvent profiter de la présence d'une demande locale constante.[12]

- Lorsque la densité de population et la distance affichent des valeurs plus extrêmes, on peut constater une modification structurelle des économies rurales. Au Québec, on peut déjà observer un premier changement structurel dans les régions essentiellement rurales qui sont situées dans des régions centrales, c'est-à-dire dans un rayon de 200 à 400 kilomètres par rapport aux grandes régions métropolitaines, sur la rive Nord du Saint-Laurent. En raison de leurs sols de qualité médiocre et de coûts de transport élevés, ces régions ont une base industrielle faiblement différenciée. Elles dépendent des fabrications traditionnelles et des ressources naturelles, en particulier du bois d'oeuvre qui, du fait d'une exploitation intensive et d'une vive concurrence internationale, ne sont plus aussi rentables qu'elles l'ont été.

- Enfin, dans les cas les plus extrêmes, en particulier dans les régions rurales isolées, l'économie locale est très particulière et repose habituellement sur des chaînes d'offre extrêmement tronquées et une production spécialisée reposant intégralement sur les ressources naturelles locales. C'est là qu'on trouve les grandes entreprises, spécialisées dans l'exploitation minière ou forestière, dont la présence à elle seule justifie l'existence de la collectivité locale.

Contribution des différents secteurs au revenu rural

Production agroalimentaire, cultures et élevage

Au Québec, l'industrie alimentaire représente plus de 6 % du PIB de la province. La production agroalimentaire est également importante pour l'emploi de la province. Dans 14 des 17 régions administratives, cette industrie représente plus de 10 % de l'emploi local (481 000 emplois) dont plus de 70 000 dans des usines de transformation alimentaire (2006). A elle seule, l'agriculture a généré un revenu total de 1.17 milliards CAD en 2006 (1.9 % du PIB total). Le Québec arrive en deuxième position derrière l'Ontario pour la valeur de sa production agricole. Il produit principalement des produits laitiers (34 %), de la viande de porc (15 %), des cultures (11 %) et de la viande de bœuf.[13] Certaines activités primaires se sont reconverties à la production biologique mais la proportion est encore très faible. Selon les chiffres du recensement de 2001, 372 fermes québécoises, soit à peine plus de 1.2 % du total de la province, étaient certifiées « bio » et le Québec arrivait en troisième position pour la production biologique derrière la Saskatchewan et l'Ontario. Au Québec, 2 230 fermes déclaraient faire de la production « bio ». Quatre sur dix déclaraient produire une « autre » culture biologique certifiée, essentiellement des produits de l'érable. Les fruits, les légumes et autres produits de serre constituaient la deuxième plus grosse production.

En dépit de leur importance, les activités agricoles occupent une petite partie du territoire de la province. Ce que l'on considère officiellement comme des terres agricoles recouvre 4 % du territoire de la province, représentant 34 % du territoire municipalisé ou écoumène. Cette superficie est protégée par la Loi de 1978 sur la protection du territoire et des activités agricoles et ne peut être utilisée pour d'autres activités telles que le développement urbain ou la sylviculture (tableau 2.4 et graphique 2.16).

Tableau 2.4 **Étendues protégées par la Loi sur les terres agricoles, 2009**

	Terres agricoles protégées	Superficie totale		Écoumène	
	km²	km²	%	km²	%
MRC essentiellement rurales	43 195	1 312 506	3	144 455	30
Éloignées	17 094	1 245 586	1	96 190	18
Accessibles	26 101	66 920	39	48 265	54
MRC intermédiaires	13 350	115 535	12	28 830	46
MRC périmétropolitaines	2 144	10 188	21	4 130	52
Rural	58 689	1 438 228	4	177 415	33
Urbain	4 759	11 107	43	11 107	43
Québec	63 449	1 449 335	4	188 522	34

Source : OCDE (2009), « Questionnaire for the Integration of the Background Report », document de travail interne de la Direction de la Gouvernance publique et du développement territorial, OCDE, contenant des informations fournies par le MAMROT.

Graphique 2.16 **Zone agricole au Québec selon la définition de la Loi sur la protection des terres agricoles**

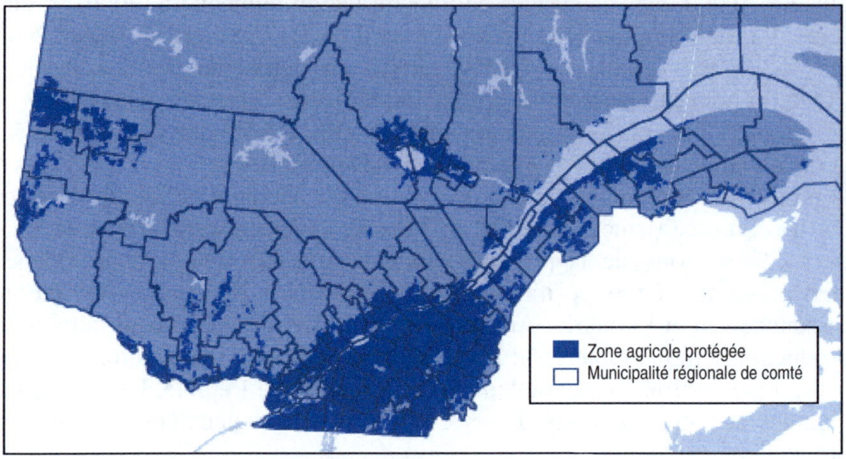

Source : Gouvernement du Québec.

Pour des raisons climatiques et de qualité des sols, l'agriculture primaire se concentre dans le sud du Québec, sur les rives du Saint Laurent dans la région la plus urbanisée de la province. En particulier, toutes les terres à moins de 200 mètres au dessus du niveau de la mer, c'est-à-dire toute la région au sud du fleuve Saint Laurent, sont les terres agricoles les plus fertiles de la province. La région administrative de Montérégie, par exemple, située le long de la frontière avec les États-Unis et dans la zone de moins de 200 mètres au dessus du niveau de la mer, compte la plus forte proportion de fermes du Québec (24 %). Celle de Chaudière-Appalaches arrive en deuxième position avec une proportion d'environ 19 % ; c'est la région la plus spécialisée dans la production de sirop d'érable. En dehors de cette zone et à une altitude de plus de 200 mètres par rapport au niveau de la mer, la qualité des terres agricoles, exprimée en unités thermiques de croissance qui mesurent à la fois les conditions climatiques et la quantité de lumière naturelle, est moindre (tableau 2.5).[14] Dans ces régions, l'agriculture représente une activité économique marginale et la surface des terres en production ne cesse de diminuer. Dans les régions essentiellement rurales accessibles, les fermes se concentrent dans un rayon de 200 kilomètres par rapport aux plus grandes régions métropolitaines (graphique 2.17).

Tableau 2.5 **Fertilité des sols et altitude**

Unités thermiques de croissance

	< 200 m	> 200 m	Total	< 200 m	> 200 m
	km²	km²	km²	%	%
MRC essentiellement rurales	258 334	1 054 173	1 312 508	20	80
Éloignées	240 533	999 970	1 240 503	19	81
Accessibles	17 801	54 203	72 005	25	75
MRC intermédiaires	14 332	101 203	115 535	12	88
MRC périmétropolitaines	2 481	7 707	10 188	24	76
Rural	275 147	1 163 083	1 438 231	19	81
Urbain	8 415	2 692	11 107	76	24
Québec	283 563	1 165 775	1 449 338	20	80

Source : OCDE (2009), « Questionnaire for the Integration of the Background Report », document de travail interne de la Direction de la Gouvernance publique et du développement territorial, OCDE, contenant des informations fournies par le MAMROT.

Graphique 2.17 **Nombre de fermes dans les MRC essentiellement rurales, 2006**

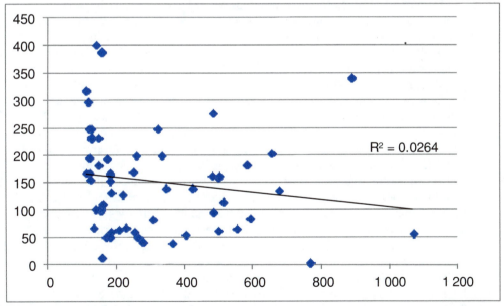

Note : Ces données ne font référence qu'au nombre de fermes ; elles ne prennent pas en compte la taille de celles-ci qui est généralement supérieure dans les régions accessibles.

Source : Base de données sur les statistiques régionales de l'OCDE (2009) ; OCDE (2009), « Questionnaire for the Integration of the Background Report », document de travail interne de la Direction de la Gouvernance publique et du développement territorial, OCDE, contenant des informations fournies par le MAMROT.

Au Québec, les fermes tendent à être plus petites que dans le reste du Canada (voir Chapitre 1), mais la dimension moyenne s'accroît actuellement avec la concentration des propriétés. Entre 1981 et 2001, la taille moyenne des fermes québecoises a augmenté de 35.6 %, passant de 135 à 183 hectares.[15] Symétriquement, le nombre de fermes de recensement a diminué de 10.7 % sur la même période[16] et le nombre total de fermes a diminué de 33.2 % (contre 22.4 % pour la moyenne nationale). En raison du processus de concentration, le nombre des fermes laitières, qui reste le type de ferme le plus répandu au Québec, a diminué de manière drastique dans les vingt dernières années. En 1981, les fermes laitières représentaient près de la moitié (41.3 %) du total des fermes. En 2001, elles ne représentaient plus qu'un peu plus du quart. Le Québec possède toujours le plus grand nombre de vaches laitières de toutes les Provinces canadiennes. Toutefois, en 2001, les agriculteurs déclaraient un nombre de bêtes de 407 206, en baisse de 13.7 % par rapport à 1996, soit la plus forte baisse enregistrée dans toutes les provinces. Parallèlement à ces changements qui ont affecté le cadre de la production agricole, la société agricole du Québec a connu une véritable transformation structurelle (encadré 2.3).

De plus en plus, les familles agricoles ont des activités en dehors de leur exploitation et des sources de revenus complémentaires. Lors du recensement de 2006, environ 39 % des exploitants agricoles de la province de Québec déclaraient comme métier principal une activité non agricole. Cette progression par rapport à 2001 (32 %) donne à penser qu'un plus grand nombre d'exploitants travaillent en dehors de leur exploitation. Dans la province, la proportion de femmes exploitantes déclarant avoir une autre activité non agricole était supérieure à celle des hommes (48.7 % contre 35.4 %). Parmi les activités non agricoles, la plus citée par les hommes était celle de conducteurs d'engins de transport et travailleurs assimilés, à l'exclusion des manœuvres, tandis que pour les femmes les métiers de secrétariat étaient les plus cités. En conséquence, il existe un grand nombre de sources de revenu différentes pour les familles agricoles[17]. En 2006, dans la province de Québec, 9 020 familles agricoles vivaient sur une ferme constituée en société. Ce chiffre est nettement inférieur à celui enregistré, toujours en 2006 pour le nombre de familles agricoles du Québec vivant dans une ferme non constituée en société (21 915), chiffre lui-même en baisse de 9.6 % par rapport à celui de 24 240 familles enregistré en 2001. Le revenu médian total des familles agricoles du Québec vivant sur des fermes non constituées en sociétés était en 2005 de 51 204 CAD contre 58 675 CAD pour les familles de recensement entrant dans la population générale de la province.

Encadré 2.3 **Changements structurels de la société agricole du Québec**

Entre 2001 et 2006, la population agricole de la province de Québec a continué à décliner régulièrement (moins 6.2 %) pour s'établir à 90 940 habitants. En 1931, date de la première compilation des chiffres de la population agricole, 777 017 personnes, soit 27.0 % de la population du Québec, vivaient sur une exploitation agricole. En 2006, cette population ne représentait plus que 1.2 % de la population de la province. En moins d'une génération, le Québec est passé de 1 habitant sur 4 à 1 habitant sur 83 vivant sur une exploitation agricole. Dans le même temps, la population totale du Québec est passée de 2 874 662 habitants en 1931 à 7 546 130 habitants en 2006. La population agricole vieillit également plus vite que la moyenne de la province. En 2006, les 65 ans et plus représentaient 7.2 % de la population agricole de la province contre 4.8 % en 1971. En 2006, la part de cette tranche d'âge dans la population générale de la province était légèrement supérieure à 14.3 %.

Le profil linguistique a également évolué. En 2006, 90.8 % de la population agricole du Québec déclarait avoir le français pour langue maternelle, 6.3 % l'anglais et les 2.9 % restants une langue autre que l'anglais ou le français. Dans ce dernier groupe, c'est l'allemand qui était la langue dominante. En 2006 toujours, le profil de la population générale de la province était différent : 80.1 % des habitants déclaraient avoir le français pour langue maternelle, 8.6 % l'anglais et les 11.3 % restants une autre langue. De toutes les autres langues parlées par l'ensemble de la population de la province, l'italien était la langue dominante, suivi de l'arabe et de l'espagnol. Selon les chiffres du recensement de 2006, on compte parmi la population agricole de la province de Québec 2 680 immigrants, soit 2.9 % de la population agricole totale de la province. En 1971, les immigrants représentaient 1.2 % de la population agricole du Québec. Les Suisses représentaient une proportion importante (32.0 %) de la population agricole immigrée du Québec mais moins de 1 % de l'ensemble des immigrés de la province. Les Français représentaient environ 14 % de la population agricole immigrée de la province mais environ 7 % de l'ensemble des immigrés du Québec. Le pays qui arrivait en troisième position était la Belgique avec un chiffre de 9.0 % des émigrés ruraux du Québec mais de 1.1 % de la population générale de la province.

En 2006, 7.2 % des exploitants agricoles du Québec étaient diplômés de l'université (niveau licence et au-delà) contre 6.4 % en 2001. A titre de comparaison, ce chiffre était d'environ 20 % pour l'ensemble de la population active de la province. La proportion d'exploitants agricoles du Québec déclarant avoir une formation d'apprentis ou être diplômés d'une école professionnelle était proportionnellement supérieure à celle de l'ensemble de la population active (22.2 % contre 18.1 %). Cette préférence s'explique probablement par un certain nombre de facteurs, dont le temps à passer en dehors de l'exploitation, mais aussi la préférence pour une approche plus pratique des cours sur les techniques de soins des animaux et de culture de plein champ.

Source : Statistique Canada, *Recensement de l'agriculture de 2006*, www.statcan.gc.ca/ca-ra2006/index-eng.htm.

Sylviculture et exploitation forestière

La sylviculture représente 3 % de l'économie de la province et en 2006 les exportations se sont chiffrées à 11.1 milliards CAD, avec un solde commercial net de 9.2 milliards CAD pour les produits de la forêt. Les forêts du Québec représentent 20 % de la forêt canadienne et 2 % des réserves forestières mondiales. Au Québec, la forêt recouvre une étendue de 761 000 km^2 (551 400 km^2 de forêt boréale continue, 98 600 km^2 de forêt mixte et 111 100 km^2 de forêt de feuillus), équivalant à la superficie de la Norvège et de la Suède réunies (graphique 2.18). Environ 55 % de cette étendue est une forêt productive (commerciale) (ministère des Ressources naturelles et de la faune du Québec).[18]

On recense au Québec près de 6 000 entreprises actives dans le secteur forestier ; la majorité d'entre elles sont situées dans le nord de la province et dans les MRC essentiellement rurales éloignées, du sud. Dans le nord de la province (principalement *Nord-du-Québec*), la forêt est publique et elle est exploitée par de grandes entreprises dans le cadre de concessions. Le reste de la forêt, soit environ 10 % du total, est situé dans le centre-sud de la province et ce sont des forêts privées. Dans ce secteur, un grand nombre de PME exploitent les ressources forestières et à l'intérieur de l'écoumène, la sylviculture est également une production complémentaire pour plus de 25 000 agriculteurs. Les activités liées à l'exploitation forestière sont implantées dans les régions rurales éloignées et représentent, dans certains cas, la plus importante activité économique. C'est le cas, par exemple, de la MRC de Maria-Chapdelaine (région de Saguenay-Lac-Saint-Jean) qui, pour une population totale de 25 000 personnes, compte 125 entreprises forestières (graphique 2.19).

L'industrie forestière du Québec présente de multiples spécialisations et génère plus de 80 000 emplois directs.[19] Pour le secteur du bois blanc, on recense 300 entreprises qui consomment plus de 10 000 m^3 de bois par an. Ce secteur génère plus de 20 000 emplois directs. Pour le secteur du travail du bois et de l'exploitation des feuillus, le Québec arrive en tête des Provinces canadiennes avec 65 % de la production nationale (Conseil de l'industrie forestière du Québec). L'industrie des pâtes et des papiers est également très importante et la production d'articles commerciaux, journaux, différentes sortes de papiers et cartons se chiffre chaque année en millions de tonnes. Plus de 40 000 travailleurs du Québec sont employés dans l'une des nombreuses scieries réparties dans plus de 200 municipalités dans lesquelles elles sont le principal employeur. Une autre spécialisation émergente est l'industrie des produits forestiers autres que le bois d'oeuvre. Elle est composée de quatre grands secteurs : les produits alimentaires agroforestiers (ex. les fruits sauvages), les produits d'ornement (ex. les

Graphique 2.18 **Différents types de forêts au Québec**

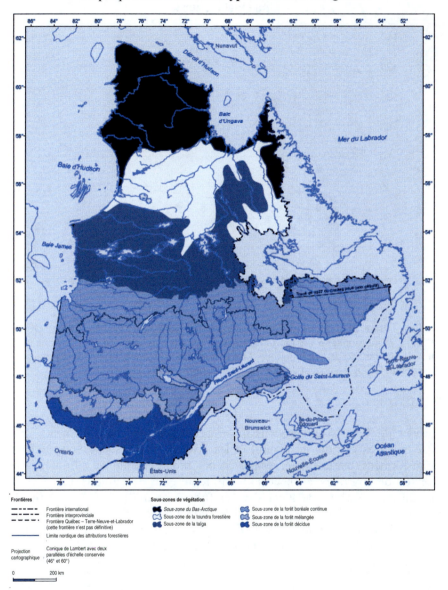

Source : Une gestion forestière rigoureuse et adaptée, Ministère des Ressources naturelles et de la faune, Département de l'Inventaire forestier, gouvernement du Québec, *www.mrn.gouv.qc.ca/publications/forets/comprendre/gestion-forestiere.pdf*.

Graphique 2.19 **Implantation des entreprises forestières dans l'écoumène du Québec, 2008**

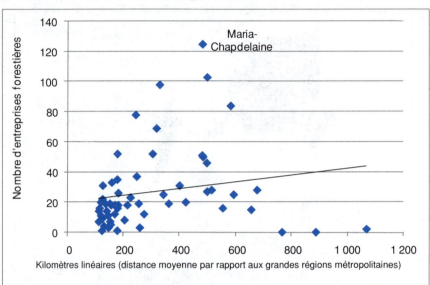

Source : Base de données sur les statistiques régionales de l'OCDE (2009) ; OCDE (2009), « Questionnaire for the Integration of the Background Report », document de travail interne de la Direction de la Gouvernance publique et du développement territorial, OCDE contenant des informations fournies par le MAMROT.

arbres de Noël), les produits pharmaceutiques et les alicaments (par exemple, les extraits de levure) et les produits manufacturés ou matières transformées (par exemple, résines, alcool, huiles essentielles). En 2005, les ventes de myrtilles (« bleuets ») ont représenté 38 millions CAD et la production d'arbres de Noël s'est chiffrée à 50 millions CAD. Enfin, la forêt est également le lieu d'activités économiques liées à la chasse, à la pêche, au tourisme et loisirs et à l'écotourisme, qui génèrent 32 000 emplois et un chiffre d'affaires total de quelque 450 millions CAD en 2005.

Étant donné l'importance de la forêt, le Québec a mis en place un système intégré de gestion et de protection de cette ressource. En 1996, le gouvernement provincial a adopté la Loi sur les forêts pour garantir la viabilité de la forêt. Aux termes de cette loi, les gestionnaires des forêts du Québec doivent respecter le Règlement sur les normes d'intervention dans les forêts du domaine de l'État. L'objectif de ce règlement est d'assurer l'entretien ou la reconstitution du couvert forestier, la protection des ressources forestières, notamment la qualité de l'eau et des habitats fauniques et la compatibilité des activités de gestion forestière avec les autres utilisations du territoire. En 2005, puis à nouveau en 2008, la législation du Québec a été amendée pour y introduire le concept de gestion basée sur l'écosystème. Cette nouvelle approche tente d'assurer le maintien de la biodiversité et la viabilité des écosystèmes tout en répondant aux besoins socioéconomiques et en respectant les valeurs sociales liées aux forêts. Pour ce faire, de nouvelles approches de la sylviculture sont testées et des projets pilotes mis en oeuvre, en partenariat avec les scientifiques et avec l'implication directe des collectivités locales (encadré 2.4).

Exploitation minière et carrières

L'exploitation minière est un autre secteur clé d'activité pour les régions rurales du Québec. Ainsi, la première transformation des métaux représente, à elle seule, plus de 6 % de l'économie de la province. Les activités minières génèrent plus de 18 000 emplois directs et un montant d'investissement avoisinant 1 milliard CAD (2006). Le Québec est l'un des dix plus gros producteurs mondiaux dans le secteur minier.[20] La province compte 30 mines, 158 sociétés d'exploration minière et 15 industries de transformation primaire. Abitibi-Témiscamingue, dans la partie occidentale de la province, a été la première région à connaître le boom minier. C'est dans cette région essentiellement rurale qu'a démarré la recherche de l'or et du cuivre au Québec. Depuis, l'exploration s'est poursuivie dans les régions de Saguenay-Lac-Saint-Jean, Côte-Nord et Nord-du-Québec. Entre 2003 et 2007, les coûts d'exploration ont explosé, passant de 134 millions CAD à 430 millions CAD prouvant le potentiel de la province dans ce domaine.[21]

Production d'énergie (hydroélectricité et énergie éolienne)

Le Québec a des ressources considérables en matière d'énergies renouvelables. Comme indiqué au chapitre 1, la province est hautement spécialisée dans la production d'énergie qui a contribué pour 3.2 % au PIB de la province en 2006 et génère plus de 50 000 emplois directs. En particulier, le Québec arrive en tête au Canada pour l'énergie hydroélectrique qui est généralement produite dans les régions rurales isolées et dans le nord de la province où les ressources en eau sont abondantes. Le Québec est déjà un gros exportateur d'hydroélectricité vers les autres provinces canadiennes et les États-Unis et il renforce sa capacité de production. Il installe également des aérogénérateurs sur la rive nord du Saint Laurent et a des intérêts importants dans les biocarburants de 3ème génération produits à partir de procédés cellulosiques qui pourraient utiliser des résidus de bois de faible valeur.

> ### Encadré 2.4 **La protection de la forêt et la gestion participative des ressources : l'expérience du Québec**
>
> Les plans d'aménagement forestier qui sont entrés en vigueur en 2008 prévoient le maintien de forêts mûres et surannées sur le territoire. Ces écosystèmes comportent des attributs écologiques particuliers (structure, bois mort et microclimats) souvent essentiels à certaines espèces d'oiseaux, de petits mammifères, de champignons et d'insectes. Le Québec est en voie d'ajouter à son réseau d'aires protégées un vaste réseau de refuges biologiques, où il n'y aura pas de récolte forestière. Au cours des quarante dernières années, le Québec a complété trois programmes d'inventaires forestiers ; le réseau compte aujourd'hui plus de 28 000 points d'observation écologique. Ces inventaires permettent d'analyser l'évolution des écosystèmes forestiers, leur fragilité, leur productivité et les volumes de bois présents ; ils sont également essentiels pour la localisation des aires protégées. En traçant une limite géographique au nord de laquelle la récolte de bois n'est pas autorisée, le gouvernement protège les milieux nordiques où des conditions particulières peuvent affecter la capacité de la forêt à se régénérer ou à croître (climat, sols, perturbations naturelles). Cette limite nordique a pour effet d'exclure près de 70 % du territoire de la zone boréale de l'exploitation forestière (y compris la toundra forestière, la taïga et une partie de la forêt boréale continue), tout en permettant que d'autres activités s'y déroulent. A ce jour, près de 170 000 km^2 de forêts publiques et privées sont certifiés en vertu d'une norme de certification forestière, ce qui représente plus de 40 % des territoires forestiers productifs du Québec. En 2005, le Québec a procédé à une importante baisse de la possibilité forestière, soit 20 % pour les essences résineuses et 5 % pour les essences feuillues. La baisse a été de 25 % dans le Nord du Québec. Ce geste de prudence a été posé en vue d'assurer la pérennité des ressources ligneuses dans les forêts publiques et a été redéfini en 2008.
>
> Parallèlement, pour améliorer l'efficacité de la stratégie de protection de la forêt, le gouvernement provincial implique les collectivités locales dans la prise de décisions qui concernent l'utilisation de leur ressource. La population peut exprimer de diverses façons son avis sur l'orientation que devraient prendre la gestion forestière et le développement de la ressource, en vertu d'une politique d'information et de consultation qui s'inscrit dans la Loi sur les forêts. Les parties prenantes régionales et locales (municipalités régionales de comté, communautés autochtones organisations de défense de la faune, etc.) sont consultées lors de la préparation des plans d'aménagement forestier. Les communautés autochtones occupent également une place importante dans la planification et la conduite des activités de gestion forestière. Elles bénéficient, entre autres choses, de programmes spécifiques pour encourager leur formation et leur participation à ces activités, promouvoir la création d'emplois dans la sylviculture et aider leurs communautés.
>
> *Source* : GQ gouvernement du Québec, Ministère des Ressources naturelles et de la faune, MRNF www.mrn.gouv.qc.ca/publications/forets/comprendre/gestion-forestiere.pdf.

Le principal acteur économique du secteur est Hydro-Québec, premier opérateur mondial dans le domaine de l'hydroélectricité. Avec cinquante-cinq centrales hydroéletriques et une centrale nucléaire, Hydro-Québec est le plus gros producteur canadien d'électricité et l'un des plus gros du continent nord-américain. En 2008, la puissance combinée de son parc de centrales électriques était de 36 429 mégawatts. Hydro-Québec produit et distribue l'électricité à l'intérieur de la province, mais aussi vers l'Ontario et les États-Unis. Le gouvernement du Québec est l'unique actionnaire d'Hydro-Québec, qui emploie directement 46 000 personnes.

Bien que faible comparée à l'hydroélectricité, l'énergie éolienne est une activité qui se développe dans les régions rurales. La province de Québec a un potentiel de production de 100 000 mégawatts dans un rayon de 25 kilomètres par rapport aux lignes de distribution existantes, qui est économiquement viable à court et moyen terme. C'est notamment dans la péninsule de Gaspé que l'on trouve la majorité des parcs éoliens du Québec. Cette région a l'un des plus forts potentiels de la province en la matière, ce qui devrait conduire au développement d'une capacité de production compétitive tant au plan national qu'international. La construction de parcs éoliens utilisant des composantes fabriquées dans la péninsule de Gaspé est une première étape vers la réalisation de cet objectif.

Fabrication

Les activités manufacturières représentent pour le Québec rural une spécialisation historique. Elles génèrent 25 % du PIB des régions rurales (2006) et plus de 250 000 emplois directs. Le Québec a le plus haut niveau de spécialisation du Canada dans les activités manufacturières. Cela tient en partie à la proximité géographique des États-Unis qui absorbent le gros des exportations de la province. Pendant de nombreuses années, le Québec rural a représenté un lieu d'implantation idéal pour les entreprises spécialisées dans les secteurs traditionnels comme le textile ou l'habillement. Le coût du travail y était moins élevé qu'aux États-Unis en raison de salaires inférieurs à qualifications égales et Hydro-Québec fournissait une électricité à bon marché. Plus récemment, le Québec a perdu nombre de ces entreprises car il n'a pas su rester compétitif face aux pays en développement à bas salaires et à la réduction des droits de douane.

On observe des différences importantes dans la concentration territoriale des entreprises de production dans les régions rurales. L'implantation de ces entreprises au Québec est fortement influencée par la disponibilité de terrains et leur coût, la présence de main d'œuvre et le coût du transport.[22] Si les régions intermédiaires et les régions essentiellement rurales situées dans les parties plus accessibles de la province attirent les entreprises, ce n'est pas le cas des régions isolées qui tendent à accueillir des secteurs spécifiques étroitement liés aux industries reposant sur l'exploitation des ressources naturelles (graphique 2.20).

Graphique 2.20 **Implantation des entreprises de production dans les régions essentiellement rurales : nombre absolu (partie gauche) et nombre par habitant (partie droite)**

2006, la distance est mesurée en kilomètres

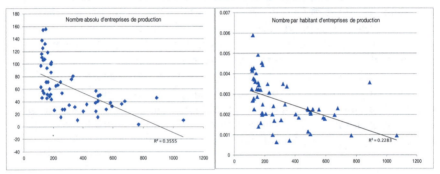

Source : Base de données sur les statistiques régionales de l'OCDE (2009) ; OCDE (2009), « Questionnaire for the Integration of the Background Report », document de travail interne de la Direction de la Gouvernance publique et du développement territorial, OCDE contenant des informations fournies par le MAMROT.

Concernant la répartition des entreprises dans les MRC essentiellement rurales, les données montrent que les PME tendent à se concentrer dans les MRC essentiellement rurales accessibles tandis que les régions éloignées sont plus susceptibles d'accueillir les grandes entreprises. Le choix du lieu d'implantation des PME de production est probablement dicté par la présence de marchés locaux plus importants, des coûts de transport moindres, en particulier vers les Etats-Unis, et l'accès aux services. En conséquence, les régions accessibles bien reliées aux marchés urbains ou aux grandes infrastructures de transport offrent aux PME un certain nombre d'avantages. Lorsque ces externalités ne sont pas disponibles, ce qui est le cas dans les régions rurales éloignées, les entreprises doivent internaliser leurs facteurs de production, ce qui conduit à une plus forte concentration des grandes entreprises dans ce type de région rurale (graphique 2.21). Les données montrent également qu'entre 2001 et 2006 le nombre des micro-entreprises (1 à 4 salariés) implantées dans des ER a diminué. Cette évolution négative est probablement liée à une modification du mode d'enregistrement des entreprises adoptée au Québec en 2005. Toutefois, les données provinciales montrent qu'actuellement les petites et les micro-entreprises se concentrent dans la petite ceinture de Montréal et qu'inversement leur nombre diminue dans les régions périphériques.[23] La diminution a été plus nette dans des secteurs comme le textile et l'habillement, la foresterie mais aussi l'agroalimentaire.

Selon St-Pierre et Mathieu (2005), les petites entreprises des régions isolées sont confrontées à des problèmes structurels en relation avec la disponibilité de main d'œuvre qualifiée et l'accès au financement (St-Pierre et Mathieu, 2005). Le rapport de St-Pierre et Mathieu utilise une classification territoriale différente de celle utilisée dans l'évaluation de l'OCDE et divise le Québec en trois grandes régions : les régions métropolitaines, les régions urbaines et les régions isolées. Les réponses des entrepreneurs montrent que les obstacles et les besoins des PME varient selon leur localisation.[24] En particulier, les entreprises installées dans des régions isolées soulignent la nécessité d'une aide (publique) extérieure pour : *i)* avoir accès à une main d'œuvre qualifiée ; *ii)* identifier les nouvelles niches des marchés ; *iii)* avoir accès au financement de leurs activités de marketing et de R-D et *iv)* avoir accès au crédit (en particulier si l'entreprise traverse une crise).

Secteur des services

Comme indiqué ci-avant, l'une des caractéristiques communes aux MRC rurales compétitives du Québec est un secteur des services florissant. En moyenne, le Québec rural a perdu des entreprises de services entre 2001 et 2008 (graphique 2.22). La répartition des entreprises de services est liée au niveau de la population mais aussi aux tendances démographiques, ce qui signifie qu'une région rurale qui perd des habitants perd également des entreprises de services. Une illustration très claire de ce phénomène est le nombre des services éducatifs (écoles, etc.) qui a augmenté de façon notoire dans les deux régions qui ont affiché une croissance démographique supérieure entre 2001 et 2008, à savoir les MRC intermédiaires et les MRC périmétropolitaines. Il existe toutefois quelques exceptions. Les services publics sont plus nombreux dans les régions rurales, du fait de la présence d'un grand nombre de petites municipalités.

Graphique 2.21 **Distance et augmentation du nombre d'entreprises selon leur taille**

2001-2006

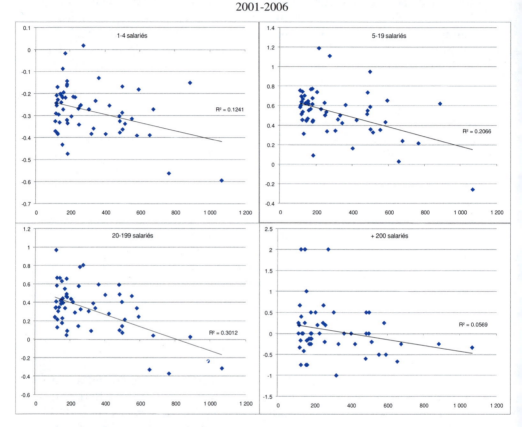

Note : La classification présentée dans ce graphique suit celle établie par le ministère du Développement économique, de l'innovation, et de l'exportation du Québec (MDEIE). Dans cette définition, les entreprises de 1 à 4 salariés sont considérées comme des micro-entreprises, celles de 5 à 19 salariés comme de petites entreprises, celles de 20 à 199 salariés comme des entreprises moyennes et celles de plus de 200 salariés comme de grandes entreprises. Cette classification est différente de celle adoptee par l'OCDE dans laquelle les entreprises de moins de 9 salariés sont des micro-entreprises, celles de 10 à 49 salariés des petites entreprises, celles de 50 à 249 salariés des entreprises moyennes et celles de plus de 250 salariés de grandes entreprises.

Source : Statistique Canada.

La taille des entreprises de services augmente également. Le nombre des entreprises de gros et de détail a diminué plus vite que la population en raison de la concentration croissante des activités. Les grandes entreprises ont évincé les petites entreprises du marché. La même dynamique de concentration a conduit à une diminution du nombre des entreprises financières (regroupées sur le graphique avec les compagnies d'assurances et les sociétés immobilières). En fait, le nombre des agences bancaires a diminué du fait du regroupement des succursales et du fait que le principal acteur financier du Québec rural, Desjardins, a réduit sa présence dans les petites collectivités éloignées.

Graphique 2.22 **Évolution du nombre d'entreprises de services dans le Québec rural**

2001-2008

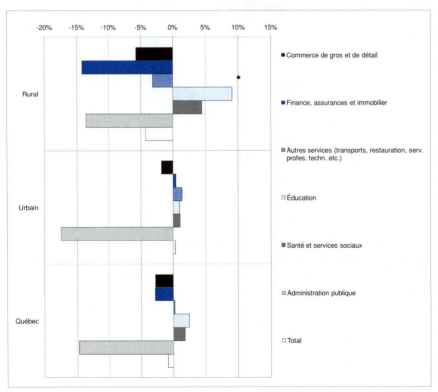

Graphique 2.22 **Évolution du nombre d'entreprises de services dans le Québec rural** (*suite*)

2001-2008

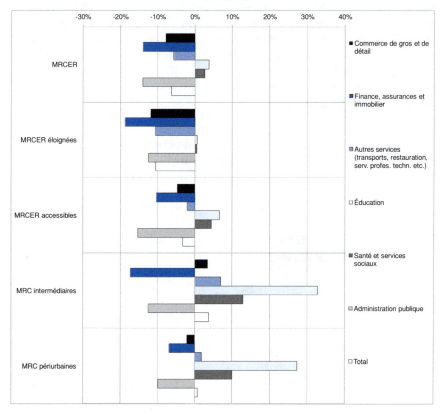

Source : OCDE (2009), « Questionnaire for the Integration of the Background Report », document de travail interne de la Direction de la Gouvernance publique et du développement territorial, OCDE contenant des informations fournies par le MAMROT.

2.3 Niveau de bien-être des Québécois ruraux

L'accès des populations rurales aux services essentiels

Au Québec, du fait de l'augmentation des coûts marginaux, les services publics et privés se sont concentrés dans les régions urbaines. Ainsi, la distance moyenne à parcourir pour se rendre dans un établissement de santé en vue d'un accouchement est passée de 30 à 50 km au cours des vingt dernières années. Cette situation est due à la diminution du nombre de centres offrant ces services, tant en raison d'une augmentation de la masse critique nécessaire pour offrir une qualité de service appropriée que d'une baisse du taux de fécondité et donc de la demande pour ces services. Dans ce contexte, les Québécois vivant en milieu rural ont dû s'habituer au manque de services de proximité. Comme l'ont montré des travaux de recherches récents, les résidents ruraux perçoivent un service comme disponible ou accessible si l'institution qui offre ce service est à moins d'une heure de leur lieu de résidence.[25] Bien entendu, la perception peut changer selon la nature du service et les caractéristiques de l'utilisateur. Par exemple, les recherches montrent également que le maintien d'une école primaire (publique) ou d'une épicerie dans une petite collectivité rurale est considéré être un objectif prioritaire à atteindre par le biais de mécanismes institutionnels spécifiques. Toutefois, il n'est pas toujours possible de maintenir une petite école ou toute autre forme de services essentiels et rationaliser l'offre de services (ou trouver des solutions de remplacement) est un problème important au Québec, comme dans d'autres régions rurales de l'OCDE.

Plusieurs solutions sont actuellement mises en oeuvre au Québec pour abaisser le coût marginal des services. La première consiste à offrir les services à travers des plates-formes à l'intérieur d'un réseau territorial. C'est la politique adoptée dans de nombreux pays de l'OCDE pour l'offre de soins de santé ou d'éducation, par exemple. Son avantage est de maintenir la proximité du service de base que les résidents ruraux utilisent relativement souvent tout en leur imposant de se rendre en milieu urbain pour des services plus spécialisés. Toutefois, les réseaux territoriaux ne sont pas la panacée. Les régions rurales isolées qui ne peuvent être intégrées à des systèmes territoriaux continuent à perdre leurs services de base, ce qui affecte leur viabilité socio-économique. Une deuxième solution est de faire en sorte que certains services importants (blibliothèque, piscine couverte mais aussi décharges) soient assurés par un groupe de municipalités dans le cadre d'accords interservices. Cela leur permet de partager le coût du service entre une masse de population plus importante. Les municipalités impliquées dans l'utilisation du service ont établi des mécanismes pour partager les coûts et garantir une égalité d'accès à toutes les personnes vivant dans la région. Là encore, cette solution n'est pas possible pour les collectivités isolées. Une troisième solution est l'utilisation des TIC. Dans certaines collectivités, les services sont dispensés en ligne via l'Internet. Mais cela peut poser des problèmes d'accès pour certaines catégories de la population (par exemple les aînés) et le Québec rural a un taux d'accès à internet relativement bas, comme indiqué plus en détail ci-après. Enfin, dans certaines MRC rurales, la livraison de services se fait par le biais du bénévolat, de l'engagement citoyen et du secteur coopératif. La logique de base de cette approche est que « si les résidents des régions rurales et des petites villes souhaitent garder ces services, ils devront trouver de nouveaux modes de prestation. Dans ce contexte, les bénévoles ont permis de parer à l'émergence de nombreux déficits en matière de services » (Halseth et Ryser, 2007). Toutefois, ces services sont souvent orientés vers la résolution de problèmes complexes comme le chômage, la revitalisation des collectivités, la santé communautaire ou la reconnaissance des compétences des bénévoles. Cette complexité peut nécessiter des informations, le soutien ou l'assistance de toute une série de sources et d'institutions ; conditions qui n'existent pas nécessairement en milieu rural.[26]

Soins de santé et services sociaux

Les établissements de santé et d'assistance sociale sont relativement nombreux dans le Québec rural, mais l'accès aux services spécialisés peut être problématique pour les personnes vivant dans des régions reculées. Le nombre des établissements dépend de l'éloignement par rapport aux grandes régions métropolitaines et de la densité de population. Cette corrélation est manifeste dans les MRC essentiellement rurales (graphique 2.23). Toutefois, lorsqu'on la rapporte à la population locale, on observe une concentration plus grande des établissements dans les régions rurales que dans les centres urbains (tableau.2.6). Cela reflète la présence d'un grand nombre de petits établissements de services généraux dans les régions rurales, tandis que les grands établissements spécialisés sont habituellement situés dans les zones urbaines. Une politique mise en œuvre au début des années 90 a accru le nombre des crèches collectives dans la province, en particulier dans les régions rurales. En conséquence, un nombre élevé d'établissements n'indique pas nécessairement, à lui seul, un bon accès aux services sociaux et de santé dans le Québec rural. L'organisation territoriale des soins de santé au Québec est effectuée à l'échelle des 17 régions administratives ; ainsi, chaque district de santé couvre une partie très importante du territoire.

L'un des principaux handicaps, en particulier dans le cas des services de santé, est le manque de personnel qualifié au niveau local. C'est un problème qui se pose également dans tout le Canada. Par exemple, le recrutement de spécialistes médicaux et de personnel infirmier pour les établissements publics de santé est particulièrement difficile dans les régions rurales et isolées du Nord, dans tout le Canada. Les régions reculées du Nord sont confrontées au défi unique de l'isolement social extrême, même si l'on rapporte que le taux de rotation du personnel dans les régions

Graphique 2.23 **Nombre d'établissements de santé dans les MRC essentiellement rurales (X) et distance par rapport aux grandes régions métropolitaines (Y)**

La distance est exprimée en kilomètres, 2006

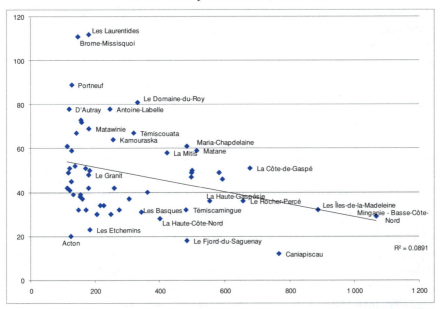

Source : Base de données sur les statistiques régionales de l'OCDE (2009) ; OCDE (2009), « Questionnaire for the Integration of the Background Report », document de travail interne de la Direction de la Gouvernance publique et du développement territorial, OCDE contenant des informations fournies par le MAMROT.

Tableau 2.6 **Nombre d'établissements sociosanitaires publics dans le Québec rural**

1996-2008

	1996	2008		2008/1996
	n	n	n / 10 000 h.	n
MRCER	399	518	3.8	119
MRC intermédiaires	52	68	1.7	16
MRC périmétropolitaines	15	26	1.6	11
Rural	466	612	3.1	146
Urbain	814	1 129	2.1	315
Québec	1 280	1 741	2.3	461

Source : OCDE (2009), « Questionnaire for the Integration of the Background Report », document de travail interne de la Direction de la Gouvernance publique et du développement territorial, OCDE contenant des informations fournies par le MAMROT.

rurales du Nord est faible. Les régions isolées qui ont conservé durant de nombreuses années des personnels publics de santé expérimentés sont à présent confrontées au défi du vieillissement de la population active. Les médecins récemment arrivés dans le Nord ont besoin d'occasions de développer l'éventail de compétences et de connaissances nécessaires à leur autonomie. Les fonds et les mécanismes de la formation continue sont donc un élément important pour le maintien et l'évolution de carrière des personnels publics de santé dans les zones reculées.

Éducation

Du fait de la baisse du taux de natalité, les populations rurales ont vu leur accès à l'éducation décroître au fil du temps, les élèves devenant trop peu nombreux pour justifier le maintien d'une école locale. Entre 1996 et 2008, ce sont quelque 270 écoles primaires et secondaires qui ont fermé dans la province. Une bonne partie d'entre elles étaient implantées dans des MRC rurales où, sur la même période, on a recensé une moyenne de 10 fermetures d'écoles par an. Dans les régions rurales, on recensait en 2008 six écoles pour 10 000 habitants. Ce chiffre est sensiblement plus élevé dans les MRC essentiellement rurales où il est de 11 écoles pour 10 000 habitants (tableau 2.7). La concentration plus forte est due à la présence de très petites écoles dans les collectivités rurales éloignées. Les établissements d'enseignement supérieur sont principalement situés dans les zones urbaines (88 % du total) mais sur les 48 collèges d'enseignement général et professionnel (CEGEP) recensés au Québec un grand nombre se trouvent dans des régions rurales. Un CEGEP est comparable à un collège communautaire. Un diplôme délivré par un CEGEP est exigé pour entrer à l'université. L'objectif des CEGEP est de rendre l'enseignement post-secondaire plus accessible, mais aussi d'offrir une préparation académique appropriée à l'enseignement universitaire.[27]

Un accès réduit à l'éducation et les salaires élevés que pratiquent les industries reposant sur l'exploitation des ressources naturelles peuvent également expliquer le taux d'abandon des élèves et leurs performances. Dans le Québec rural, le pourcentage d'élèves terminant leur cycle d'enseignement secondaire est d'environ 70 %, soit 5 et 7 points de moins respectivement que la moyenne de la province et la moyenne en milieu urbain (tableau 2.8). A l'intérieur des régions rurales, ce sont les MRC essentiellement rurales qui font le moins bien (69 %). Cela peut être lié au nombre insuffisant d'écoles secondaires locales qui contraint les enfants à de longs trajets tous les jours. Mais on considère généralement que les salaires élevés versés par les industries de ressources peuvent également influer sur le taux de décrochage scolaire (notamment des garçons) dans les régions rurales, en particulier dans les régions reculées.[28]

Tableau 2.7 **Nombre[1] d'établissements d'enseignement dans le Québec rural**

1996-2008

	Écoles primaires et secondaires			Université et CEGEP	
	1996	2008	2008/1996	2008	
	n	n	/ 10 000 h.	n	n	%
MRCER	1 581	1 502	10.9	-79	51	9.7
MRC intermédiaires	326	271	6.6	-36	6	1.1
MRC périmétropolitaines	151	146	9.0	-5	2	0.4
Rural	2 058	1 919	9.8	-120	59	11.2
Urbain	2 658	2 509	4.6	-149	467	88.8
Québec	4 716	4 428	6.0	-269	526	100.0

Note : Il est à noter qu'on fait référence aux unités d'évaluation et non au nombre d'établissements d'enseignement supérieiurs ou d'écoles primaires ou secondaires. Une unité d'évaluation comprend un terrain ou un groupe de terrains appartenant à un même propriétaire. Un établissemnt d'enseignement supérieur ou une école primaire ou secondaire peut être propriétaire de plus d'une unité d'évaluation sur laquelle il peut y avoir aucun bâtiment, un bâtiment ou plusieurs bâtiments.

Source : OCDE (2009), « Questionnaire for the Integration of the Background Report », document de travail interne de la Direction de la Gouvernance publique et du développement territorial, OCDE contenant des informations fournies par le MAMROT.

Tableau 2.8 **Taux annuel d'obtention de diplômes et de décrochages dans l'enseignement secondaire dans le Québec rural**

Valeurs cumulées, 2004-2005, 2005-2006, 2006-2007

	Total	Diplômes		Décrochages	
	n	n	%	n	%
MRCER	44 381	31 335	71	13 044	29
MRCER éloignées	17 474	11 976	69	5 496	31
MRCER accessibles	26 907	19 359	72	7 548	28
MRC intermédiaires	12 460	8 558	69	3 902	31
MRC périmétropolitaines	4 810	3 489	73	1 321	27
Rural	61 651	43 382	70	18 267	30
Urbain	170 259	131 639	77	38 620	23
Québec	231 908	175 021	75	56 887	25

Source : OCDE (2009), « Questionnaire for the Integration of the Background Report », document de travail interne de la Direction de la Gouvernance publique et du développement territorial, OCDE contenant des informations fournies par le MAMROT.

Internet

On observe au Québec une importante fracture rural/urbain pour l'accès des ménages à l'Internet. De manière générale, le Québec a un taux d'accès à internet relativement élevé. Selon le Centre francophone d'informatisation des organisations (CEFRIO), 74.6 % des foyers québecois ont une connexion internet et 61.8 % des ménages ont accès à l'Internet haut débit ou à l'Internet intermédiaire (2008) ; ce chiffre très élevé est analogue à ceux que l'on trouve en Norvège et aux Pays-Bas, pays de l'OCDE dans lesquels le pourcentage de foyers ayant une connexion Internet est le plus élevé. Mais le taux d'accès est moindre dans les régions rurales où 57 % des ménages ont une connection internet et 44 % seulement ont accès à l'Internet haut débit ou à l'Internet intermédiaire.

Services bancaires et financiers

Au Québec, les résidents ruraux ont accès au crédit et aux services bancaires principalement à travers des institutions du secteur coopératif. Les Québécois utilisent davantage ce type d'institutions financières que les autres Canadiens (graphique 2.24). Ces organisations, qui existent également dans d'autres secteurs pour l'offre de services en milieu rural, ont été pour la plupart le résultat d'efforts spontanés des personnes pour s'aider ; elles ont joué un rôle clé dans l'aide au développement du Québec rural. Chaque coopérative financière (caisse populaire) est actuellement tenue d'appartenir à l'une des onze fédérations qui appartiennent à leur tour à la Confédération des caisses populaires et d'économie Desjardins du Québec (Desjardins). Le groupe Desjardins est la plus grosse association de coopératives de crédit d'Amérique du Nord.[29] Fondé en 1900, il est pour l'essentiel implanté au Québec mais aussi en Ontario, au Manitoba et au Nouveau-Brunswick ; il est composé de 536 caisses locales, qui desservent 5.8 millions de membres. Desjardins dessert 80 % de la population du Québec, y compris les enfants qui sont membres du réseau coopératif.

Face à la complexité croissante du réseau Desjardins, les caisses individuelles ont été intégrées dans une structure unique tandis que le nombre des succursales dans les régions rurales diminuait. L'évolution technologique continue de pousser les coopératives de crédit à réévaluer la manière la plus appropriée de dispenser leurs services à leurs membres. De nombreuses coopératives de crédit et caisses populaires proposent désormais des services sur internet (Sriram, 1999). Les décisions de crédit sont prises à l'aide d'un modèle de notation du crédit élaboré au niveau central. Mais la centralisation et l'automatisation ont changé la relation entre les membres et les caisses. La connaissance personnelle que les membres du comité de crédit avaient de la situation financière de leurs membres est désormais

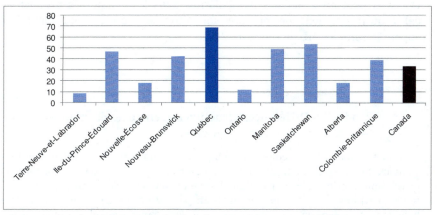

Graphique 2.24. **Pourcentage de Canadiens ayant comme principale institution financière une coopérative de crédit ou une caisse populaire**
1997

Source : Ministère des Finances du Canada, *www.fin.gc.ca/toc/2000/ccu_-eng.asp*.

remplacée par l'utilisation d'ordinateurs et de modèles de notation du crédit. Parallèlement, le nombre des caisses a diminué et un grand nombre de succursales opérant dans des régions rurales éloignées ont été fermées. Ce processus a démarré à la fin des années 90. En 1998, par exemple, le nombre des succursales de banque est passé de 1 275 à 1 222. Il faut dire que le processus de regroupement et de fusion suit un schéma de consultation et de collaboration pour limiter l'impact sur les collectivités rurales (Sriram, 1999).

2.4 Enjeux et opportunités

Les disparités socioéconomiques s'accroissent entre les MRC rurales

Une large fracture rural/urbain…

Bien qu'au Québec la fracture rural/urbain soit moins forte que dans le reste du Canada, environ 80 % de la population de la province se concentre dans les régions urbaines. Du fait de cette répartition inégale de la population, le Québec présente des disparités importantes entre les performances économiques des régions urbaines et celles des régions rurales. Toutefois, la comparaison est peut-être abusive. Les grandes différences d'échelle (tant de la population que du cadre productif) peuvent également avoir des effets qualitatifs qu'il convient de prendre en considération lorsqu'on compare l'économie rurale et l'économie urbaine. En fait, l'économie rurale peut produire différents types de biens et de services et peut présenter des particularités dans les chaînes de production locales qu'il convient de prendre soigneusement en compte lorsqu'on compare le rural à l'urbain (encadré 2.5).

> **Encadré 2.5 Différences structurelles entre les économies rurales et urbaines**
>
> Sommairement, la structure économique des régions rurales est devenue très similaire à celle que l'on trouve dans les régions urbaines. Les services publics et privés sont la principale source d'emploi, tandis que le secteur manufacturier (la fabrication) joue un rôle important mais en perte de vitesse. Habituellement, les industries primaires ne sont implantées que dans les régions rurales mais, dans l'immense majorité d'entre elles, leur contribution aux revenus et à l'emploi a décliné de sorte qu'elle n'est plus à même de définir une économie rurale distincte tirée par les activités fondées sur la terre. Toutefois, une comparaison plus détaillée des régions rurales donne à penser que leurs fonctions économiques ne sont pas aussi semblables à celles des territoires urbains que le suggèrent les indicateurs globaux. Considérons un petit nombre de secteurs clés comme le tourisme et l'hébergement, la fabrication, la santé, l'éducation et l'administration publique. Dans chacun de ces secteurs, il existe des différences importantes en termes de types d'activité, de potentiel humain et de grille des salaires.
>
> **Le secteur du tourisme et de l'hébergement** est en pleine croissance dans de nombreuses régions rurales et il est perçu comme offrant encore plus de possibilités de développement. Mais une comparaison plus détaillée avec la même catégorie dans les régions urbaines donne à penser que : *i)* le tourisme dans les régions rurales est plus susceptible d'être une activité d'extérieur (camping, sports nautiques, randonnées pédestres etc.) tandis qu'en milieu urbain il s'agit d'une activité d'intérieur (théâtres, musées et galeries d'art). Le tourisme urbain peut donc davantage se pratiquer tout au long de l'année tandis que le tourisme rural est saisonnier. *ii)* Dans de nombreuses régions urbaines, le tourisme a une masse critique d'activités et de prestataires, de sorte que chaque ville offre en soi suffisamment d'opportunités pour attirer les visiteurs. Au contraire dans tous les parcs excepté les plus grands, le tourisme tend à être une activité à petite échelle composée d'opportunités dispersées dans l'espace et n'offrant qu'un éventail limité d'activités. *iii)* Alors que dans le tourisme rural il n'existe qu'un petit nombre d'emplois qualifiés (managers, instructeurs, etc.), le tourisme urbain offre davantage d'opportunités en la matière (managers, chefs de cuisine, acteurs, conservateurs de musée, etc.). En milieu urbain comme en milieu rural, la majorité de la main d'œuvre n'a besoin que de qualifications limitées.

Encadré 2.5 **Différences structurelles entre les économies rurales et urbaines** (*suite*)

La contribution du **secteur manufacturier** à l'économie rurale est désormais plus importante que sa contribution à l'économie urbaine dans de nombreux pays de l'OCDE. Dans les régions urbaines comme dans les régions rurales, la composition de la fabrication a changé car les entreprises produisant des articles d'usage courant qui ne requièrent que des compétences limitées et qui ne sont pas sensibles aux conditions du marché ont largement délocalisé vers les pays à main d'œuvre à bas prix non membres de l'OCDE. Mais, là encore, les différences urbain/rural subsistent. *i*) Les grandes entreprises de production sont moins susceptibles de s'implanter dans les régions rurales du fait d'un marché du travail plus étroit et d'un mix de compétences tronqué. Cela signifie que la fabrication en milieu rural offre moins d'opportunités d'emplois hautement qualifiés et bien rémunérés. *ii*) La production étroitement couplée à ses marchés a tendance à privilégier les implantations en milieu urbain à cause des avantages de la proximité. Habituellement, ce type de production a une plus grande valeur ajoutée et emploie davantage de travailleurs qualifiés mieux rémunérés. *iii*) Dans le cas de très grandes entreprises de production, leurs activités de direction et leurs fonctions Marketing et R-D se trouvent presque toujours dans des zones urbaines, de sorte que les emplois bien rémunérés associés à ces fonctions sont presque strictement urbains. Inversement, les succursales rurales tendent à se concentrer sur la fabrication de produits spécifiques et n'offrent, en conséquence, qu'un champ limité pour les niveaux supérieurs de direction.

Pour les **soins de santé**, les différences entre régions rurales et régions urbaines sont évidentes. *i*) Dans les régions rurales, la majorité des institutions et des travailleurs de la santé dispensent des soins primaires et d'urgence. Dans les régions urbaines, en revanche, on trouve également des établissements de soins secondaires et tertiaires. *ii*) Les régions rurales ne font pratiquement aucune recherche médicale. *iii*) Le mix spécifique des emplois en milieu rural tend à conduire à une incidence plus grande des accidents du travail pouvant compromettre le pronostic vital ou entraîner des incapacités physiques. Ceci conjugué aux distances plus grandes qu'il faut parcourir depuis l'endroit où s'est produit l'accident rend plus nécessaire encore qu'en milieu urbain l'existence d'un réseau bien réparti de centres de soins d'urgence et de véhicules de secours.

En milieu urbain comme en milieu rural, des efforts continus sont déployés pour améliorer la qualité de **l'enseignement** et offrir aux élèves et étudiants de tous âges de meilleures perspectives d'avenir. En conséquence, le rôle relatif de l'éducation dans les économies urbaines et rurales converge en termes de grands indicateurs. Des différences subsistent toutefois. *i*) Si les régions rurales peuvent offrir un accès équivalent à l'enseignement élémentaire, primaire et secondaire, sur une base par habitant ou en termes de nombre d'élèves par enseignant, elles offrent un accès bien moindre à l'enseignement supérieur, qu'il s'agisse des collèges et universités ou des écoles techniques. *ii*) Dans les écoles rurales, l'offre

> **Encadré 2.5 Différences structurelles entre les économies rurales et urbaines** (*suite*)
>
> de cours est généralement plus restreinte et tend à ne pas inclure les niveaux plus avancés quel que soit le niveau d'âge donné car le nombre d'élèves n'est pas suffisant pour que l'offre puisse être assurée. Dans de nombreuses régions rurales, une large part des dépenses d'éducation va au transport des élèves et étudiants, ce qui, à l'évidence, ne génère aucun avantage direct sur le plan éducatif.
>
> **L'administration publique** représente une part croissante de l'économie en milieu urbain comme en milieu rural. Toutefois, là encore, des différences importantes subsistent entre les deux milieux. *i*) Dans les régions urbaines, pour une population donnée, le nombre des administrations locales qui offrent un large éventail de services employant une main d'œuvre dont l'éventail de compétences est également large, est moindre. Inversement, dans une région rurale ayant une population de taille analogue, il y aura beaucoup plus d'administrations locales mais chacune tendra à n'offrir qu'un ensemble limité de fonctions dont la plupart ne nécessiteront pas des niveaux élevés de compétences. *ii*) Mais, ce qui est peut-être plus important pour le développement local, c'est l'existence en milieu urbain de plus grandes facilités d'intégration entre les différentes activités de service public. Cela reflète l'existence d'une masse critique de compétences dans une administration urbaine alors que dans les régions rurales un grand nombre de compétences ne sont pas disponibles.
>
> On peut faire des observations analogues pour d'autres grands secteurs comme la finance, la construction et la vente au détail. Dans pratiquement chaque cas, si l'on se focalise sur les grands niveaux de l'emploi, la composition sectorielle des régions urbaines et des régions rurales paraît semblable. Mais dès que l'on procède à un examen plus détaillé des fonctions spécifiques qui existent, du mix de compétences de la main d'œuvre et du niveau de rémunération, alors des différences relativement importantes de structure économique deviennent apparentes. La conclusion logique de tout ça c'est que des différences de densité, de taille et de distance conduisent les régions rurales à effectuer des fonctions différentes de celles des villes. C'était bien compréhensible lorsqu'il existait des différences évidentes entre les grands types d'activité économique des régions urbaines et des régions rurales. Aujourd'hui, ces grandes différences n'existent plus mais, de même que les pays industrialisés échangent apparemment les mêmes types de biens, ce qui est en contradiction apparente avec les principes du commerce, les régions rurales et les régions urbaines semblent faire de même mais en réalité elles s'engagent largement dans des fonctions complémentaires. Il est donc hautement improbable qu'elles convergent vers une structure économique uniforme ne différant que par la taille. Ce constat a des implications manifestes en termes de politiques publiques. Dans la mesure où l'économie rurale est différente de l'économie urbaine, il faut déterminer avec soin jusqu'où un gouvernement peut aller dans l'utilisation d'un cadre d'action uniforme dans les deux contextes.
>
> *Source* : Freshwater, D. (2009), « Rural Urban Interaction NL: Understanding and Managing Functional Regions », papier non publié.

... mais aussi des disparités importantes entre territoires ruraux

Outre la fracture économique entre rural et urbain, le Québec montre également des disparités intra-rurales. Pour ce qui est des différences de PIB parmi les MRC essentiellement rurales, le Québec affiche des performances comparables à la moyenne de l'OCDE et des disparités internes moindres que dans les pays, comme l'Italie et l'Allemagne, où il existe une ligne de fracture économique interne. Le Québec est toutefois moins « homogène » que l'Espagne et que la France en termes de performances rurales et surtout les régions essentiellement rurales du Québec affichent un écart beaucoup plus grand (écart-type) par rapport au PIB moyen par habitant que les pays scandinaves qui partagent avec le Québec un grand nombre de caractéristiques géographiques et socioéconomiques communes (graphique 2.25). Comme nous l'indiquons ci-dessus, le niveau du PIB n'est pas lié à la distance par rapport aux grandes régions métropolitaines, même si les régions les plus riches sont relativement proches des grandes villes. Les disparités de croissance du PIB sont également persistantes et, dans un grand nombre de régions essentiellement rurales, le taux de croissance annuel du PIB a été constamment inférieur à la performance moyenne du Québec rural dans son ensemble (graphique 2.26).

Les régions essentiellement rurales souffrent fortement du dépeuplement et du vieillissement démographique

Pour les régions rurales, la perte de population est la principale conséquence de leur incapacité à produire de la croissance économique. Lorsqu'ils sont confrontés à des problèmes d'emploi persistants, les individus partent vers des territoires à plus forte croissance. Comme nous l'indiquons ci-avant, les tendances démographiques changent selon la localisation des régions rurales. Celles situées à proximité d'un grand centre urbain ont vu leur population augmenter sur la période couverte par les trois derniers recensements. En particulier, les MRC périmétropolitaines ont enregistré une progression de leur population de 60 % entre 1981 et 2006, tandis que les MRC intermédiaires ont enregistré une progression voisine de 20 %. Les régions essentiellement rurales, en particulier celles situées dans les zones isolées, ont enregistré une perte nette de population.

Dans les régions rurales les plus isolées, le dépeuplement a également un effet de catalyse sur le vieillissement. Dans les régions rurales éloignées du Québec, la part des aînés dans la population totale a augmenté rapidement, passant de 10.7 % en 1986 à près de 15 % en 2006. Selon le ministère de la Santé et des services sociaux (MSSS), la part de la cohorte des 65 ans et plus passera de 12 % en 1995 à 27 % en 2030. En l'espace de 35 ans, le Québec connaîtra une transition qui s'est étalée sur plus de 45 ans

Graphique 2.25 **Disparités régionales parmi les régions essentiellement rurales dans une sélection de pays de l'OCDE**

Écart-type – 2006 ou dernière année disponible

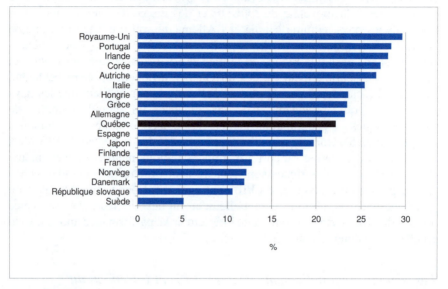

Note : Le graphe montre l'écart-type du PIB par habitant dans les ER. Les données sont calculées au niveau de la MRC.

Source : Base de données sur les statistiques régionales de l'OCDE (2009) ; Le Conference Board du Canada (2009), *Les communautés rurales : l'autre moteur économique du Québec*, préparé par le Groupe de travail sur la complémentarité rurale urbaine, juin 2009.

dans l'ensemble du Canada et sur plus de 65 à 75 ans en Allemagne, en France et au Royaume-Uni. Le vieillissement est un problème très répandu au Québec, qui est le territoire dont le taux de natalité est le plus faible de tout le continent nord-américain. En fait, si l'on considère les deux grandes catégories : « urbain » et « rural », la différence de concentration des personnes âgées n'est pas considérable. Mais, lorsqu'on adopte la classification exposée un peu plus haut, les écarts entre les différentes typologies de régions rurales peuvent être importants ; en particulier, la part de la population appartenant à la tranche d'âge 0-14 ans est tombée de 23 % de la population totale en 1986 à 17 % en 2006 dans les régions éloignées (graphique 2.27).

Graphique 2.26 **Taux de croissance global du PIB du Québec rural, 1991-2006**

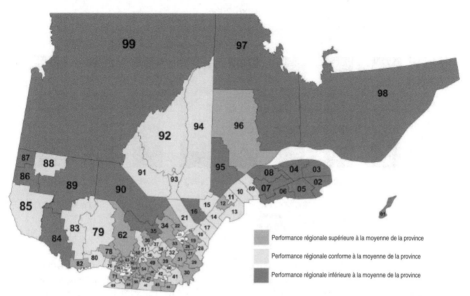

Source : Le Conference Board du Canada (2009), *Les communautés rurales : l'autre moteur économique du Québec*, préparé par le Groupe de travail sur la complémentarité rurale urbaine, juin 2009.

Les projections montrent que dans les régions rurales, le vieillissement de la population va croître de manière exponentielle dans un avenir proche. Dans la région administrative de l'Abitibi-Témiscamingue, par exemple, la proportion des aînéss (plus de 65 ans) était en 2000 de l'ordre de 5 %, soit sensiblement inférieure à la moyenne de la province (graphique 2.28). Selon les projections effectuées par MSSS, elle sera égale à la moyenne nationale en 2016-2017. Au-delà de cette date, la population de l'Abitibi-Témiscamingue vieillira plus vite que celle du Québec, atteignant après 2026 une proportion de personnes âgées dans sa population totale proche de 30 %. Il est facile de voir qu'une telle proportion de personnes âgées affectera non seulement la capacité de la région à générer un développement endogène mais aussi la viabilité de certains services de base comme les soins de santé et l'enseignement primaire.[30]

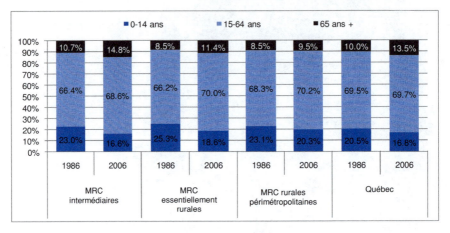

Graphique 2.27 **Population du Québec par groupe d'âge**
1986-2006

Source : OCDE (2009), « Questionnaire for the Integration of the Background Report », document de travail interne de la Direction de la Gouvernance publique et du développement territorial, OCDE contenant des informations fournies par le MAMROT.

Le vieillissement et le dépeuplement ne sont pas compensés par l'immigration. Dans le Québec rural, l'afflux de travailleurs étrangers reste particulièrement faible. De tout temps, l'immigration au Québec s'est concentrée sur Montréal et, dans une moindre mesure, sur Québec. Toutefois, depuis les années 90, le gouvernement provincial a pris des initiatives spécifiques pour accroître le nombre des travailleurs étrangers s'installant dans les territoires ruraux. L'impact de ces initiatives est encore relativement limité car l'immigration reste concentrée dans les régions urbaines. En outre, l'intégration des travailleurs étrangers dans les régions rurales pose des problèmes en raison de l'homogénéité culturelle des collectivités locales et du manque d'infrastructures sociales appropriées pour faciliter le processus d'intégration.

Graphique 2.28 **Projections des tendances du vieillissement dans l'Abitibi-Témiscamingue et au Québec**

Pourcentage des plus de 65 ans dans la population totale, 2000-2026

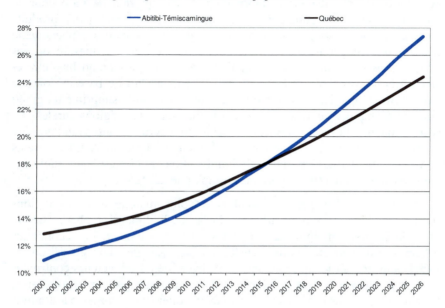

Source : MSSS (2005).

Les emplois ruraux sont vulnérables aux chocs externes

Un autre facteur qui limite la capacité des régions rurales à générer de la croissance endogène est la perte d'avantage comparatif dans les activités de production, du fait de la concurrence internationale. Comme nous l'indiquons un peu plus haut, au Québec l'industrialisation des campagnes a partiellement affranchi la province de sa dépendance économique à l'égard des ressources naturelles. Bien entendu, une grande partie de la production du Québec est étroitement liée aux activités primaires (transformation de matières premières). Cependant, il est également vrai que la province a profité de la proximité des États-Unis et des salaires relativement bas dans ses régions rurales pour développer un cadre productif spécialisé dans les productions traditionnelles, comme le textile et l'habillement.

L'internationalisation des marchés a remis en question ce schéma de développement industriel, entraînant une réduction de l'emploi et du nombre d'entreprises secondaires implantées dans les régions rurales. Comme l'ont constaté Baldwin et Lileeva (2008), les fabricants canadiens (et en particulier ceux du Québec, du fait de la spécialisation de la province dans les activités arrivées à maturité) ont abandonné la production de composants périphériques entrant dans la fabrication de leur produit de base pour se concentrer sur la production de ce dernier. Des biens jadis produits localement sont désormais importés des pays à bas salaire. Ce phénomène ne peut pas être considéré comme négatif en soi dans la mesure où ces importations permettent à la population d'avoir un plus grand bien-être et aux entreprises d'abaisser le coût total de leur produit de base et donc de gagner en compétitivité. Néanmoins, la mondialisation a supprimé un grand nombre d'emplois au Québec, en particulier dans les régions rurales. Le secteur manufacturier notamment est celui qui a perdu le plus grand nombre d'emplois et où, du fait de la concentration ou de la rationalisation, certains services (en particulier dans l'administration publique) ont subi des compressions d'effectifs importantes (graphique 2.29).

L'impact de ces pertes d'emplois est plus marqué dans les régions rurales que dans les régions urbaines du fait de la dimension plus restreinte et de la diversité moindre des marchés du travail locaux, Les économies urbaines sont souvent moins sensibles à ce type de choc en raison de marchés du travail locaux plus larges et diversifiés. Les secteurs confrontés à la crise ajusteront leur production et licencieront quelques travailleurs. Cependant, certains d'entre eux seront éventuellement absorbés par d'autres secteurs en expansion.[31] Dans les régions rurales, en raison de l'étroitesse des marchés du travail locaux, la probabilité pour qu'un travailleur soit absorbé par une autre industrie est bien moindre, simplement parce que les entreprises dont la production enregistre une tendance positive peuvent être implantées ailleurs, bien loin de la région rurale touchée (Freshwater, 2008). Les travailleurs vont donc probablement quitter les régions rurales pour s'installer dans des régions leur offrant des débouchés. Cette migration aggrave la crise sur les MTL dont elle réduit encore la dimension, les rendant plus vulnérables aux fluctuations.

L'embourgeoisement des campagnes et l'étalement urbain affectent le milieu rural augmentant le coût de la vie, les embouteillages et la pollution

Tout en contribuant à l'amélioration des équipements collectifs et au renforcement du pouvoir d'achat, l'embourgeoisement des régions rurales périmétropolitaines et intermédiaires a modifié le cadre social et exercé une pression sur l'environnement. Suite à l'afflux dans les campagnes d'anciens résidents des villes, de nombreuses collectivités ont enregistré une augmentation quantitative et qualitative des services fournis localement. Les

Graphique 2.29 **Évolution, en pourcentage, du nombre d'entreprises dans le Québec rural entre 2001 et 2008**

Dénomination SCIAN et ISIC des secteurs

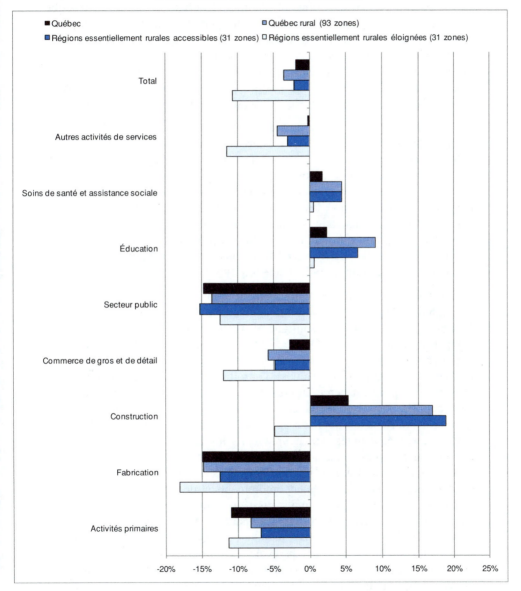

Source : OCDE (2009), « Questionnaire for the Integration of the Background Report », document de travail interne de la Direction de la Gouvernance publique et du développement territorial, OCDE contenant des informations fournies par le MAMROT.

marchés du travail locaux se sont élargis, offrant un éventail plus large de compétences qui crée les bases d'une dynamique positive au niveau régional. L'installation de retraités dans les régions rurales a stimulé le développement d'une économie résidentielle (services de proximité tels que commerces de proximité, services à la personne mais aussi services touristiques). L'afflux de nouveaux résidents a fait monter les prix de l'immobilier et les taxes foncières qui constituent la principale source de revenus pour les municipalités du Québec. Mais la concentration de la population du Québec dans les franges urbaines et autres régions rurales « attractives » a également quelques inconvénients.

Tout d'abord, l'afflux de nouveaux arrivants a fait grimper les prix de l'immobilier et les taxes foncières. Dans certains cas, la pression fiscale est telle que les propriétaires de longue date ont du mal à payer et font le choix de vendre leur bien et de partir. De même, la population locale jeune ayant peu de ressources et les nouveaux jeunes arrivants peuvent ne pas avoir les moyens d'acheter dans les régions rurales. L'embourgeoisement est particulièrement intense dans les franges urbaines et dans les régions rurales présentant un intérêt touristique du fait de la proximité d'un fleuve ou d'un lac. Le risque est de transformer les régions rurales en lieux de résidences secondaires ou de changer radicalement le type de population qui y habite

Deuxièmement, du fait de l'étalement urbain et d'un navettage intense, les embouteillages et la pollution augmentent dans les franges urbaines. Comme l'OCDE l'a déjà souligné dans son rapport d'évaluation de la compétitivité de Montréal (OCDE, 2004), la congestion routière est un enjeu important pour les régions métropolitaines du Québec (qui englobent à la fois les franges rurales et urbaines). Du fait de l'étendue géographique de la province, l'espace est perçu au Québec comme une ressource abondante, si bien que les gens ont tendance à s'étaler sur une partie importante du territoire. Pourtant, en dépit de sa taille, le Québec a relativement peu de lieux qui soient adaptés aux peuplements humains. Comme nous l'avons indiqué un peu plus haut, une très infime partie du territoire se prête à la pratique de l'agriculture. L'impact (social) de l'étalement des populations est donc négatif en raison des encombrements et de la perte nette de bonnes terres agricoles qu'il génère mais aussi de la quantité croissante d'énergie qu'il faut consommer pour couvrir les distances et maintenir le mode de vie actuel.[32] Enfin, bien que, par habitant, le Québec soit le plus faible producteur de GES du Canada (voir Chapitre 1), la population de la province est particulièrement exposée aux effets du changement climatique. On estime que plus d'un tiers des habitants vit à moins de 500 mètres des rives du Saint Laurent et plus de 90 % à moins de 5 kilomètres. Une élévation du niveau des eaux mettrait donc en danger une infrastructure d'une importance critique pour les collectivités (Lemmen *et al.*, 2008).[33]

Notes

1. Dans ce rapport, le terme de « ruralité » est utilisé au sens de degré du caractère rural. Ainsi, le degré de ruralité sera supérieur pour les personnes vivant dans un lieu où la densité de population est moindre ou dans un lieu éloigné d'un centre urbain.

2. Dans la partie septentrionale du Québec, on trouve également des communautés autochtones qui jouissent d'un statut spécial (Premières Nations) vis-à-vis du gouvernement provincial

3. Écoumène est le mot français qui désigne le territoire habité en continu et organisé en 1 100 municipalités, situé dans la partie méridionale du Québec, essentiellement au sud mais aussi sur une petite bande au nord et au nord-ouest du Bassin du fleuve Saint-Laurent, où réside la grande majorité de la population de la province.

4. La typologie régionale utilisée dans ce rapport a été élaborée conjointement par l'OCDE et le Ministère des Affaires municipales des régions et de l'occupation du territoire (MAMROT).

5. Au Canada, un territoire non organisé est une région disposant généralement de moins de pouvoirs d'autonomie gouvernementale que d'autres régions et contrôlée par un gouvernement spécifique. Le terme a plusieurs connotations selon le contexte et l'usage exact. En particulier, au Québec un territoire donné est « non organisé » lorsqu'il n'a pas de gouvernement local et qu'il est géré par les MRC et par le gouvernement provincial.

6. Ce rapport considère comme « éloignées » les régions rurales classées en « régions ressources et MRC » dans la « Stratégie de développement économique des régions ressources » publiée en 2001 par le gouvernement du Québec. Cette stratégie, qui visait à réduire les disparités régionales, était centrée sur les les régions reposant sur l'exploitation des ressources qui sont situées dans des zones à habitat dispersé et ne comptent pas de grands centres urbains. Selon cette définition, toutes les MRC situées dans les régions de Gaspésie–Îles-de-la-Madeleine, Bas-Saint-Laurent, Mauricie, Abitibi-Témiscamingue, Saguenay-Lac-Saint-Jean, Côte Nord, et Nord-du-Québec sont des régions éloignées. A l'inverse, les MRC qui sont situées dans les régions

de Chaudière-Appalaches, Estrie, Montérégie, Outaouais, Laurentides, Lanaudière et Capitale-Nationale sont des régions centrales ou accessibles.

7. Comme le Québec, la Suède se caractérise par la présence d'un grand système métropolitain dans le sud et de petits centres urbains dans le reste du pays. Toutefois, on trouve en Suède des villes importantes dans des régions reculées, par exemple Umea, Lulea, Östersund ou Piteau (*Examens territoriaux de l'OCDE : Suède*, à paraître).

8. Le terme de « révolution tranquille » décrit une multitude de transformations sociales, politiques, économiques et religieuses qui se sont produites au Québec dans les années 60 et 70. Elles sont allées de pair avec une modification des priorités de la province, qui est passée de la défense du catholicisme, de la vie rurale traditionnelle et du conservatisme économique à l'affirmation d'une société moderne, laïque, francophone mais pluraliste. Cette période d'intense changement s'est caractérisée par la laïcisation rapide et effective de la société, la création d'un État-providence et un réalignement des politiques du Québec au sein de factions fédéralistes et séparatistes. Le gouvernement provincial a réinvesti les domaines de la santé et de l'éducation qui étaient aux mains de l'église catholique romaine. Il a créé les ministères de l'Éducation et de la Santé, a élargi le service public et investi massivement dans le système éducatif public et dans les infrastructures de la province. Le gouvernement a autorisé la syndicalisation de la fonction publique. Il a pris des mesures pour accroître le contrôle des Québécois sur l'économie de la province et a nationalisé la production et la distribution d'électricité.

9. Ce revenu moindre est dû en partie à une composition différente (par qualification et profession) de la main d'oeuvre par rapport aux régions urbaines.

10. Selon Alasia (2003), il s'agit là d'une tendance également commune au reste du Canada.

11. Des éléments indiquent que dans les pays de l'OCDE l'augmentation des taux d'emploi dans les régions rurales a un impact direct sur la performance et la compétitivité économiques globales (OCDE, 2009)

12. « L'économie résidentielle couvre toutes les activités générées au niveau local par la consommation de la population vivant sur le territoire considéré », *La cohésion au service des territoires* (dossier de presse), Réunion informelle des ministres du logement, du développement urbain, de l'aménagement du territoire et de la politique de cohésion, Marseille (France), 26 novembre 2008, *www.eu2008.fr*. Le terme est généralement utilisé par opposition à « l'économie de production ».

13. Concernant la viande de boeuf, le Québec n'est encore qu'un acteur modeste à l'échelle canadienne puisqu'il représente moins de 5 % de la production totale du pays. Pour la viande de veau, en revanche, il est le leader incontesté, avec plus de 80 % de la production globale. Le Québec produit également plus de 10 % du bœuf commercial provenant des bovins de réforme. Assurément, la crise de l'encéphalopathie spongiforme bovine (ESB) a ralenti le rythme de production. Mais, grâce à l'abondance de ses pâturages et de son fourrage, le Québec a un fort potentiel de développement. Au Québec, la production de viande de boeuf arrive en troisième derrière celle de produits laitiers et de viande de porc. La province compte actuellement plus de 14 000 exploitations agricoles qui se consacrent partiellement ou totalement à la production de bovins et dans l'ensemble du Québec, cette production génère plus de 11 000 emplois directs et indirects. Plus de 910 000 bovins sont commercialisés chaque année pour une valeur à la ferme de plus de 618 millions CAD (2007).

14. « Les unités thermiques de croissance (UTC) correspondent aux unités de temperature associées au rythme de développement du maïs et du soja. Les UTC aident les agriculteurs à sélectionner les hybrides et les variétés les mieux adaptés à leur région climatique ». Ressources naturelles Canada (2009), *http://cfs.nrcan.gc.ca/subsite/glfc-climate/maritimecropheatunits*.

15. La taille moyenne des fermes du Québec était nettement inférieure à la moyenne nationale de 469 hectares. C'est en Saskatchewan, région qui pratique essentiellement une agriculture reposant sur la culture de plein champ que la taille moyenne des fermes est la plus grande (890 hectares).

16. Statistique Canada définit la ferme de recensement comme une exploitation agricole produisant, dans l'intention de vendre, au moins un des produits suivants : cultures (foin, grandes cultures, fruits ou noix, petits fruits ou raisin, légumes, graines de semence), animaux d'élevage (bovins, porcs, moutons, chevaux, gibier à poil, autres animaux), volaille (poules, poulets, dindons et dindes, poussins, gibier à plumes, autres volailles), produits d'origine animale (lait ou crème, œufs, laine, fourrure, viande) ou autres produits agricoles ou agroforestiers (arbres de Noël, produits de serre ou de pépinière, champignons, gazon, miel, produits de la sève d'érable) (*www.statcan.gc.ca/pub/95f0301x/notes/4064749-fra.htm*).

17. Le revenu total d'une famille de recensement est égal à la somme de tous les revenus perçus au cours de l'année calendaire précédant le recensement par tous les membres de cette famille âgés de 15 ans et plus. Entrent dans le revenu les traitements et salaires, le revenu agricole net, le revenu non agricole net des travailleurs indépendants, les transferts

sociaux, le revenu des investissements, pensions de retraite et autres revenus monétaires.

18. Au Québec, la forêt boréale couvre une étendue d'environ 551 400 km². Moins de 36 % de cette superficie a été réservé à la production forestière.

19. Ce chiffre prend en compte l'exploitation forestière et la transformation du bois et inclut les centres urbains.

20. Le Québec est le deuxième producteur d'or et de fer du Canada, le deuxième producteur national de substances métalliques, de minerais industriels et de matériaux de construction et le deuxième producteur mondial de niobium.

21. Le « claim » est le seul titre d'exploration valable au Québec. Le claim confère à son titulaire le droit exclusif de rechercher toutes les substances minérales du domaine de l'État, à l'exception du sable, du gravier, de l'argile et autres dépôts meubles sur le territoire qui en fait l'objet.

22. Dans certaines régions rurales, les terres disponibles pour des activités de production sont extrêmement encadrées par la loi provinciale qui protège les terres agricoles, même lorsqu'elles sont en friche.

23. Les données se rapportant aux 17 régions administratives du Québec montrent que l'augmentation du nombre des PME (et en particulier des micro-entreprises de 1 à 4 salariés) est plus importante dans les urbaines et les régions rurales accessibles. Entre 2002 et 2006, dans une période de croissance économique pour la province, c'est dans les régions de Lanaudière, de Laval, des Laurentides et de Montérégie entourant la région métropolitaine de Montréal que l'on a enregistré la plus forte augmentation du nombre d'entreprises. En dehors de la zone d'influence directe de Montréal, les seules régions qui ont enregistré des valeurs positives ont été celles de Centre-du-Québec et de Nord-du-Québec (graphique 2.21).

24. Ces résultats confirment ceux de Boter et Lundström (2005) qui montrent un effet régional mais aussi l'influence de la taille des entreprises sur leur degré d'utilisation des services publics.

25. Selon des recherches récentes sur la nouvelle économie rurale, coordonnées par l'université de Concordia, le projet a évalué l'ensemble du pays (32 collectivités rurales) et a été réalisé en collaboration avec la Fondation canadienne pour la revitalisation rurale (FCRR), voir *http://nre.concordia.ca/nre_reports.htm*.

26. Le gouvernement provincial et le gouvernement fédéral ont encouragé les organisations bénévoles à développer des partenariats avec les ministères gouvernementaux, le secteur privé, les prestataires de services et d'autres organisations bénévoles pour satisfaire aux conditions imposées par les

programmes de financement (Borgen, 2000 ; Bradford, 2003 ; Osborne et Flynn 1997 ; O'Toole et Burdess 2004 ; Zahner 2005). Les collaborations (voir Schaeffer et Loveridge, 2000 pour une classification des efforts de coopération/collaboration) avec les administrations locales ou autres prestataires de services locaux ont été encouragées pour démontrer que le secteur bénévole propose des activités d'un grand intérêt et d'une grande légitimité dans la collectivité (Radin et Romzek 1996 ; Wall et Gordon 1999). En tant que tels, les partenariats peuvent être pour les organisations bénévoles un atout important pour le développement et le maintien de services.

27. Il existe à la fois des CEGEP publics et privés subventionnés ; dans les CEGEP publics, les droits de scolarité sont faibles voire nuls. Le système du CEGEP a été lancé en 1967 par le gouvernement de Québec.

28. Alasia (2005) résume la situation inextricable des collectivités rurales. Il apparaît que les individus comme les collectivités sont confrontés à un taux de rendement de l'investissement dans l'enseignement supérieur moindre qu'en milieu urbain. Les individus vivant dans des collectivités rurales sont moins incités à poursuivre un enseignement supérieur car cela signifie qu'ils devront quitter leur collectivité d'origine. Les collectivités rurales sont moins incitées à offrir à leurs résidents un enseignement et une formation de haut niveau car les individus quitteront leur collectivité.

29. En 1988, le gouvernement du Québec a adopté une nouvelle législation régissant les coopératives bancaires de la province. La Loi sur les caisses d'épargne et de crédit de l'année en question a permis au groupe Desjardins de se restructurer, en regroupant son nombre croissant de filiales dans des sociétés holdings susceptibles d'offrir une direction centrale à chaque secteur spécifique d'exploitation.

30. Toutefois, il est important de noter que le vieillissement peut s'appréhender dans deux dimensions. Une augmentation du nombre de personnes âgées rapporté au nombre de personnes ayant entre 15 et 64 ans est une mesure relative de la « dépendance économique » qui pourrait s'interpréter comme la demande de transport à l'hôpital par personne capable d'assurer ce transport. Mais on pourrait considérer le vieillissement en termes d'augmentation du nombre de personnes âgées, ce qui implique une demande croissante de services émanant de ces personnes âgées. Il est important de noter qu'au Canada, un grand nombre de régions rurales peuvent être confrontées au phénomène du vieillissement dans la première dimension mais pas dans la seconde. En effet, le nombre de personnes âgées n'augmente pas car, lorsqu'elle était plus jeune, un grande partie de cette cohorte est partie pour la ville (Dandy et Bollman, 2008).

31. Au niveau régional, la probabilité pour qu'une personne sans emploi soit absorbée par un autre secteur local dépend de toute une série de facteurs. Par exemple, si un travailleur est géographiquement proche d'une entreprise qui connaît une flambée de la demande de ses produits, sa probabilité d'être embauché est plus grande. De même, un travailleur dont le profil de compétences est compatible avec le secteur en situation de croissance a une forte probabilité d'être embauché (par exemple, un travailleur peut grimper dans une chaîne d'offre donnée) (Marino, Trapasso, 2009).

32. L'économie du Québec est associée à une forte consommation d'énergie à cause de sa base industrielle, de son climat, de sa taille et du mode de vie de sa population. En 2002, le secteur industriel représentait 39 % de la demande d'énergie tandis que les transports représentaient au total près de 25 % et les secteurs commerciaux, institutionnels et résidentiels 37 % de la consommation d'énergie (Lemmen et al., 2008).

33. Dans le Nord, le réchauffement climatique perturbe sérieusement les transports hivernaux. En effet, toutes les communautés du Nord empruntent les routes de glace pour acheminer les approvisionnements dont elles ont besoin pour l'ensemble de l'année. Un raccourcissement de la période pendant laquelle ces routes sont praticables sans risque accroît considérablement les coûts de transport.

Bibliographie

Borgen, W.A. (2000), « Developing partnerships to meet client's needs within changing government organizations: A consultative process », coédition spéciale du journal *Career Development Quarterly*, n°48, pp. 357-369 et du *Journal of Emploi Counselling*, n°37, pp. 128-14.

Boter, H. et A. Lundstrom (2005), « SME Perspectives on Business Support Services », *Journal of Small Business and Enterprise Development*, vol. 12, n°2, pp. 244-258.

Bradford, N. (2003), « Public-private partnership? Shifting paradigms of economic governance in Ontario », *Canadian Journal of Political Science*, vol. 36, n°5, pp. 1005-1033.

Conference Board [Le Conference Board du Canada] (2009), *Les communautés rurales : l'autre moteur économique du Québec*, préparé pour le Groupe de travail sur la complémentarité rurale urbaine, juin 2009.

Dandy, K. et R.D. Bollman (2008), « Les aînés des régions rurales du Canada », *Bulletin d'analyse – Régions rurales et petites villes du Canada*, vol. 7, n°8, numéro au catalogue : 21-006-X2000003-fra.pdf, Statistique Canada, Ottawa.

Du Plessis, V., R. Beshiri, R.D. Bollman et H. Clemenson (2001), « Définitions de « rural », *Bulletin d'analyse – Régions rurales et petites villes du Canada*, vol. 3, n°3, numéro au catalogue : 21-006-XIE, Ottawa, Statistique Canada.

Freshwater, D. (2008), « Active Labour Market Policy: Implications for Local Labour Markets and Régional Development », document de travail, études de troisième cycle en économie de l'agriculture, Université de Kentucky.

GQ (gouvernement du Québec) (2005), *La population du Québec par territoire des centres locaux de services communautaires, par territoire des réseaux locaux de services et par région sociosanitaire de 1981 à 2026*, ministère de la Santé et des services sociaux, Québec.

Halseth, G. et L. Ryser (2007), « The Deployment of Partnerships by the Voluntary Sector to Address Service Needs in Rural and Small Town Canada », *Voluntas: International Journal of Voluntary and Nonprofit*, vol. 18, n°3, pp. 241-265.

Lemmen, D.S., F.J. Warren, J.E. Lacroix et E. Bush (eds.) (2008), *Vivre avec les changements climatiques au Canada : édition 2007*, gouvernement du Canada, Ottawa.

Maclure, J. (2004), « Narratives and Counter-Narratives of Identity in Québec », in Alain-G. Gagnon, *Québec: State and Society* (troisième édition), Broadview Press, Petersborough, pp. 33-50.

Marino, D. et R. Trapasso (2009), « The New Approach to Regional Economics Dynamics: Path Dependence and Spatial Self-Reinforcing Mechanisms », in U. Fratesi et L. Senn, *Growth and Innovation of Competitive Regions*, Springer Verlag Berlin Heidelberg, pp. 329-367.

OCDE (2004), *Examens territoriaux de l'OCDE : Montréal, Canada*, OCDE, Paris, *http://dx.doi.org/10.1787/9789264105997-fr*.

OCDE (2009), « Questionnaire for the Integration of the Background Report », document de travail interne de la Direction de la Gouvernance publique et du développement territorial, OCDE, contenant des informations fournies par le MAMROT.

Osborne, S.P. et N. Flynn (1997), « Managing the Innovative Capacity of Voluntary and Non-Profit Organizations in the Provision of Public Services », *Public Money & Management*, vol. 17, n°4, pp. 1-39.

O'Toole, K. et N. Burdess (2004), « New community governance in small rural towns: the Australian experience », *Journal of Rural Studies*, vol. 20, n°4, pp. 433-443.

Sriram, M. S., (1999), « Financial Co-operatives for the New Millenium: A Chronographic Study of the Indian Financial Co-operatives and The Desjardins Movement, Quebec », document de travail, Indian Institute of Management.

St-Pierre, J. et C. Mathieu (2005), « The Competitiveness of SMEs: Obstacles and the Need for Outside Help », in I.D Salavrakos, *From Small Firms to Multinationals: Industrial, Entrepreneurial, Managerial, Financial, Fiscal, Transaction Cost and Consumer Perspectives in the Era of Globalisation*, ATINER, Athens, pp. 37-52.

Statistique Canada (2007), *Dictionnaire du Recensement de 2006*, numéro au catalogue : 92-566-XWF, Statistique Canada, Ottawa.

Chapitre 3

Évaluation de la politique rurale au Québec

Au vu des tendances mises en évidence aux chapitres 1 et 2, ce chapitre évalue les politiques provinciales ciblées sur le développement rural et présente les bonnes pratiques introduites au Québec pour relever les défis du développement rural. La première section décrit l'évolution de la politique rurale au Québec. La deuxième évalue les politiques et les mécanismes de gouvernance mis en place dans la province à travers la Politique nationale de la ruralité (PNR). La dernière section élargit l'évaluation aux politiques sectorielles mises en oeuvre par le gouvernement provincial qui affectent le développement rural.

Points clés

- **Le Québec dispose d'une politique rurale territorialisée s'appliquant à une grande partie du territoire et centrée sur le développement social et l'occupation du territoire.** Cette politique s'inscrit dans une vision sociétale de la « ruralité » partagée par les différents niveaux de l'administration et par la société civile. Le développement social et le renforcement des capacités collectives sont vus comme des préalables au développement économique tandis que le ciblage sur une occupation dynamique des terres rurales représente un choix sociétal de maintien de la structure actuelle de peuplement, même si une utilisation efficace des ressources publiques pour l'offre de services est difficile dans des collectivités qui sont à peine viables.

- **La politique rurale est conduite par un ministère non sectoriel (MAMROT) séparé de l'agriculture et du développement économique.** Ce ministère travaille, en coopération avec des associations provinciales partenaires, à la mise en œuvre et au suivi de cette politique. L'échelon administratif supralocal (MRC) est au coeur du dispositif de mise en œuvre, témoignant du souci de déplacer le processus décisionnel vers la base et de créer des territoires fonctionnels supralocaux.

- **Le développement est stimulé à travers trois éléments essentiels :** *i*) les accords de partenariat territorialisés (« pactes ruraux ») entre le gouvernement provincial et les MRC qui soutiennent le renforcement des capacités collectives locales, *ii*) les agents de développement rural qui comptent parmi les acteurs centraux pour l'encouragement de l'émergence d'initiatives rurales et l'intégration de cette politique à d'autres mesures et *iii*) les programmes d'innovation comme les laboratoires ruraux dont le grand intérêt est d'expérimenter des pistes de développement sortant des sentiers battus. Le budget plutôt limité de la politique rurale prouve que des politiques territoriales décentralisées à petit budget peuvent être efficaces si elles sont compatibles avec les aspirations locales. Le budget de la province semble prendre de plus en plus en considération la dimension spatiale des politiques. Le MAMROT est fortement engagé dans le suivi mais l'évaluation extérieure pourrait être améliorée pour démontrer l'efficacité de l'approche.

- **La gouvernance multiniveaux est forte mais requiert une intégration accrue.** Une large coordination horizontale est assurée par l'échelon central mais l'intégration de la politique économique et sociale et l'adaptation des programmes sectoriels aux conditions rurales demeure délicate au niveau local. La coordination verticale entre les niveaux administratifs est forte à l'intérieur de la province mais l'échelon fédéral agit en parallèle avec de nombreux programmes provinciaux. Le rôle renforcé des MRC facilite la coordination horizontale au niveau local.

- **Les politiques sectorielles ayant un impact sur le Québec rural posent des défis spécifiques.** La politique foncière vise à éviter l'étalement urbain mais elle risque de limiter les activités économiques dans les parties les plus reculées du territoire rural. S'il y a eu quelques changements au niveau fédéral, le soutien provincial à l'agriculture est encore en partie lié à la production de produits de base, ce qui fausse quelque peu le marché. Les mesures liées au développement économique local sont globales mais la séparation institutionnelle par rapport au MAMROT affaiblit les résultats des politiques. La gestion des ressources naturelles n'accroît que progressivement l'implication des acteurs régionaux et locaux.

- **Les politiques rurales, au sens large du terme, s'attaquent aux défis liés à la santé, l'éducation, l'emploi et les phénomènes migratoires.** Si la santé et l'éducation sont confrontées à des problèmes de coût et d'offre de services, essentiellement dus au changement démographique, à la faible densité de population et à la taille du territoire du Québec, la politique de l'emploi s'efforce de mettre en œuvre une approche territoriale répondant aux besoins spécifiques du marché du travail. Les enjeux démographiques sont également au cœur des efforts entrepris pour attirer les jeunes et les immigrants dans les régions rurales.

Introduction

La politique rurale du Québec est fortement déterminée par une politique spécifique du gouvernement provincial ciblée sur la revitalisation territorialisée des régions rurales et fondée sur les principes d'occupation des sols, d'équité territoriale et de création de/renforcement des/ capacités collectives. La Politique nationale de la ruralité (ci-après appelée « PNR » ou « politique rurale ») est une politique plurisectorielle fondée sur la diversité des collectivités rurales. Au départ, la PNR défend l'hypothèse dominante dans les pays de l'OCDE selon laquelle la cohésion sociale et le renforcement des capacités collectives sont des préalables à un développement socio-économique plus fort dans les régions rurales. Le document d'orientation de la PNR exprime le consensus politique du Québec sur le fait que les collectivités rurales sont un élément essentiel du dynamisme de la province (GQ, 2006a). Il affirme le raisonnement étayé par l'expérience de nombreux pays de l'OCDE selon lequel les régions rurales, au même titre que les régions intermédiaires ou les régions urbaines, offrent des opportunités précieuses pour la croissance globale et le développement.

Le gouvernement du Québec (ci-après « le gouvernement ») et les représentants municipaux élus qui gèrent les municipalités régionales de comté (MRC) se partagent par contrat la responsabilité du développement rural. D'autres organisations et institutions locales, régionales et provinciales sont impliquées dans cet accord, dans sa mise en oeuvre et son suivi. Alors que le gouvernement provincial décide des orientations générales de la politique, les représentants élus au niveau supralocal et local sont les principaux acteurs de la conception et de la mise en œuvre des mesures et des actionsde développement rural.

3.1 Évolution de la politique rurale

L'évolution de la politique rurale du Québec démontre un consensus sociétal sur la « ruralité »

L'évolution de la politique rurale du Québec démontre un important degré de consensus entre les intervenants politiques, les responsables gouvernementaux à tous les niveaux, le monde universitaire et la société civile. La consultation entre le gouvernement et les acteurs à but non lucratif, privés et publics locaux a été de longue date un élément du processus politique, visant à l'obtention d'un large consensus sociétal. Parallèlement, le soutien sectoriel à l'agriculture et aux industries de ressources joue depuis bien longtemps un rôle dominant dans le développement rural.

Comme dans n'importe quel pays ou n'importe quelle région, le contexte dans lequel le Québec met en œuvre sa politique rurale est décisif car il impose des contraintes aux choix des politiques. Avec l'émergence de l'État-Providence dans les années 60, pendant la période dite de la « Révolution tranquille », les politiques du Québec ont commencé à prendre en compte le développement de services publics d'éducation et de services sociosanitaires tandis que l'intérêt public pour les régions rurales déclinait. A mesure qu'elle s'est engagée sur la voie de la modernisation, la société a tourné le dos à nombre de ses piliers traditionnels au rang desquels figurait la société rurale. La mise en œuvre des réformes s'est faite essentiellement selon une approche descendante et sectorielle tirée par les priorités de la province et ciblée sur le soutien à l'agriculture, aux pêcheries, à l'exploitation forestière et minière et l'aide aux différents types de productions. Mais, avec le déclin de l'agriculture familiale dans la deuxième moitié du 20ème siècle, il est devenu évident que des mesures économiques sectorielles ne suffiraient pas pour s'attaquer aux grandes préoccupations publiques que constituent le bien-être et la viabilité des régions rurales.

Dans les années 80, les politiques de développement régional ont commencé à inclure des politiques fondées sur l'humain par le biais de mécanismes de consultation entre le gouvernement et la société civile. Le processus a été facilité par l'existence d'un échelon administratif régional et local (voir encadré 3.1) : 10 régions administratives ont été créées dans les années 60 et réorganisées en 17 unités dans les années 80. Ces régions reposaient essentiellement sur 1 300 (aujourd'hui environ 1 100)[1] municipalités locales qui étaient au centre de ces efforts de développement régional. Nonobstant, la gouvernance à un niveau intermédiaire est restée très faible car la province et les municipalités sont restées les seuls niveaux importants.

Pour mieux coordonner le développement territorial, renforcer la cohésion entre les municipalités et améliorer l'efficience par le biais des économies d'échelle, un niveau supralocal a été introduit dans les années 80 avec la Loi sur l'aménagement et l'urbanisme. Au fil du temps, les MRC (voir encadré 3.1) ont changé l'idée que se font les citoyens de leur territoire local et elles ont assumé la responsabilité de l'aménagement de l'espace, du développement territorial et des services publics. Pour la première fois, les résidents et les acteurs locaux ont été impliqués au-delà des seules questions locales. Parallèlement, le gouvernement a publié un document d'orientation pour le développement régional sous le titre « Le choix des régions » dont le premier objectif est d'établir une approche partant de la base (GQ, 1983). Progressivement, les MRC ont assumé la responsabilité du développement économique local et du soutien de l'emploi. Pour ce faire, le gouvernement a créé une structure essentielle du développement économique local, les Centres locaux de développement (CLD) qui, depuis 2004, relèvent juridiquement des MRC et sont cofinancés par l'État, lequel détenait une participation de 71 % en 2007-2008 (données tirées de GQ, 2009a), et par les municipalités (29 %).

Dans les années 90, une focalisation rurale est venue s'ajouter à cette approche du développement régional. Devant l'incapacité de l'approche standard du développement économique local de redynamiser les collectivités rurales de façon durable, la société civile a poussé le débat public sur l'avenir des régions rurales au-delà de l'aide à l'agriculture, à l'exploitation forestière et aux pêcheries. Contrairement à ce qui s'est passé dans de nombreux pays de l'OCDE, ce processus a été soutenu par les responsables syndicaux de la principale organisation agricole, l'Union des producteurs agricoles (UPA)[2] ainsi que par des organisations non agricoles, des coopératives et des caisses de crédit opérant en milieu rural, qui ont joué un rôle déterminant dans l'amorce de ce développement à travers des manifestations telles que les États généraux du monde rural en 1991. Contrairement à ce qui s'est passé dans d'autres pays de l'OCDE, la principale organisation agricole québécoise a eu la conviction et la force d'assurer que l'augmentation des dépenses au titre du développement rural ne se ferait pas au prix d'une réduction de l'aide aux agriculteurs.

Les principales organisations de la société civile, en particulier l'organisme consultatif Solidarité rurale du Québec (SRQ), ont joué un rôle important dans l'élaboration d'une politique rurale spécifique. Plusieurs documents publiés par SRQ et les propositions qui ont émergé des travaux du gouvernement provincial dans les années 90 et 2000 ont jeté les bases de la politique rurale du Québec ; leur rôle ayant été décisif dans la promotion d'une approche multisectorielle mettant en œuvre des politiques territorialisées en lieu et place d'interventions uniformes à l'échelle de la province. Dans cet esprit, la politique rurale a été le résultat d'une évolution des initiatives en matière de développement rural conduites par l'administration publique mais aussi par la société civile. Contrairement aux structures institutionnelles créées après coup pour favoriser la coordination horizontale avec les organisations de la société civile, la politique rurale a suscité, dès le départ, un sentiment d'adhésion de la société civile qui a été bénéfique pour la situation du Québec.

Des mesures spécifiques de politique rurale ont été inscrites à l'agenda politique du gouvernement. Pour la première fois, le budget du gouvernement pour l'exercice 1997-1998 a comporté des mesures concrètes en faveur d'une politique rurale ciblée sur le renforcement des capacités locales. Sur la base de cette expérience et du cadre de gouvernance territoriale mentionné un peu plus haut, le Québec a adopté, fin 2001, une politique rurale spécifique (la première PNR), centrée sur la responsabilité des représentants locaux en matière de planification du développement et sur le renforcement du capital social et de la cohésion des collectivités rurales pour la construction de partenariats avec la province aux différents niveaux de l'administration territoriale. Le fait que la première PNR (2002-2007) et la seconde PNR (2007-2014) aient été décidées par des partis politiques différents témoigne du consensus interpartis autour d'une politique spécifique de développement rural.

Toutefois, alors que sur la durée de la première PNR c'est un ministère unique qui a été responsable de la politique rurale et de la politique de développement économique régional, ce cadre institutionnel a changé. En 2003, la juridiction chapeautant le développement économique régional a été réorganisée : les CLD sont passés sous le contrôle du ministère en charge du développement économique tandis que la politique rurale, telle qu'elle est conduite dans la PNR, et le développement régional et local relevaient de la responsabilité du ministère des Affaires municipales et des régions (voir 3.2.2). Bien que le mandat des CLD s'étende au-delà des seules régions rurales, le fait de séparer les CLD de la politique rurale et régionale risque d'affaiblir l'approche ultérieure de la PNR.

3.2 Politique rurale : mesures et gouvernance

Le Québec a opté pour une approche territoriale du développement rural qui est largement conforme au nouveau paradigme rural de l'OCDE et qui aide les régions rurales à relever le défi de la perception d'un déclin inévitable. La politique rurale intègre un certain nombre d'éléments remarquables qui peuvent offrir des leçons de bonnes pratiques pour d'autres gouvernements. Cette section analysera les principaux problèmes de politique et de gouvernance qui caractérisent la PNR du Québec, en particulier la seconde, celle de la période 2007-2014 (GQ, 2006a), examinée dans le contexte du changement qui a conduit à un nouveau paradigme rural.

Ce changement de paradigme a été observé dans les politiques rurales de nombreux pays de l'OCDE, qui reflètent désormais l'idée fondamentale que la contribution des régions rurales aux économies nationales et aux visions de la société peut être positive. Aujourd'hui, on s'accorde à reconnaître que la politique rurale ne peut plus se réduire à une politique agricole sectorielle compte tenu de la réduction spectaculaire de l'emploi agricole, des différents types de régions rurales et des opportunités significatives de croissance et de développement qu'offrent les secteurs économiques émergents non agricoles et les marchés de niche. Pour s'attaquer aux nouveaux défis des politiques rurales auxquelles sont confrontés de nombreux pays, des mécanismes innovants de gouvernance ont été élaborés dans le but d'améliorer la coordination entre les secteurs et les niveaux d'administration mais aussi entre les acteurs publics, privés et à but non lucratif. En outre, de nouveaux instruments d'action fortement ancrés dans le territoire sont actuellement créés pour identifier et capitaliser sur la compétitivité des régions rurales, les atouts et les savoirs locaux mais aussi puiser dans les différents potentiels de développement. L'OCDE a décrit cette évolution comme un changement de paradigme dans les politiques

> ### Encadré 3.1 **Divisions administratives territoriales du Québec**
>
> En-dessous du niveau provincial de gouvernement, le Québec a trois niveaux d'administration : le niveau régional (17 régions administratives), le niveau supralocal (86 MRC et 14 organismes équivalents) et le niveau local (plus de 1 100 municipalités).
>
> **Niveau régional.** Le territoire provincial est divisé en 17 **régions administratives** qui sont le cadre d'activité du gouvernement provincial. Les ministères et les organismes d'État provincial ont des directions régionales qui se réunissent dans un organisme consultatif appelé Conférence administrative régionale (CAR). De plus, les Conférences régionales des élus (CRÉ) jouent dans chaque région le rôle d'organe de consultation privilégié du gouvernement pour les questions de développement régional. Le deux tiers des membres des directions des CRÉ sont des élus municipaux. Les régions administratives varient de par leurs caractéristiques géographiques, leurs ressources naturelles et leur territoire économique utilisable. Alors que les régions les plus petites (Laval et Montréal) ont moins de 500 km^2 de superficie, la plupart des unités ont une taille qui se situe entre 7 000 km^2 et 35 000 km^2. Les quatre régions du Nord (Abitibi-Témiscamingue, Saguenay–Lac-Saint-Jean, Côte-Nord, et Nord-du-Québec) ont une densité de population inférieure à 3 habitants au km^2 et une superficie comprise entre 57 000 km^2 (Abitibi-Témiscamingue) et 718 000 km^2 (Nord-du-Québec, comparable à celle du Chili et supérieure à celle de la France).
>
> **Niveau supralocal.** Dans les années 80, le Québec a établi un niveau administratif supralocal qui regroupe des municipalités de taille différente à l'intérieur d'une « communauté d'intérêts ». Ces **MRC** ont des responsabilités en matière d'aménagement de l'espace et de développement territorial, y compris en matière d'administration des « territoires non organisés » (territoires en dehors des municipalités). Les MRC sont en charge de : *i*) la gestion de l'utilisation des terres par la création d'un plan d'occupation et de mise en valeur du territoire revisé tous les sept ans ; *ii*) la planification de la gestion des déchets, la protection contre les incendies et la sécurité civile ; *iii*) la surveillance des cours d'eau ; *iv*) la préparation des évaluations pour les municipalités et *v*) la vente d'immeubles pour défaut de paiement des taxes foncières. Les MRC sont également responsables du développement économique local, car elles sont en charge de la gestion des CLD. La taille de la population des MRC diffère grandement, de moins de 10 000 à plus de 100 000 habitants et leur superficie également. Sur les 100 unités que compte ce niveau, 86 seulement sont des MRC tandis que 14 sont des unités équivalentes ayant les mêmes compétences. 91 MRC ou unites équivalentes composent le territoire rural du Québec tel que défini aux fins du présent rapport.
>
> **Niveau local.** La plus petite division administrative est l'échelon municipal. En 2006, le Québec comptait environ 1 140 villes et **municipalités** locales. Plus de 1 100 municipalités et territoires non organisés ainsi que 34 réserves d'Indiens composent le territoire rural, qui est structuré en 91 MRC ou organismes équivalents comme mentionné ci-dessus. Le Québec compte sensiblement plus de municipalités que les autres provinces canadiennes, ce qui pourrait être lié au fort sentiment d'appartenance territoriale des résidents locaux. Les précédents gouvernements ont réduit le nombre des municipalités en les regroupant mais, à la suite de tensions locales, certaines municipalités regroupées ont décidé de se reconstituer sur leur territoire antérieur.
>
> *Source* : OCDE (2009), « Questionnaire for the Integration of the Background Report », document de travail interne de la Direction de la Gouvernance publique et du développement territorial, OCDE, contenant des informations fournies par le MAMROT.

de développement rural qui génère un Nouveau paradigme rural (OCDE, 2006a) dont les caractéristiques les plus déterminantes sont une focalisation sur les territoires plutôt que sur les secteurs et l'accent mis sur l'investissement plutôt que sur les subventions et les transferts nationaux (voir tableau 3.1).

Tableau 3.1. **Le nouveau paradigme rural**

	Ancienne approche	Nouvelle approche
Objectifs	Péréquation, revenu agricole, compétitivité des exploitations	Compétitivité des zones rurales, valorisation des atouts locaux, exploitation des ressources inutilisées
Secteur clé ciblé	Agriculture (approche sectorielle)	Divers secteur des économies rurales (exemples : tourisme rural, industrie, technologies de l'information et de la communication, etc.)
Principaux outils	Subventions	Investissements
Acteurs clés	Administrations nationales, agriculteurs	Tous les niveaux d'administration (supranational, national, régional et local), divers acteurs locaux (publics, privés, organisations non gouvernementales)

Source : OCDE (2006), *Le nouveau paradigme rural : politiques et gouvernance*, OCDE, Paris.

3.2.1 Principes, objectifs et champ d'application

La PNR est une approche territoriale du développement rural qui repose sur les principes de l'équité territoriale, du renforcement des/de la création de capacités collectives/au niveau local et d'une occupation dynamique du territoire. Avec son approche territoriale globale, la politique est conforme à la compréhension du fait que le déclin n'est pas inévitable, qu'il existe des possibilités de croissance dans tous les territoires et que leur développement doit être encouragé par le gouvernement central (ou fédéral) et par les gouvernements régionaux (ou provinciaux) (OCDE, 2009g). Les principes de la PNR s'articulent autour de quatre objectifs d'action stratégiques et s'attaquent au défi de la mobilisation et du renforcement des collectivités rurales, tandis que les mesures de développement économique ne sont pas le thème dominant abordé dans le cadre de cette politique.

Le capital social et les capacités des collectivités locales sont considérés être les conditions préalables d'un développement plus fort...

Le premier principe de la PNR se focalise sur l'équité territoriale associée aux capacités des collectivités locales comme condition préalable au développement socioéconomique des régions rurales. La politique du Québec diffère de celle de nombreux pays de l'OCDE qui commencent par encourager le développement économique pour accroître le capital social. L'unité de base de la PNR étant la MRC, il était important de trouver un moyen d'encourager les personnes à considérer que leur communauté c'est la MRC, et non pas simplement leur municipalité. Les deux objectifs d'action stratégiques qui découlent de ce principe sont : *i*) la libération du potentiel de toutes les ressources humaines, culturelles et physiques présentes dans les régions rurales et *ii*) le maintien d'un équilibre entre qualité de vie, environnement social, environnement naturel et activités économiques. Le deuxième point illustre une focalisation sur la viabilité et l'harmonisation des préoccupations économiques, écologiques et sociales. Même si cela reste théorique, la politique rurale n'offrant pas encore de mesure quantifiable d'un équilibre optimum entre les facteurs mentionnés, c'est un encouragement à une perception innovante du développement rural.

Les acteurs locaux s'engagent à collaborer via le renforcement des capacités et la participation des citoyens et des groupes à des projets collectifs pour créer un sentiment de communauté.[3] Le gouvernement essaye de renforcer un sentiment d'appartenance et les liens entre les personnes et les groupes comme un préalable aux actions de développement socioéconomique. En effet, un sentiment de communauté et de cohésion sociale peut créer une base spécifique pour l'attractivité et la capacité à innover d'une collectivité rurale alors que le succès économique repose bien souvent sur des caractéristiques uniques ne pouvant être aisément transmises à d'autres régions comme la présence de ressources naturelles ou la proximité d'un noyau urbain.

Les avantages d'une focalisation sur l'équité territoriale sont difficiles à mesurer. Le gouvernement a mis au point une méthodologie pour mesurer le développement local grâce à un indice composé de différentes variables socioéconomiques (voir encadré 3.2). La PNR s'engage également à produire un indice de vitalité à l'usage des collectivités rurales qui, une fois établi, devrait saisir la dynamique et la mobilisation d'une collectivité.

> Encadré 3.2 **Un indice de développement pour déterminer les collectivités rurales dévitalisées**
>
> Dans le cadre de la politique rurale du Québec, les MRC ayant des municipalités rurales dévitalisées reçoivent du gouvernement une aide financière complémentaire. Pour déterminer la « dévitalisation », le gouvernement travaille à la mise au point d'un indice de développement composé de variables socioéconomiques comme l'évolution de la population de la municipalité, le taux de chômage, la part de revenu provenant des transferts sociaux, le revenu moyen des ménages et la proportion des résidents de plus de 15 ans ayant fait moins de neuf années d'études.
>
> Les municipalités sont définies comme « dévitalisées » si leur indice de développement est inférieur à zéro et comme « très dévitalisées » s'il est inférieur à -5. En conséquence, un plan d'action ciblé sur les municipalités très dévitalisées a été mis en oeuvre en 2008 ; centré sur une vision pour l'avenir, il comporte des mesures sectorielles de diversification économique ainsi que des investissements en infrastructure et services publics de base.
>
> Toutefois, le fait que l'indice est calculé au niveau municipal et la base étroite de population rendent le calcul plutôt instable, les résultats variant grandement d'une année de référence à l'autre.
>
> *Source* : OCDE (2009), « Questionnaire for the Integration of the Background Report », document de travail interne de la Direction de la Gouvernance publique et du développement territorial, OCDE, contenant des informations fournies par le MAMROT.

… tandis que l'occupation dynamique du territoire est un choix sociétal pour maintenir la structure de peuplement.

La PNR reflète bien le choix sociétal de l'occupation du territoire par des collectivités rurales dynamiques. Face au vieillissement de la population, à l'exode des jeunes et à une évolution démographique importante (voir Chapitre 2), les différentes mesures visent deux objectifs d'action stratégiques : *iii*) la revitalisation et l'intégration des populations rurales et *iv*) la continuité des collectivités rurales. Pour atteindre ces objectifs qui s'inscrivent dans un projet sociétal plus vaste que le Québec s'est fixé, de nouvelles activités sociales, économiques et culturelles, un nouveau mode d'utilisation des ressources et l'intégration des nouveaux résidents ruraux issus de l'immigration sont des éléments essentiels. Tous les acteurs de la scène politique et toutes les institutions de la société civile s'accordent à dire que la province devrait conserver sa structure actuelle de peuplement dans ses vastes territoires ruraux à population dispersée, même si l'offre de nombreux services publics coûte de plus en plus cher dans de nombreuses localités éloignées et difficilement viables. Cet objectif va bien au-delà de la réthorique nationaliste ; il est devenu un trait distinct et permanent qui caractérise les politiques et favorise une mise en œuvre réussie de la PNR.

La politique ne fournit pas d'arguments explicites pour la focalisation stratégique du gouvernement sur l'occupation du territoire. En effet, il est difficile de trouver des mécanismes qui évaluent de manière adéquate les avantages liés à une stratégie ciblée sur l'occupation territoriale comme finalité de l'interventionnisme public. L'application d'une analyse coûts-avantages est délicate car il semble difficilement possible de quantifier correctement les avantages de l'occupation du territoire. Des politiques reposant sur des objectifs non quantifiables risquent davantage de générer la recherche de rentes étant donné qu'il est facile aux bénéficiaires de faire pression en vue d'une intervention accrue en affirmant que l'objectif escompté n'a pas encore été atteint. Outre les justifications quantifiables, le principe peut être lié à l'objectif politique et sociétal d'assurer de manière stratégique la conservation des paysages de la province ou de faciliter l'accès à des ressources qui sont souvent situées dans des régions rurales éloignées (Jetté-Nantal, 2008).

La politique rurale est une approche territoriale qui s'applique à une grande partie du Québec rural à l'exception du Nord

Au lieu de sélectionner des territoires spécifiques, la PNR s'applique à l'ensemble du territoire du Québec rural. Le champ d'application de la politique est déterminé par la définition que le gouvernement donne du « territoire rural » ; en 2005, il englobait 1 011 municipalités rurales, 34 collectivités autochtones et territoires dits « non organisés » en dehors de l'écoumène habité en continu (écoumène de population, voir Chapitre 2). Le territoire rural d'une MRC est défini dans chaque pacte rural (voir 3.2.3) et discuté avec ses représentants élus. La superficie totale comprend quelque 1.9 million de résidents dans les territoires essentiellement ruraux, intermédiaires et périurbains. Au contraire, la plupart des territoires de l'immense région de Nord-du-Québec, au même titre que les 31 agglomérations urbaines, ne sont pas concernés par la politique rurale, à la suite notamment de la signature, dans les années 70, de traités territoriaux entre le gouvernement et trois groupes autochtones (voir encadré 3.3).

> **Encadré 3.3 Des politiques pour le Nord-du-Québec**
>
> En dehors des six petites localités de la région de Nord-du-Québec, les grandes étendues essentiellement rurales situées au nord du $49^{\text{ème}}$ parallèle ne sont pas concernées par la politique rurale du gouvernement. Cela tient principalement au fait que, dans les années 70, le gouvernement a signé avec trois groupes autochtones (Premières Nations) des traités territoriaux déterminant les responsabilités respectives de chacune des parties et qu'ils ont signé depuis des accords de développement complémentaires. Au-delà de la politique rurale, les gouvernements ont présenté une politique globale de développement pour ces régions. Pour ce faire, ils doivent prendre en compte de manière adaptée les compétences stipulées des juridictions locales concernées.
>
> Attendu qu'en définitive les plans exposés par le gouvernement pour le lancement d'une politique de développement de la région Nord-du-Québec n'ont pas été finalisés, c'est le ministère des Ressources naturelles et de la faune (MRNF) qui est actuellement en charge de l'élaboration d'une nouvelle politique interministérielle de développement pour le nord (Plan Nord), principalement ciblée sur le développement social des autochtones et autres populations locales, le développement économique reposant sur l'exploitation des ressources naturelles (hydroélectricité, sylviculture et exploitation minière) et le développement durable. Les plans fixent, en outre, le calendrier d'une collaboration entre les différents organismes gouvernementaux sur des secteurs économiques plus vastes comme le tourisme, y compris le tourisme rural et le tourisme lié aux populations autochtones. Les politiques s'appliqueront aux territoires du nord de la province qui englobent la région Nord-du-Québec et les parties septentrionales des régions Saguenay – Lac-Saint-Jean et Côte-Nord.
>
> *Source* : OCDE, élaboré sur la base du gouvernement du Québec.

La politique rurale du Québec repose sur le potentiel des personnes et des territoires, et s'efforce d'intégrer les approches sectorielles historiquement bien enracinées et les approches du développement adoptées plus récemment. Elle va bien au-delà d'une solution de « politique de niche » conçue pour un nombre limité de régions rurales comme le programme LEADER de la Commission européenne mais ne constitue pas non plus une solution de type « Grand plan » ciblée sur l'intégration de toutes les politiques destinées aux régions rurales dans une stratégie globale comme dans le cas du programme spécial concerté (PEC) du Mexique (sur la portée de la politique rurale, voir l'encadré 3.4).

> Encadré 3.4 **Le champ d'application de la politique rurale**
>
> Le nouveau paradigme rural (OCDE, 2006a) a identifié deux modèles de politique opposés qui s'efforcent de définir un champ d'application approprié de la politique rurale.
>
> La solution de type « grand plan" est un modèle extrême qui vise à intégrer toutes les politiques et tous les programmes à destination des régions rurales dans une stratégie vaste et coordonnée. Cette approche a un impact important, elle implique des montants considérables et concerne un grand nombre personnes. Elle comporte toutefois des risques considérables d'échec et d'inaction, car il est difficile de s'attaquer à un vaste cadre d'action englobant à la fois la nature d'une politique (politique territoriale vs. politique générale sectorielle) et la nature du territoire (rural vs. non-rural). De plus, la coordination et le leadership institutionnels posent problème car un grand nombre d'institutions et de politiques sont supposées intégrées.
>
> A l'autre extrêmité, la solution de type « politique de niche » se caractérise par des politiques conçues pour un nombre limité de régions et disposant généralement de budgets très limités. Outre la Commission européenne, avec l'initiative LEADER, de nombreux pays de l'OCDE ont opté pour ce modèle. Les politiques de niche sont souvent déconnectées des autres politiques régionales comme les politiques pour le développement urbain et les politiques sectorielles. Cette caractéristique associée à des financements limités risque de produire des résultats dont l'impact économique et social sera modeste.
>
> Pour trouver un juste milieu entre ces deux modèles sous-optimaux, les pays de l'OCDE ont discuté d'une politique rurale s'inscrivant dans une politique régionale globale et bien financée qui regrouperait des politiques coordonnées de développement urbain et rural tout en s'attaquant aux liaisons pertinentes rural-urbain comme l'offre de services publics, les infrastructures, l'accès au marché et les chaînes de l'offre, le navettage et les flux de biens et et de services. Elle s'accompagnerait de mécanismes d'évaluation et d'examen de l'impact des politiques sectorielles sur les différents types de régions.
>
> Source : OCDE (2006), *Le nouveau paradigme rural : politiques et gouvernance*, OCDE, Paris ; OCDE (2008), *OECD Rural Policy Reviews: Finland*, OCDE, Paris.

3.2.2 Cadre institutionnel

Le cadre institutionnel de la PNR représente un compromis entre un système centralisé de fixation de règles et une mise en oeuvre décentralisée. Il est ciblé sur la mobilisation des collectivités locales et le renforcement des niveaux de gouvernement supralocal et local.

Le ministère en charge de la politique rurale est séparé de l'agriculture et du développement économique...

La politique rurale du Québec s'ajoute à la politique de l'agriculture et du développement économique, puisqu'elle est institutionnellement séparée de ces ministères. Comparé à ce qui se passe dans de nombreux pays de l'OCDE, le dispositif est inhabituel. Bien que la notion de « rural » soit spécifique au pays, elle est souvent fortement influencée par les cadres préexistants des politiques agricoles et de développement économique. Au Québec, ces cadres sont gérés séparément au sein de ministères sectoriels. Alors que la séparation de l'agriculture existe depuis le début d'une politique rurale appropriée, facilitant la prise en compte de la dimension intersectorielle du développement rural, ce n'est que récemment qu'a été décidée la séparation d'avec le développement économique régional (voir 3.1).

La PNR est conduite par le ministère des Affaires municipales, des régions et de l'occupation du territoire (MAMROT). A l'instar de la première, la deuxième PNR a été préparée par un comité interministériel impliquant différents organismes publics, la consultation des acteurs locaux via un travail sur le terrain effectué par SRQ et la participation d'agents de développement rural recrutés par les administrations locales et supralocales (voir 3.2.3). Le comité rural interministériel poursuit ses travaux ; il regroupe 18 ministères conduits par la direction interne du MAMROT pour le développement rural.

A côté du MAMROT, la politique rurale repose également sur les acteurs locaux et sur plusieurs associations partenaires pour la conceptualisation, l'étude, la mise en œuvre, le suivi et l'évaluation des politiques. Elle englobe un réseau d'associations partenaires financées par l'État qui, au début du document d'orientation de la deuxième PNR (GQ, 2006a), déclarent leur engagement de promouvoir la politique et la viabilité rurale globale. Regroupées dans un Comité des partenaires de la ruralité conduit par le MAMROT, ces associations sont notamment SRQ, organisme conseil, la Fédération québécoise des municipalités (FQM), l'Union des municipalités du Québec (UMQ) et l'Association des centres locaux de développement du Québec (ACLDQ) (voir encadré 3.5).

> ### Encadré 3.5 **Les quatre associations partenaires pour la politique rurale**
>
> Le gouvernement a conclu une entente formelle avec quatre associations provinciales partenaires pour la mise en œuvre et le suivi de sa politique rurale. En leur qualité de membres du comité des partenaires de la ruralité, ces associations ont chacune leurs obligations respectives en matière de promotion des mesures gouvernementales. Ce comité peut formuler des recommandations au MAMROT et lui suggérer d'adapter les mesures aux spécificités des régions rurales :
>
> **Solidarité Rurale du Québec (SRQ)** a passé un accord de partenariat avec le MAMROT jusqu'en 2014 au moins pour un montant de financement de 5.6 millions CAD dans le cadre de la deuxième PNR (2007-2014). En retour, SRQ s'engage à effectuer des recherches et à conseiller le gouvernement et les régions rurales dans des domaines techniques, à faciliter une mise en œuvre correcte des mesures de la PNR et à proposer des formations aux agents de développement rural. Par son observation de l'action du gouvernement et ses interactions avec lui pour la défense des intérêts du monde rural, SRQ joue un rôle analogue à celui de la Commission for Rural Communities (CRC) qui est, en Angleterre, le principal organe de surveillance de l'impact territorial des politiques publiques (*rural proofing*).
>
> La **Fédération québécoise des municipalités (FQM)** et l'**Union des municipalités du Québec (UMQ)** sont les deux principales organisations de représentation des élus municipaux. La FQM représente 950 petites municipalités de moins de 8 000 habitants, qui regroupent 7000 représentants élus et 87 MRC. (L'UMQ regroupedavantage de grandes municipalités). La FQM et l'UMQ s'engagent à offrir aux élus locaux une formation sur le développement local, la participation communautaire et la mise en œuvre des pactes ruraux. Elles attirent également l'attention du MAMROT sur les préoccupations des responsables municipaux, par exemple concernant l'occupation du territoire, les liaisons urbain-rural ou l'offre de services Internet.
>
> L'**Association des centres locaux de développement du Québec (ACLDQ)** réunit tous les CLD, leurs élus municipaux et autres représentants collectifs. L'association traite essentiellement avec les deux institutions gouvernementales concernées : le ministère du Développement économique, de l'innovation et de l'exportation du Québec (MDEIE), qui est légalement en charge des CLD, et le MAMROT. L'ACLDQ incite les CLD à affecter leurs ressources à la PNR, à appuyer le travail des agents de développement rural et à encourager l'accès aux fonds de développement des CLD pour les entreprises implantées dans des régions rurales.
>
> *Source* : OCDE, élaboré sur la base d'entretiens avec les associations partenaires.

... ciblé sur l'autonomisation des MRC en tant que niveau supralocal de gouvernement.

Les 91 municipalités régionales de comté (MRC), ou organismes équivalents qui composent le territoire rural, sont au cœur du dispositif des politiques rurales et des processus locaux de prise de décisions. La concentration des pouvoirs au niveau de la MRC contraste avec les difficultés rencontrées par de nombreux gouvernements concernant la délégation de pouvoir à l'échelon supralocal ou régional et témoigne des efforts du Québec pour créer des régions fonctionnelles au-dessus d'un niveau municipal relativement fort. Ce déplacement du pouvoir décisionnel est essentiel pour l'efficacité de la politique rurale territorialisée, compte tenu en particulier des déficiences de longue date de la gouvernance locale au Canada, qui a été le talon d'Achille des politiques de développement rural du pays (OCDE, 2002). Pour que sa politique de développement régional et local soit efficace, le Canada doit surmonter les défis juridictionnels actuels entre pouvoir fédéral et pouvoir provincial et la meilleure façon d'y parvenir est d'instaurer une gouvernance locale forte. Le gouvernement fédéral n'est pas impliqué dans le cadre institutionnel, la conception des politiques, leur mise en oeuvre et les budgets de la PNR. Comme le spécifie la Constitution canadienne, les administrations locales ont une relation exclusive avec les gouvernements provinciaux et les provinces sont plus fortement impliquées dans l'organisation territoriale locale, le développement et l'offre de services que l'échelon fédéral (voir encadré 3.6). De toutes les provinces, le Québec est celle qui a le plus protégé ses droits dans la division des pouvoirs prévue par la Constitution et qui limite le plus l'intervention du pouvoir fédéral.

Le rôle central des MRC et leur collaboration avec les municipalités sont une illustration de l'approche décentralisée des politiques. Les MRC et les municipalités peuvent adapter la planification et la mise en oeuvre des politiques au contexte local. Pour ce faire, elles s'engagent à mobiliser les acteurs du secteur associatif et de la société civile mais aussi à exécuter les initiatives inscrites dans le plan de travail supralocal pour la période 2007-2014. Le niveau municipal est responsable de la mise en oeuvre des mesures de politique rurale au niveau local. Même si les MRC sont le principal interlocuteur du gouvernement pour la politique rurale, de nombreux projets sont réalisés directement par les municipalités. Nonobstant, tous les maires des municipalités se réunissent au niveau des MRC pour coordonner les différentes mesures de la politique rurale et les planifier de façon collective.

> **Encadré 3.6 L'autorité sur les gouvernements locaux dans la Constitution canadienne**
>
> Au Canada, le gouvernement fédéral n'est pas autorisé à faire des lois en relation avec les institutions municipales et à traiter directement avec les gouvernements locaux. Comme la Constitution canadienne donne aux provinces une responsabilité unique, l'échelon fédéral n'intervient pas dans la définition de la taille géographique des municipalités, leur nombre ou leurs compétences politiques.
>
> En conséquence, les MRC du Québec et leurs élus municipaux ont une relation exclusive avec le gouvernement du Québec qui est plus fortement impliqué que le gouvernement fédéral dans l'organisation territoriale locale, le développement et l'offre de services en milieu local. Si le niveau fédéral envisage de distribuer des subventions financières aux municipalités du Québec, aux MRC et autres organismes publics principalement financés par la province, il doit engager des négociations avec l'échelon provincial.
>
> *Source* : Lois constitutionnelles, 1867 à 1982.

Les MRC sont le niveau clé pour la mise en oeuvre des politiques rurales mais elles sont gouvernées et largement financées par les administrations municipales qui les composent. Les MRC dépendent des transferts de taxes foncières des municipalités et des transferts intergouvernementaux de la province. La part de l'impôt foncier dans le budget des finances municipales est de 57 %. Il peut atteindre 70 % si l'on ajoute les taxes de compensation pour les biens publics et les droits spécifiques. Dans les régions rurales, le poids relatif des taxes foncières est plus grand du fait de l'absence d'autorité administrative pour la collecte d'autres types de recettes. La situation du financement dans les MRC reflète une tendance observée dans de nombreux pays où les gouvernements acceptent que le développement rural impose une délégation de responsabilité aux autorités locales mais sont réticents à accorder une capacité financière directe. Toutefois, si les recettes au niveau supralocal sont instables sur une longue période, les investissements qui s'imposent peuvent ne pas être entrepris.

Les MRC sont dirigées par un conseil et un préfet élus par les maires ou au suffrage direct. Le conseil est composé des maires de toutes les municipalités de la MRC auxquels s'ajoutent parfois quelques élus supplémentaires. Le préfet est élu par les autres maires en leur sein. Etant donné l'absence dans une MRC d'un centre de population dominant unique, le risque qu'un préfet soit également maire d'une grande municipalité urbaine, ce qui pourrait marginaliser les collectivités plus petites, est limité : dans pratiquement toutes les MRC rurales, le nombre des municipalités rurales (et donc leurs voix au conseil) est supérieur à celui des municipalités urbaines. Toutefois, s'il existe au sein d'une MRC une municipalité dominante représentant plus de la moitié de la population totale de la MRC, cette municipalité détient un droit de veto au sein du processus décisionnel. De même, les grandes municipalités ont bien souvent une capacité administrative que n'ont pas les petites, ce qui peut renforcer leur influence sur la politique de la MRC. Pour une plus grande cohérence avec la PNR, la législation a été modifiée de manière à permettre aux conseils des MRC d'établir une distribution alternative des votes concernant les pactes ruraux (voir 3.2.3). Par exemple, si des municipalités ayant une population plus importante admettent d'être exclues des décisions concernant les pactes ruraux, le conseil de la MRC peut voter pour autoriser cette exclusion. En outre, treize MRC expérimentent actuellement l'élection des préfets au suffrage direct. Ce système, qui permettra à des personnes autres que des maires de diriger des MRC pourrait éventuellement être étendu à toutes les MRC, mais le gouvernement se heurte à une certaine résistance car les personnes prêtes à assumer davantage de responsabilités peuvent ne pas être légion.

L'autonomisation des MRC vise à éviter le localisme et à encourager des groupes disparates et des ensembles plus vastes et plus peuplés que les municipalités à travailler ensemble. La plupart des MRC (mais pas toutes) atteignent la masse critique requise pour les projets financés par la PNR, facilitant ainsi une focalisation sur le développement territorial. Le processus décisionnel de la MRC facilite la mobilisation et la planification politiques au-delà des limites, en termes de territoire, de population et de capital social, des municipalités. Au sein d'une MRC, des collectivités voisines sont incitées à travailler ensemble et à trouver le moyen d'unir leurs intérêts respectifs. C'est la bonne approche mais elle est également délicate car, à l'heure actuelle, de nombreuses municipalités ont encore un agenda de développement local qui n'est pas coordonné avec celui des autres collectivités de la MRC. Certaines interventions de petite échelle au niveau local risquent de n'avoir qu'un impact limité sur l'économie régionale si les collectivités n'ont pas une vision commune et si elles ne coopèrent pas suffisamment. Sur le long terme, cela peut toutefois changer dès lors que la dynamique de mobilisation des collectivités s'étend au-delà des frontières locales. Dans un petit nombre de cas, des municipalités ont mis en oeuvre des projets qui peuvent avoir un impact préjudiciable pour des municipalités adjacentes appartenant à la même MRC : ce risque est apparu dans certains cas où les municipalités utilisent les fonds publics et les mesures de la politique rurale pour attirer des entreprises appartenant à la même MRC au lieu de se concentrer sur la mobilisation des atouts locaux.

Les régions administratives qui sont, dans une large mesure, restées une unité administrative pour le gouvernement, ne sont que marginalement impliquées dans la politique rurale. Les directions régionales du MAMROT travaillent en coordination avec celle d'autres ministères dans les Conférences administratives régionales (CAR). Les Conférences régionales des élus (CRÉ) sont devenues le principal interlocuteur du gouvernement pour l'élaboration des plans quinquennaux de développement régional. Elles jouent, en outre, un rôle de consultants pour les MRC et les municipalités et administrent un fonds de développement régional qui finance des projets sélectionnés ne s'arrêtant pas aux frontières de la MRC. Toutefois, les CRÉ ne sont pas un gouvernement régional mais plutôt un organisme de concertation pour les gouvernements locaux et la société civile. Comme les membres des conseils de direction des CRÉ ne sont pas directement élus à ce poste par les citoyens, ils n'ont pas autorité sur des structures de gouvernance régionales ou locales. Ils ne peuvent donc pas imposer leur stratégie de développement régional aux échelons administratifs inférieurs, pas plus qu'ils ne peuvent adapter les politiques aux besoins des territoires. Parmi les représentants, on trouve les préfets des MRC et les maires des grandes municipalités, souvent urbaines. Etant donné cette sous-représentation des juridictions rurales, une Commission rurale a été créée dans la région d'Abitibi-Témiscamingue pour aider les CRÉ et les MRC à élaborer de grands projets ruraux comme le raccordement à l'Internet haut débit.

3.2.3 Politiques

Le développement communautaire social et local est encouragé par des pactes ruraux avec les MRC...

Le gouvernement a signé avec chacune des 91 MRC un « pacte rural » ciblé sur le renforcement du capital humain et social et des capacités locales, qui est un outil innovant et cohérent avec le nouveau paradigme rural de l'OCDE. Les pactes ruraux de la deuxième PNR sont des engagements contractuels pour la période 2007-2014 ancrés dans le territoire, qui établissent les responsabilités de chacune des parties et impliquent la gestion décentralisée d'une grande partie des fonds par les MRC. Les pactes ruraux incluent une assistance technique et financière du MAMROT pour des projets de développement communautaire dans les municipalités et les MRC. On entend par développement communautaire l'action de groupes de citoyens participant activement au bien-être de leur collectivité mais aussi des représentants des acteurs institutionnels au niveau local (Girard, 2009). Au Québec, le processus de planification participative se déroule dans les comités locaux de développement qui réunissent des groupes divers (représentants de la société civile, coopératives de crédit et entreprises locales, acteurs institutionels et élus) en vue de définir et de s'engager sur une vision du développement. Des initiatives telles que le programme LEADER de la Commission européenne et ses équivalents nationaux dans les pays membres de l'UE (voir encadré 3.7) témoignent de la même volonté d'encourager les partenariats locaux territorialisés au-delà des frontières administratives et sont également cohérentes avec le nouveau paradigme rural (OCDE, 2006a).

Le Québec investit sensiblement plus que les autres provinces canadiennes dans le renforcement des capacités collectives. On peut voir dans cet investissement une réaction logique à l'expérience commune à un grand nombre de pays dans lesquels les politiques locales de développement économique n'ont pas réussi. Bien souvent, l'échec est dû à l'absence de mesures parallèles de développement communautaire social et local. L'objectif est de créer les bases d'une action future utilisant les capacités et le capital social et humain existants et de combler les déficits importants. Cet objectif est conforme à l'idée que les régions devraient encourager leur propre croissance en mobilisant les ressources et les atouts locaux pour capitaliser sur leurs avantages concurrentiels spécifiques (OCDE, 2009g).

Les contrats, tels que le pacte rural, donnent une plus grande souplesse d'utilisation mais avec le risque que les principes d'action ne soient pas suivis. La diversité d'application permet aux gouvernements de réorganiser les droits et les devoirs sans qu'il soit nécessaire de changer la Constitution ou les lois. Dans la mesure où la politique repose sur des structures administratives déjà existantes, aucune modification d'ordre législatif n'a été nécessaire dans le cas du Québec contrairement, par exemple, à ce qui s'est passé en Espagne où le pays a fait le choix de la loi pour l'établissement d'un nouveau cadre national pour la politique rurale (OCDE, 2009e). Toutefois, la souplesse qu'offrent les pactes ruraux pour s'adapter aux particularismes locaux comporte le risque que les principes d'action ne soient pas suivis conformément à l'intention du gouvernement. Rien n'a été prévu pour faire en sorte que les objectifs régionaux du gouvernement soient suivis (Jetté-Nantel, 2008), bien que les tendances observées dans les régions rurales démontrent la nécessité d'une approche différenciée. Tandis que les mesures de développement social et culturel sont souvent cruciales dans les régions rurales intermédiaires et dans les régions proches de centres urbains, le développement économique est plus important dans les collectivités essentiellement rurales et monoindustrielles éloignées, même si au Québec ces dernières sont également de plus en plus soucieuses d'une meilleure qualité de vie.

> **Encadré 3.7 Expérience de développement communautaire par le biais de partenariats locaux territorialisés**
>
> A l'instar de la PNR mise en place au Québec, **le programme LEADER de la Commission européenne** reconnaît la nécessité d'un engagement à long terme du gouvernement central et des collectivités locales car modifier les perspectives en matière de développement demande du temps. Dans chacune de ses trois phases (LEADER I, LEADER II et la phase actuelle LEADER+ qui a couvert la période 2000-2006 et couvre à présent la période 2007-2013), le programme LEADER a été conçu comme une politique hybride rurale/régionale pour des régions cibles spécifiques. Il utilise une approche du processus décisionnel et des responsabilités de gestion qui part de la base ; il adopte une vision multisectorielle et favorise les accords de gouvernance multiniveaux entre les gouvernements transnationaux, centraux et locaux. L'initiative LEADER regroupe des acteurs locaux publics et privés au sein de Groupes d'action locale (GAL) responsables de la sélection des projets et de la mise en œuvre des stratégies de développement local convenues avec la Commission. Les règles qui régissent les GAL limitent à 49 % la proportion d'administrateurs publics et de responsables élus au sein du conseil exécutif des GAL. La Commission européenne fournit l'essentiel des ressources financières publiques pour les programmes LEADER, une partie moindre provenant des niveaux nationaux et régionaux de gouvernement.
>
> Parmi les équivalents nationaux de l'initiative LEADER, deux programmes, l'un allemand l'autre espagnol, sont particulièrement intéressants.
>
> Le **programme allemand *Regionen Aktiv*** (régions actives) est une approche hybride dans laquelle le ministère fédéral de l'Agriculture, en plus de son rôle de mise à disposition et de contrôle des fonds, est en charge de l'offre de services et du renforcement des capacités (assistance technique, recherche, communication, etc.). Les acteurs régionaux définissent un programme et une vision stratégique ancrés dans la collectivité et formulent des plans d'activité. Dix-huit régions modèles ont participé à ces partenariats et la part minimum dévolue aux acteurs issus d'ONG est de 50 %. Une structure spécifique de « gestion régionale » assure le suivi au jour le jour, conseille les auteurs des projets candidats et gère les réseaux régionaux.
>
> Contrairement à LEADER, le **programme espagnol PRODER** autorise les investissements agraires et met moins l'accent sur les actions innovantes et transférables. Alors que sa première édition se limitait aux régions dont le PIB par habitant était inférieur à 75 % de la moyenne de l'UE, sa seconde (2000-2006) a couvert l'ensemble du territoire espagnol. Les fonds publics dédiés à cette deuxième édition ont représenté au total 827.7 millions EUR (dont 63 % apportés par l'Union). Si l'Espagne n'a pas mis en place de nouveaux groupes LEADER et PRODER pour la période de programmation européenne 2007-2013, les GAL existants resteront en place et deviendront responsables de la gestion des mesures mises en œuvre à travers l'Axe 4 du deuxième pilier de la Politique agricole commune (PAC).
>
> *Source* : Examens de l'OCDE des politiques rurales.

Un rapport d'évaluation interne de la première PNR (GQ, 2007a) a constaté l'existence au niveau des MRC de deux perspectives différentes des pactes ruraux. Alors que certaines MRC dans le sillage du gouvernement voient dans les pactes ruraux une stratégie anticipative pour renforcer la capacité de développement des acteurs et des collectivités, d'autres limitent leur rôle à l'établissement d'un mécanisme fonctionnel de distribution des fonds, comparable aux modalités des fonds locaux d'investissement. Seul le premier groupe de MRC utilisera les pactes ruraux comme une approche « long terme » impliquant un processus de consultation durable et utilisant de manière appropriée les agents de développement pour mobiliser et accompagner les collectivités dans leurs efforts de développement. Un phénomène analogue a été observé avec l'initiative LEADER de l'Union européenne (OCDE, 2006a) ; certaines régions cibles ont vu dans le programme l'opportunité de mobiliser les acteurs à travers un développement anticipatif et territorial tandis que d'autres y ont vu une compensation partielle des handicaps structurels de leurs territoires ruraux. Pour éviter tout malentendu et réagir aux inexactitudes apparues lors du premier cycle de pactes ruraux, la deuxième PNR a été plus explicite, incluant des indicateurs de succès dans chaque pacte rural.

Le fait de percevoir les pactes ruraux comme une stratégie anticipative permet de renforcer la cohésion sociale et le sentiment d'appartenance au territoire. Le manque de cohésion observé dans de nombreux territoires résulte du fait que certains facteurs, comme l'agriculture familiale, l'Église catholique ou les grandes sociétés extractives dans les collectivités à industrie unique, n'ont plus l'influence qu'ils avaient autrefois. L'agriculture intensive et une focalisation sur l'échelle de production ont conduit à une concentration agricole, qui s'est traduite par un nombre de plus en restreint d'exploitations plus importantes et a contribué à la dévitalisation des collectivités rurales. Avec la diminution du nombre de ses fidèles, l'Église catholique, qui a été longtemps un acteur majeur de la vie des collectivités a perdu de son importance. Quant aux grandes entreprises des collectivités monoindustrielles, elles n'ont plus l'attachement culturel et territorial qui leur ont permis de structurer les collectivités, du fait des fermetures d'usines, des compressions d'effectifs ou des fusions transnationales. Des mesures, comme les pactes ruraux ou la « Journée de la ruralité »[4] organisée chaque année par le MAMROT, ses partenaires ruraux et une sélection de MRC, peuvent contribuer au renforcement de la compréhension de la « ruralité », de la cohésion sociale et d'un sentiment d'appartenance.

L'approche québécoise des pactes ruraux, qui place la mobilisation des collectivités et leur viabilité au coeur des objectifs des politiques pour la création de capital social et humain, est représentée au graphique 3.1. Bien qu'il réfère à la première PNR, le modèle est généralement applicable au rôle encore attribué aux pactes ruraux.

Graphique 3.1 **Modèle causal du développement rural : la fonction des pactes ruraux**

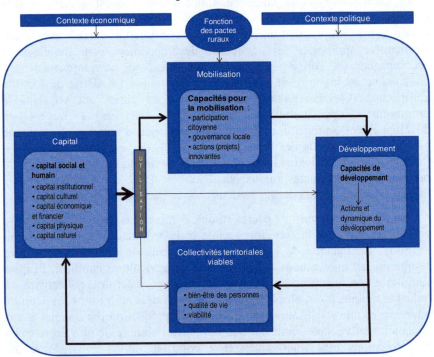

Source : Elaboré sur la base de GQ (2007), *Éléments d'évaluation de la politique nationale de la ruralité 2002-2007. Eléments de suivi de la politique 2007-2014*, décembre 2007.

Les projets privés sont exclus du financement direct des pactes ruraux, ce qui fait des organisations à but non lucratif les principaux interlocuteurs pour la définition et le développement de projets. A l'intérieur de ces restrictions, les projets sont multisectoriels avec des activités allant de d'éducation, de formation, d'agroalimentaire, de culture, de soins de santé et de liens intergénérationnels. Les MRC et les municipalités sont libres de choisir les étapes appropriées et concrètes de la mise en oeuvre, les priorités et les projets, ce qui stimule l'innovation parmi les acteurs locaux.

L'impact des pactes ruraux sur la mobilisation et l'investissement dans les collectivités rurales a été important. Au cours de la première PNR (2002-2007), les pactes ruraux ont généré plus de 4 700 projets et englobé plus de 35 000 résidents (jusqu'en novembre 2007) participant aux comités locaux de développement au niveau de la MRC et au niveau municipal. Avec un montant de financement de 83.7 millions CAD, ces projets de pactes ruraux ont généré un investissement total de 506.4 millions CAD, de sorte que chaque dollar a eu un effet de levier de 6.1. Selon le gouvernement, ce sont plus de 7 600 emplois qui ont été conservés ou générés par les projets (toutes données : GQ, 2007a). Pour la deuxième PNR, les 1 613 premiers projets aidés grâce à un financement de 30.1 millions CAD ont généré un investissement total de 243.7 millions CAD, soit un effet de levier de 8.1 (données : GQ, 2009b).

De nombreux projets visent à la production de biens non marchands prenant la forme de biens publics clairement locaux. Cette catégorie particulière de biens publics se caractérise par le fait que les biens ne sont pas en situation de concurrence mais que les étrangers en sont largement exclus, car leurs avantages vont principalement aux résidents d'une petite juridiction comme une municipalité (OCDE, 2001). Étant donné l'importante dimension spatiale du Québec rural, la plupart des biens publics et collectifs ciblés par la PNR du Québec sont de nature locale. Ils impliquent un niveau élevé de capital social et humain, l'utilisation et la non utilisation par les résidents d'aménités naturelles et culturelles et les externalités positives qui leur sont associées (paysage visuel, héritage culturel), des institutions de gouvernance locale efficaces et une qualité de vie définie comme un lieu de vie et de travail attractif et l'image positive qui va avec (Petrick, 2006). Bien que les entreprises privées ne reçoivent aucun soutien des pactes ruraux, les conditions cadre et les biens publics et collectifs créés par les pactes leur profitent et peuvent stimuler l'entrepreneuriat.

… un réseau d'agents de développement rural…

Les agents de développement rural sont essentiels pour la création d'une vision du développement local et l'aide à la mise en œuvre et au suivi des politiques. Ils soutiennent les comités locaux et les promoteurs de projets lors de l'élaboration des projets de pactes ruraux, facilitent le partage des connaissances et contribuent au suivi des pactes ruraux. Les MRC ou les CLD peuvent recruter les agents financés par le gouvernement du Québec dans le cadre de ses engagements aux termes des pactes ruraux. Les MRC ne sont pas tenues de déléguer aux CLD les tâches de gestion de projets mais elles le font très souvent. A leur tour, de nombreux CLD confient ces tâches aux agents de développement rural qui, en général, sont administrativement intégrés à la structure des CLD. Les MRC procèdent à des évaluations annuelles de leur travail. Les 136 agents actuels reçoivent une formation annuelle de mise à jour organisée par SRQ, et financée par le MAMROT. Cette formation comprend des réunions annuelles regroupant des agents venus de tout le Québec mais aussi un portail interactif en ligne qui facilite l'échange d'expériences.

Le graphique 3.2 montre l'importance de ces grandes figures locales que sont les agents de développement rural, les comités locaux de développement et les MRC, dans l'approche québécoise de la politique rurale. Ces acteurs et les organismes clés de la mise en oeuvre de la PNR au niveau provincial sont présentés sur fond rouge.

Graphique 3.2 **Mise en œuvre de la Politique nationale de la ruralité (PNR) du Québec**

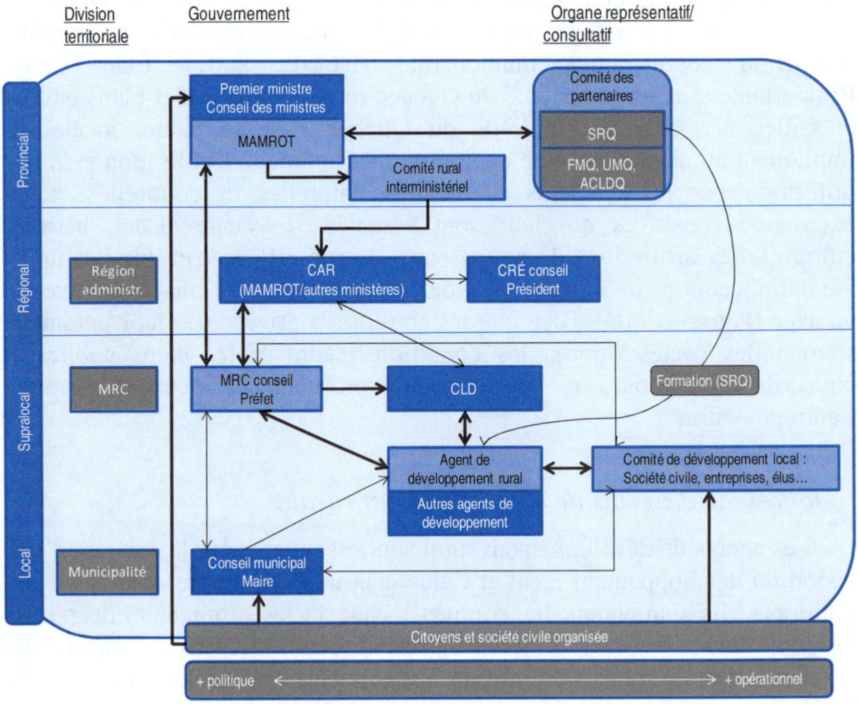

Source : OCDE, sur la base de gouvernement du Québec, MAMROT.

L'engagement, la qualification et l'expérience des agents de développement rural et un salaire concurrentiel sont des éléments déterminants pour leur succès. C'est à ces agents qu'incombe dans une large mesure la responsabilité de faire le lien entre les développeurs de projets locaux, les MRC et les municipalités, mais aussi de développer les relations entre les développeurs de projets et les instruments de financement disponibles dans les CLD. Dans la mesure où la réussite du développement local dépend de la capacité d'une collectivité à faciliter les relations entre les différents groupes socioéconomiques (Freshwater, 2004), les agents ont également un rôle majeur à jouer dans le rapprochement de personnes et de groupes faisant équipe en vue d'un développement économique et social à l'intérieur d'un territoire donné, qui normalement n'ont pas nécessairement d'interactions. Enfin, l'expérience recueillie dans le réseau d'agents ruraux est importante pour les efforts gouvernementaux d'amélioration de la PNR. A cet égard, les conseils du réseau ont été pris en compte pour la préparation de la deuxième politique rurale. Le financement accordé par le MAMROT est d'une importance critique ; comme le précise le document du pacte rural, les MRC recoivent pour chaque agent un montant annuel de 25 000 CAD (2007-2008), qui passera à 28 154 CAD en 2013-2014. Ce relèvement et les augmentations de salaires antérieures pourraient aider à lutter contre la rotation importante des agents observée au cours de la première PNR. L'obligation des MRC de cofinancer cette somme pour attirer des agents qualifiés est cruciale. Après l'évaluation de la première PNR, le gouvernement a décidé d'accorder une aide financière complémentaire aux MRC comptant plus de 10 municipalités dévitalisées (selon l'indice de développement, voir 3.2.1) pour leur permettre d'embaucher des agents supplémentaires (GQ, 2007a).

… et des programmes spécifiques ciblés sur l'innovation de niveau local et le développement des connaissances.

Pendant les sept années que dure la PNR, des mesures spécifiques de recherche et développement (R-D) encouragent l'innovation, l'expertise et le partage de connaissances dans les régions rurales. Ciblées sur les entreprises privées, les coopératives, l'économie sociale et les organismes à but non lucratif, ces mesures visent à diffuser l'expérience relative aux nouveaux modes de développement et de prestation de services aux autres collectivités et aux chefs de file. Pour ce faire, les trois principaux programmes sont les laboratoires ruraux, les produits de spécialité et les groupes de travail. Ils sont administrés directement par le MAMROT, avec le soutien du comité des partenaires de la ruralité (GQ, 2007a).

Les projets pilotes financés en tant que laboratoires ruraux sont sélectionnés par le comité des partenaires de la ruralité et doivent être ciblés sur les entreprises innovantes dans un large éventail de secteurs mais souvent selon des modèles coopératifs ou collectifs. Une aide d'un montant maximum de 100 000 CAD par an peut être accordée aux laboratoires pour une durée maximum de six ans. En 2009-2010, 33 laboratoires ont été financés et aidés à hauteur de 2.5 millions CAD (GQ, 2009d). La promotion des produits de spécialité vise à stimuler le développement des produits régionaux et locaux d'origine dans les secteurs de l'agroalimentaire, de l'agrosylviculture (bois d'œuvre et produits de la forêt autres que le bois d'œuvre), de l'artisanat et de la culture. Le financement devrait permettre aux producteurs de mieux contrôler la commercialisation et la fixation du prix des produits et, si possible, de générer des produits à haute valeur ajoutée aidant les producteurs à conserver plus de bénéfices financiers dans la région rurale. Un financement maximal de 25 000 CAD par produit diminue les besoins de recherche de rentes de situation par les candidats. Depuis le début de la mise en place de la PNR, 172 projets ont été sélectionnés et aidés à hauteur de 3.6 millions CAD, ce qui a généré un investissement total de 22.4 millions CAD. L'objectif est de lancer 480 produits d'ici 2014.

Un Fonds d'initiative pour l'avenir rural géré par le MAMROT et visant à aider les groupes de travail qui explorent les perspectives de développement futur dans les secteurs émergents, complète la composante R-D de la politique rurale. Ces groupes de travail dotés d'un budget de 350 000 à 450 000 CAD sur trois ans, associent des acteurs des secteurs privé, public et communautaire mais aussi universitaire à la recherche d'activités prometteuses. Le fonds soutient à la fois l'activité des groupes de travail, un petit nombre de dépenses spécifiques de R-D et des projets d'expérimentation d'initiatives sélectionnées. Actuellement, les groupes de travail sont actifs dans six domaines : la production locale d'énergie, la multifonctionnalité des régions rurales, l'utilisation des technologies d'information et de communication (TIC) dans les collectivités rurales, les complémentarités rurales-urbaines, les municipalités dévitalisées, la découverte de niches de marché pour les produits de spécialité ruraux (agroalimentaire, produits de la forêt autre que le bois d'œuvre, artisanat). L'objectif des groupes de travail est d'apporter aux collectivités rurales et à leurs responsables des occasions, des idées et des outils nouveaux pour amorcer de nouveaux efforts locaux.

Après l'adoption de la deuxième PNR, le gouvernement a décidé de lancer un programme d'accès à l'Internet haut débit. Un montant de 24 millions CAD (2009-2013) sera affecté au financement de ce programme ciblé sur les résidents ruraux, les organisations et les entreprises. Un peu plus tard dans l'année 2009, le gouvernement fédéral (Industrie Canada) a également lancé un programme d'accès à l'Internet haut débit pour le Canada rural (voir Chapitre 1). Un accès accru aux technologies d'information et de communication (TIC), et en particulier à l'Internet large bande, améliore la qualité de vie et la compétitivité des régions rurales. Outre qu'il offre de meilleures possilités d'attirer et de garder les entreprises, l'Internet large bande permet d'avoir accès à divers services sanitaires, éducatifs et culturels. Il devient plus facile d'attirer les immigrants si ceux-ci peuvent avoir accès aux offres non gouvernementales dans leur langue maternelle, possibilité qui jusqu'ici était bien souvent limitée aux communautés urbaines. Bien que 74.6 % des ménages du Québec aient accès à l'Internet dont 61.8 % au débit intermédiaire ou au haut débit (CEFRIO, 2008), ces chiffres sont sensiblement inférieurs pour le territoire situé en dehors des neuf grandes villes de plus de 100 000 habitants[5] et en particulier pour les régions essentiellement rurales, dans lesquelles 57 % seulement des ménages ont accès à l'Internet dont 76 % au débit intermédiaire ou au haut débit (MAMROT).

3.2.4 Budgets

De plus en plus, le budget des provinces prend en considération la dimension spatiale des politiques…

Il semble que l'affectation du budget des provinces se focalise de plus en plus sur les politiques spatiales. Le financement ciblé accordé par les ministères provinciaux aux territoires et aux résidents ruraux a augmenté plus vite que le montant global des dépenses de ces ministères. Ce sont les résultats qui ressortent d'un audit comptable conduit par les autorités du Québec dans le cadre du présent rapport. Etant donné la division territoriale relativement récente en régions dites « rurales » et régions dites « urbaines », le Québec n'a pas encore de « budget rural » intégré. Plusieurs pays de l'OCDE ont déjà regroupé les fonds en provenance des différents ministères au sein d'un « budget rural » multisectoriel. Les pays qui ont été particulièrement innovants en la matière sont les Pays-Bas (OCDE, 2008a), le Mexique (OCDE, 2007a) avec le Programme spécial concerté (PEC) qui regroupe le budget de chaque ministère orienté vers des programmes de portée rurale, et la Chine qui fait la synthèse des dépenses au titre des trois problèmes ruraux (*sannong*) : l'agriculture, les communautés rurales et la paysannerie (OCDE, 2009b). Ces budgets peuvent être difficiles à établir car le nombre et la portée des programmes changent régulièrement, ce qui complique les comparaisons dans le temps. Nonobstant, le « budget rural » est un outil innovant de présentation de l'évolution des dépenses publiques qui rend les efforts du gouvernement en matière de développement rural plus transparents.

Dans le cas du Québec, les dépenses rurales englobent des mesures étroites de politique rurale comme l'aide provinciale aux entreprises agricoles et agroalimentaires, le financement du développement rural, communautaire et régional et le soutien des entreprises des régions rurales mais également des mesures plus larges de politiques ayant un impact sur les régions rurales comme l'éducation, la santé et les services de l'emploi, l'infrastructure, les transports et le logement. Les dépenses rurales ont augmenté, passant de 6 341 millions CAD en 2001 à 8 027.5 millions CAD en 2006, soit une progression de 26.6 % alors que les dépenses totales des ministères ont augmenté de 23.9 % (voir annexe 3.A1).

Comme dans de nombreux pays de l'OCDE, les programmes de transferts provinciaux de loin les plus importants pour les régions rurales ne concernent pas les mesures en faveur de l'agriculture ou du développement rural (voir annexe 3.A1). Les principales dépenses concernent plutôt les politiques sectorielles et sociales plus larges pas directement orientées vers le monde rural comme l'éducation, les transports, les soins de santé et la protection sociale. Dans le montant total des dépenses rurales de l'année 2006, les ministères en charge de l'éducation et de la santé et des services sociaux ont représenté ensemble près de 80 % des dépenses. La part du MAMROT dans le budget rural a légèrement augmenté mais demeure très faible, à 2.59 %. Bien qu'une grande partie de l'aide agricole vienne de l'échelon fédéral, la part du ministère compétent (MAPAQ) demeure supérieure à celle du MAMROT. Nonobstant le nombre considérable de collectivités rurales dont l'économie dépend de la sylviculture, on peut s'étonner que les dépenses au titre des ressources naturelles (quoique les chiffres se réfèrent à 2004) soient relativement peu importantes comparées aux dépenses au titre de la politique agricole et rurale.

... bien que le budget spécifique de la politique rurale soit d'une portée limitée.

Le gouvernement a opté pour un budget à long terme de la PNR d'une portée limitée, ce qui montre que des politiques territoriales efficaces n'ont pas besoin des sommes importantes que nécessitent les approches sectorielles. La deuxième politique rurale (2007-2014) a un budget global de 280 millions CAD (voir tableau 3.2), qui donne aux collectivités la sécurité financière nécessaire pour assumer leurs engagements d'investissements locaux. Sa portée est limitée aux programmes du MAMROT ciblés sur le développement du capital social et des collectivités locales, en particulier les pactes ruraux, les agents de développement rural, les laboratoires ruraux, les produits de spécialité, le fonds d'initiative pour l'avenir rural, le financement de SRQ et le programme d'internet à haut débit. Ce budget qui, par habitant, est supérieur aux montants alloués aux zones rurales par les autres provinces ou par le gouvernement fédéral, n'inclut pas les engagements financiers des autres ministères (voir 3.3.2). Cela montre bien que l'approche adoptée par le Québec pour promouvoir le développement du capital social et des capacités des collectivités coûte sensiblement moins cher que les politiques mises en oeuvre dans le cadre du programme européen LEADER, en Espagne (OCDE, 2009e) et en Italie (OCDE, 2009f), par exemple. Toutefois, le fait que les projets privés soient exclus du champ d'application des pactes ruraux limite l'impact du budget sur les activités plus larges de développement économique, même si les entreprises privées ont accès à d'autres programmes gouvernementaux.

85 % du budget de la politique rurale du MAMROT est transféré aux MRC, qui gèrent les fonds pour les pactes ruraux et les agents de développement rural. Les MRC ne sont pas tenues de dépenser ces sommes avant la fin de chaque exercice ; elles peuvent les transférer d'une année à l'autre pendant les sept années de la PNR. L'argent restant est utilisé par le MAMROT pour financer des mesures de stimulation de l'innovation et de la connaissance rurales et leur distribution à d'autres secteurs ruraux (laboratoires ruraux, produits de spécialité). Pour financer les projets collectifs d'accès à l'Internet haut débit dans les régions rurales, un montant supplémentaire de 24 millions CAD a été alloué après l'adoption de la deuxième PNR.

Tableau 3.2 **Budget total de la deuxième Politique nationale de la ruralité, 2007-2014**

Poste de la PNR	Montant du financement, en millions CAD
Pactes ruraux	213.0
Agents de développement rural	25.3
Laboratoires ruraux	15.5
Produits de spécialité	12.0
Fonds d'initiative pour l'avenir rural	8.6
Solidarité rurale du Québec (SRQ)	5.6
Total	**280.0**
Projets collectifs pour l'Internet haut débit (annoncés après l'adoption de la deuxième PNR)	24.0

Source : MAMROT, gouvernement du Québec.

La deuxième politique rurale (2007-2014) soutient les pactes ruraux dans les municipalités et les MRC à concurrence de 213 millions CAD, ce qui est plus que les trois-quarts du montant total investi dans le cadre de la PNR. Les municipalités et les MRC peuvent gérer elles mêmes ce budget ou impliquer les CLD locaux dont les membres dirigeants sont choisis par les MRC depuis 2004.

Outre le financement de la PNR, les projets des pactes ruraux reçoivent un soutien financier à travers d'autres programmes du gouvernement provincial et du gouvernement fédéral, les promoteurs des projets, les CLD et les institutions financières (voir graphique 3.3). Alors qu'au maximum 80 % du financement total (dans la pratique souvent beaucoup moins) est fourni par le biais de la PNR et des autres ressources provinciales ou fédérales, 20 % au moins doit être apporté par les promoteurs des projets. Le fait que les programmes gouvernementaux n'offrent qu'un financement partiel incite les autorités locales à choisir les projets qui présentent le plus d'avantages pour les résidents ruraux et à éviter la recherche de rentes de situation. Les institutions financières participent au financement des projets mais elles sont rarement le principal prêteur. La principale institution qui promeut activement la politique rurale est la coopérative d'épargne et de crédit Desjardins.[6] Le fait que le Groupe Desjardins soit membre de SRQ, que ses caisses (agences locales) soient présentes dans les collectivités rurales et que ses dirigeants siègent bien souvent au conseil des CLD a été un élément important pour le succès de la PNR.

Graphique 3.3 **Sources de financement des pactes ruraux depuis 2007**

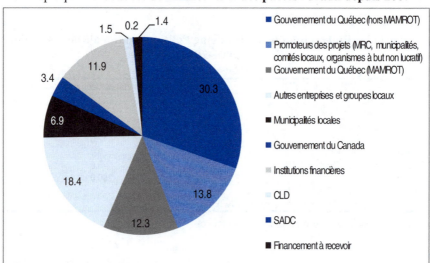

Source : Gouvernement du Québec, MAMROT.

Avec un montant de 102.8 millions CAD sur cinq ans, les dépenses budgétaires au titre des mesures de la première PNR (2002-2007) étaient moins importantes. Seulement 86.4 millions CAD étaient alloués aux pactes ruraux et 10.4 millions CAD aux agents de développement rural (GQ, 2007a). Toutefois, la première PNR a également apporté un soutien direct important au développement économique, par exemple via un financement de 11.2 millions CAD ciblé sur les CLD dans les MRC ayant des difficultés économiques et sociales. De même que pour la deuxième PNR, le soutien financier des autres ministères aux régions reposant sur l'exploitation des ressources naturelles ou à la diversification agricole et à la transformation des produits agroalimentaires était un élément de la politique (GQ, 2001).

Pour ce qui est des agents de développement rural, la PNR (2007-2014) leur apporte un financement de 25.3 millions CAD. Alors que la première politique rurale finançait 104 agents, ce sont au minimum 136 agents qui sont financés dans le cadre du budget actuel. Avec des effectifs accrus, les agents peuvent consacrer du temps à aider les personnes à mieux évaluer et développer leurs plans d'activité pour les régions rurales. Dans certains cas comme celui de la MRC de Montmagny, la caisse locale du groupe Desjardins collabore au processus en finançant un agent supplémentaire. En travaillant étroitement avec les agents, elle accroît ainsi les chances de financer des propositions prometteuses et d'éliminer celles qui ne le sont guère.

3.2.5 Suivi et évaluation

La mise en oeuvre de la politique rurale du Québec bénéficie d'un degré considérable de liberté et de flexibilité mais cela rend également son évaluation plus délicate. La flexibilité a permis aux responsables locaux de façonner et d'adapter la politique aux spécificités du territoire. La marge de manoeuvre offerte a aidé les collectivités à mieux saisir et s'approprier l'esprit de la politique. Bien qu'aucune preuve d'abus n'ait été décelée au Québec, cette marge de manoeuvre à l'intérieur de la politique rurale justifierait néanmoins la mise en œuvre d'un système fort de suivi et d'évaluation externes, ne serait-ce qu'à titre de précaution.

Bien que soutenues par le MAMROT, les MRC sont responsables de l'évaluation des résultats annuels des pactes ruraux et de la planification des politiques des pactes par le biais d'un plan de travail. Les MRC ont accès à un site extranet administré par le MAMROT et contenant des informations actualisées par les MRC sur la mise en oeuvre des pactes ruraux et les projets concernés. Les directions régionales du MAMROT conseillent et surveillent l'existence d'éventuels écarts entre les engagements et les réalisations avant que le gouvernement n'autorise le financement des MRC. Le fonctionnement inclut une obligation de reddition de comptes aux organismes locaux, détaille les moyens à mettre en œuvre pour mobiliser la collectivité et les résultats escomptés. En cas de défauts dans la mise en œuvre des pactes ruraux, les sanctions gouvernementales vont de la fixation d'un délai pour remédier au problème à un retrait total du ministère d'un pacte rural, ce qui peut inclure le remboursement des montants versés. En outre, des sécurités et garanties connexes peuvent également être exigées des MRC (même si, dans la pratique, cela ne s'est pas encore produit). Les plans de travail des MRC détaillent les termes de référence quant au contenu du pacte et à la gestion budgétaire, les modalités de la mobilisation et de la direction des différents acteurs mais aussi les résultats escomptés des pactes et des informations de comptabilité financière. Avec la fin des pactes de la période 2001-2006 (première PNR), les MRC ont adopté un rapport final que les vérificateurs du MAMROT ont examiné. Au niveau de la province, le MAMROT prend l'engagement d'assurer un suivi comportant deux éléments : *i*) le ministère publie des données récentes sur la PNR dans son rapport annuel de gestion ; *ii*) une commission parlementaire annuelle créée durant la procédure d'acceptation des crédits budgétaires du MAMROT et incluant les partis d'opposition, remet une liste de questions auxquelles le ministère doit répondre. Des données sont collectées auprès des MRC par le biais de l'extranet des pactes ruraux, auprès des directions régionales pour le programme sur les produits de spécialité et auprès des promoteurs des laboratoires.

Toutefois, la deuxième politique rurale du Québec ne prévoit pas encore de système formalisé de suivi et d'évaluation externes. En général, les politiques mises en œuvre dans l'esprit du Nouveau paradigme rural (OCDE, 2006a) imposent que le suivi et l'évaluation soient effectués au niveau de la collectivité (la MRC au Québec) et par des organismes externes, et contiennent des accords sur la manière de mesurer le succès d'un développement rural. Au Québec, les principaux rapports d'évaluation ont été réalisés par SRQ par le biais d'un examen a posteriori de la première PNR (SRQ, 2006a) et par le MAMROT avec une équipe de chercheurs externes (GQ, 2007a). Ces examens ont fourni la base des changements apportés à la deuxième PNR. A ce stade, les procédures formelles de suivi et d'évaluation externes pour la deuxième PNR n'ont pas encore été décidées.

3.3 Gouvernance multiniveaux

En dépit d'une large coordination horizontale de haut niveau, la modulation reste délicate...

Démontrant l'engagement politique du gouvernement, la politique rurale du Québec inclut des tâches et des mesures spécifiques qui doivent être effectuées par des organismes sectoriels. A l'instar du Programme spécial de politique rurale de la Finlande (OCDE, 2008b), 18 ministères et organismes gouvernementaux regroupés au sein d'un comité rural interministériel ont pris des engagements concernant près de 50 mesures gouvernementales dans le document d'orientation de la PNR afin d'appuyer les objectifs stratégiques de la politique rurale (voir encadré 3.8). Ces engagements reflètent les efforts d'amélioration de la coordination intersectorielle décrits dans le nouveau paradigme rural (OCDE, 2006a). Le MAMROT coordonne également les actions de manière bilatérale avec ses homologues pour s'assurer que leurs engagements sont effectivement tenus. Les efforts du Québec en matière de coordination horizontale ont été cruciaux pour l'établissement d'un cadre d'action et d'une vision à long terme de la politique rurale, facilitant l'alignement des autres ministères sur les objectifs d'action et les engageant dans le financement des pactes ruraux.

Le MAMROT répète ses efforts de coordination interministérielle au niveau régional. Dans chaque région, le directeur régional du ministère préside la Conférence administrative régionale (CAR) qui rassemble les représentants régionaux des différents ministères présents dans la région. Certaines se sont dotées d'un Comité rural spécial pour veiller à la mise en oeuvre de mesures décentralisées et assurer le suivi des engagements pris par les autres ministères.

L'adaptation des programmes sectoriels au contexte rural (« modulation ») est toujours un défi à relever pour la coordination interministérielle du MAMROT. Alors que de nombreux programmes sectoriels montrent une certaine adaptation, et bien que la coordination interministérielle soit efficace sous tous ses rapports, lors de l'élaboration de nouvelles politiques et de nouveaux programmes, le MAMROT doit poursuivre ses efforts pour impliquer les ministères participants dans les discussions sur leurs implications sur les régions rurales. Une « clause de modulation » a été introduite dans la PNR pour surveiller l'adaptation des lois et des politiques sectorielles aux spécificités des différentes régions rurales sur la base des conseils donnés par le MAMROT, mais des obstacles institutionnels subsistent, les organismes gouvernementaux montrant une certaine résistance à l'adaptation plus stricte exigée par la PNR. Bien souvent, cette résistance peut s'expliquer par un manque de connaissance des besoins et des effets réels de la modulation souhaitée.

> Encadré 3.8 **Engagements sectoriels de contribution à la mise en œuvre de la politique rurale**
>
> Outre le MAMROT, 17 ministères et organismes gouvernementaux contribuent politiquement et financièrement à la mise en oeuvre de la politique rurale, telle qu'exposée à l'annexe 1 du document d'orientation de la PNR (pour une évaluation détaillée de ces mesures, voir 3.3). Parmi les 46 mesures abordées, les principaux secteurs sont les suivants :
>
> **Développement économique.** Le ministère compétent s'engage à aider les CLD à but non lucratif qui sont mandatés par les MRC pour travailler sur le développement local et le soutien à l'entrepreneuriat. Des programmes particuliers ont été mis en place pour aider les entreprises de l'économie sociale et les coopératives à travers les fonds locaux d'investissement (FLI) et un réseau de microcrédit.
>
> **Agriculture.** Le ministère sectoriel en charge de l'agriculture participe au choix des projets de laboratoires ruraux et de produits de spécialité ou à l'aide aux jeunes agriculteurs pour s'établir et réconcilier travail et vie de famille. De nouveaux programmes sur les produits régionaux et les produits de niche mais aussi sur les produits susceptibles de bénéficier d'une appellation d'origine protégée (produits du terroir), mais ces secteurs sont encore peu développés. Le soutien financier au secteur agricole et agro-alimentaire sous la forme d'une assurance et d'une stabilisation des revenus est affirmé même s'il est placé dans une perspective de développement durable.
>
> **Ressources naturelles.** Les engagements du ministère en charge des ressources naturelles sont centrés sur *i)* la promotion de la production d'énergies renouvelables, en particulier l'énergie éolienne, la production décentralisée d'énergie et la production d'énergie à petite échelle, *ii)* le soutien des produits de la sylviculture et la création d'emplois dans les collectivités reposant sur l'exploitation de la forêt et les *iii)* programmes ciblés sur l'utilisation des produits de la forêt autres que le bois d'œuvre.
>
> **Services publics.** La politique de transports publics englobe des mesures ciblées en faveur des régions rurales comme la mise à disposition de fonds pour les municipalités de moins de 20 000 habitants. Les initiatives liées à la santé comme Villes et Villages en Santé visent à améliorer les conditions de vie dans les collectivités rurales. Dans le domaine éducatif, l'aide technique et financière est fournie par le ministère responsable au programme « dernière école de village » et à un projet de création de réseaux d'écoles rurales utilisant les TIC. En outre, des mesures visent à limiter la diminution des ressources due à la baisse des effectifs scolaires. Pour répondre aux besoins du marché du travail, des centres locaux d'emploi (CLE) continuent d'aider les collectivités rurales.
>
> **Jeunes et immigrants.** Le programme Place aux jeunes du Québec encourage le retour et l'intégration professionnelle et sociale des jeunes dans les régions. Des plans d'action régionaux sont élaborés avec les niveaux d'administration infraprovinciaux pour attirer les immigrants dans les régions rurales. Les promoteurs de projets sont encouragés dans leurs efforts pour répondre aux préoccupations des migrants concernant l'emploi, le logement et la diversité culturelle des collectivités rurales.
>
> *Source :* GQ gouvernement du Québec (2006), *Politique nationale de la ruralité 2007-2014. Une force pour tout le Québec*, gouvernement du Québec, Québec.

Avec l'entente formelle pour un partenariat rural, le gouvernement partage la responsabilité avec les principaux acteurs du développement rural de la province (comité des partenaires de la ruralité). L'inclusion des partenaires sociaux (voir 3.2.1) au sommet de la structure institutionnelle de la politique rurale a généré au sein de la société civile québécoise un sentiment d'appropriation et de responsabilité à l'égard de la politique rurale. Cette structure transforme la société civile en agents et promoteurs de la politique, ce qui est crucial pour le succès de sa mise en oeuvre car cela permet d'instiller les normes culturelles et les institutions informelles requises pour le caractère ascendant et l'ancrage local de la politique.

Cependant, le partenariat rural du Québec peut également devenir une source d'exclusion. Dans la ligne des ambitions territoriales et non sectorielles spécifiques que la politique est censée suivre, des organisations commerciales et agraires influentes ont été maintenues en dehors du comité des partenaires de la ruralité. Bien qu'elles puissent être invitées à participer sur une base thématique, elles ont moins de chance de pouvoir embrasser pleinement les objectifs plus larges de la politique. En conséquence, ces organisations ne s'identifient pas toujours aux objectifs et stratégies de la politique et, dans certains cas, elles entrent en conflit avec ses mesures. Le manque de soutien aux laboratoires ruraux de l'Union des producteurs agricoles (UPA), qui conteste la viabilité de certains d'entre eux, en est un exemple. Nonobstant, le « Journée de la ruralité » réunit chaque année les acteurs intéressés au développement rural. Plus de 50 groupes dont l'UPA sont invités à discuter de la PNR, de sa mise en oeuvre, de ses effets et des améliorations possibles. De même, des acteurs comme l'UPA, Desjardins et la Fédération des commissions scolaires sont membres de SRQ.

... alors que la coordination verticale entre niveaux d'administration au sein de la province est forte, le niveau fédéral agit largement en parallèle...

La structure formelle de coordination verticale de la politique utilise les mécanismes existants mis en place par les initiatives antérieures de développement régional et local de façon à favoriser la continuité. Ces mécanismes (voir graphique 3.2) sont ancrés dans le niveau régional et le niveau supralocal et couramment utilisés par d'autres ministères pour la mise en œuvre de leurs propres politiques sectorielles. Cela facilite l'imbrication des différentes mesures qui descendent jusqu'au niveau local.

Les directions régionales du MAMROT jouent un rôle important d'assistance et de suivi des engagements des MRC. Elles aident les MRC et les collectivités rurales dans leurs tâches de mise en œuvre et de gestion des mesures liées à la politique rurale. Les directions régionales réunissent également les agents de développement rural d'une région et les mettent en relation avec les directions régionales d'autres ministères. Bien que la politique rurale soit décentralisée, dans la pratique, le MAMROT a créé un solide cadre de soutien pour guider les collectivités dans la mise en œuvre des politiques d'une manière qui conserve à tous les niveaux de l'administration l'esprit voulu.

Parallèlement, les municipalités et les MRC peuvent être réunies au niveau régional pour coordonner leurs efforts au sein des CRÉ. Les conférences régionales des élus n'entrent pas dans la structure de la politique rurale ; ce sont plutôt des institutions qui permettent une consultation verticale et horizontale sur des préoccupations régionales. Toutefois, dans les régions à caractère essentiellement rural, les CRÉ peuvent, si elles le souhaitent, jouer un rôle important dans le cadre établi pour le développement rural. Inversement, une faible représentation des MRC rurales dans cet organisme peut être un sérieux handicap (voir 3.2.1). La Commission rurale créée dans la région d'Abitibi-Témiscamingue peut être une réponse à ce problème (voir 3.2.2).

Le MAMROT est à son tour bien coordonné avec les différentes CRÉ par le biais de la Table Québec-Régions et avec les élus municipaux par le biais de la Table Québec-Municipalités. Alors que le premier format est ciblé sur les présidents des conférences régionales des élus, le second réunit les deux membres du comité des partenaires de la ruralité, la FQM et l'UMQ, qui sont des fédérations de municipalités. Bien que la politique rurale ne soit pas le seul problème traité à ces tables de discussion, elle offre un support que le MAMROT utilise pour faciliter la communication et la coordination tant verticalement qu'horizontalement entre les différentes régions et les différentes municipalités.

Il est intéressant de voir combien de fois on retrouve les mêmes individus dans un grand nombre de structures différentes de coordination verticale du Québec. Les deux documents d'orientation de la PNR soulignent le rôle des élus locaux dans le succès de la politique et de sa mise en oeuvre. En sa qualité de ministère chargé de superviser les affaires municipales et régionales, le MAMROT a accordé une grande importance aux élus locaux et à la présence au sein du comité des partenaires de la ruralité d'organisations déconcentrées souvent présentes au niveau local. Cela favorise grandement la coordination verticale des prémisses de la politique rurale mais cela peut également diluer le caractère participatif de la politique en excluant des acteurs au sens large issus de différents groupes de la société civile.

La collaboration verticale du Québec avec l'administration fédérale sur les questions concernant la politique rurale est limitée. La direction du

MAMROT pour le développement rural est responsable des relations avec le gouvernement fédéral et avec les institutions correspondantes des autres provinces, qui ont montré un intérêt pour la PNR, sa conception, ses programmes et sa mise en œuvre. A la suite de ces échanges, la province de l'Alberta a élaboré une stratégie rurale, tandis que celle de Terre-Neuve- et-Labrador a mis en place un secrétariat rural.

Enfin, les membres permanents du comité des partenaires de la ruralité ajoutent à la structure publique mise en place par la politique rurale des mécanismes parallèles de coordination verticale. Indépendamment de la structure formelle créée par le MAMROT, l'ACLDQ en sa qualité d'association des centres locaux de développement transmet à ses membres disséminés dans tout le Québec la vision et les orientations stratégiques de la politique. Le même transfert s'opère à travers les structures institutionnelles mises en place par la FQM et l'UMQ pour promouvoir, coordonner et surveiller la mise en oeuvre des politiques avec les élus locaux qui composent leur base d'appartenance. L'inclusion des partenaires sociaux au sommet de la structure institutionnelle de la politique rurale a non seulement généré au sein de la société civile le sentiment d'appartenance commenté précédemment mais elle a également aidé à renforcer la cohérence verticale de la mise en œuvre de la politique.

… et alors que les MRC facilitent la coordination horizontale locale, il y a un risque de doublon avec la politique économique.

La politique rurale du Québec délègue une grande partie des responsabilités de la coordination horizontale locale aux élus locaux. Les MRC sont investies de la responsabilité de mobiliser la population de leur région et de coordonner les administrations municipales publiques pour parvenir à une vision concertée pour leur territoire. Les MRC deviennent l'organisme de coordination latérale qui réunit la pluralité des points de vue et des intérêts présents dans les régions rurales, pour les faire converger en une stratégie de développement unique et partagée. Toutefois, les tentatives de mise en oeuvre de la modulation au niveau local n'ont pas été totalement efficaces. Le problème vient de ce que le Québec n'a pas de niveau administratif adéquat pour l'exécution de cette tâche. Les MRC sont utiles mais elles n'ont pas la capacité de coordonner l'impact concret des différentes politiques ; elles n'ont pas non plus de mandat politique clair.

Les MRC sont capables d'avoir une vision plus large, au-delà de la seule politique rurale, des programmes et des mesures mis en place sur leur territoire. Leur structure administrative établie facilite grandement la complémentarité des différents programmes et aide à s'assurer que les projets encouragés par les pactes ruraux soient dans la ligne des politiques sectorielles affectant les régions rurales. L'observation d'une forte présence des MRC au sein des conseils d'administration des CLD est un exemple de leur potentiel de coordination des différents programmes. Indépendamment de la présence de membres du conseil des MRC dans les conseils d'administration des CLD, l'existence d'un contrat juridique laissant aux MRC le pouvoir de décider de l'allocation de l'argent affecté aux CLD illustre le fort contrôle qu'elles exercent sur les CLD.

Toutefois, il y a eu également chevauchement entre la politique rurale du MAMROT et les CLD, qui sont administrés par le ministère en charge du développement économique, ce qui est la source d'inefficiences et de conflits potentiels. Le fort rôle de surveillance des MRC et la présence répétée des mêmes individus à tous les niveaux de la structure des deux politiques facilitent la cohérence. Toutefois, bien que les politiques aient des objectifs différents, des chevauchements potentiellement conflictuels peuvent se produire. Du fait de l'accord de gouvernement antérieur à 2003, aux termes duquel un ministère unique des régions est en charge de ces initiatives, ces deux politiques requièrent désormais des visions stratégiques et participatives locales ; elles imposent l'élaboration de plans de développement séparés et toutes deux s'appuient sur leur propre réseau d'agents de développement. Des frictions sont parfois observables, en particulier lorsque vient le moment de porter à son crédit le succès (ou d'assumer la responsabilité de l'échec) du développement local.

A l'instar du rôle que les MRC jouent pour les municipalités, les CRÉ sont le principal organisme de coordination horizontale pour les MRC au niveau régional, mais la collaboration inter-MRC au développement demeure relativement limitée. Les CRÉ autorisent les élus locaux, les préfets des MRC et les représentants d'organisations socioéconomiques régionales à coordonner leurs activités de développement. Des initiatives régionales inter-MRC existent également, par exemple dans le cas de certains projets de tourisme régional, mais la MRC semble constituer une meilleure unité territoriale pour la politique rurale telle qu'elle est actuellement conçue. Etant donné l'étendue de certaines régions administratives, il n'est pas surprenant de constater que cette unité administrative territoriale est souvent considérée comme géographiquement trop vaste pour permettre l'émergence d'un sentiment d'identité locale indispensable pour que la population se rallie derrière ses objectifs de développement.

3.4 Politiques sectorielles

Le Québec a élaboré une vision stratégique commune pour les régions rurales. Il a trouvé un compromis entre la solution « grand plan » qui intègre toutes les politiques sectorielles clés orientées vers les régions rurales et la solution « politique de niche » qui limite géographiquement et financièrement le champ d'application de la politique (voir 3.2.1). La politique peut gérer les relations complémentaires des territoires ruraux et non-ruraux ainsi que les politiques régionales et sectorielles. Dans les pages qui suivent, nous évaluerons la politique rurale du gouvernement du Québec d'une manière plus globale incluant des approches sectorielles qui affectent les territoires et les résidents ruraux.

3.4.1 Utilisation du territoire et agriculture

La politique sur l'utilisation du territoire vise à éviter l'étalement urbain mais elle risque également de limiter les activités économiques rurales...

Une loi sur la protection du territoire agricole a été adoptée en 1978 pour faire en sorte que les terres agricoles ne soient pas urbanisées ou utilisées par d'autres activités économiques. Cette situation juridique se fonde sur le fait que les terres agricoles du Québec sont relativement limitées et que l'agriculture a joué un rôle important dans l'histoire de la province (voir Chapitre 2). Une commission du gouvernement provincial surveille le respect des règlements de la loi sur le zonage agricole.[7] Si une approche de zonage permet le maintien d'espaces verts, son coût est supporté par les propriétaires terriens qui perdent le droit d'exploiter leur terre.

Dans les pays de l'OCDE, la politique foncière est une question importante pour les régions rurales et urbaines qui affecte le développement régional. Une forte protection des terres agricoles peut aboutir à une pénurie de terres pour l'extension urbaine et une forte demande de résidences secondaires des habitants des villes peut faire grimper les prix des terres rurales au-delà des valeurs justifiées par leur rendement agricole. Il convient d'aborder ces deux problèmes dans le contexte du Québec où la plupart des terres agricoles se concentrent dans la plaine du Saint-Laurent, à proximité des principaux centres urbains.

Actuellement, les MRC ne peuvent décider de l'utilisation et de la conversion potentielle des terres agricoles à d'autres usages, ce qui risque de limiter leur potentiel de développement. Ce risque s'applique à deux types différents de territoires ruraux : *i)* les collectivités situées dans les régions métropolitaines de Montréal et de Québec où la qualité des terres agricoles est particulièrement bonne tandis qu'en banlieue le stock de terres aménageables s'épuise et *ii)* les régions essentiellement rurales ayant un potentiel de diversification économique. La plupart des collectivités rurales du sud de la province sont également touchées par l'arrivée de résidents urbains à la recherche d'une résidence secondaire, dont la demande a fait considérablement monter le prix des terrains. En outre, certaines collectivités rurales ont un territoire insuffisant pour le développement des entreprises, en particulier lorsque celles-ci ont besoin de parcelles relativement importantes ou lorsqu'elles ont une activité qui ne peut se pratiquer en centre ville. Le fait que les collectivités soient limitées dans leur potentiel de développement par une protection stricte du territoire agricole aggrave le problème. Même au sein du monde agricole, seuls peuvent acquérir des terrains ceux qui ont pour activité principale l'agriculture. Les jeunes, qui bien souvent commencent par pratiquer l'agriculture à temps partiel ne sont ni autorisés à acheter des terres supplémentaires ni à construire une maison sur leur terrain.

La possibilité d'introduire une plus grande flexibilité dans la politique foncière est actuellement étudiée. En réaction aux contraintes au développement mentionnées ci-dessus et suite aux recommandations formulées dans plusieurs rapports (Ouimet, 2009 et Pronovost, 2008), on discute actuellement d'un renforcement des responsabilités des MRC en matière d'occupation et d'aménagement du territoire pour permettre une diversification économique et une utilisation plus souple des terres agricoles dans les régions qui ne sont pas menacées par l'étalement urbain.

… tandis que l'aide à l'agriculture est partiellement liée à la production d'une sélection de biens courants.

Au Québec, les exploitants agricoles sont dédommagés pour la perte de leurs droits de mise en valeur des terres par le biais de programmes extensifs de filet de sécurité et d'une réglementation des marchés qui majore les prix des produits de base. Reflétant la dualité juridictionnelle fédéral-provincial, les politiques agricoles sont menées dans un cadre d'action qui partage le coût de l'aide. Des groupes d'intérêt actifs défendent cette approche des subventions agricoles qui a renforcé la tendance au regroupement des exploitations (OCDE, 2008c) ; alors qu'en 2006, 26 % des fermes du Québec affichaient un résultat annuel avant impôt supérieur à 250 000 CAD, ces activités représentaient 80 % du revenu agricole brut total (Saint-Pierre, 2009). La situation est analogue dans d'autres pays de l'OCDE où le soutien financier de l'agriculture persiste mais est rarement perçu comme un moyen de réaliser les grands objectifs du développement rural. Parallèlement, le système québécois ne favorise pas la multifonctionnalité de l'agriculture, car aucun mécanisme compensatoire n'a été mis en place pour dédommager les agriculteurs pour l'offre de biens publics (paysages) et de services (loisirs, protection de l'environnement).

Du fait du cours élevé des produits de base sur les marchés mondiaux et des modifications des politiques, l'estimation par l'OCDE de l'aide gouvernementale à l'agriculture canadienne (pourcentage d'estimation du soutien aux producteurs - ESP) est tombée de 23 % en 2006 à 18 % en 2007. Moins d'un cinquième des recettes brutes des exploitants agricoles proviennent désormais des politiques d'aide. Au Canada, le niveau du soutien est désormais sensiblement inférieur à la moyenne de l'OCDE, qui est de 23 % (données tirées de OCDE, 2008f). Au Canada, le soutien total a diminué, passant de 1.8 % du PIB sur la période 1986-88 à 0.8 % du PIB ces dernières années (OCDE, 2008c) ; comme pour la zone OCDE, il est à son plus bas niveau depuis 1986-88. Avec le remplacement récent de l'ancien cadre stratégique pour l'agriculture par l'initiative « Cultivons l'avenir » (voir Chapitre 1), le gouvernement fédéral canadien a modifié sa législation agricole, introduisant un système découplé de soutien ciblé sur la gestion du risque économique, qui a réduit à la fois le niveau du soutien et les formes de soutien générant le plus de distorsions.

Toutefois, ces progrès varient considérablement d'un secteur à l'autre. Alors que les producteurs de viande et de céréales (en particulier les producteurs d'orge et de blé de l'Ouest canadien) plus ouverts sur l'extérieur ont accepté davantage de mécanismes de marché, la libéralisation a été limitée dans les autres secteurs. Le lait, produit pour lequel le Québec a un quota de mise au marché de près de 50 % de celui des provinces canadiennes (OCDE, 2008c), reste le produit dont l'ESP est le plus élevé (OCDE, 2008f). Alors que seules quelques exploitations ont un potentiel de développement, tous les producteurs couverts bénéficient du soutien des revenus sans trop se soucier des forces du marché. De même, la production d'oeufs et de volailles, deux autres grands produits de base du Québec, est elle aussi soumise à des réglementations de gestion de l'offre qui majorent le prix payé par les consommateurs.

Au Québec, deux mécanismes assurent la protection et le soutien d'une sélection de produits de base. Le premier est un système de gestion commune de l'offre mis en place dans les différentes provinces du Canada ; au coeur de ce système, on trouve des quotas d'importation et des quotas nationaux. Le second est un programme complémentaire généralisé d'assurance stabilisation des revenus agricoles (ASRA) administré par le gouvernement du Québec, qui lie les paiements à la production et non pas à la demande du marché. Ces deux mécanismes entraînent des majorations de prix pour les producteurs couverts, ce qui diminue leur risque financier et rend particulièrement rentable la production de lait mais aussi celle de volailles et d'œufs (OCDE, 2008c). Bien que le soutien soit effectivement ciblé sur les petites exploitations, nombre de producteurs ayant des revenus sensiblement supérieurs à ceux d'autres agriculteurs (OCDE, 2008c) et comptant au Québec parmi les très gros producteurs (voir graphique 3.4), en bénéficient.

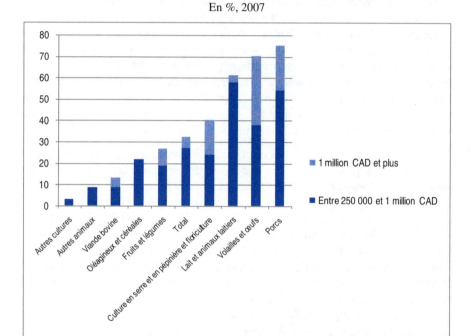

Graphique 3.4 **Classement des grandes exploitations agricoles du Québec par type et montant de recettes (250 000 CAD et plus)**

En %, 2007

Source : Statistique Canada, Base de données financières des exploitations agricoles canadiennes – Rapport.

i) Les systèmes canadiens de gestion de l'offre limitent le fonctionnement des mécanismes de marché et aboutissent à des prix à la consommation plus élevés et à une mauvaise affectation des ressources. Par le biais d'un système de quotas largement contrôlé par les offices provinciaux de commercialisation, la gestion de l'offre accorde aux produits de base couverts un soutien aux producteurs bien supérieur à celui dont bénéficient les autres produits. Elle vise à faire correspondre l'offre et la demande estimée en limitant la production de produits laitiers, d'oeufs, de viande de volaille (poulets et canards), de sirop d'érable et de lapins de manière à obtenir un prix ciblé pour le produit. Si ce système réduit les fluctuations de prix, il conduit à des prix à la consommation bien supérieurs à ceux qui prévalent sur les marchés mondiaux, forçant les consommateurs nationaux à payer pour la protection dont bénéficie le secteur. Ainsi, avant l'augmentation des cours mondiaux, les prix de produits laitiers comme le beurre et les fromages, qui sont les principaux produits de l'agriculture québécoise (34 % du total), ont été bien souvent supérieurs au double des prix pratiqués sur les marchés mondiaux (OCDE, 2008c). La part des transferts au titre d'un seul produit (TSP) revenant aux producteurs a sensiblement baissé depuis les années 1980 (passant de 71 % de l'ESP en 1986-88 à 55 % en 2005-07), mais les TSP en pourcentage des recettes sont restés relativement élevés pour les produits laitiers (48 %) et les œufs (39 %) (OCDE, 2008f). Récemment, les grands programmes ont été partiellement abandonnés au profit de programmes moins coûteux qui partagent les coûts avec les producteurs et leur permettent d'influencer quelque peu la manière de dépenser les fonds. Toutefois, cette évolution n'a pas mis fin aux discussions sur un système de soutien agricole encore plus efficace.

ii) Le programme d'assurance stabilisation des revenus agricoles (ASRA) empêche la régulation de la production par le marché, encourageant une production maximum et une surproduction. Selon des données pour 2007 de la *Financière agricole du Québec* (FADQ), l'ASRA a dédommagé à hauteur de 748 millions CAD les producteurs agricoles de 17 exploitations produisant des porcs et des porcelets, des veaux, du maïs-grain et des cultures commerciales, forçant la FADQ à gérer un déficit d'exploitation et l'obligeant à emprunter. L'assurance à long terme contre le risque de prix accordée par le système a contribué à un niveau d'endettement parfois excessif des producteurs en bénéficiant. Ces avantages ont été capitalisés en valeurs de quotas et en prix des terrains de sorte que tout nouvel entrant doit effectivement payer d'avance pour le soutien accordé, de sorte qu'au bout du compte ils ne sont pas mieux mais probablement plus mal lotis. L'ASRA a des effets dissuasifs pour les acteurs du marché non couverts par le système qui veulent développer leurs productions dans des secteurs à plus forte valeur ajoutée comme l'horticulture, les produits de spécialité ou les produits biologiques mais qui ont des difficultés à obtenir un crédit. Le montant des subventions et les déficits accumulés devraient augmenter considérablement dans les années à venir (Saint-Pierre, 2009). Enfin, l'ASRA représentant une part très importante du budget agricole, on manque d'argent pour la recherche, l'innovation et autres postes de dépenses qui pourraient contribuer à une plus grande diversification du secteur agricole et de l'ensemble de l'économie.

De nombreux pays de l'OCDE ont abandonné le soutien lié à la production de produits de base au profit de différents types de paiements, souvent couplés à des objectifs d'occupation du territoire. Dans bien des cas, l'objectif de cette réorientation a été de contribuer à la revitalisation économique et sociale des régions rurales et non pas seulement de maintenir les revenus agricoles. Toutefois, la spécificité du secteur et le coût économique d'un grand nombre de ces politiques qui conduit à s'interroger sur leur efficacité pour atteindre des objectifs non agricoles, dont le développement rural, ont suscité des inquiétudes, (OCDE, 2009a). Lorsqu'ils adapteront leur système de soutien de l'agriculture à un éventail plus large d'objectifs d'actions, dont l'occupation du territoire et la diversification économique, les décideurs du Québec devront garder ces expériences à l'esprit.

3.4.2 Développement économique, ressources naturelles et environnement

Une faible intégration des mesures de développement économique à la politique rurale peut nuire aux résultats...

Plusieurs programmes de développement économique soutiennent l'activité dans les régions rurales. Outre les grandes stratégies de développement économique pour le Québec (2007), ses régions reposant sur l'exploitation des ressources naturelles (2001) ou des secteurs spécifiques, l'approche du ministère du Développement économique (MDEIE) englobe : *i)* le travail des CLD, en particulier via les fonds locaux d'investissement (FLI) ; *ii)* l'aide aux collectivités monoindustrielles, souvent implantées dans des zones rurales reposant sur la sylviculture ; *iii)* le travail indépendant par le biais du micro-crédit et *iv)* le soutien des coopératives, situées pour la plupart en dehors des centres urbains.

i) L'approche des CLD ruraux combine différentes aides financières principalement centrées sur les entreprises individuelles. Dans les régions rurales comme dans les régions urbaines, l'objectif des CLD est d'encourager l'entrepreneuriat en offrant des services de soutien aux entreprises qui démarrent (start-ups) comme aux entreprises existantes, en élaborant et en assurant le suivi d'un plan d'action local pour l'économie et l'emploi et en agissant comme organe consultatif pour les centres locaux d'emploi (CLE) dont les représentants siègent au conseil d'administration des CLD. Au total, 120 CLD accordent des prêts, garanties d'emprunts et autres investissements aux entreprises par le biais de trois initiatives : les fonds locaux d'investissement (FLI), le Fonds Jeunes promoteurs (FJP) et le Fonds de développement des entreprises d'économie sociale (FDEÉS). Le soutien des CLD est complété par des investissements effectués par le gouvernement fédéral et le gouvernement du Québec, des financements privés et des institutions financières. Entre 1998 et 2006, les mesures ont représenté un investissement total de 3.80 milliards CAD (la part des CLD étant de 346 million CAD, données de l'ACLDQ). Le tableau 3.3 montre l'impact de ces trois programmes de soutien.

Tableau 3.3 **Impact des projets approuvés des CLD**

	Fonds local d'investissement (FLI)	Fonds Jeunes Pormoteurs (FJP)	Fonds de développement des entreprises d'économie sociale (FDEÉS)
Emplois (1998-2006)	**60 461**	**16 895**	**39 131**
nouvellement créés	23 111	15 991	12 667
conservés	37 350	904	26 464
Entreprises (1998-2006)	**5 962**	**6 442**	**4 565**
nouvellement créées	2 696	6 308	1 592
consolidées ou développées	3 266	134	2 973
Investissement (en millions CAD, 1998-2006)	**2 037.4**	**752.2**	**1 006.8**
contribution des CLD	202.2	45.1	98.9
Soutien moyen des CLD par demande approuvée (en CAD, 2004-2006)	**38 195**	**5 088**	**21 218**
Principales sources d'investissement (2004-2006)	CLD : 10 % Institutions financières : 39 % Financement privé : 23 %	CLD : 5 % Institutions financières : 44 % Financement privé : 25 %	CLD : 9 % Gouvernement du Québec : 32 % Institutions financières : 19 %

Source : Gouvernement du Québec (2009), *Bilan triennial des centres locaux de développement 2004-2006*, Ministère du Développement économique, de l'innovation et de l'exportation, Québec ; données de ACLDQ.

ii) Les collectivités monoindustrielles du Québec, dont la plupart sont dans le secteur de la foresterie, sont aidées par des mesures spéciales et par deux fonds complémentaires. Un grand nombre d'entre elles sont affectées par les fermetures ou les restructurations industrielles. Elles sont aidées pour la création de comités de revitalisation et la diversification de leur base économique. Différentes régions administratives participent au projet

ACCORD des « créneaux d'excellence », se spécialisant dans l'industrie du bois à valeur ajoutée ou dans les technologies d'exploitation minière souterraine. Un récent projet de loi sur l'occupation des terres forestières prévoit également un soutien aux municipalités monoindustrielles touchées. De plus, le MAMROT et le MDEIE mettent en oeuvre deux programmes complémentaires d'aide financière : *i*) 15 millions CAD ont été affectés à l'élaboration d'un plan de revitalisation et de diversification industrielle pour les 54 collectivités actuellement en situation de crise ; *ii*) 60 millions CAD peuvent être dépensés par les MRC monoindustrielles au titre des entreprises afin de développer leurs activités comme prévu dans le plan de revitalisation (toutes les données : MDEIE). Le soutien des entreprises s'opère par le biais des CLD en collaboration avec les services de l'emploi (ministère de l'Emploi et de la solidarité sociale – MESS – et au niveau local, CLE).

iii) Le Fonds communautaire d'accès au micro-crédit est un partenariat public-privé (PPP) de soutien au travail indépendant qui n'est pas lié aux CLD. Ses programmes sont ciblés sur la capitalisation privée et le fonctionnement public qui englobe le micro-crédit et les programmes de formation. L'investissement dans le travail indépendant est une mesure particulièrement pertinente et économiquement viable pour le développement économique du Québec rural, en particulier lorsqu'elle est liée aux groupes traditionnellement défavorisés comme les femmes rurales, les immigrants ou les populations des Premières Nations. Chaque dollar investi via le réseau du crédit communautaire dans 14 organismes situés en milieu rural a généré 6.2 CAD d'investissement supplémentaire, soit un rapport supérieur à celui de tous les organismes de crédit communautaire (données MDEIE).

iv) Le soutien aux coopératives est une autre façon d'autonomiser les régions rurales par la formation de capital social et humain et le développement communautaire. Un programme du MDEIE pour le développement de coopératives a créé plus de 6 000 emplois (2002-2006), la plupart en dehors des grands centres urbains. Le taux de survie des coopératives est nettement supérieur à celui de l'ensemble des entreprises ; cela peut être dû au fait que le processus coopératif suppose un engagement collectif des membres de la collectivité dans le démarrage de la coopérative et qu'en conséquence celles-ci continueront plus probablement de lui apporter leur soutien.

Toutefois, ce cadre d'action pour la diversification pose une série de difficultés.

Premièrement, la faible intégration des mesures de développement économique et social au niveau de la province est un frein à la transition des collectivités et à l'occupation durable du territoire. L'approche qui consiste à renforcer la cohésion sociale avant d'engager des dépenses au titre du développement économique local est prometteuse mais la séparation institutionnelle de la PNR de la politique économique locale et régionale limite les perspectives de développement des entreprises, en particulier dans les régions confrontées au changement démographique et à une faible croissance économique. L'intégration de mesures proactives de soutien économique et de la politique rurale dans une stratégie de développement territorialisée est un véritable enjeu, compte tenu en particulier de la séparation institutionnelle entre le MAMROT et le MDEIE qui, depuis le changement de gouvernement de 2003, est le ministère en charge des CLD. De même, un grand nombre de politiques de développement économique ne sont pas mises en œuvre au niveau supralocal mais plutôt au niveau régional et sont donc plus difficiles à coordonner avec les MRC.

Deuxièmement, l'approche du CLD n'est pas particulièrement proactive. Ses différentes mesures de soutien ne s'inscrivent pas dans une stratégie pour les industries clés qui encouragerait le regroupement des activités économiques comme dans le cas du projet ACCORD essentiellement ciblé sur les zones urbaines.[8] L'approche plutôt passive au cas par cas est notamment due au fait qu'une grande partie du Québec rural ne semble pas avoir les structures de base nécessaires à une approche de grappes en raison d'une tradition entrepreneuriale souvent faible et de l'absence d'un noyau de PME pour la création de grappes d'entreprises dans les nombreuses collectivités rurales, petites et largement dispersées. Bien des régions rurales n'ont pas d'industrie dominante et, lorsqu'elles en ont une, il s'agit bien souvent d'une grande succursale.

Troisièmement, ni le MAMROT ni le ministère du Tourisme (MTO) n'ont une stratégie claire de soutien du tourisme rural. La PNR reconnaît que le tourisme rural et les autres activités reposant sur les aménités sont des secteurs qui offrent des perspectives de croissance prometteuses. Toutefois, il n'y a pas de stratégie explicite de développement impliquant une politique et des mesures de soutien économique. Ce peut être lié au fait que les projets touristiques sont souvent organisés au niveau régional (associations de tourisme regional - ATR) n'intégrant guère les questions rurales et qu'il est difficile de convaincre les MRC de coopérer dans des domaines particuliers du tourisme rural.

… tandis que la gestion des ressources naturelles n'implique que progressivement les acteurs régionaux et locaux…

Comme indiqué au Chapitre 2, une partie importante du PIB du Québec dépend des ressources naturelles et de leur exportation. La plupart de ces ressources se trouvent sur des terres appartenant au domaine public car plus de 92 % du territoire du Québec appartient à l'Etat et se trouve sous son contrôle. Les revenus économiques liés aux industries reposant sur l'exploitation des ressources naturelles (sylviculture, mines et énergie) sont estimés à 10 % du PIB de la province, et représentent jusqu'15 % des investissements et plus de 175 000 emplois dans toute la province (données : MRNF). Une partie importante de ces résultats affecte directement les régions rurales du Québec et leurs collectivités.

Le cadre décisionnel a évolué à la fois dans le sens de la déconcentration et de la décentralisation.[9] L'objectif du gouvernement est d'accroître l'autonomie des régions et des communautés des Premières Nations sur leurs ressources naturelles. Pour ce faire, le ministère en charge de ces questions (MRNF) a adopté une « approche intégrée régionalisée » (AIR) qui permet aux régions administratives de jouer un rôle actif dans l'exploitation de leurs ressources naturelles et de leur territoire en déléguant aux régions certaines responsabilités et certains pouvoirs de planification et de gestion.

L'objectif du gouvernement est de donner aux acteurs régionaux un rôle accru en utilisant des commissions sur les ressources naturelles et le territoire et des tables rondes locales, mais le rôle des MRC dans ces activités est limité. Les commissions travaillent avec les CRÉ et les communautés des Premières Nations à la formulation de Plans régionaux de développement intégré des ressources et du territoire (PRDIRT). Ces plans s'efforcent de définir le degré optimum d'utilisation et de protection des ressources naturelles d'une région administrative en intégrant des considérations économiques, sociales et environnementales dans une une approche de « développement durable ». Le PRDIRT encourage la cohérence des actions publiques et privées, délégant aux régions des compétences spécifiques. Les MRC et les municipalités participent aux tables rondes locales sur la gestion intégrée mais elles n'ont toujours que peu de pouvoir décisionnel légal sur l'utilisation et la gestion des ressources naturelles. Le gouvernement est réticent à décentraliser davantage les responsabilités en raison du nombre important d'emplois dans la sylviculture qui, s'ils étaient menacés, pourraient déstabiliser les marchés du travail locaux.

Le rôle élargi des CRÉ s'inscrit dans une nouvelle approche du secteur de la sylviculture qui met l'accent sur la participation des acteurs locaux et régionaux. Le récent projet de loi sur l'occupation du territoire forestier s'efforce d'élargir le rôle des acteurs locaux et régionaux du développement mais aussi de consolider le rôle d'intermédiaire de la province pour assurer une exploitation plus durable et à plus forte valeur ajoutée des forêts. En outre, les communautés des Premières Nations sont encouragées à participer aux organismes régionaux nouvellement créés et, tout comme les MRC, elles peuvent devenir responsables de la gestion des forêts dites « de proximité » situées dans les limites ou au voisinage des frontières municipales. De manière générale, le gouvernement cherche à renforcer l'industrie forestière locale en développant l'utilisation du bois au Québec, en particulier dans les bâtiments publics et autres constructions à usage non résidentiel ainsi que dans le logement collectif. L'utilisation du bois pour la « construction verte » est l'une des quatre pierres d'angle de la stratégie de développement industriel qui englobe également l'utilisation du bois comme producteur d'énergie, la « chimie verte » et une industrie modernisée de transformation primaire. En réponse à la crise récente, le Québec a approuvé plusieurs programmes de soutien du secteur forestier. Le Plan de soutien au secteur forestier de 2006 (GQ, 2006b) prévoyait déjà un montant de 722 millions CAD au titre de l'aide aux travailleurs (par exemple pour les aider à trouver un nouvel emploi), aux collectivités (par exemple, un soutien financier dans le cadre d'un contrat sur la diversification), à la gestion forestière et au développement des entreprises. Plus récemment, le gouvernement fédéral et le gouvernement provincial se sont mis d'accord sur un effort conjoint (groupe CNW, 2009) de soutien de l'exploitation forestière publique et privée et des collectivités affectées, par le biais de mesures d'un coût de 200 millions CAD (2009-2011), visant au maintien et à la création de quelque 8 000 emplois. Dans le secteur minier, le gouvernement encourage une exploitation plus durable et diversifiée pouvant générer des bénéfices plus importants pour les populations locales et autochtones. A cet égard, la nouvelle stratégie minérale du Québec est ciblée sur la croissance du secteur minier par le biais d'une amélioration des connaissances géoscientifiques, de la formation et du soutien à l'entrepreneuriat afin qu'un plus grand nombre d'entreprises locales puissent prendre part à l'exploitation et à la transformation de ressources qui sont actuellement contrôlées essentiellement par les grandes multinationales. Un nouveau fonds minier doté de 200 millions CAD sur dix ans et financé par les redevances minières que versent les entreprises contribue à la réalisation de ces objectifs. Il est important de noter que la nouvelle stratégie vise à renforcer l'implication des populations locales et autochtones par des efforts financiers et de formation professionnelle ainsi que par des mécanismes de consultation. Pour assurer une exploitation plus durable, la stratégie s'engage à réhabiliter les zones minières abandonnées et à introduire des règles plus strictes pour les évaluations de l'impact environnemental.

L'hydroélectricité et l'énergie éolienne représentent les principaux investissements de la Stratégie énergétique actuelle pour la période 2006-2015. Selon le MRNF, les projets de production d'hydroélectricité représentent une puissance installée de 4 500 MW à l'horizon 2010 et un investissement total de 25 milliards CAD, réalisé pour l'essentiel par la société d'Etat québécoise de production et de distribution d'électricité Hydro-Québec. Par comparaison, les projets de production d'énergie éolienne représentent un investissement de 10 milliards CAD jusqu'en 2015 pour une puissance installée de 4 000 MW. Une étude a confirmé que plus de 70 % des retombées économiques des investissements dans la production d'énergie éolienne resteraient au Québec, avec plus de 62 000 emplois directs et indirects créés sur une période d'exploitation de 25 ans (Hélimax, 2004).

Le gouvernement soutient également une production hydraulique à petite échelle (1 MW maximum) et la production d'énergie à partir de la biomasse. Un plan de travail récent (GQ, 2009c) explore le potentiel de la biomasse forestière pour la production d'énergie. Ce plan est cohérent avec l'objectif stratégique du gouvernement d'incorporer jusqu'à 5 % d'éthanol, provenant pour l'essentiel de la biomasse ligneuse, dans les ventes de carburants à l'horizon 2012. De même, un groupe de travail, soutenu via le fonds d'initiative pour l'avenir rural de la PNR, a conduit des recherches dans des scieries désaffectées dont les chaudières sont utilisées pour la production à petite échelle d'énergie à partir de la biomasse. Cette politique se justifie par la volonté de développer de nouvelles activités dans les régions en difficulté reposant sur l'exploitation des ressources naturelles et de permettre aux petites collectivités de ne pas être dépendantes d'autres sources d'énergie. En contrepartie, Hydro-Québec peut exporter plus d'électricité, en particulier vers le nord-est des États-Unis.

… et les mesures de protection de l'environnement sont, pour la plupart, exclues de la politique rurale.

Le ministère du Développement durable, de l'environnement et des parcs (MDDEP) est l'un des ministères du Québec qui met en œuvre l'approche la plus étendue en matière de gouvernance interministérielle. Sur la base de la Strategie gouvernementale de développement durable 2008-2013, le Plan d'action en développement durable (PADD) 2008-2013 du ministère est mis en œuvre via la Loi sur le développement durable et implique explicitement tous les ministères et organismes publics dans ses responsabilités en matière de protection de l'environnement, de développement durable et de gestion des parcs naturels. Bien qu'il adopte une structure de gouvernance descendante, le MDDEP a étendu sa structure de coordination de manière à toucher tous les organes de l'administration publique jusqu'au conseil municipal le plus éloigné.

Le PADD appelle à une plus grande implication des collectivités et une plus grande participation locale, intégrant l'impératif du développement durable dans toutes les stratégies locales et régionales de développement. Il établit la nécessité de stimuler la participation collective au niveau local tant pour mobiliser les citoyens autour d'une communauté d'intérêts pour leur collectivité que pour rapprocher les populations de leur environnement local et régional en créant un sentiment de bonne intendance. La mobilisation et la participation collectives vont au-delà des problèmes spécifiques de gestion de la qualité de l'eau et de l'air car elles sont perçues comme le socle d'une vision globale du développement durable. Bien que la PNR soit déjà compatible avec les principes du développement durable, elle pourrait bénéficier d'une approche similaire. Certaines collectivités rurales ou MRC ont déjà mis en place des approches similaires à côté du cadre de l'Agenda 21, par exemple en incorporant au plan d'action des pactes ruraux une vision du monde à léguer aux générations futures. Etant donné qu'il n'existe guère au niveau des collectivités rurales d'autorité compétente pour prendre des décisions concernant la gestion de l'environnement, par comparaison avec la gestion et la valorisation des ressources naturelles, cette approche territoriale du développement est délicate. Elle est toutefois particulièrement intéressante pour les collectivités des régions rurales et des petites villes car davantage de pouvoirs donnerait l'assurance que tous les acteurs impliqués dans la vision et l'aménagement du territoire sont sensibilisés aux principes qui sous-tendent le développement durable. Le PADD offre soutien et conseils aux organisations et aux acteurs du développement local dans les domaines du développement durable.

La coopération en matière de développement durable des régions rurales est limitée. Bien que le MDDEP siège au comité rural interministériel et qu'une grande partie de ses interventions se déroulent dans des régions essentiellement rurales, aucun des engagements pris par ce ministère n'a été inclus dans la PNR. En outre, le PADD n'utilise guère la structure des MRC dans sa structure de mise en œuvre, se concentrant sur les organismes régionaux et municipaux. Cela va à l'encontre de la tendance grandissante de nombreux pays de l'OCDE de considérer les mesures de protection de l'environnement à l'intérieur d'une politique rurale étroite plutôt que large. L'Espagne est allée encore plus loin dans ce domaine en regroupant au sein du même ministère les questions rurales et environnementales.

3.4.3 Santé et éducation

Une politique rurale plus large aborde les enjeux du coût et de l'offre des services de santé...

Le Québec a bâti sa politique de santé sur le principe que les services de santé sont universels, accessibles et gérés par les pouvoirs publics. Toutefois, un rapport ministériel récent (Castonguay 2008) recommande des restrictions quantitatives et qualitatives pour assurer la pérennité du système public de santé. La progression rapide de la demande de services de santé, due pour l'essentiel au coût croissant des traitements et des services qui résulte de l'évolution technologique et du vieillissement exerce sur le système une pression financière importante. Une nouvelle approche des soins de santé est recommandée ; elle pourrait affecter la qualité et l'accessibilité de ces services dans les régions rurales.

Le rapport Castonguay propose de limiter les investissements en matière de soins de santé de manière à ajuster les augmentations de coût sur le taux de croissance de la richesse collective du Québec. Pour ce faire, dans un contexte d'accélération prévue des coûts de santé, il est recommandé d'améliorer l'efficacité du système de santé et de recourir davantage à des régimes d'assurance privés travaillant en parallèle avec le système public. Du fait du vieillissement démographique du monde rural, les besoins de soins et leur coût par habitant devraient augmenter à un rythme plus rapide que dans les centres urbains. Si les recommandations du rapport sont mises en œuvre, leur impact devra être surveillé de près car dans d'autres pays de l'OCDE la mise en oeuvre de politiques similaires a eu tendance à se faire au détriment de l'offre de services en milieu rural (Castonguay, 2008).

Les services de santé du Québec connaissent actuellement d'importantes pénuries de médecins spécialistes et de personnel infirmier. Ces pénuries affectent l'ensemble de la province mais plus particulièrement les régions rurales. Les centres de santé urbains sont souvent les premiers à pourvoir les postes vacants, bien que le gouvernement ne leur donne pas la priorité (Association québécoise des pharmaciens propriétaires, La Presse, 24/02/2009).

Face aux enjeux que constitue le manque de professionnels de santé dans les régions rurales, le gouvernement a proposé des solutions innovantes. L'une de ces solutions a été de recourir à des médecins et des spécialistes « itinérants » se rendant dans les différents centres de santé et de services sociaux (CSSS) sur tout le territoire pour offrir des services que n'offrent pas les établissements de santé en milieu rural. Cette solution pourrait être préférable à celle qui consiste à amener systématiquement les patients des régions rurales à la ville pour un traitement spécialisé. Malheureusement, la pénurie de personnel médical a contraint le ministère en charge de la santé (MSSS) à recourir aux médecins itinérants pas seulement en complément des médecins locaux mais à autoriser les centres régionaux à les utiliser pour pourvoir leurs besoins fondamentaux en personnel de santé. Du fait de la rémunération plus importante qu'ils perçoivent, ces médecins itinérants tendent à ne pas être intéressés par une occupation permanente des postes vacants dans les centres de santé régionaux (Association des anesthésiologistes du Québec, La Presse, 14 juin 2009). Le Québec incite également les jeunes diplômés des écoles de médecine à s'installer en dehors des régions métropolitaines. Ce programme, connu sous le nom de PREM (« Plan régional d'effectifs médicaux »), est un outil qui a fait l'objet de rapports positifs dans d'autres pays de l'OCDE. Au Québec, aucune étude n'a évalué son impact sur l'offre de soins de santé en milieu rural. Toutefois, selon la Fédération médicale étudiante du Québec, ce plan est l'une des raisons de l'émigration des jeunes diplômés des écoles de médecine québecoises qui partent en résidence dans d'autres provinces. Du fait qu'ils y sont mieux payés, ceux-ci bien souvent ne retournent pas au Québec une fois leurs années de résidence terminées. Entretemps, le Québec n'a pas su attirer des médecins en résidence d'autres provinces (La Presse, 16 juin 2009).

Le Réseau Québécois des Villes et Villages en santé (RQVVS) est une autre initiative du MSSS qui donne de meilleurs résultats dans les régions rurales. Cette initiative ancrée dans les collectivités (voir encadré 3.9) a été lancée par des groupes issus de la société civile pour promouvoir le bien-être des populations locales par l'engagement et les activités de la collectivité. Elle mobilise les ressources de la collectivité pour renforcer la capacité des citoyens en matière d'activités d'auto-assistance, favorisant un climat local d'optimisation du « bonheur municipal brut ». Lancée dans la collectivité de Rouyn-Noranda, l'initiative a été rapidement reprise par un grand nombre d'autres municipalités dans tout le Québec, rural comme urbain. Aujourd'hui, ces groupes sont liés à travers un réseau, leurs activités sont partiellement soutenues par le gouvernement et nombre de leurs actions ont été intégrées au mécanisme de prestation de services du MSSS.

… et d'éducation…

Au Québec, l'offre de services d'éducation aux collectivités rurales peut être extrêmement coûteuse en raison des distances et de la baisse des effectifs scolaires. Après des décennies d'amélioration de l'accès à l'enseignement public, le secteur connaît une crise qui affecte de façon disproportionnée le Québec rural. En 2009, les écoles publiques d'enseignement primaire et secondaire ont eu quelque 20 000 élèves de

> **Encadré 3.9 Villes et Villages en santé : une initiative communautaire pour une meilleure qualité de vie**
>
> Le Réseau Québécois des Villes et Villages en santé (RQVVS) est une initiative qui vise à améliorer la santé, le bonheur et la qualité de vie des citoyens. RQVVS agit non pas à travers une intervention médicale mais en stimulant parmi les populations locales un sens de la communauté, des initiatives collectives et un sentiment d'appartenance et de réalisation de soi. RQVVS incite les décideurs municipaux à être conscients de l'importance de leurs décisions pour la santé des citoyens, tant dans leur planification stratégique à long terme que dans leurs décisions au jour le jour. Il les encourage à travailler à l'intérieur d'un réseau de partenaires du secteur de la santé et tous les acteurs de la collectivité sont impliqués dans des projets ciblés sur la qualité de vie des citoyens et l'établissement d'habitudes et de modes de vie sains.
>
> Le concept qui sous-tend RQVVS est la coordination des différents services municipaux offerts par le réseau de santé publique, le système scolaire, le secteur de l'entreprise, des organisations d'intérêt local ou tout autre groupe issu de la société civile. Les actions entreprises par RQVVS varient d'une région à l'autre. Dans certaines, elles consistent à organiser des cuisines collectives, des centres pour les jeunes ou autres formes d'aide aux personnes dans le besoin. Pour d'autres, ses projets visent à améliorer ou à préserver l'environnement local, par exemple en organisant des opérations collectives de nettoyage des espaces verts locaux ou de plantation d'arbres.
>
> L'originalité de cette initiative et les raisons de son succès ne sont pas tant liés aux projets d'intérêt collectif qui sont réalisés qu'au processus de stimulation d'une participation active de la population locale à la vie de la collectivité en les faisant travailler ensemble sur des problèmes d'intérêt local et en les amenant à hiérarchiser leurs besoins et leurs choix de bien-être mais aussi ceux de leur collectivité. Globalement, le réseau RQVVS compte 177 membres dont 165 municipalités, quatre arrondissements, sept MRC et un quartier. Les membres du réseau représentent plus de 50 % de la population du Québec.
>
> *Source* : OCDE, *Réseau québecois de Villes et Villages en santé.*

moins que l'année précédente et quelque 84 000 de moins que sur les cinq dernières années. Depuis 2003, 134 écoles publiques ont été fermées au Québec, la plupart en raison d'un nombre insuffisant d'inscriptions, conséquence de l'évolution démographique (données : ministère de l'Éducation - MELS).

De nombreuses institutions, situées pour la plupart dans les régions rurales isolées, sont confrontées à une réduction dramatique de leurs effectifs qui génère des coûts plus importants, souvent difficiles à supporter et à justifier. En revanche, dans certains centres urbains les autorités ne sont pas en mesure de faire face à la demande croissante de services d'enseignement et aux investissements en infrastructures qu'elle implique. En conséquence, le Québec a réalisé que sa capacité à maintenir la qualité du système éducatif, son accessibilité et sa dispersion sur l'ensemble du territoire était menacée. Certaines parties prenantes prédisent que la génération actuelle d'élèves ne bénéficiera pas du même accès et de la même qualité d'enseignement que les générations précédentes. C'est devenu un sujet de préoccupation pour les acteurs du développement régional et local.

Le gouvernement a développé des initiatives innovantes pour préserver et maintenir la qualité de l'offre de services éducatifs en milieu rural. Il a reconnu que les ressources ne devaient pas être réparties uniquement sur la base du nombre d'élèves dans une région mais en fonction du maintien d'une masse critique de ressources humaines et de services pour garantir l'accès à des services éducatifs de qualité. Des conseils de coordination verticale (« tables interordres »), reliant les intervenants des différents niveaux scolaires d'une région, sont encouragés à rechercher l'optimisation des ressources du système éducatif. Ils travaillent également en coordination avec les acteurs locaux, dont les centres locaux d'emploi (CLE), pour adapter les services aux besoins de la région. Avant toute décision de fermeture d'une école de village, les parents et la collectivité locale doivent être consultés, ce qui témoigne des efforts du gouvernement pour les inclure dans le débat sur la qualité et l'accès aux services locaux d'éducation. Avec les directions d'écoles du Québec, des programmes ont été mises en place afin d'allouer des ressources aux directions d'écoles pour leur permettre de maintenir une offre de services éducatifs en milieu rural. Ils comprennent des projets pour le maintien de la « dernière école du village » et la création de réseaux d'écoles rurales utilisant les TIC. Le projet « Ecole éloignée en réseau » (voir encadré 3.10), fait partie des engagements pris par le ministère de l'Éducation, du loisir et du sport (MELS) dans le cadre de la PNR. Il est comparable à un projet mis en oeuvre dans l'Alabama (États-Unis) où, en 2008, plus de 22 000 cours ont été proposés dans le cadre de l'initiative ACCESS (*Connecting Classrooms Educators and Students Statewide*) (The Economist, 18 juillet 2009).

> **Encadré 3.10 Les écoles rurales face au déclin démographique : l'école éloignée en réseau**
>
> Face aux enjeux du déclin démographique dans certaines parties du Québec rural et éloigné, le gouvernement s'efforce d'innover et de réorganiser l'offre de services d'enseignement. Le projet « École éloignée en réseau » vise à revitaliser et à reprofessionnaliser les petites écoles rurales via leur mise en réseau, l'utilisation de la fibre optique et des technologies de l'information et de la communication (TIC). La collaboration à distance et l'élaboration conjointe des connaissances enseignées en classe contribuent à la réalisation des objectifs du projet.
>
> Les évaluations effectuées par le CEFRIO montrent que ce projet peut être une assurance sur l'avenir pour certaines petites écoles rurales et améliorer les résultats scolaires des élèves. L'implication des différents acteurs, du MELS aux directions d'écoles, enseignants, élèves et responsables du développement local/régional, a été cruciale pour identifier leurs nouveaux rôles et responsabilités. Les enseignants et les collectivités locales ont pris conscience des opportunités qu'offrent les TIC et les technologies à large bande et de leurs effets possibles sur la qualité de l'enseignement. En outre, les réseaux nouvellement créés offrent la possibilité d'entrer en contact avec des experts qui se trouvent ailleurs et d'améliorer la qualité et la quantité des autres services ruraux.
>
> Le programme, qui fait partie des engagements pris par le MELS dans le cadre de la PNR, a été lancé en 2002 et devrait s'achever en 2010. Pour couvrir les dépenses allant de la recherche à la gestion et aux ressources technologiques, le gouvernement du Québec a investi environ 10 millions CAD de financements publics.
>
> *Source* : CEFRIO (2008), *Fiches de projet du CEFRIO*, rapport préparé pour l'OCDE.

Bien qu'elles aient ralenti la tendance, ces initiatives n'ont pas été à même de stopper les fermetures d'écoles sur le territoire essentiellement rural du Québec. Le principal obstacle est financier : le Québec paraît avoir pris la décision sociétale de maintenir et d'encourager l'accès à des services éducatifs de qualité sur tout son territoire mais cela a un coût et le Québec compte essentiellement sur les transferts fédéraux pour le financer. Or, l'éducation étant une responsabilité provinciale, cela peut être risqué. Il existe bien des mécanismes de péréquation fédéral-provincial inscrits dans la Constitution, pour permettre à chaque province d'offrir un niveau commun et raisonnable de services tels que l'éducation mais le niveau de financement reflète la situation financière relative des différentes provinces. En conséquence, le Québec ne peut influer directement sur le montant qu'il reçoit par le biais des mécanismes de péréquation. Le gouvernement fédéral joue toutefois un rôle majeur dans le financement des programmes de formation et des programmes d'enseignement postsecondaire.

3.4.4 Emploi et migrations

... tout en mettant en place une approche territoriale des problèmes de l'emploi et du marché du travail...

Le ministère de l'Emploi et de la solidarité sociale (MESS) du Québec met en oeuvre une approche territoriale. Il a déconcentré son offre de services au profit de 147 centres locaux d'emploi (CLE) répartis sur l'ensemble du territoire habité. Cependant, les CLE des régions rurales couvrent des territoires géographiques relativement vastes et relativement peu peuplés de sorte qu'il est beaucoup plus difficile d'offrir des services qui améliorent le marché du travail local. Les CLE travaillent avec les employeurs et la main d'œuvre à équilibrer l'offre et la demande d'emplois et à éviter les inadéquations de l'offre et de la demande sur le marché du travail local. Pour une plus grande cohérence, les CLE travaillent en bonne coordination avec les institutions de développement économique (CLD) et social présentes dans les régions rurales. Le MESS s'efforce d'instaurer un équilibre sur les marchés du travail locaux en luttant contre la pauvreté et l'exclusion sociale tout en soutenant les initiatives communautaires et le bénévolat local.

Un « pacte pour l'emploi » aide à la réalisation de ces objectifs au niveau local. Ce pacte, mis en œuvre via une commission décentralisée de partenaires du marché du travail, est un accord entre le gouvernement, les partenaires représentant les organisations syndicales, les employeurs, le secteur éducatif, le monde de l'entreprise et les organisations locales. Le pacte aide à coordonner les efforts de ses signataires autour d'objectifs similaires :

- **Améliorer l'accès au marché du travail pour ceux qui veulent travailler.** Cet objectif englobe des interventions en vue de mieux préparer les demandeurs d'emploi au marché du travail et d'aider les individus à entrer en relation avec des employeurs appropriés. Le pacte pour l'emploi encourage les activités de soutien et de formation pour les jeunes, les immigrants et les membres des minorités, ainsi que pour les membres de la population active souffrant d'handicaps physiques ou mentaux. Des programmes ont été également élaborés avec les écoles pour faciliter l'alternance travail-études et empêcher les jeunes de décrocher.

- **Rendre le travail plus rémunérateur.** Le pacte veut rendre l'emploi plus attractif pour les chômeurs en mettant en évidence les avantages du travail et en améliorant les revenus des travailleurs à bas revenus. Cet objectif est atteint grâce à différentes initiatives, depuis les exonérations fiscales pour les travailleurs à bas revenus, l'établissement et le suivi d'une législation du salaire minimum jusqu'à la mise au point de simulateurs des revenus de l'emploi permettant de montrer à ceux qui dépendent des prestations de l'aide sociale les avantages du travail et les revenus qu'il procure.

- **Améliorer la formation des travailleurs et la productivité des entreprises.** Cet objectif encourage la valorisation continue des compétences humaines en soutenant les possibilités de formation et en accordant des crédits d'impôts aux entreprises de certains secteurs. Le pacte pour l'emploi s'efforce d'accroître l'offre de possibilités de formation et de faire en sorte qu'elles soient disponibles dans l'ensemble du Québec, y compris les régions rurales. Les employeurs sont encouragés à reconnaître davantage les acquis des travailleurs en matière de formation.

- **S'adapter aux besoins spécifiques de la main d'oeuvre locale et régionale.** Des comités régionaux ont été constitués pour coordonner avec les acteurs locaux les efforts et les stratégies en matière d'emploi, de formation, de besoins des entreprises et de développement économique. Par le biais de ces comités sont élaborés un plan d'ajustement de la main d'oeuvre et un plan de gestion du travail prenant en considération les spécificités de chaque marché du travail régional. La coopération entre le secteur des entreprises et les écoles locales devrait encourager une main d'œuvre mieux préparée et offrir des opportunités aux étudiants de dernière année.

… et en luttant contre le déclin démographique via l'immigration des jeunes et des étrangers.

Si les mauvais résultats sur le plan professionnel ne sont pas un problème prédominant pour les jeunes canadiens, les jeunes qui vivent dans les régions rurales isolées et les jeunes issus des Premières Nations sont surreprésentés dans ce groupe (OCDE, 2008e). Il est important que les responsables des politiques publiques s'attaquent au problème en imaginant des programmes spéciaux de soutien des jeunes dans leur mobilité géographique afin de les aider à s'installer là où il existe des possibilités d'emploi et de mieux les informer sur les possibilités du marché du travail et sur les conditions de vie. A cet égard, le Québec met tout particulièrement l'accent sur la sensibilisation : plutôt que d'attendre que les jeunes se rendent dans les centres des services pour l'emploi, les politiques s'efforcent de les atteindre directement et de les aider dans leurs efforts.

Souhaitant améliorer les perspectives professionnelles et face à l'émigration des jeunes, le gouvernement du Québec a créé un Secrétariat à la jeunesse dont le mandat principal est d'assurer la cohérence des politiques affectant les jeunes, de coordonner les actions des différentes organisations de jeunes et d'assurer la mise en œuvre correcte de la politique du Québec destinée à la jeunesse. Parmi les principaux enjeux énoncés dans la deuxième édition de la Stratégie d'action jeunesse 2009-2014 du Secrétariat figurent également les régions. Les jeunes sont placés au cœur du développement régional pour alléger leurs problèmes dans les collectivités rurales. Les objectifs sont d'encourager une présence active des jeunes dans les régions et les institutions démocratiques locales, et de soutenir l'implication des jeunes des Premières Nations dans leurs communautés et dans la société québécoise. La stratégie a également mis en place des systèmes de crédits d'impôts pour les jeunes diplômés prenant un emploi dans des régions-ressources éloignées ; elle comprend un fonds d'investissement régional pour les jeunes qui soutient les projets conduits par des jeunes dans la région. Le Québec, comme tous les pays de l'OCDE, est tiraillé entre son désir d'encourager les jeunes à quitter les régions rurales pour avoir de meilleures perspectives de carrière et celui de chercher à les retenir au sein de la communauté pour assurer sa survie à long terme.

Le programme Place aux Jeunes est une initiative du Secrétariat à la jeunesse qui a des effets positifs dans les régions rurales. Ce programme d'assistance (voir encadré 3.11) a été créé pour stopper l'exode des jeunes et les aider à revenir dans les régions rurales en facilitant leur intégration dans la communauté. Dans 70 MRC, des agents de migration sont en charge de la mise en œuvre locale de cette approche. L'initiative mise sur une sensibilisation des possibilités de migration dans les régions rurales de manière à encourager davantage de jeunes à s'installer en résidence dans ces localités, à débuter leur carrière et au bout du compte à s'établir en milieu rural. Place aux Jeunes est une initiative innovante mais pour éviter d'éventuels doublons elle doit collaborer avec la Stratégie d'action jeunesse (SAJ) du gouvernement fédéral et avec sa composante le programme Connexion qui aide les jeunes (en particulier les jeunes des régions rurales) à franchir les multiples obstacles à l'emploi par le biais d'une assistance à long terme (OCDE, 2008e).

Encadré 3.11 **Pour stopper l'émigration des jeunes :** *Place aux Jeunes*

Place aux Jeunes du Québec (PAJQ) a été conçu pour s'attaquer aux facteurs particuliers qui conduisent les jeunes à quitter les régions rurales. L'initiative a été étendue à l'ensemble du Québec ; on compte aujourd'hui 70 MRC membres et un nombre important de partenaires qui soutiennent le programme.

La mission de PAJQ est d'encourager les jeunes à migrer dans les régions rurales, à s'installer en résidence dans ces collectivités et à y rester. Pour ce faire, PAJQ met en commun et coordonne les ressources et les capacités de ses nombreux partenaires ainsi que ceux des administrations municipales, régionales et provinciales. Son principal objectif est de stopper l'exode rural des jeunes vers les centres urbains. PAJQ vise également à favoriser l'engagement social des jeunes ruraux, à faciliter leur intégration professionnelle dans les régions rurales, à sensibiliser le public à l'impact local de l'émigration actuelle et à stimuler l'entrepreneuriat et la création d'entreprises par les jeunes.

Les activités encouragées par PAJQ prennent des formes diverses : des séjours exploratoires sont organisés pour amener les jeunes des villes dans les régions rurales où leur sont offertes des opportunités de mise en réseau avec des agents socioéconomiques, des entrepreneurs et des employeurs potentiels locaux. PAJQ met également en rapport les employeurs ruraux ayant des possibilités d'emploi et les jeunes désireux de migrer dans la région par l'intermédiaire du guichet emplois de son site *Accro des régions*. Un cyberbulletin s'adresse aux jeunes ruraux qui ont quitté leur communauté pour la ville. L'objectif est de faire en sorte que ces jeunes ne perdent pas le contact avec leur lieu d'origine. Le cyberbulletin fait un point sur l'actualité mais communique également des offres d'emploi et de services dans la région d'origine des lecteurs. Une autre activité de PAJQ consiste à travailler avec les adolescents des régions rurales afin d'orienter leurs études et leurs choix de carrière de manière à les rendre compatibles avec une vie professionnelle dans la région. Enfin, PAJQ organise des séances d'information dans les écoles, les universités, les organisations de jeunes et les agences de placement de la plupart des centres urbains pour promouvoir les régions rurales comme une destination alternative de carrière.

Selon le dernier rapport annuel de PAJQ (2007-2008), 875 jeunes ont participé cette année-là à des séjours exploratoires : 252 étaient des entrepreneurs potentiels. Le guichet emplois de PAJQ a proposé 16 431 offres et on estime à plus de 23 000 le nombre des adolescents sensibilisés par PAJQ à des carrières en milieu rural. Cette année, 965 jeunes ont décidé de migrer vers les régions rurales grâce à l'aide de PAJQ. Environ 802 d'entre eux ont migré pour prendre un emploi spécifique et 59 sont partis pour créer leur propre entreprise. Un peu plus de la moitié (501) des jeunes ayant migré en région rurale dans le cadre de PAJQ n'étaient pas originaires de la MRC dans laquelle ils ont migré.

Le gouvernement fédéral canadien s'est intéressé récemment au programme PAJQ et a reproduit l'expérience dans d'autres parties du Canada. Le Secrétariat rural (SR), en collaboration avec Patrimoine Canada a lancé des projets pilotes au Manitoba, en Nouvelle-Écosse et au Yukon. PAJQ est un conseiller actif dans le lancement de ces nouveaux projets.

Source : OCDE, Place aux Jeunes du Québec.

Parce que c'est l'immigration plutôt que l'accroissement naturel qui est le moteur de la croissance démographique au Québec, comme dans la plupart des pays hautement industrialisés, le Québec rural doit trouver le moyen de recruter, d'attirer et de garder un plus grand nombre d'immigrants. Si le Québec, qui a des pouvoirs législatifs importants en matière d'immigration[10], ne le fait pas, la structure démographique des régions rurales deviendra plus défavorable encore à la croissance. Des opportunités pourraient ne pas être exploitées par manque d'entrepreneurs et de main d'œuvre et le fossé persistant entre régions rurales et régions métropolitaines en matière de diversité ethnoculturelle se creuserait davantage. (Beaujot *et al.*, 2007). Pour contrer le phénomène qui a fait que l'essentiel de l'immigration internationale au du Canada s'est concentré dans les zones urbaines (voir Chapitre 1), les autorités législatives du Québec facilitent l'immigration dans les régions rurales en attirant les migrants internationaux qui ont des compétences commerciales, artisanales ou entrepreneuriales très recherchées dans ces régions. De même, la réduction de la fracture technologique urbaine-rurale grâce aux TIC modernes offre la possibilité d'atteindre de nouveaux groupes de migrants auparavant peu tentés de s'installer en milieu rural. Le gouvernement du Québec a élaboré des plans d'action régionaux qui aident les immigrants à avoir accès aux marchés du travail locaux. SRQ et certaines MRC ont établi une présence parmi les communautés d'émigrés des villes pour persuader les émigrés de deuxième génération de l'opportunité pour eux de s'établir en milieu rural.

Les efforts des pouvoirs publics pour attirer et intégrer les migrants peuvent être renforcés par une coordination accrue. En dehors des organismes gouvernementaux mentionnés ci-dessus, de nombreux acteurs n'ont pas encore considéré l'immigration comme un objectif essentiel. C'est particulièrement vrai pour les immigrants étrangers. En dépit des efforts du gouvernement pour promouvoir l'impact positif des migrations, la disponibilité à accueillir des immigrants d'origines ehniques et culturelles diverses n'est peut-être pas aussi grande que le suggère le gouvernement (Nieguth et Lacassagne, 2009). Les initiatives conduites tant au niveau fédéral qu'au niveau provincial complètent les efforts du MAMROT ; c'est le cas du rapport Bouchard et Taylor (2008), qui a fait prendre davantage conscience de l'impact de l'immigration et de la manière de tirer parti d'une plus grande diversité.

Notes

1. La baisse du nombre de municipalités est due aux fusions municipales.

2. Selon la Loi des producteurs agricoles de 1972, l'UPA a le droit exclusif de représenter la profession agricole au Québec. Sous certaines conditions, le syndicat peut collecter des droits et cotisations obligatoires auprès des agriculteurs (source : UPA).

3. Dans ce rapport, le terme de « communauté/collectivité » englobe les éléments connexes suivants : *i*) un territoire géographique spécifique, *ii*) les individus qui occupent ce territoire et *iii*) l'ensemble des relations sociales qui unissent ces individus. (Freshwater, 2004)

4. La « Journée de la ruralité » qui rassemble un large éventail d'acteurs impliqués dans le développement rural, met en lumière les réalisations les plus innovantes. Les Grands Prix de la ruralité sont décernés à des individus et à des organismes mais également à des initiatives prometteuses qui sont le résultat de la PNR. Les MRC peuvent se porter candidates pour l'organisation de cet événement.

5. Ces neuf villes sont Montréal, Québec, Laval, Gatineau, Longueuil, Sherbrooke, Saguenay, Lévis et Trois-Rivières.

6. Le groupe Desjardins est le plus grand groupe financier coopératif au Canada et, par ses actifs, la sixième plus grande institution financière du pays (2008). Il possède 513 caisses locales principalement implantées au Québec mais aussi en Ontario et des succursales affiliées au Nouveau-Brunswick et au Manitoba. Les caisses sont des entités juridiques autonomes avec une offre de services communs, des services partagés de soutien (TI et autres) et des mécanismes pour la stabilité financière. Les prêts à l'agriculture représentent une part importante de l'activité de Desjardins.

7. Les réglementations incluses dans la Loi sur la protection du territoire et des activités agricoles, adoptée en 1978 et amendée de manière importante en 1997, sont au cœur de la législation provinciale sur l'utilisation des terres. La loi est administrée par une Commission de la protection du territoire agricole du Québec (CPTAQ).

8. Le gouvernement encourage le regroupement des activités économiques par le biais de son projet ACCORD et des financements correspondants. Ce projet identifie et développe des grappes régionales d'excellence. Étant donné le caractère limité et souvent dispersé du Québec rural, un grand nombre de collectivités ne sont pas éligibles à l'approche ACCORD.

9. Alors que la « déconcentration » décrit le déplacement de certains pouvoirs de prise de décisions administratives vers des agents situés sur l'ensemble du territoire qui sont liés au pouvoir central par la subordination hiérarchique (au Québec, souvent les directions régionales), la « décentralisation » implique un transfert hiérarchique des responsabilités, y compris le contrôle des sources de financement, à des échelons inférieurs, une élection publique des dirigeants et une grande souplesse quant au choix et à l'affectation des compétences nécessaires (Arbour, 2007 et SRQ, 2006b).

10. La Loi constitutionnelle canadienne donne au gouvernement fédéral et aux provinces des pouvoirs législatifs concurrents en matière d'immigration. Toutefois, avec l'Accord Canada-Québec de 1991, le Québec a obtenu la responsabilité de la sélection, de l'accueil et de l'intégration des immigrants au Québec ; il a alors appliqué ses propres critères de sélection et mis fortement l'accent sur la création de centres pour l'apprentissage de la langue française.

Bibliographie

Arbour, A. (2007), « Régionalisation : déconcentration et/ou décentralisation », *http://politiqueregionale.blogspot.com/2007/07/rgionalisation-dconcentration-etou_12.html*.

Beaujot, R., K. McQuillan et Z. Ravanera (2007), « Population Change in Canada to 2017 and Beyond: The Challenges of Policy Adaptation », *Horizons*, Policy Research Initiative, vol. 9, n°4, gouvernement du Canada.

Bouchard, G. et Ch. Taylor (2008), *Fonder l'avenir. Le temps de la conciliation*, Commission de consultation sur les pratiques d'accommodement reliées aux différences culturelles, gouvernement du Québec, Québec.

Castonguay, C. (2008), « En avoir pour notre argent. Des services accessibles aux patients, un financement durable, un système productif, une responsabilité partagée », rapport du Groupe de travail sur le financement du système de santé, gouvernement du Québec.

CEFRIO (2008), *Netendances 2008, Évolution de l'utilisation d'Internet au Québec depuis 1990*, *www.cefrio.qc.ca/fichiers/documents/publications/NETendances (depliant).pdf*

Freshwater, D. (2004), *Local Development and the Roles of Community*, rapport contractuel préparé pour le ministère de l'Agriculture et de l'agroalimentaire du Canada, Ottawa.

Girard, J.P. (2009), « Solidarity Co-operatives (Quebec, Canada): How Social Enterprises can Combine Social and Economic Goals », in OCDE, *The Changing Boundaries of Social Enterprises*, OCDE, Paris.

GQ (gouvernement du Québec) (1983), *Le choix des régions*, gouvernement du Québec, Québec.

GQ (2001), *Politique nationale de la ruralité. Une vision d'avenir*, gouvernement du Québec, Québec.

GQ (2006a), *Politique nationale de la ruralité 2007-2014. Une force pour tout le Québec*, gouvernement du Québec, Québec.

GQ (2006b), *Plan de soutien au secteur forestier*, gouvernement du Québec, Québec, *www.mrnf.gouv.qc.ca/forets/evolution/evolution-soutien.jsp*.

GQ (2007), *Éléments d'évaluation de la Politique Nationale de la Ruralité 2002-2007. Éléments de suivi de la politique 2007-2014*, ministère des Affaires municipales et des régions, Québec.

GQ (2009a), *Bilan triennal des centres locaux de développement 2004-2006*, ministère du Développement économique, de l'innovation et de l'exportation, Québec.

GQ (2009b), *Rapport annuel de gestion 2008-2009*, ministère des Affaires municipales, des régions et de l'occupation du territoire, Québec.

Grescoe, T. (2000), *Sacré Blues. An Unsentimental Journey through Québec*, Macfarlane Walter & Ross, Toronto.

Groupe CNW (2009), « Équipe spéciale Canada-Québec sur le secteur forestier - 200M$ pour aider les travailleurs et les communautés à faire face à la crise », *www.newswire.ca/en/releases/archive/May2009/15/c4509.html*.

Hélimax (2004), *Étude sur l'évaluation du potentiel éolien, de son prix de revient et des retombées économiques pouvant en découler au Québec*, Dossier R-3526-2004, Montréal.

Jean, B. (2002), « Les territoires ruraux dans la modernité avancée et la recomposition des systèmes ruraux », *Estudos Sociedade e Agricultura*, vol. 18, pp. 5-27.

Jean, B. (2006), « The study of rural communities in Quebec: from the 'folk society' monographic approach to the recent revival of community as place-based rural development », *Journal of Rural and Community Development*, vol. 1, n°2, pp. 56-68.

Jean, B. et S. Dionne (2007), « La ruralité entre les appréciations statistiques et les représentations sociales : comprendre la reconfiguration socio-spatiale des territoires ruraux québécois », Norois, n°202, 2007/1.

Jetté-Nantel, S. (2008), *Québec's National Policy on Rurality*, AEC-640, automne 2008.

Nieguth, T. et A. Lacassagne (2009), « Contesting the Nation: Reasonable Accommodation in Rural Quebec », *Canadian Political Science Review*, vol. 3, n°1, pp. 1-16.

OCDE (Organisation de co-opération et de développement économiques) (2001), *Multifonctionnalité: Élaboration d'un cadre analytique*, OCDE, Paris, *http://dx.doi.org/10.1787/9789264292178-fr*.

OCDE (2002), *Examens territoriaux de l'OCDE : Canada*, OCDE, Paris, *http://dx.doi.org/10.1787/9789264276307-fr*.

OCDE (2006), *Le nouveau paradigme rural : Politiques et gouvernance*, OCDE, Paris,*http://dx.doi.org/10.1787/9789264023932-fr*.

OCDE (2007), *OECD Rural Policy Reviews: Mexico*, OCDE, Paris, *http://dx.doi.org/10.1787/9789264011687-en*.

OCDE (2008a), *OECD Rural Policy Reviews: Netherlands*, OCDE, Paris, *http://dx.doi.org/10.1787/9789264041974-en*.

OCDE (2008b), *OECD Rural Policy Reviews: Finland*, OCDE, Paris, *http://dx.doi.org/10.1787/9789264041950-en*.

OCDE (2008c), *Études économiques de l'OCDE : Canada 2008*, OCDE, Paris, *http://dx.doi.org/10.1787/eco_surveys-can-2008-fr*.

OCDE (2008d), *Jobs for Youth/Des emplois pour les jeunes : Canada*, OCDE, Paris, *http://dx.doi.org/10.1787/9789264046726-fr*.

OCDE (2008e), *Politiques agricoles des pays de l'OCDE 2008 : Panorama*, OCDE, Paris, *http://dx.doi.org/10.1787/agr_oecd-2008-fr*.

OCDE (2009a), « Farmland Conversion: The Spatial Dimension of Agricultural and Land Use Policies », Groupe de travail sur l'Agriculture et l'Environnement, COM/TAD/CA/ENV/EPOC(2008)18/FINAL

OCDE (2009b), *OECD Rural Policy Reviews: China*, OCDE, Paris, *http://dx.doi.org/10.1787/9789264059573-en*.

OCDE (2009c), *OECD Rural Policy Reviews: Spain*, OCDE, Paris, *http://dx.doi.org/10.1787/9789264060074-en*.

OCDE (2009d), *OECD Rural Policy Reviews: Italy*, OCDE, Paris, *http://dx.doi.org/10.1787/9789264056237-en*.

OCDE (2009e), *How Regions Grow: Trends and Analysis*, OCDE, Paris, *http://dx.doi.org/10.1787/9789264039469-en*.

OCDE (2009f), « Questionnaire for the Integration of the Background Report », document de travail interne de la Direction de la Gouvernance publique et du développement territorial, OCDE, contenant des informations fournies par le MAMROT.

Ouimet, B. (2009), *Protection du territoire agricole et développement régional. Une nouvelle dynamique mobilisatrice pour nos communautés*, rapport remis au ministre de l'Agriculture, des pêcheries et de l'alimentation du Québec, avril 2009.

Pacom, D. (2001), « Being French in North America: Québec culture and globalization », *American Review of Canadian Studies*, vol. 31.

Petrick, M. (2006), « Why and How Should the Government Finance Public Goods in Rural Areas? A Review of Arguments », Leibniz Institute of Agricultural Development in Central and Eastern Europe, *http://ageconsearch.umn.edu/bitstream/14961/1/cp06pe03.pdf*.

Pronovost (2008), *Agriculture et agroalimentaire : assurer et bâtir l'avenir. Propositions pour une agriculture durable et en santé*, rapport de la Commission sur l'avenir de l'agriculture et de l'agroalimentaire québécois, janvier 2008.

Saint-Pierre, M.R. (2009), *Une nouvelle génération de programmes de soutien financier à l'agriculture. Pour répondre aux besoins actuels et soutenir l'entrepreneuriat*, ministère du Conseil executive.

SRQ (Solidarité rurale du Québec) (2006a), *Avis pour une nouvelle Politique nationale de la ruralité*, Solidarité rurale du Québec, Nicolet (Québec).

SRQ (2006b), « En quoi consiste une décentralisation démocratique ? », Vincent Lemieux, 14e Conférence nationale de Solidarité rurale du Québec, *http://agora.qc.ca/colloque/solidariterurale.nsf/Conferences/En_quoi_co nsiste_une_decentralisation_democratique__Vincent_Lemieux*.

Annexe 3.A1

Tableau 3.A1.1 **Dépenses ministérielles ciblées sur les territoires et les résidents ruraux, en millions de CAD**

Ministères et organismes	2001			2006		
	Rural[1]	% du total rural	Total[2]	Rural[1]	% du total rural	Total[2]
Affaires municipales, Régions et Occupation du territoire (MAMROT)	138	2.18	1 475.1	208.3	2.59	1 519.0
Agriculture, Pêcheries et Alimentation (MAPAQ)	192	3.03	651.3	229.9	2.86	693.2
Culture, Communications et Condition féminine (MCCCF) (culture)	39.3	0.62	491.3	39.1	0.49	598.2
MCCCF (femmes)	0.6	0.01		0.6	0.01	
Développement économique, Innovation et Exportation (MDEIE) (CLD)	22.2	0.35	206.6	21.5	0.27	519.2
MDEIE (FLI)	n.d.	n.d.		3.0	0.04	
MDEIE (entreprises)	n.d.	n.d.		51.6	0.64	
Éducation, Loisir et Sport (MELS), (éducation)	3 652	57.59	10 621.9	4 387	54.65	12 638.0
MELS (loisir)	3.6	0.06		3.6	0.04	
Emploi et Solidarité sociale (MESS)	204.3	3.22	4 066.8	183.2	2.28	4 084.7
Santé et Services sociaux (MSSS)	1 583	25	17 197.9	1 979.0	24.65	22 452.5
Ressources naturelles et Faune (MRNF)[3]	158.7	2.5	382.2	149.2	1.86	462.8
Tourisme (MTO)	9.8	0.15	65.6	20.7	0.26	143.4
Transports (MTQ)	168.6	2.66	1 412.2	493.8	6.15	2 003.7
Jeunesse (SAJ)	n.d.	n.d.	9.3	7.6	0.09	9.4
Habitation (SHQ)[3]	168.9	2.66	248.7	210.7	2.62	340.5
Infrastructures locales (SOFIL)	n.d.	n.d.	n.d.	38.7	0.48	148.9
Total	**6 341**	**100**	**36 828.9**	**8 027.5**	**100**	**45 613.5**
Variation 2006/2001					*+26.6 %*	*+23.9 %*

1. Les dépenses ciblées sur les territoires et les résidents ruraux incluent les secteurs de soutien suivants, par ministère : MAMROT – infrastructures, éco-village, développement régional et rural, et soutien financier pour les municipalités ; MAPAQ – activités agricoles et agro-alimentaires, pêcheries et aquaculture ; MCCCF – amélioration de l'offre culturelle, crédits réguliers pour les directions régionales, égalité homme-femme et amélioration de la condition féminine ; MDEIE – financement CLD, prêts des FLI aux CLD, entreprises, innovation et développement des marchés ; MELS – services d'enseignement, unités régionales de loisir et personnes handicapées ; MESS – emploi et entreprises ; MSSS – services de santé et développement communautaire ; MRNF – exploitation des ressources naturelles (principalement forestières) ; MTO – projets touristiques des entreprises et des associations ; MTQ – réseau routier, réseaux terrestres, maritimes et aériens ; SAJ – initiatives ciblées sur les besoins et l'engagement civique des jeunes, Place aux Jeunes ; SHQ – logement et habitation (y compris les dépenses fédérales) ; SOFIL – infrastructures locales et rurales.

Tableau 3.A1.1 **Dépenses ministérielles ciblées sur les territoires et les résidents ruraux** (*suite*)

2. Les dépenses totales représentent les dépenses incluses dans les comptes publics, volume 2, publiés chaque année par le ministère des Finances. Elles englobent toutes les dépenses ministérielles pour une année donnée. Les contributions du gouvernement fédéral canadien ne sont pas prises en compte. Outre les dépenses ciblées sur les territoires et les résidents ruraux et urbains et les dépenses ministérielles internes, les dépenses totales englobent également (selon la mission ministérielle et la composition du portefeuille) : les dépenses financières (service de la dette) les transferts aux sociétés d'Etat et organismes ministériels (comme la Financière agricole du Québec), les commissions, les centres de recherche et de technologie, les musées et les établissements d'enseignement ; les montants attribués à un fonds national (comme celui du patrimoine) ou à un fonds de recherche ; le soutien financier aux étudiants (bourses d'études) ; les transferts aux régimes publics de retraite ; les dépenses au système de santé publique, etc.

3. Les dépenses du ministère des Ressources naturelles et de la faune (MRNF) font référence à l'année 2004 et non pas à 2006. Elles n'incluent pas les mesures de soutien du secteur forestier décidées dans le cadre des mesures de relance prises en réaction à la crise du secteur forestier. Les dépenses de la Société d'habitation du Québec (SHQ) se réfèrent aux années 2003 et 2007 respectivement et englobent certains transferts en provenance du niveau fédéral.

Source : MAMROT.

Chapitre 4

Recommandations

Ce chapitre traite des problèmes critiques exposés dans l'évaluation des politiques publiques au Chapitre 3. Il fait un certain nombre de recommandations, apporte un complément d'informations sur les bonnes pratiques actuelles au Québec et montre, à partir d'exemples internationaux spécifiques, comment d'autres pays parviennent à relever des défis analogues à ceux auxquels le Québec est confronté.

Points clés

- **L'accord actuel de gouvernance pour la politique rurale est bien ancré mais nécessite probablement une série d'ajustements.** L'intégration institutionnelle de la Politique nationale de la ruralité (PNR) dans le développement économique et entrepreneurial rendrait l'approche plus globale. Elle devrait s'accompagner d'incitations plus fortes à une modulation des politiques provinciales, d'une prise en compte de l'impact sur les territoires ruraux, d'un suivi et d'une évaluation externes de la politique rurale. L'intégration des politiques sectorielles requiert un renforcement des responsabilités fonctionnelles au niveau supralocal. Elle devrait inclure une plus grande diversification des sources de revenus pour les administrations locales et permettre aux MRC de concevoir et mettre en oeuvre des interventions territoriales. Enfin, la collaboration avec le niveau fédéral devrait être facilitée à l'échelon local.

- **Une gouvernance renforcée favoriserait la mise en oeuvre d'interventions ciblées pour encourager le développement des régions moins favorisées :** *i*) Amélioration de la résilience régionale aux chocs exogènes. Cela s'impose en particulier pour les collectivités reposant sur l'exploitation des ressources naturelles et à industrie unique. Les régions moins favorisées et en déclin devraient être intégrées dans un processus plus large de transition communautaire. *ii*) Renforcement des secteurs existants et des secteurs émergents. Ce renforcement nécessiterait de s'efforcer de tirer parti d'une agriculture et d'autres activités primaires modifiées tout en appuyant le développement des secteurs émergents comme les énergies renouvelables, le tourisme rural et l'arrivée de retraités. *iii*) Diversification de l'économie rurale. Pour atteindre cet objectif, il convient d'améliorer les facteurs de production. L'utilisation des terres devrait être plus souple dans les régions essentiellement rurales et impliquer les collectivités locales dans sa planification ; elle devrait permettre le développement des activités productives à la ferme et hors ferme. La diversification devrait également profiter de la présence d'une main d'oeuvre qualifiée dans les régions rurales. Il faudrait attirer et retenir le capital humain ou en créer par une formation ciblée.

- **Une politique rurale intégrée devrait également promouvoir une utilisation durable des aménités rurales et apporter des réponses aux différents enjeux environnementaux.** Par exemple, l'urbanisation des régions rurales situées dans la frange urbaine pose des problèmes tournant autour de la compétition pour les sols, de la congestion et de l'agriculture intensive. Ces enjeux imposent de se concentrer plus fortement sur la protection des paysages et des terres de valeur. Inversement, les régions rurales éloignées risquent d'être perçues par la société comme des territoires à exploiter et non pas comme offrant des avantages comparatifs à l'intérieur d'une économie régionale. Il est probable que les autorités du Québec devront s'attaquer à ces problèmes en impliquant plus fortement les collectivités locales.

Introduction

La politique rurale actuelle fait consensus car elle s'inscrit dans une vision sociétale plus large

L'exemple du Québec montre que pour qu'une politique rurale donne des résultats, il est essentiel qu'elle s'inscrive dans la vision sociétale plus large d'un pays ou d'une région. Cet enseignement simple mais important qu'il convient de tirer de l'analyse de la politique rurale du Québec pourrait améliorer grandement la formulation des politiques rurales d'autres provinces ou d'autres pays membres de l'OCDE. La situation décrite n'est pas spécifique à la politique rurale et elle n'est pas nouvelle pour les théoriciens des politiques publiques. Mais bien trop souvent des initiatives innovantes en matière de développement rural ne sont pas pleinement efficaces car elles ont été conçues séparément et ne s'inscrivent pas dans un plan sociétal plus vaste ne se limitant pas à la population rurale. Trop souvent, l'appropriation d'une politique publique est confinée au sein du ministère ou de l'organisme public qui l'a conçue. Il est alors difficile pour d'autres pans du gouvernement et de la société civile de comprendre l'objet d'une telle politique et de partager l'enthousiasme que suscite sa mise en œuvre, ce qui limite la probabilité pour qu'ils y adhèrent. Cela rend également difficile une mobilisation de l'ensemble de la population (et essentiellement de la population urbaine) en faveur de cette politique.

Il est donc indispensable qu'une société ait au préalable une vision largement partagée et suffisamment forte pour stimuler l'appropriation de cette vision et fédérer les intervenants autour d'objectifs partagés. Ensuite, le rôle joué par les régions rurales dans la réalisation de ces objectifs et la contribution du développement rural à une vision partagée de la société doivent être aisément identifiables et bien compris par la population et par ses administrateurs publics. On peut faciliter les choses en donnant un rôle de premier plan aux acteurs du monde universitaire et de la société civile impliqués dans le développement rural, comme cela a été fait avec succès au Québec. L'importance que la PNR accorde à la société civile et au monde universitaire se reflète dans la politique rurale mise en œuvre en Finlande, autre exemple réussi d'appropriation des politiques publiques analysé dans OCDE, 2008b. Ces deux exemples montrent qu'une politique rurale est performante lorsqu'elle voit dans la société civile et le monde universitaire non seulement des apporteurs de savoirs locaux et techniques mais aussi des participants actifs, aux côtés des pouvoirs publics, à la mise en œuvre des programmes.

De plus, l'importance que la politique rurale du Québec attache au développement des capacités sociales et collectives est innovante et unique au Canada. Le fait de voir dans le capital social et le renforcement des capacités un préalable à un développement économique durable est cohérent car l'expérience des programmes de développement des collectivités (PDC) du gouvernement fédéral a montré que les projets de développement économique sont particulièrement efficaces lorsqu'ils sont en mesure de créer ou de renforcer le sentiment de communauté locale (Freshwater, 2004). On trouve dans les pays de l'OCDE de nombreux exemples de gouvernements dont les efforts pour stimuler l'activité économique par des investissements coûteux dans des secteurs particuliers, ont échoué. De nombreux projets lancés au niveau local et supralocal avec des fonds décentralisés provenant de la PNR créent au sein des collectivités locales les conditions sociales qui permettront d'éviter de dépenser des sommes considérables pour des programmes sectoriels voués à l'échec. Par ailleurs, les projets peuvent donner aux jeunes et aux migrants la possibilité de développer des initiatives propres, ce qui est particulièrement précieux pour les collectivités rurales en déclin démographique et pour celles dans lesquelles les jeunes ont des difficultés à trouver des perspectives d'avenir prometteuses.

Pour bon nombre de régions et de petites villes, le renforcement de la capacité sociale au niveau local et supralocal est une réaction cohérente aux baisses des dépenses de service public. Des partenariats locaux favorisés par les mesures gouvernementales peuvent faciliter l'offre de différents services que les pouvoirs publics n'offrent plus. C'est particulièrement vrai dans les localités en déclin économique comme les nombreuses collectivités dépendant de l'exploitation des ressources naturelles et à industrie unique.

4.1 Gouvernance inclusive

La gouvernance devrait intégrer les politiques rurales en faveur du développement économique et social…

La politique rurale du Québec devrait intégrer davantage les responsabilités en matière de développement territorial et communautaire et les responsabilités en matière de développement économique et entrepreneurial. Ces autorités hautement interdépendantes sont au cœur des politiques rurales de nombreux pays de l'OCDE. En les séparant, la PNR ne permet pas l'atteinte d'une efficacité optimale, compte tenu notamment du faible degré de différenciation de la base économique dans certaines parties du Québec rural (voir Chapitre 2). Si cette séparation se justifiait probablement dans le passé lorsque le principal obstacle au développement était l'insuffisance de capacités des collectivités, les effets de la première et de la deuxième PNR ont suffisamment relevé le niveau de capital social pour permettre la réintégration des deux courants du développement. Un organisme gouvernemental unique ayant une approche territoriale devrait être responsable à la fois du développement social en milieu rural et du développement économique local. Bien que la place de la politique rurale dans l'action gouvernementale fasse débat depuis bien longtemps dans les pays de l'OCDE (voir encadré 4.1), dans le cas du Québec, un dispositif de ce type pourrait favoriser une structure de gouvernance plus globale. L'intégration permettrait également aux CLD de revenir dans le giron d'un ministère en charge des politiques de développement régional et de la PNR, comme cela était le cas dans la structure de l'ancien ministère des Régions. La tâche des agents de développement rural, dont la fonction est de jeter des ponts entre le développement social et le développement économique, s'en trouverait facilitée. Même si les MRC essayent de lier les deux approches, une contrepartie institutionnelle intégré pour les autorités locales améliorerait la gouvernance. Une fois les politiques intégrées, les MRC pourraient être placées au coeur d'une vaste stratégie de développement rural, ciblée sur les liaisons rural-urbain, les collectivités monoindustrielles et la compétitivité rurale et permettant aux agents ruraux de travailler sur une base plus globale.

> **Encadré 4.1 La place de la politique rurale**
>
> Dans de nombreux pays de l'OCDE, la place de la politique rurale dans l'action gouvernementale fait débat depuis bien longtemps. Les discussions sur l'importance administrative, le budget et les outils de la politique rurale ont bien souvent permis de trouver les meilleures solutions de rechange. Ces résultats ont été influencés par l'inertie des mécanismes administratifs ou par des règles de financement définies de manière exogène (comme dans le cas des pays membres de l'UE qui reçoivent les fonds pour le développement rural dans le cadre du « deuxième pilier » de la PAC). De nombreux pays ont créé une division en charge du développement rural au sein du ministère de l'Agriculture, qui s'occupe traditionnellement des régions rurales (par exemple, le Secrétariat rural au sein de l'AAC au Canada ou le sous-secrétariat au développement rural au sein du Department of Agriculture américain). Dans ce dispositif, les ministères sont fortement incités à avoir des comportements traditionnels ne se souciant pas de la dimension intersectorielle du développement rural. Cette tendance est renforcée par le fait que les intérêts agricoles sont souvent mieux organisés que les intérêts du développement rural. D'autres pays ont créé un nouvel organisme ayant un champ d'action élargi et une compétence explicite pour les politiques de développement rural ou ont affecté cette compétence à un autre ministère. On trouve une illustration du premier cas au Royaume-Uni avec le DEFRA, ministère en charge de l'environnement, de l'alimentation et des questions rurales, et en Espagne avec le ministère de l'Environnement et du milieu rural et marin issu de la fusion du ministère de l'Agriculture et du ministère de l'Environnement. On trouvera une illustration du second en Australie où le DOTARS (*Department of Transport and Regional Services*) est en charge de la politique régionale (rurale).
>
> Source : OCDE (2006), *Examens de l'OCDE des politiques rurales. Le nouveau paradigme rural : Politiques et gouvernance*, OCDE, Paris et OCDE (2008), *OECD Rural Policy Reviews: Finland*, OCDE, Paris.

D'un point de vue connexe, la politique devrait devenir plus inclusive à l'égard du secteur privé et des organisations actuellement exclues des projets de financement des pactes ruraux. En principe, la politique rurale du Québec est ancrée dans le territoire et multisectorielle, conforme dans l'ensemble au Nouveau paradigme rural de l'OCDE. Elle a déjà fait un grand pas en incluant la participation interministérielle et pluridisciplinaire dès la conception de la politique. Mais, au-delà des initiatives privées prises dans les laboratoires ruraux et à travers le financement des produits de spécialité, il faut s'efforcer d'obtenir que le secteur privé et ses acteurs institutionnels du monde de l'entreprise et de l'agriculture s'engagent dans la réalisation des objectifs de la PNR. La politique rurale devrait être plus inclusive à l'égard des entreprises rurales et des organisations agraires afin de soutenir les collectivités rurales et de permettre aux acteurs privés d'aider à la transformation de nouvelles capacités en entrepreneuriat accru et à l'exploitation des opportunités économiques. La participation des acteurs privés aux approches prometteuses de pactes ruraux et aux mesures liées à l'innovation comme les laboratoires ruraux et les produits de spécialité, devrait être encouragée et mieux intégrée aux politiques de développement des entreprises qu'elle ne l'est actuellement avec l'approche plutôt passive des CLD.

Les laboratoires ruraux suivent souvent une approche expérimentale mais du fait de leur composante de partage des connaissances, ils peuvent avoir une valeur structurante pour le développement rural futur. Etant donné qu'ils soutiennent de nombreux projets indépendants disséminés sur l'ensemble du territoire rural, les laboratoires doivent être considérés comme des expérimentations. Pourtant, de nombreux projets ont une importante valeur structurante, tant pour tester la viabilité des idées que pour encourager les individus et les collectivités rurales à mener une réflexion sortant des sentiers battus. Les efforts d'amélioration des liens entre les laboratoires, annoncés par le gouvernement pour 2010, seront importants pour encourager le partage de connaissances et développer les opportunités commerciales. Dans la mesure où l'innovation est un processus de longue haleine dont l'effet positif sur la croissance régionale n'apparaît qu'au bout de plusieurs années (OCDE, 2009g), le partage de connaissances peut avoir des effets bénéfiques importants sur une période plus longue. A cet égard, la période de sept ans prévue pour la deuxième PNR est bien utile car elle donne aux effets de l'innovation le temps d'émerger. De nombreux pays de l'OCDE ont en commun une certaine difficulté à détecter les nouvelles opportunités économiques pour les régions rurales, et les laboratoires sont une voie prometteuse pour y parvenir.

... tandis que les interventions des pouvoirs publics en milieu rural doivent être modulées.

En incluant les engagements effectifs des autres ministères à l'égard de la deuxième PNR, le Québec est sur la bonne voie. S'inspirant de l'exemple finlandais, la politique québécoise s'efforce de trouver un juste milieu entre l'engagement des ministères sectoriels orientés vers les régions rurales (« grand plan ») et le ciblage sur des régions rurales spécifiques disposant de ressources financières relativement limitées (« politique de niche »). Contrairement à certains pays de l'OCDE comme le Mexique ou l'Espagne[1], dont les lois sur le développement rural durable impliquent d'autres ministères au stade de la coordination et de la mise en œuvre de la politique rurale (ce qui est déjà une avancée par rapport à d'autres pays), le Québec a choisi d'impliquer pleinement les ministères dès le stade de la conception et de la planification des politiques. Cela témoigne d'une meilleure compréhension des principes d'action en faveur du compromis et de l'appropriation. En conséquence, lorsqu'on donne dès le départ un caractère transministériel à la politique rurale, on peut mieux intégrer les préoccupations et les perspectives des autres ministères et, ce faisant, améliorer sa cohérence et la probabilité pour que les engagements interministériels soient honorés.

Pour optimiser les ressources publiques, la conception et la mise en oeuvre des politiques doivent prendre en compte le contexte particulier des régions rurales. On entend par là la grande hétérogénéité des régions rurales en termes de population, de densité, de taille et d'éloignement entre les collectivités. Des enseignements précieux peuvent être tirés du Comité de la politique rurale en Finlande, du programme de la Lentille rurale au Canada et du « rural proofing », mécanisme d'évaluation de l'impact territorial des politiques publiques en Angleterre (voir encadré 4.2). Ces trois pays ont fait oeuvre de pionniers en adoptant un mécanisme de modulation qui contrôle l'adaptabilité de la législation aux spécificités rurales. Mais ils ont également expérimenté les limites de leurs approches respectives. Les enseignements tirés de ces cas et bien d'autres ont montré que l'adaptation transministérielle doit intervenir à un stade précoce du processus d'élaboration des politiques et qu'elle aura de la substance si l'un des membres du cabinet ministériel a la force politique d'insister sur une évaluation et un examen de la ruralité à l'intérieur de chaque document d'orientation. Ces derniers temps, le Québec a bénéficié du fait que son ministre des Affaires municipales, des Régions et de l'Occupation du territoire était également vice-Premier ministre. Cette combinaison de fonctions a fait du MAMROT une force plus puissante politiquement que si le ministre n'avait pas eu cette double casquette.

Au Québec, un processus d'évaluation via la modulation des politiques émanant d'autres ministères devrait devenir plus efficace. A travers la clause de modulation et le comité rural interministériel, la nécessité d'une coordination horizontale a été prise en compte et de nombreux programmes et politiques sectoriels ont été adaptés avec flexibilité aux conditions des différentes régions rurales. Il convient de signaler que le comité interministériel est présidé et contrôlé par une institution non sectorielle ayant une approche de politique territoriale. Toutefois, la coordination n'a pas encore été complètement mise en oeuvre. Jusqu'ici, certains efforts du MAMROT se sont heurtés à la résistance d'autres ministères. Comme cela a déjà été mentionné dans le document de la PNR mais pas encore appliqué, les ministères devraient être tenus de prendre en compte l'impact des nouvelles politiques et des nouveaux programmes sur les territoires ruraux dans le comité interministériel. D'autres pays de l'OCDE ont également constaté que les ministères tendent à se montrer réticents à obtempérer aux requêtes émanant de l'un de leurs pairs, en particulier si elles impliquent des dépenses supplémentaires. De plus, un débat est en cours dans de nombreux pays sur le point de savoir s'il faut se concentrer sur une évaluation *ex ante* (intégration systématique des politiques publiques et évaluation de leur impact sur les zones rurales) effectuée par chaque organisme gouvernemental au stade de la conception des politiques ou sur une évaluation régionale et rurale *ex post* effectuée par une agence spécifique, interne ou externe (voir encadré 4.2). Dans certains pays, des mécanismes dans lesquels la responsabilité des évaluations est confiée à des organisations ne relevant pas de l'autorité directe d'un ministère spécifique, ont été mis en place. Au Québec, un ministre fort ou une organisation ayant une « autorité morale » sur chaque organisme gouvernemental comme le Bureau du Premier ministre peut avoir plus de réussite dans la mise en oeuvre d'une évaluation *ex ante*. L'organisme consultatif rural SRQ et les autres partenaires pourraient fournir une évaluation *ex post*, alors qu'il leur serait impossible d'avoir accès aux documents du cabinet ministériel pour une évaluation *ex ante*. Il se peut également que SRQ ait quelque difficulté à s'attaquer à des sujets liés à un développement régional plus large ou aux liaisons rurales-urbaines.

Le Québec doit renforcer le pouvoir politique supralocal…

Il faut renforcer la responsabilité fonctionnelle du niveau supralocal au centre des stratégies de développement territorial tout en gardant présent à l'esprit le rôle des CRÉ. La planification stratégique locale participative est l'un des outils les plus précieux dont on dispose pour le développement rural. Elle a montré son efficacité pour accroître la capacité des collectivités rurales à optimiser les atouts locaux et à fédérer autour d'objectifs spécifiques de développement. En conséquence, un nombre croissant de politiques sectorielles affectant le développement rural et territorial incorpore dans leurs programmes des exercices de planification stratégique publique. Les collectivités locales et leurs institutions commencent à être saturées d'exercices d'élaboration de vision et de plans stratégiques. L'utilisation excessive d'un outil de ce type risque de lasser les participants, donc de réduire la participation des citoyens et d'amoindrir sa puissance car les participants commencent à percevoir la planification stratégique comme un fardeau bureaucratique. Le Québec peut éviter cet écueil en centralisant la stratégie, la conception et la mise en oeuvre des politiques, et l'évaluation du développement local global sous la coordination du niveau administratif supralocal tout en gardant à l'esprit que pour la conception et la mise en œuvre de certaines politiques de développement territorial, les régions

> ### Encadré 4.2 **Intégration systématique des politiques publiques et modulation dans les pays de l'OCDE**
>
> Plusieurs pays de l'OCDE ont mis en place des mécanismes à même *i*) de renforcer la cohérence des politiques sectorielles par le biais d'une évaluation ministérielle *ex ante* (*policy mainstreaming*), ou *ii*) d'évaluer l'impact des décisions des différents ministères pour les régions rurales à travers une évaluation *ex post* (*rural proofing*) effectuée par une agence spécifique. L'objectif global est d'attirer l'attention sur les besoins spécifiques des régions rurales et de les intégrer dans le processus décisionnel du gouvernement central dans les différents secteurs.
>
> **Le *rural proofing* et la *Commission for Rural Communities* (Angleterre, RU)**
>
> Lancé en Angleterre au début des années 2000, le *rural proofing* est un processus d'évaluation de l'impact sur les collectivités rurales d'une décision politique, de sa conception et de sa mise en œuvre, entrepris par les différents ministères. Par le biais d'un rapport annuel que publie la *Commission for Rural Communities* (CRC), organisme indépendant de surveillance, la connaissance du *rural proofing* et l'intérêt pour ce processus sont véhiculés par le gouvernement central et deviennent un outil d'analyse et d'amélioration des services pour les autorités locales, qui sensibilise les organismes du secteur public aux problèmes ruraux. A la tête de la CRC, un « avocat » sans pouvoir exécutif de la ruralité a autorité pour soumettre directement au Bureau du Premier ministre des preuves de l'impact des politiques. Toutefois, l'absence dans le *rural proofing* d'indicateurs permettant d'évaluer les progrès accomplis a été critiquée. Des critères clairs restent à élaborer pour juger du succès du *rural proofing*.
>
> **Le système de la Lentille rurale (Canada)**
>
> Mise en place à la fin des années 90, la Lentille rurale comporte une liste de points à examiner pour déterminer si une nouvelle initiative ou un nouveau programme s'attaque aux priorités du monde rural (par exemple en demandant comment les avantages d'une initiative pour la population rurale canadienne peuvent être maximisés par des mesures telles que la coopération avec d'autres partenaires, l'élaboration de solutions locales pour les problèmes locaux ou une souplesse dans la prise de décision). Les autorités responsables de la Lentille rurale peuvent conseiller le ministre de l'Agriculture et de l'Agroalimentaire (AAC) à savoir s'il faut ou non encourager une nouvelle initiative du cabinet ministériel. La Lentille rurale a partiellement réussi car elle a entraîné des changements dans plusieurs ministères fédéraux qui ont amélioré leur offre de services aux régions rurales. Toutefois, l'expérience montre également qu'il est crucial de procéder à l'examen interministériel au début du processus. Le mécanisme de la Lentille rurale est souvent mis en œuvre alors qu'un projet de loi est déjà examiné par le cabinet ministériel ; en général, il est trop tard à ce stade pour évaluer les questions rurales. Cela peut être lié également à la place du Secrétariat rural dans le ministère sectoriel (AAC) qui témoigne du peu d'attention que les autres ministères portent aux questions rurales lors du processus décisionnel gouvernemental.

> **Encadré 4.2 Intégration systématique des politiques publiques et modulation dans les pays de l'OCDE** (*suite*)
>
> **Le Comité de politique rurale (Finlande)**
>
> Illustrant une approche consensuelle de la prise de décision, le Comité finlandais regroupe neuf ministères, d'autres organismes publics et fédérations mais aussi des centres de recherche et des acteurs privés. Il est important de noter que le Comité est lié au Parlement finlandais à travers le réseau rural du Parlement. Un Programme national de politique rurale, élaboré par le Comité et révisé tous les quatre ans, comprend également une section régionale qui vise à renforcer la place de la politique rurale dans les travaux du gouvernement sur le développement régional. Les ministères concernés doivent rendre compte, deux fois par an, des actions entreprises concernant les problèmes contenus dans le Programme de politique rurale. Bien que jusqu'à une époque récente, l'évaluation (*rural proofing*) ne se faisait que dans un groupe de travail du Comité de politique rurale, les expériences d'évaluation plus large ont été plus nombreuses au niveau régional : le ministère de l'Intérieur (en charge des politiques régionales) exige formellement et périodiquement des ministères sectoriels qu'ils évaluent l'impact régional de leurs politiques, ce qui a amélioré la perspective régionale des politiques sectorielles et de la prise de décision.
>
> *Source* : OCDE (2006), *Le nouveau paradigme rural : Politiques et gouvernance*, OCDE, Paris ; OCDE (2008), *OECD Rural Policy Reviews: Finland*, OCDE, Paris ; OCDE (2010, à paraître), *OECD Rural Policy Reviews: England, UK*, OCDE, Paris.

administratives avec leur masse critique de population peuvent être un niveau plus approprié. Pour une politique régionale plus large, on pourrait envisager de renforcer le rôle des Conférences régionales des élus (CRÉ) en les transformant en gouvernements régionaux à proprement parler (c-à-d avec des représentants directement élus). Une option à long terme plus radicale mais prometteuse serait de remplacer les deux niveaux administratifs entre l'échelon provincial et l'échelon local par un niveau régional unique qui pourrait être constitué de MRC élargies.

La responsabilisation des MRC comme niveau de gouvernement responsable du développement rural y compris des responsabilités sectorielles interministérielles est cohérente avec le principe de subsidiarité. C'est une réaction consécutive aux difficultés rencontrées lorsqu'on a cherché à fusionner les municipalités. Le fait de responsabiliser les MRC encourage un sens plus aigu de la collaboration entre municipalités plutôt que la concurrence s'agissant d'initiatives de développement. Dans l'esprit de la subsidiarité, les MRC, qui représentent des régions fonctionnelles, sont l'unité administrative de premier niveau et la moins centralisée ayant compétence pour résoudre les problèmes de politique rurale et territoriale entre les municipalités. Leur confier la mise en oeuvre des politiques de développement local est un moyen efficace d'imbriquer de nombreux programmes et politiques sectoriels à l'intérieur d'un système d'offre global et coordonné. Cela devient d'autant plus évident qu'un nombre croissant de politiques sectorielles provinciales non seulement sont mises en oeuvre au niveau supralocal mais sont en partie définies via des mécanismes participatifs de formulation des politiques partant de la base. Dans le cas du Plan d'action gouvernemental pour le développement durable, il convient de prendre des mesures pour assurer la compatibilité et la coordination des politiques rurales et de développement durable au niveau supralocal.

Le renforcement des MRC comme niveau responsable de l'évaluation des tendances locales engloberait également l'utilisation de l'indice de développement de la PNR au niveau supralocal. Pour éviter des variations importantes des résultats pour les municipalités dévitalisées entre les différentes années de référence (voir Chapitre 3), les mesures de l'indice des MRC seraient probablement plus intéressantes car elles souligneraient l'importance de ce niveau comme unité fonctionnelle pour la politique rurale.

Des responsabilités sectorielles coordonnées aux niveaux supérieurs pourraient bénéficier d'une approche territoriale renforcée si les MRC (et les CRÉ) obtiennent davantage de compétences et sont plus incitées à collaborer avec les acteurs sectoriels. Cela s'applique aux frontières administratives n'empiétant pas encore sur celles des MRC, en particulier pour ce qui est des services de santé (CSSS) et d'éducation (conseils scolaires). Mais cela s'applique également aux problèmes de développement économique régional comme le tourisme rural qui est un domaine d'action dans lequel une approche inter-MRC serait judicieuse pour promouvoir des concepts territorialisés de tourisme rural. Bien que les CLD soient invités à participer aux accords de partenariats régionaux passés entre le ministère du Tourisme (MTO), les régions administratives et les 22 associations touristiques régionales (ATR), le fait de donner plus de pouvoir aux MRC pourrait contribuer à développer une image cohérente du tourisme pour une région rurale donnée, car cela serait plus vendeur en termes de taille qu'une grande région administrative. De manière générale, l'approche de la PNR consistant à encourager les personnes et les collectivités à coopérer sur des projets sociaux devrait progressivement créer les conditions d'une coopération sur des problèmes plus complexes de développement économique inter-MRC.

La responsabilisation des MRC ne suppose pas nécessairement de transformer le mode d'élection des préfets (voir le cas de l'Angleterre [R-U], encadré 4.3). L'approche actuelle du projet pilote sur les élections au suffrage direct semble appropriée car elle prépare les institutions du niveau supralocal à des responsabilités supplémentaires. Comme de nombreuses municipalités rurales n'ont pas nécessairement encore un capital humain suffisant pour tenir ce rôle, il serait probablement préférable de maintenir le pouvoir politique au niveau municipal. SRQ justifie l'organisation d'élections populaires au niveau de la MRC (SRQ, 2006a) par le souci d'« alerter » la population sur la gouvernance collective locale et d'accroître la participation citoyenne. Il semble toutefois plus probable qu'un processus électoral enlèvera du pouvoir aux municipalités et détachera davantage les MRC de la population rurale. Alors qu'actuellement en milieu rural les électeurs ont une relation directe avec les élus municipaux, le fait de faire remonter le pouvoir politique au niveau supralocal pourrait empêcher le respect des intérêts ruraux et l'affectation des ressources émanant des MRC. Enfin, alors qu'actuellement chaque municipalité est également représentée et dispose du même nombre de voix au conseil (dans les MRC ne comportant pas un centre de population dominant), l'élection au suffrage direct du préfet pourrait concentrer démocratiquement le pouvoir électoral dans les MRC les plus peuplées, aux dépens des municipalités rurales plus petites.

Pour éviter la possibilité d'un pouvoir de veto effectif de l'électorat urbain sur les questions rurales, il faut envisager d'abolir le droit de veto actuel des centres de population dominants dans le processus décisionnel des MRC pour toutes les questions touchant au développement rural, comme cela est le cas actuellement pour les votes sur les pactes ruraux (voir Chapitre 3). Le système des droits de veto a été introduit pour favoriser un équilibre des pouvoirs conforme à la répartition démographique au sein de la MRC. Toutefois, dans plusieurs cas, l'utilisation abusive de ce droit par les responsables élus des centres de population dominants a eu des effets préjudiciables pour les objectifs de développement d'une MRC rurale. Tant que le droit de veto subsistera, il sera difficile d'installer une vision supra-municipale du développement dans les MRC comportant un centre de population dominant, que le préfet soit ou non élu au suffrage populaire.

Le fait d'impliquer les électeurs risque de ramener la dynamique du processus décisionnel à une mentalité de court terme. L'un des facteurs qui a empêché la gouvernance de la politique rurale du Québec de tomber dans l'exclusion civile et les conflits politiques est le fait qu'au Québec la gouvernance municipale est par nature non partisane, ce qui signifie que les partis politiques ne sont pas présents dans le processus électoral. Cela a eu un impact positif sur la capacité des institutions locales à fonctionner de manière durable. La nature non partisane peut également être liée au processus supérieur de coordination horizontale et verticale autour de la PNR qui est bénéfique pour le Québec. La politique ne semble pas être un obstacle empêchant les personnes de travailler ensemble et de collaborer

> Encadré 4.3 **Rejet d'un niveau supralocal de gouvernance élue :
> le Nord-Est de l'Angleterre, Royaume-Uni**
>
> L'expérience anglaise montre qu'une institution de gouvernement régional élue au suffrage direct n'est peut-être pas toujours le mode de gouvernance approprié aux yeux des électeurs. A la fin des années 90, le gouvernement britannique a mis en place deux nouvelles institutions régionales : les chambres/assemblées régionales comme futurs organismes de gouvernement régional et surtout les Agences de développement régional (*Regional Development Agencies*, RDA) dans lesquelles l'entreprise est le principal acteur. Mais le plan de création d'assemblées régionales élues au suffrage direct présenté en 2002 a été rejeté lors d'un référendum organisé dans le Nord-Est du pays.
>
> En conséquence, la plupart des assemblées seront progressivement abolies et leurs fonctions seront transférées aux RDA, ce qui renforcera les compétences de ces unités. Actuellement, les RDA sont chargées de promouvoir en milieu rural comme en milieu urbain : *i*) le développement économique ; *ii*) les politiques en matière d'entreprises et de compétitivité ; *iii*) l'emploi ; *iv*) les compétences requises par le marché du travail local ; et *v*) le développement durable. Travaillant en partenariat avec les organismes locaux et nationaux, elles réunissent les représentants des entreprises. Mais des représentants des administrations locales, des syndicats et des organismes bénévoles siègent également à leur conseil. Suite à l'échec de la mise en place d'assemblées régionales élues au suffrage direct, les responsabilités des RDA en matière de coordination et d'intégration d'une stratégie économique régionale à dix ans et d'un plan triennal d'entreprise seront renforcées. Les RDA sont également en charge de l'élargissement de la politique des transports et de la planification régionale. Leurs pouvoirs auparavant limités et leurs budgets restreints ont été progressivement mais sensiblement accrus et des ressources leur ont été accordées pour leur permettre de réaliser les objectifs socio-économiques spécifiques du monde rural.
>
> Source : OCDE (2008), *OECD Reviews of Regional Innovation: North of England, United Kingdom*, OCDE, Paris ; OCDE (2006), *OECD Territorial Reviews: Newcastle in the North East, United Kingdom*, OCDE, Paris.

dans les régions rurales du Québec. A travers la PNR et les autres politiques, les MRC ont été progressivement formées à la prise de décisions dans le cadre d'une vision stratégique à moyen-long terme du territoire. Avec un système d'élection au suffrage direct, il est probable qu'au lieu de mettre en place un processus stratégique de prise de décision, les préfets et leurs conseils tendraient à prendre des décisions en fonction de la popularité politique immédiate de ces choix.

... inclure les acteurs externes dans le suivi et l'évaluation...

Une plus grande participation de la société civile dans la gouvernance de la politique rurale et dans ses mécanismes de suivi et d'évaluation permettrait de réduire le rôle des élus. Contrairement à ce qui se passe dans l'UE où les règles régissant la composition des Groupes d'action locale (GAL) de l'initiative LEADER limitent à 49 % la proportion d'administrateurs publics et d'élus dans le conseil exécutif de ces groupes (voir Chapitre 3), dans les MRC du Québec les responsables publics jouent un rôle dominant dans la structure de gouvernance de la politique rurale, ce qui rend très efficace la coordination verticale, en particulier entre les niveaux municipal, supralocal et régional. Toutefois, en dépit de l'approche participative des comités locaux de développement, le risque est que les élus perdent de vue les préoccupations de la population locale, diluant l'influence des citoyens sur le système. Bien qu'un tel comportement n'ait pas été observé, la menace d'une exclusion de la société civile subsiste, du fait notamment que les instruments de contrôle dont la PNR s'est dotée sont essentiellement internes et, là encore, reposent principalement sur les élus, le MAMROT et le comité des partenaires de la ruralité. Dans l'esprit du nouveau paradigme rural (OCDE, 2006a), la présence accrue d'un dispositif externe de suivi et d'évaluation des politiques aiderait à faire en sorte que cette menace ne se concrétise pas.

Une évaluation globale régulière ou s'échelonnant sur toute la période de mise en œuvre devrait être effectuée par un organisme externe avant la fin de la deuxième PNR. Une telle évaluation, qui serait comparable à celle entreprise au terme de la première politique rurale, devrait comporter : *i*) une reformulation des objectifs de la politique ; *ii*) une évaluation du degré de réalisation des objectifs stratégiques et *iii*) un examen des flux de financement. Des indicateurs concrets du succès mesurant les performances à long terme pourraient atténuer l'impression que les collectivités locales pourraient voir dans les pactes ruraux un simple mécanisme de distribution de fonds. Comme le suggère le document d'orientation de la deuxième PNR, la diversité des services de proximité offerts localement, les types de stratégies rurales mises en œuvre localement, le nombre des bénévoles, le nombre des projets de pactes ruraux dans les différents secteurs, les flux migratoires dans les municipalités rurales et le nombre d'investissements et d'emplois générés pourraient être des indicateurs qualitatifs et quantitatifs utiles. Le résultat du processus d'évaluation devrait être partagé avec les collectivités locales pour informer les résidents ruraux de l'impact de la PNR et les impliquer dans l'établissement de choix stratégiques. A titre de comparaison, l'exemple du Mexique est instructif. Outre l'établissement de deux indices (« indicateur du développement humain » et « indice de marginalisation »), le Mexique prévoit par contrat une évaluation annuelle externe de sa politique rurale de manière à avoir une appréciation non biaisée des succès et des échecs de la loi sur le développement rural durable. Dans le passé, c'est à l'Organisation des Nations Unies pour l'alimentation et l'agriculture (FAO) qu'a été confiée la réalisation de cette évaluation externe (OCDE, 2007a).

Il faut veiller à doter les municipalités rurales, en particulier les plus petites, des capacités nécessaires à la fixation d'un agenda de développement local. Alors que la PNR repose sur des MRC fortes, capables de gérer la mise en oeuvre des politiques, le Québec devrait donner aux municipalités disposant de peu de ressources et de capacités, davantage d'orientations pour la mise en œuvre des mesures de la PNR, après avoir, dans un premier temps, amélioré leur capacité locale de financement (voir paragraphe suivant). Cela aidera les municipalités réticentes à assumer de nouvelles responsabilités parce que différents types de capacités leur font défaut. Les capacités locales pourraient être renforcées via une meilleure formation de l'agent de développement rural ; bien que SRQ forme les agents et les aide à créer un réseau pour partager leurs connaissances, des programmes plus substantiels et plus spécifiques sont nécessaires pour former, motiver et réseauter les agents, les élus locaux et les bénévoles. Dans la première PNR, le taux de rotation des agents a été important (25 % en 2007). Il convient d'observer avec soin si une reconnaissance accrue par les MRC et une revalorisation des salaires ont permis d'améliorer la situation. Une situation similaire s'est produite au Mexique lorsque le gouvernement a tenté de mettre en œuvre sa Loi décentralisée sur le développement rural durable (voir encadré 4.4).

… et diversifier les sources de revenus pour les administrations locales.

Des sources de recettes budgétaires plus diversifiées et autonomes que les seules taxes foncières, comme c'est le cas actuellement, devraient être mises à la disposition de l'échelon local et supralocal. Le fait que la fiscalité repose essentiellement sur le prix du foncier au lieu d'être liée aux revenus des individus ne tient pas compte des nouvelles réalités sociales : l'embourgeoisement rural (très positif dans son principe) et les augmentations qui en découlent pour le prix de l'immobilier et la fiscalité foncière alourdissent la pression financière pour les résidents ruraux plus modestes établis de longue date et les jeunes qui ne peuvent s'établir. Selon le modèle suggéré dans OCDE (2004), la réforme pourrait réduire la part des taxes foncières et accroître celle d'une sélection locale de redevances municipales. Cela permettrait de contrer la tendance générale à une réduction du rôle financier des municipalités, observée au Canada. Tandis

> ### Encadré 4.4 **Renforcement des capacités locales au Mexique**
>
> Au Mexique, la Loi sur le développement rural durable (LDRS) a créé des conseils municipaux de développement rural en charge de développer et de mettre en œuvre des plans de développement rural conçus localement. De nombreuses municipalités rurales n'avaient pas l'expérience et la capacité nécessaires pour assumer ces responsabilités nouvelles. En conséquence, des instances formelles et des programmes de formation ont été mis en place via le système national de formation et d'assistance technique rurale intégrale (*Sistema Nacional de Capacitación y Asistencia Técnica Rural Integral*, SINACATRI) pour aider à la construction de l'architecture institutionnelle de la loi au niveau municipal. Le SINACATRI met en œuvre les ressources et les infrastructures des différentes agences pour les programmes locaux de formation.
>
> Un ensemble d'accords de coordination, incluant une coordination horizontale à chaque niveau, ont été passés entre le gouvernement fédéral, les États et les administrations municipales. Ils opèrent via la branche formation du ministère mexicain de l'Agriculture, *INCA Rural*, en charge de coordonner la mise en œuvre de la LDRS au niveau central. La contribution d'*INCA Rural* au processus de municipalisation des politiques de développement rural a été cruciale. En termes de renforcement des capacités pour une participation sociale efficace, les ateliers organisés par *INCA Rural* ont été les instruments de la constitution des conseils municipaux de développement rural et de l'élaboration de plans de développement municipal.
>
> *Source* : OCDE (2007), *OECD Rural Policy Reviews: Mexico*, OCDE Publishing, Paris.

que dans tous les pays de l'OCDE (données OCDE) les recettes fiscales des administrations locales ont représenté en moyenne 4.1 % du PIB en 1996 et 4.4 % en 2006, pour le Canada ces chiffres ont été respectivement de 3.4 % en 1996 et de 2.8 % seulement en 2006.

Une diversification des recettes permettrait aux municipalités d'améliorer leur offre de services aux résidents établis et aux nouveaux arrivants en tenant compte de l'évolution de la composition démographique et sociale des collectivités rurales. Les municipalités rurales confrontées au vieillissement démographique et à l'arrivée de retraités sont contraintes d'offrir de nouveaux services en matière de soins de santé, de logement et de transports pour les aînés. Pour répondre à ces besoins de nouveaux services, le système actuel de fiscalité locale pourrait être modifié de manière à ne plus reposer exclusivement sur les taxes foncières et les transferts budgétaires et à inclure d'autres modes d'imposition plus directement liées aux revenus des individus. Toutefois, l'exemple des États-Unis, où les municipalités sont souvent financées par les taxes sur le chiffre d'affaires, ce qui accroît leur sensibilité aux fluctuations cycliques et favorise un accroissement du nombre des infrastructures commerciales, montre qu'une trop grande dépendance à l'égard des taxes sur le chiffres d'affaires comporte également des risques. Une diversification de la base des recettes municipales semble être une solution appropriée à ces problèmes.

Avec de meilleures capacités locales, des sources de revenus accrues pourraient se traduire par une meilleure affectation des ressources aux programmes de la PNR qui nécessitent habituellement un cofinancement local. Toutefois, cela ne devrait pas se faire en augmentant directement le poids de la fiscalité pour les populations locales mais plutôt en décidant une déconcentration des mesures fiscales existantes en faveur de la capacité des institutions publiques locales ou supralocales à générer des recettes. Un renforcement préalable des capacités municipales serait toutefois essentiel. Si les transferts sont utilisés pour autonomiser les budgets locaux, il faut suivre strictement la chaîne verticale de gouvernance en passant d'abord par les MRC pour éviter d'enlever à celles-ci l'influence et le pouvoir associés aux flux financiers. C'est là un enseignement précieux de la politique rurale mexicaine dans laquelle les transferts directs de l'échelon fédéral vers les administrations publiques municipales ont eu des effets négatifs de distorsion sur les mécanismes de gouvernance verticale et de coordination des politiques établis par la Loi mexicaine sur le développement rural durable (OCDE, 2007a).

De nouvelles responsabilités budgétaires supposeraient de la part des administrations locales une responsabilisation supérieure à celle actuellement établie par la PNR et la structure de gouvernance qu'elle utilise. Cette structure est liée non seulement aux responsabilités budgétaires mais également au pouvoir décisionnel grandissant qui a été transféré aux administrations locales et supralocales dans l'espoir de rapprocher l'élaboration et la mise en œuvre des politiques des individus qui apparaissent être les plus affectés par la politique rurale du Québec. Une marge de manœuvre importante est laissée aux administrations municipales et aux MRC pour infléchir les procédures établies de façon à les faire mieux correspondre à leur stratégie et à sa mise en œuvre. Jusqu'ici cela a grandement facilité la mise en œuvre de la PNR. Cependant cette liberté devrait être contrebalancée par un système fort d'évaluation externe des objectifs atteints et de la gestion financière. La confiance accordée aux élus locaux devrait s'accompagner d'une plus grande responsabilisation.

La collaboration entre politiques provinciales et fédérales devrait être facilitée au niveau local

Dans leur propre intérêt, les acteurs locaux devraient être encouragés à poursuivre leurs efforts d'amélioration de la cohérence et de la collaboration entre l'échelon fédéral et l'échelon provincial en matière de développement rural. Actuellement, les deux structures mènent des politiques largement parallèles qui peuvent générer doublons et inefficience. Il peut être difficile pour une structure fédérale parallèle n'agissant pas en coordination avec le gouvernement du Québec, comme les équipes rurales fédérales, de montrer son efficacité, compte tenu en particulier de la prépondérance des programmes de la PNR au niveau local. Cependant, comme la Constitution n'est pas explicite sur les responsabilités en matière de développement rural et que l'échelon fédéral a intérêt à maintenir une présence dans le développement économique local, un transfert des programmes de développement rural à l'échelon provincial est hautement improbable. Au niveau local, ce parallélisme est parfois perçu comme favorable dans la mesure où il conduit à une mise en concurrence qui peut augmenter le pouvoir de négociation des autorités locales. Les deux niveaux de gouvernement ont donc l'option de prévoir une plus grande collaboration au niveau local entre les deux programmes de développement rural et d'encourager complémentarités et synergies.

Un meilleur soutien à l'utilisation des deux jeux de mesures serait bénéfique pour les MRC et les municipalités et devrait être encouragé tant que les activités ne sont pas financées deux fois. Etant donné les approches similaires du développement local adoptées via le Programme de développement des collectivités (SADC), la coordination locale des organismes territoriaux mettant en œuvre des interventions similaires est fortement justifiée. Les rôles respectifs des CLD et des SADC sont très proches et leurs approches du développement économique peuvent être complémentaires. Dans un certain nombre de cas, responsables fédéraux et provinciaux ont une implantation commune ou collaborent par le biais d'une participation financière conjointe sur une base de projet. Une intégration plus institutionnalisée a été opérée dans la MRC de Témiscamingue (voir encadré 4.5). L'accès à l'Internet large bande des régions rurales et éloignées est un autre exemple : tant le niveau fédéral (Industrie Canada) que le niveau provincial (MAMROT) de gouvernement ont lancé des programmes. La principale différence entre les critères de choix des projets vient de ce que l'échelon fédéral ouvre ses appels d'offres aux entreprises privées alors que le Québec accorde des financements au secteur public et au secteur à but non lucratif, limitant son programme au territoire de la PNR. Dans certains cas, comme celui de la MRC de Montmagny, les projets sont financés et mis en œuvre conjointement ce qui accroît l'efficience et permet d'éviter les doublons.

> **Encadré 4.5 Collaboration entre l'échelon fédéral et l'échelon provincial au niveau de la MRC**
>
> La grande MRC rurale de Témiscamingue (19 200 km², soit près de la moitié de la superficie de la Suisse mais seulement quelque 16 000 habitants) à l'extrême-ouest du Québec est l'unique exemple d'entente des acteurs locaux sur une collaboration institutionnalisée entre les CLD du gouvernement du Québec et les SADC du gouvernement fédéral. Les résultats de cette entente sont très prometteurs.
>
> Les deux organismes de développement local collaborent sur des projets à travers un organisme spécialement créé à cet effet : la Société de développement du Témiscamingue (SDT). Les différents administrateurs siègent au conseil de la SDT et, bien souvent, les personnels travaillant pour l'un ou l'autre organisme ne sont pas strictement séparées. Nonobstant, l'évaluation et la gestion comptable des projets sont effectuées séparément aux deux niveaux de gouvernement, souvent à l'aide d'indicateurs différents en fonction des exigences différentes des échelons supérieurs.
>
> Une collaboration accrue entre les deux organismes de développement local est essentielle pour éviter les doublons et l'inefficience dans le financement des projets. En raison de considérations politiques tant au niveau provincial que fédéral, un tel modèle est demeuré exceptionnel. Mais il prouve que les différents niveaux de gouvernement doivent être encouragés à faire confiance au principe de subsidiarité qui confère la responsabilité politique à l'autorité la plus proche de la base ou la moins centralisée compétente pour résoudre un problème.
>
> *Source* : MRC de Témiscamingue.

4.2. Développement des régions moins favorisées

Améliorer la résilience régionale aux chocs exogènes…

Du fait de la concurrence internationale à laquelle le Québec est exposé et de la récession économique mondiale, la politique rurale devrait encourager le développement économique et s'attaquer aux défis spécifiques des régions moins favorisées. S'il est habituel que les disparités entre régions d'un même pays soient plus grandes que les disparités entre pays, économistes et politiques tendent à s'intéresser davantage à la croissance nationale qu'au développement régional. Pourtant, à chaque fois que le taux de retour sur investissement attendu est positif, les gouvernements ont tout intérêt à encourager la croissance de l'ensemble du territoire, ce qui contribue à la production globale sans affecter les possibilités de développement d'autres régions (OCDE, 2009g). Comme l'ont montré les chapitres précédents, les régions moins favorisées du Québec rural sont face à des enjeux spécifiques compte tenu de leur spécialisation dans les productions manufacturières traditionnelles et l'exploitation des ressources naturelles. L'une des priorités de la politique rurale devrait être de protéger les collectivités des chocs externes et d'une alternance de forte expansion et de récession tout en créant les conditions cadre qui faciliteront l'accès au marché des résidents ruraux. Toutefois, ces conditions peuvent n'être pas suffisantes dans un contexte de crise ayant eu pour effet de réduire la demande internationale de produits fabriqués ou extraits du Québec. La politique rurale a donc également besoin de stratégies pour répondre à ces enjeux spécifiques.

Une politique rurale globale doit apporter des réponses à la situation critique à laquelle sont confrontées les collectivités reposant sur l'exploitation des ressources naturelles et à industrie unique, qui sont parmi les entités économiques les plus vulnérables. Les chocs externes dus à la récession économique mondiale conjugués au durcissement de la concurrence internationale et à une évolution technologique destructrice d'emplois ont accru la vulnérabilité des économies rurales reposant sur l'exploitation des ressources naturelles et aggravé le déclin de l'emploi dans le secteur primaire de la ressource (voir Chapitres 1 et 2). En conséquence, de nombreuses collectivités reposant sur l'exploitation forestière et minière, la pêche ou la fonderie ont fait l'expérience des fermetures d'usines et du chômage. Avec la récession économique, nombre de ces petites collectivités rurales risquent d'entrer dans une spirale de déclin marquée par une dégradation de l'environnement, un déclin démographique, une baisse de la demande de biens et de services, une chute de l'immobilier et une érosion de l'assiette fiscale nécessitant des coupes significatives dans l'offre de services publics. Ces problèmes freinent les efforts en vue d'assurer la pérennité des collectivités, accélèrent l'exode rural et accentuent les pressions économiques et sociales sur les centres urbains (WD, 2009). Pour maintenir les niveaux d'emploi dans ces collectivités rurales, les producteurs locaux doivent trouver le moyen de cibler de nouveaux marchés à l'exportation. Une politique rurale globale devrait donc associer les mesures sectorielles existantes, les programmes pour les collectivités à industrie unique actuellement gérés par le ministère du Développement économique (MDEIE) et les mesures énoncées dans le plan d'action gouvernemental en faveur des municipalités dévitalisées (GQ, 2008).

La stabilisation de l'économie locale est un objectif d'action important pour les collectivités moins favorisées mais qui suppose une approche inclusive et de long terme prenant en compte le changement démographique. Une économie plus diversifiée qui contribue à la pérennité des villes à industrie unique aux prises avec des difficultés économiques est une manière de gérer les risques énumérés ci-dessus. Mais la diversification de la base économique n'est une option possible que pour les territoires plus vastes qui peuvent plus aisément se concentrer sur un certain nombre d'exportations à destination de différents marchés de niche en dehors de leurs collectivités. Dans le Québec rural, les marchés du travail locaux sont souvent trop restreints, tant en termes de nombre de travailleurs que d'éventail de qualifications, pour supporter une grande diversité d'entreprises ou d'industries. Les stratégies de diversification impliquent de nouveaux défis. Premièrement, dans les économies reposant sur l'exploitation des ressources naturelles, l'affectation des talents privilégie souvent le secteur des ressources, les travailleurs qualifiés cherchant à profiter d'effets de rente de situation. En conséquence, les travailleurs peuvent ne pas avoir l'approche entrepreneuriale nécessaire pour bâtir des entreprises dans d'autres secteurs. Deuxièmement, l'encouragement de la diversification est un processus de longue haleine qui suppose de la part des acteurs publics et de la collectivité une certaine endurance. Nombre de stratégies de diversification impliquent de passer d'une économie à forte intensité de capital (comme la foresterie ou l'agriculture moderne) à une économie faisant davantage appel à la main d'œuvre qui est généralement une ressource rare dans ces régions rurales. Enfin, nombreux sont les exemples de politiques de diversification ayant échoué et le consensus sur ce qui donne des résultats est faible car les politiques couronnées de succès sont souvent liées à des spécificités territoriales (Ahrend, 2006).

Nonobstant, plusieurs politiques se sont révélées efficaces pour encourager la diversification économique, du moins dans le cadre de régions importantes. Il s'agit de politiques visant à : *i*) optimiser les conditions cadre de l'entrepreneuriat ; *ii*) assurer aux entreprises un environnement concurrentiel et *iii*) fournir des incitations suffisantes à l'investissement dans les secteurs non liés à la ressource (Ahrend, 2006). Les mesures à mettre en œuvre à cet effet peuvent aller des politiques fiscales à des réformes du secteur financier. Si la fiscalité doit être spécifiquement ciblée sur les industries de ressources et sur une baisse des taux généraux d'imposition, des changements satisfaisants apportés aux conditions cadre du secteur financier créent les mécanismes d'une affectation efficace des ressources aux différents secteurs économiques. Étant donné la tradition manufacturière du Québec rural et les compétences entrepreneuriales qui lui sont liées, il est important d'avoir une industrie de capital de risque et des services d'incubateurs. En particulier, les incubateurs d'entreprises peuvent offrir, via un éventail de ressources et de services d'appui, un environnement dans lequel les entrepreneurs, les jeunes et les petites entreprises peuvent valider et transformer leurs concepts en produits et services viables. Comme il est peu probable que des incubateurs d'entreprises à but lucratif s'implantent dans les régions les moins favorisées (Cheng, Schaeffer et Middleton, 2009), il est recommandé d'aider les incubateurs à but non lucratif, en particulier celles qui sont affiliées à des universités et des collèges techniques.

Toutefois, les décideurs politiques doivent également discuter d'autres options pour gérer le risque inhérent aux régions moins favorisées reposant sur l'exploitation des ressources naturelles et à industrie unique. Étant donné la difficulté de mettre en œuvre des stratégies de diversification sur les petits marchés du travail locaux, il est crucial que ces approches prennent en compte le fait que dans bien des régions rurales la taille de la population active va diminuer, rendant la diversification d'autant plus difficile (encore que dans les petites régions rurales, la re-spécialisation par le biais d'un projet unique couronné de succès peut induire d'autres projets ou attirer de nouveaux résidents). L'inclusion de différentes options dans la gestion de la transition communautaire peut être une solution prometteuse.

De fait, la stabilisation de l'économie locale d'une région moins favorisées devrait s'inscrire dans un processus plus large de transition communautaire. Gérer les risques inhérents à la structure économique locale et mieux anticiper et planifier les fermetures industrielles sont des éléments essentiels de ce processus. Au Canada, le Comité intergouvernemental de recherches urbaines et régionales (CIRUR, 2005) a établi les rôles des principaux acteurs dans les processus de transition communautaire et de reprise. Ces expériences sont également partiellement ou totalement transposables à d'autres pays membres de l'OCDE frappés par le déclin de leurs collectivités tributaires des ressources naturelles, même s'il convient de prendre en compte leurs systèmes de gouvernement et leur contexte socio-économique différents. En particulier, quatre grandes stratégies (WD, 2009) devront être mises en œuvre aux moments appropriés (voir également encadré 4.6). Ces stratégies sont les suivantes :

i) Stratégies de gestion de la transition communautaire qui anticipent et planifient les fermetures industrielles comme un événement normal dans le cycle de vie d'une industrie reposant sur l'exploitation d'une ressource. Dès le démarrage d'une activité industrielle, les principaux acteurs de la collectivité devraient planifier une fermeture future, ce qui faciliterait une gestion précoce du processus de transition et permettrait d'entreprendre une diversification bien avant l'annonce effective de la fermeture.

ii) Après une fermeture industrielle, tous les acteurs concernés doivent collaborer à une restructuration effective des collectivités en transition. Les cinq grands acteurs qui doivent collaborer sont : 1) le gouvernement fédéral, qui fixe les orientations politiques et prépare les collectivités aux conséquences de la fermeture ; 2) les gouvernements (provincial et régional) qui facilitent la planification, aident les collectivités à anticiper et à planifier la fermeture et coordonnent la collaboration et le financement ; 3) les administrations locales qui suscitent la participation des collectivités et gèrent les problèmes locaux liés à la fermeture ; 4) l'industrie en partance qui communique sur ses intentions et fournit une aide à la collectivité locale et aux travailleurs concernés et 5) les organisations de la société civile qui apportent une contribution pratique.

iii) Les collectivités reposant sur l'exploitation des ressources naturelles qui sont en phase de transition nécessitent un processus de longue haleine comprenant des actions étroitement liées. Ces actions sont : 1) des stratégies de diversification économique ; 2) une adaptation au marché du travail et une aide aux travailleurs concernés ; 3) des mesures incitatives à l'implantation éventuelle de nouvelles industries et de migrants ; 4) un ajustement de l'offre de services publics à un niveau approprié attirant encore les migrants ; 5) une stabilisation des finances municipales et 6) une motivation de la collectivité.

iv) La transition communautaire requiert un soutien financier limité dans le temps, de toutes les parties prenantes. C'est particulièrement vrai au Québec où les collectivités dépendant pour leurs ressources des taxes foncières sont fortement touchées par la perte de valeur des biens et le manque à gagner lié aux pertes d'emplois. Tout en évitant de dépendre d'aides financières extérieures, les collectivités ont besoin d'investissements à court terme qui pourraient prendre, par exemple, la forme d'un fonds de stabilisation pour aider au maintien des travailleurs qualifiés dans la collectivité et à la reconversion des autres. L'injection d'argent peut se justifier par les contributions passées de la collectivité à l'économie régionale et nationale, la nécessité de tirer profit des investissements passés et la chance de saisir de nouvelles opportunités de développement.

Le développement du capital social et humain dans les collectivités moins favorisées reposant sur l'exploitation des ressources naturelles doit s'accompagner d'efforts de réduction de la dépendance à une industrie unique pour les recettes. Le Québec a bien reconnu cette difficulté dans son cadre d'action et des programmes de financement spécifiques sont ciblés sur la revitalisation des collectivités via la planification industrielle (stratégie de développement économique pour les régions reposant sur l'exploitation des ressources naturelles) et le soutien spécifique aux secteurs économiques émergents (projet ACCORD essentiellement ciblé sur les zones urbaines).

> **Encadré 4.6 Gérer la transition communautaire :
> une expérience canadienne**
>
> Étant donné le déclin de l'emploi dans le secteur primaire de la ressource au Canada, les provinces et les territoires ont acquis une grande expérience de la gestion des fermetures industrielles et de la transition communautaire. On peut distinguer trois phases au cours desquelles sont prises différentes mesures : une phase pré-fermeture, une phase de fermeture immédiate et une phase de fermeture à long terme.
>
> **Phase pré-fermeture.** Avant de prendre des décisions affectant les collectivités qui reposent sur l'exploitation des ressources naturelles, le *gouvernement fédéral* consulte les provinces/territoires et les acteurs locaux, et envoie un premier signal pour donner aux employés et aux collectivités le temps de s'adapter. Les *gouvernements provinciaux et territoriaux* dispensent financements et conseils aux collectivités vulnérables afin de les aider à élaborer des plans de diversification bien avant la fermeture. Idéalement, ils encouragent les efforts de coopération plus large des municipalités pour tirer parti des atouts régionaux et travailler à l'élaboration d'accords avec l'industrie et la collectivité sur le processus post-fermeture. *Les administrations locales* ont un rôle clé à jouer dans la planification préliminaire de la diversification et du développement économique futur, la coordination des *organisations issues de la société civile* et des *organisations communautaires*, et la recherche de partenariats avec les municipalités voisines (et les MRC) et les groupes autochtones. Elles doivent également solliciter le concours de *l'industrie en partance* pour assurer une communication continue et mieux anticiper les effets de l'épuisement des ressources et de la fermeture.
>
> **Phase de fermeture immédiate.** Le *niveau fédéral* et le *niveau provincial/territorial* donnent aux collectivités locales une autonomie de décision et de financement durant le processus de revitalisation ; ils assurent aux employés un revenu de transition, élaborent des modèles de bon comportement d'entreprise et offrent des services supplémentaires d'aide limités dans le temps pour toute la durée de la transition. Passée cette période, les provinces autonomisent les collectivités locales au moyen d'outils tels qu'une législation municipale souple et un soutien financier, administratif et de communication. Elles décident au cas par cas de transférer aux administrations locales les droits d'utilisation des terres si cela peut améliorer la capacité économique et sociale de la collectivité. Tout en collaborant avec les niveaux supérieurs de gouvernement, leurs MRC et leurs homologues régionaux, les *administrations locales* s'efforcent de maintenir un niveau décent d'offre de services, de coopérer avec les *organisations issues de la société civile* pour atténuer les effets de la fermeture, d'attirer de nouvelles entreprises et de nouveaux résidents et d'envoyer des messages positifs durant le processus de transition affirmant la capacité de la collectivité à rebondir. *L'industrie en partance* offre à ses salariés des services de réorientation professionnelle et de reclassement et transfère ses immobilisations (par exemple ses terrains industriels ou son matériel utile) à la collectivité.

> **Encadré 4.6 Gérer la transition communautaire :
> une expérience canadienne** (*suite*)
>
> **Phase de fermeture à long terme.** *Les gouvernements (fédéral* et *provincial)* fournissent un soutien à long terme par le biais des autorités de développement économique ou des entreprises. Le *niveau fédéral* s'assure que *l'industrie en partante* remédie aux risques pour l'environnement et à l'impact esthétique de ses activités pour les collectivités. La fermeture par la collectivité est envisagée lorsque c'est la meilleure solution pour elle mais elle ne peut être décidée par la collectivité qu'en concertation avec les administrations provinciales. Si les *administrations locales* doivent contrôler régulièrement leurs budgets pour les adapter au changement démographique et à l'évolution de l'assiette fiscale, elles cherchent également des opportunités d'offre de services (y compris de restructuration) au niveau régional et évaluent les attentes des résidents. Cela peut aider à établir le type de nouveaux résidents qui peuvent être attirés. Les *organisations issues de la société civile,* y compris des groupes autochtones, participent au développement des stratégies commerciales et des débouchés pour l'industrie et jouent le rôle de moteurs économiques des régions.
>
> Source : ICURR (2005), *Facing the Challenge of Industry Closure: Managing Transition in Rural Communities. A Report by the Provincial and Territorial Departments Responsible for Local Government, Resiliency and Recovery Project Committee*, edited by Catherine Marchand, ICURR Press, Toronto.

Un plan stratégique de redynamisation des collectivités reposant sur l'exploitation des ressources naturelles doit être mis en place via un leadership local fort, des représentants élus et une collectivité capable d'élaborer une vision multisectorielle du développement futur. Ce sont des conditions que remplit l'approche de planification participative de la PNR qui démontre les opportunités d'intégration plus forte de la politique rurale et les mesures de soutien aux collectivités reposant sur l'exploitation des ressources naturelles. A cet égard, le succès des plans d'exploitation des ressources du Québec dans les régions minières du Nord dépendra d'une participation accrue et d'une augmentation des avantages pour les collectivités locales et les communautés autochtones.

La stabilisation et la diversification économique sont particulièrement urgentes dans les collectivités moins favorisées tributaires de l'exploitation forestière commerciale. Les collectivités reposant sur la foresterie sont souvent touchées par deux crises : *i)* une crise cyclique due à la récession économique mondiale, à des litiges avec les Etats-Unis sur le bois de sciage résineux et à l'effondrement de la demande américaine de papier journal et de bois d'échantillon ; et *ii)* une crise structurelle liée au durcissement de la concurrence internationale ainsi qu'au coût élevé de l'énergie et des autres facteurs de production. Pour ces collectivités, il est particulièrement nécessaire de réduire les risques liés à l'instabilité de leur économie locale. Elles pourront, par exemple, commercialiser des produits forestiers non ligneux. La politique rurale du Québec a commencé à reconnaître le potentiel inexploité de produits tels que les champignons, les fruits sauvages ou les huiles essentielles. De même, les commissions régionales sur les ressources naturelles et le territoire (CRRNT) travaillent sur le potentiel de développement de ces produits dans leurs régions, qui inclut les utilisations médicales ou cosmétiques des plantes de la forêt (voir encadré 4.7).

Encadré 4.7 **La commercialisation des produits forestiers non ligneux au Québec**

Face à la crise que connaît le secteur de la foresterie, les collectivités reposant sur l'exploitation des ressources naturelles s'efforcent de diversifier leur base économique. L'une des pistes explorées par les acteurs locaux dans le cadre de la PNR du Québec est une utilisation et une commercialisation plus efficaces des produits forestiers non ligneux. Plusieurs collectivités ont reçu un financement public via le programme de laboratoire rural pour développer la transformation de ces produits, ciblé sur les produits à plus forte ajoutée et le marketing direct. L'éventail des produits commercialisables est large ; on y trouve les champignons, les bleuets et autres fruits sauvages, les branches de résineux et les huiles essentielles mais aussi les plantes entrant dans la fabrication des produits pharmaceutiques. L'une des difficultés que rencontrent un grand nombre d'initiatives de développement de produits forestiers non ligneux est le manque de formation technique des personnes concernées (biologistes, techniciens, cueilleurs, etc.), la concurrence des travailleurs informels et un taux de rotation élevé.

- **Municipalité de Girardville.** Dans son projet de laboratoire rural, cette localité éloignée de la région de Saguenay-Lac-Saint-Jean a conjugué un effort de marketing et des plans de recherche-développement ciblés sur l'étude de différentes plantes pour déterminer celles offrant le plus grand potentiel économique et élaborer des produits dérivés (baumes, par exemple).

- **La MRC de l'Islet.** Pour professionnaliser leur production de produits forestiers non ligneux, les acteurs locaux ont créé une coopérative regroupant des travailleurs, des utilisateurs et des membres de soutien. Le financement via le programme de laboratoire rural de la PNR s'est établi au montant total de 500 000 CAD, soit environ la moitié de l'aide financière affectée à la coopérative.

Source : Gouvernement du Québec et OCDE.

... et renforcer les industries traditionnelles aussi bien que les secteurs émergents.

La diversification des économies rurales ne signifie pas l'abandon des structures de valeur : les avantages comparatifs et les nouveaux développements fondés sur le savoir dans les industries traditionnelles doivent être valorisés tandis que de nouvelles compétences doivent être développées. Bien qu'en déclin, les secteurs de l'agriculture et de la foresterie restent au Québec des composantes essentielles de l'économie rurale et génèrent indirectement des emplois à travers leur demande de biens et de services locaux. Ils ont façonné les paysages ruraux et sont les « piliers » de la ruralité au Québec. Toutefois, l'emploi dans ces secteurs régresse depuis plusieurs décennies et, dans le cas de la foresterie, on observe également une contraction de la production. Dans bien des endroits, les industries traditionnelles ne seront pas en mesure de contribuer fortement à la croissance économique et au développement futurs des territoires ruraux. Il en est probablement de même pour les pans spécialisés du secteur manufacturier très présents dans les régions rurales du Québec. L'agriculture, la foresterie et la fabrication ont en commun de subir de plein fouet les effets de la concurrence étrangère à bas coût. Le développement économique futur devra donc venir largement du secteur tertiaire qui comprend les services gouvernementaux et autres services de santé et d'éducation, le tourisme et les loisirs et vraisemblablement la finance, l'assurance et l'immobilier ainsi que d'autres secteurs de services.

Tabler sur l'agriculture

Une mesure importante pour le développement de divers secteurs du Québec rural consiste à modifier le système actuel des aides à l'agriculture. Les mécanismes de soutien de l'agriculture ont contribué au développement et à l'autonomie financière des productions couvertes par le système existant mais ces politiques sont moins adaptées lorsqu'il s'agit de résorber les disparités régionales et d'atteindre des objectifs liés à un développement rural plus large. Le système canadien de gestion de l'offre et le programme ASRA de stabilisation des revenus agricoles du Québec (voir Chapitre 3) ont facilité la modernisation des exploitations et conduit à une hausse du niveau de vie des producteurs et de leur famille. A l'intérieur du Québec, la gestion de l'offre a permis à des productions importantes confrontées à des prix structurellement bas de survivre mais on a quelque raison de douter de la viabilité à long terme de certaines de ces exploitations. Ces deux systèmes génèrent des rigidités dans l'agriculture et imposent des coûts élevés pour les non agriculteurs. A l'inverse, d'autres parties de la politique agricole canadienne se focalisent sur la gestion du risque commercial, soutenant des entreprises normalement rentables lorsqu'elles traversent des crises cycliques, et ont un effet de distorsion bien moindre pour les décisions des agriculteurs. La situation actuelle, dans laquelle des exploitants agricoles à haut revenu et rentabilité élevée couverts par les systèmes existants de gestion des risques, conduit à se demander pourquoi certains producteurs de produits particuliers opérant selon des politiques de gestion de l'offre devraient continuer d'être fortement protégés des forces du marché.

Le système des aides agricoles devrait progressivement introduire le libre jeu du marché en liant l'aide au revenu agricole plutôt qu'à la production. Pour cesser d'induire des comportements de dépendance et permettre un ajustement des prix à la consommation aux prix des marchés mondiaux, le programme ASRA devrait faire l'objet d'adaptations ultérieures. Au vu du succès de la libéralisation des échanges dans d'autres pays de l'OCDE (en Nouvelle-Zélande et en Australie, la libéralisation a également englobé le secteur laitier) et dans d'autres secteurs agricoles du Canada comme la production d'orge et de blé, il est difficile de justifier le traitement particulier dont continue de bénéficier un groupe d'agriculteurs dont la situation ne semble pas fondamentalement différente de celle d'autres producteurs comme les producteurs de céréales et les éleveurs. A moyen terme, la réforme est inévitable, en particulier si le cycle de Doha est un succès. Si les réformes démarrent en temps voulu, le passage à un nouveau système s'en trouvera facilité (OCDE, 2008c).

Le programme ASRA devrait être progressivement remplacé par un système qui ne serait plus lié à la production d'un produit particulier mais soutiendrait les revenus agricoles indépendamment du type d'activité agricole. Le système actuel risque de pénaliser les secteurs de production de grande qualité en réduisant leur compétitivité au plan international. Comme l'a fait valoir le rapport Saint-Pierre (Saint-Pierre, 2009), un nouveau programme de gestion des risques devrait renforcer le rôle du marché mondial comme régulateur de la production, tout en permettant des mécanismes d'adaptation prenant en compte les objectifs du développement régional.

Un système découplé des objectifs de production incite les producteurs à améliorer et diversifier leurs activités. Il facilite l'utilisation de nouvelles méthodes de production (y compris dans le secteur de la transformation alimentaire) et l'exploitation des opportunités du marché dans les secteurs à forte valeur ajoutée comme les produits bio et autres produits agricoles et forestiers (bois d'œuvre et autres) certifiés. De nouveaux programmes gouvernementaux ont été mis en œuvre dans le cadre de la PNR, pour soutenir la production bio et les désignations protégées certifiées comme les produits spécialisés et les *produits du terroir*. Toutefois, le développement global de ces secteurs demeure modeste et les possibilités de diversification ultérieure sont considérables. Au Québec, les jeunes producteurs de fromages, fabriqués à la main pour la plupart, sont un exemple du potentiel commercial des nouveaux types de productions liées au *terroir*.

Une manière de promouvoir les ventes de produits alimentaires bio et autres produits certifiés consiste à améliorer leur commercialisation, ce qui serait également bénéfique pour les producteurs n'ayant pas un accès direct aux grands marchés. Le succès des produits agricoles à forte valeur ajoutée dépend de la situation des exploitations par rapport aux marchés. Les fermes à proximité de grandes régions métropolitaines ou situées dans des régions très touristiques ont davantage d'opportunités de vente directe. Les initiatives réussies de marketing direct associant la vente de produits frais à la visite d'une région rurale sont bien souvent le fait de coopératives ou d'organisations ayant un objectif similaire et travaillant ensemble à la commercialisation de leurs produits. Mais des régions plus éloignées peuvent néanmoins en bénéficier, comme l'indique la demande croissante de produits bio liée aux soucis des consommateurs de préserver leur santé et l'environnement. Au Québec, le marché de l'agriculture biologique est encore relativement jeune et pas parfaitement établi mais ses perspectives de développement sont intéressantes. Faciliter l'accès aux produits bio est une façon d'encourager leur consommation : aux États-Unis, par exemple, les magasins de produits bio se sont associés pour créer un site web sur lequel les informations relatives aux implantations de magasins sur l'ensemble du pays sont mises en commun (*http://organicstorelocator.com/*).

Promouvoir les secteurs émergents

La situation et les caractéristiques géographiques sont des éléments déterminants pour l'émergence d'opportunités économiques. Il sera plus difficile de se développer pour une petite cité minière n'ayant aucun atout dans d'autres industries reposant sur l'exploitation de la ressource, tandis que des collectivités facilement accessibles jouissant d'aménités naturelles ou culturelles telles que paysages, équipements récréatifs ou bâtiments historiques, peuvent chercher à promouvoir le tourisme rural ou à attirer les retraités. Toutefois, nombre de collectivités n'ayant pas d'aménités particulières peuvent néanmoins avoir un potentiel de production d'énergies renouvelables (énergie éolienne et hydraulique ou foresterie). En général, les régions qui mobilisent avec succès leurs atouts locaux au lieu de dépendre des transferts sociaux et des aides publiques nationales et provinciales connaissent une croissance plus forte (OCDE, 2009g). Au Québec rural, bien que la production d'énergies renouvelables, en particulier celle d'hydroélectricité soit établie de longue date, l'implication des collectivités peut encore être améliorée. En outre, l'émergence récente de nouveaux modes de production d'énergie tels que ceux utilisant la puissance du vent et la biomasse, a créé de nouvelles opportunités d'emplois et de revenus en milieu rural et l'augmentation du coût des combustibles fossiles pourrait stimuler le développement de ces secteurs.

Dans de nombreux pays de l'OCDE, de nouveaux secteurs se sont développés en remplacement des industries en partance se sont développés, notamment dans *i)* la production d'énergies renouvelables, *ii)* le tourisme rural et *iii)* l'accueil des retraités.

i) Au Québec, l'abondance des ressources éoliennes, hydriques et forestières crée les bases d'une industrie de l'énergie renouvelable et sa forte intégration à la politique rurale peut accroître les débouchés pour les collectivités locales. La production d'énergies renouvelables est une composante importante des efforts entrepris par le Québec et le Canada pour réduire les émissions de gaz à effet de serre (GES) et relever les défis liés au changements climatiques, mais il faut y voir également une activité génératrice de nouveaux emplois et de nouveaux revenus pour les régions rurales (même si ce potentiel est affecté par le faible coût de l'hydroélectricité au Québec qui réduit la rentabilité de certains projets d'énergies renouvelables). La Stratégie énergétique du gouvernement se concentre sur le secteur dominant de l'hydroélectricité et, de plus en plus, sur l'énergie éolienne. A cet égard, le gouvernement devrait fortement impliquer les acteurs de la politique rurale et imposer que les activités de R-D soient conduites à proximité des collectivités rurales pour les projets réalisés par Hydro-Québec ou par des sociétés émergentes. Cela faciliterait la mise en commun de main d'œuvre qualifiée dans les régions rurales et maximiserait les avantages que les collectivités retirent de ces industries. Le fait que la province soit propriétaire d'Hydro-Québec permet à la société de se comporter en « entreprise sociale » et de jouer un rôle-clé dans le développement des régions rurales.

Les perspectives de développement ultérieur de l'énergie éolienne dans le Québec rural sont prometteuses. Le potentiel technique global de production est de près de 100 000 MW dans un rayon de 25 km par rapport à une ligne existante de transport d'électricité (Hélimax, 2004). Une focalisation sur le développement de l'énergie éolienne du Québec rural et d'autres provinces à fort potentiel pourrait contribuer aux efforts du gouvernement canadien pour rattraper les leaders mondiaux dans ce domaine, en particulier les États-Unis, l'Allemagne, l'Espagne et la Chine (GWEC, 2009). Le projet de production d'énergie éolienne de Gaspésie, région située dans la partie orientale du Québec, est un bon exemple de projet liant des opportunités dans le secteur de l'énergie éolienne au développement industriel régional. Avec la décision publique d'imposer à ceux qui investissent dans l'énergie éolienne de produire localement (les turbines éoliennes, par exemple), ce projet de développement industriel mobilisant les leaders régionaux dans le cadre du projet ACCORD aide à spécialiser la main d'œuvre actuelle, à attirer dans la région une main d'œuvre qualifiée et à déclencher des investissements locaux ultérieurs. Le financement public de projets similaires dans d'autres domaines est subordonné à la condition que les équipements soient produits en Gaspésie. L'expérience de pays de l'OCDE comme la Nouvelle-Zélande confirme la possibilité pour les collectivités rurales de produire, à partir des ressources locales en matière d'énergies renouvelables, une quantité d'électricité suffisante pour couvrir leurs propres besoins et de vendre l'excédent au réseau (voir encadré 4.8).

De même, les ressources de la forêt et de l'agriculture peuvent contribuer de plus en plus à la production d'énergies renouvelables. Le bois est la principale ressource produisant de l'énergie à partir de la biomasse mais d'autres sources de biomasse peuvent être également utilisées. C'est le cas, par exemple, des cultures vivrières, des plantes herbeuses et ligneuses, des résidus de l'agriculture ou de la foresterie et de la composante organique des résidus urbains et industriels (NREL, 2008). Alors que de nombreux pays de l'OCDE doivent trouver un équilibre entre leur production de biocarburants et celle de produits alimentaires, ce conflit est moins présent au Québec compte tenu de l'importance de ses richesses forestières. Les déchets de son importante industrie de foresterie peuvent produire une grande quantité d'intrants transformables en énergies renouvelables. Toutefois, pour profiter pleinement des opportunités offertes par la biomasse issue de l'exploitation forestière et les biocarburants, les exploitants doivent investir plus fortement dans l'innovation et la transformation. L'expérience de la Suède et de l'Autriche en matière de biomasse issue de l'exploitation forestière donne à penser que ses possibilités sont prometteuses pour les régions rurales reposant sur la foresterie (voir encadré 4.9).

Si un soutien spécifique de l'énergie éolienne et de l'énergie reposant sur la foresterie peut encourager le développement économique rural, le gouvernement doit éviter les politiques qui déterminent de façon définitive des technologies ou des choix de carburants spécifiques. Comme indiqué dans les Perspectives de l'environnement de l'OCDE à l'horizon 2030 (OCDE, 2008h), les gouvernements devraient veiller à laisser ouvertes toutes les options technologiques actuelles et futures et à offrir des incitations à l'innovation dans les différents secteurs. Des objectifs spécifiques à une technologie, comme la décision du Québec de fixer une proportion de biocarburants dans le mix de carburants utilisés, coûtent cher et leurs bénéfices en termes d'environnement dépendent de la quantité d'énergie utilisée lors du processus de conversion et pour le transport des matières premières jusqu'à la bioraffinerie mais aussi de l'inclusion ou non de la rotation des cultures pour éviter la monoculture.

Encadré 4.8 **Opportunités offertes par les énergies renouvelables locales : Totara Valley, Nouvelle-Zélande**

Une étude réalisée dans la communauté agricole de Totara Valley (île du Nord de la Nouvelle-Zélande) montre comment une petite localité rurale peut étudier la possibilité d'utiliser un système local de production d'énergies renouvelables et exporter l'excédent sur le réseau. Après 2013, les sociétés fiduciaires ou privées de distribution d'électricité ne seront plus tenues par la loi néo-zélandaise de maintenir les tronçons non rentables de leurs lignes de desserte des régions rurales (*Electricity Act 1993*). En conséquence, les collectivités rurales tentent d'élaborer une méthode de prise de décision pour identifier les ressources énergétiques locales permettant de répondre à la demande locale de chaleur et d'électricité. Dans la mesure où il n'est pas rentable pour une collectivité disposant de ressources limitées d'entreprendre une analyse détaillée portant sur une longue période, l'objectif de l'étude de Totara Valley était d'élaborer une méthode rapide d'évaluation des ressources locales en énergies renouvelables.

Partenaires de recherche et compagnies d'électricité se sont associés au projet de Totara Valley, élaborant une série de profils de production d'électricité en lien avec la demande d'électricité qui ont montré des variations journalières et saisonnières de la production d'énergie éolienne et solaire. La possibilité d'utiliser des centrales hydroélectriques de petite taille a été également évaluée sur la base du débit disponible des cours d'eau situés sur le territoire de la collectivité. Dans la mesure où le vent et le soleil sont des énergies intermittentes et où toutes les propriétés n'ont pas une alimentation en eau fiable permettant l'installation d'une microcentrale hydraulique, établir une correspondance entre l'offre d'énergie et une demande qui varie sans cesse suppose bien souvent de stocker de l'électricité. Les méthodes qui pourront être utilisées après 2013 pour établir cette correspondance entre la capacité de production potentielle et la demande sont : *i*) des systèmes de production indépendants dans les maisons et les exploitations associant la production d'énergie éolienne et solaire et des batteries de stockage avec un petit générateur d'appoint ; *ii*) plusieurs sources de production à petite échelle au sein d'une collectivité, un mini réseau reliant toutes les centrales de production et alimentant tous les bâtiments, ce qui pourrait assurer l'indépendance énergétique de la collectivité ; *iii*) si elle est déjà raccordée au réseau, une collectivité pourrait continuer à utiliser l'électricité mais au risque d'accroître les charges fixes de l'offre pour couvrir les coûts et *iv*) si les compagnies acceptent de maintenir l'offre, le réseau pourrait également être utilisé comme « batterie » lorsque la demande est supérieure à l'offre d'électricité produite sur le site.

Les recherches en cours se concentrent sur la production d'un outil de prise de décision qui aiderait les collectivités rurales à identifier les avantages économiques, sociaux et environnementaux de l'introduction de systèmes de production à petite échelle. L'analyse ultérieure portera sur l'intérêt potentiel pour les sociétés qui exploitent les lignes de devenir associées d'une joint venture dans un tel système.

Source : Sims, Ralph E.H. et Phil E. Murray (2005), « Power to the people – a New Zealand rural community study », rapport pour la séance plénière du Congrès mondial solaire de ISES qui s'est tenu à Orlando du 8 au 12 août 2005.

> ### Encadré 4.9 **Biomasse forestière et développement rural : une expérience suédoise et une expérience autrichienne**
>
> **Piteå (Suède).** Cette petite ville (22 600 habitants) du nord de la Suède a décidé de mettre à profit sa spécialisation dans la foresterie pour produire un gaz, le diméthyléther (DME), qui peut être obtenu par gazéification directe de la biomasse. Le projet vise à produire, à l'échelle industrielle, un biocarburant de synthèse optimisé du point de vue de l'environnement obtenu à partir de biomasse lignocellulosique. Le DME peut devenir une alternative renouvelable à même de concurrencer les combustibles fossiles ; c'est un vecteur énergétique hautement efficace à faible niveau d'émission de gaz d'échappement, externalités réduites en termes de bruit et impact minime sur le climat. L'objectif du projet « BioDME » lancé en 2008, est de construire d'ici à 2010 la première usine au monde de production de BioDME. Pour tester la technologie DME en application réelle, un essai sur le terrain sera effectué sur la période 2010-2012 avec 14 camions pilotes en conditions normales d'exploitation, afin de contrôler les normes techniques, les possibilités commerciales et la comptabilité avec les moteurs. Le projet est cofinancé par un consortium privé, le $7^{\text{ème}}$ Programme cadre européen et l'Agence suédoise de l'Énergie pour un coût total estimé de 28 millions EUR. Son impact sur l'économie régionale reste à évaluer.
>
> **Güssing (Autriche).** En 1990, les autorités locales de cette petite ville autrichienne relativement pauvre de 3 700 habitants se sont fixées pour objectif de devenir autosuffisantes sur le plan énergétique, abandonnant l'utilisation de combustibles fossiles dans leur municipalité pour réduire la facture des dépenses publiques. L'objectif a été atteint grâce à des investissements financés par les fonds régionaux de l'Union européenne : la municipalité a décidé d'installer un important système de chauffage à partir de la biomasse, puis une unité de production de diesel biologique et une centrale produisant de l'électricité à partir de la biomasse. Pour utiliser les importantes ressources forestières locales (45 % du territoire municipal), des infrastructures appropriées pour le traitement du bois ont été construites ainsi qu'une installation de séchage du bois qui a permis d'utiliser le système pendant toute l'année. Pour produire de l'énergie, l'installation gazéifie les copeaux de bois, expulsant de l'air et ajoutant de la vapeur. Le gaz obtenu est de grande qualité ; non seulement il peut être utilisé pour la production de chaleur et d'électricité mais il peut aussi être transformé en gaz naturel et en carburant de synthèse. Avec l'arrivée dans la ville de plus de 50 nouvelles entreprises, les autorités locales ont plus que triplé leurs recettes annuelles qui s'élèvent désormais à 1, 4 million EUR, et réduit leur facture énergétique de plus de 50 %. Un centre pour l'énergie renouvelable a réalisé plusieurs projets pilotes et offre son expérience locale à d'autres localités qui envisagent de lier ressources naturelles locales, production d'énergie et développement régional. En outre, un tourisme reposant sur l'éco-énergie se développe avec un label régional commun (*ÖkoEnergieland*) et des visites guidées montrant les différentes formes de production d'énergie et autres atouts culturels et naturels de la région.
>
> *Source* : Solander Science Park / Marcus Öhman, Lulea University of Technology ; European Center of Renewable Energy, Güssing, *www.eee-info.net* ; *Die Zeit*, *www.zeit.de/2008/35/Energiekrise*, consulté le 29 octobre 2009).

ii) Le tourisme rural est une industrie internationale en pleine croissance qui peut contribuer à remplacer des activités économiques perdues dans les secteurs reposant sur la ressource et insuffler un nouveau dynamisme aux collectivités. Il se développe à un rythme estimé globalement à 6 % par an, ce qui est supérieur au taux de croissance global des arrivées de touristes internationaux (OMT, 2004). Bien que le tourisme ne soit pas une solution pour toutes les collectivités rurales (du fait, en particulier, que la contrainte climatique peut limiter la saison touristique), les aménités naturelles du Québec, notamment son éloignement, sa nature non polluée et ses paysages spectaculaires, constituent un potentiel important et souvent inexploité. Les offres dans les domaines de l'agrotourisme, de l'écotourisme durable, des activités hivernales, de la chasse et de la pêche, du tourisme de croisière et du tourisme lié aux communautés autochtones, sont particulièrement prometteuses et plusieurs initiatives ont été lancées dans différentes régions administratives, par exemple dans le cadre du projet ACCORD, pour développer un système de marques (*branding*) pour les destinations touristiques. La politique régionale peut également « créer » de nouvelles aménités culturelles pouvant servir de base au tourisme événementiel. Le festival du film de Telluride, au Colorado (États-Unis) est un exemple de création réussie d'une aménité dans une collectivité rurale jadis en déclin (voir encadré 4.10). Adoptant une approche similaire, le festival du cinéma international en Abitibi-Témiscamingue (Ouest du Québec) n'a peut-être pas la renommée internationale de celui de Telluride mais il est possible de transformer cet événement culturel régional et quelques autres en opportunités de développement pour cette région plus éloignée. Au Canada, les régions essentiellement rurales accueillent à peu près autant de touristes que les régions essentiellement urbaines et les régions intermédiaires réunies (Beshiri, 2005) mais la plupart des visiteurs des régions rurales sont des Canadiens. Les opportunités d'attirer davantage de touristes étrangers sont grandes ; elles pourraient aider à briser les barrières culturelles et les stéréotypes existants.

Toutefois, pour développer le tourisme rural, les municipalités et les MRC peuvent doivent être davantage incitées à coopérer à l'élaboration et à la mise en œuvre de stratégies. Jusqu'ici, le gouvernement n'a pas eu une stratégie cohérente de tourisme rural et les stratégies de tourisme régional n'ont guère été intégrées à des activités supralocales de développement rural durable. Pour être cohérente, une stratégie devra déterminer comment gérer le fait que, dans les pays de l'OCDE, les emplois liés au tourisme rural sont souvent saisonniers et mal payés, que de nombreuses localités rurales offrent des expériences de tourisme très similaires sans faire le moindre effort pour se démarquer et que le tourisme est sujet à des évolutions manifestes des préférences.

> ### Encadré 4.10 **Politiques de création de traditions :
> le festival du film de Telluride au Colorado, États-Unis**
>
> Le festival du film de Telluride (aujourd'hui plus de 2 000 habitants) a été lancé en 1974 pour redonner vie à cette bourgade rurale éloignée du Colorado qui a connu des décennies de déclin économique après la fin du boom minier du 19ème siècle. Grâce au festival et à diverses autres manifestations culturelles, concerts de musique et expositions mais aussi à une industrie du ski florissante, l'ancienne cité minière s'est réinventée une identité : elle est devenue une destination touristique. En l'espace de trente ans, de nouveaux résidents se sont installés et entre 1970, année encore marquée par le déclin économique et l'an 2000, le nombre de ses habitants a quadruplé. Mettant à profit ses ressources naturelles et créant des aménités culturelles uniques, la ville a su conjuguer ses atouts pour le tourisme hivernal et un large éventail de festivals et d'événements pendant les mois d'été, créant ainsi une économie régionale équilibrée et viable.
>
> *Source* : Ville de Telluride, *www.telluride-co.gov*.

iii) Davantage d'efforts pourraient être entrepris pour tirer parti des opportunités liées à l'allongement de l'espérance de vie et à la vie après la retraite. Ces dernières années, un nombre considérable de retraités, souvent aisés, ont quitté les zones urbaines pour s'installer notamment dans les régions essentiellement rurales du Québec, ce qui a intensifié le processus déjà rapide de vieillissement démographique, comparé à celui d'autres pays de l'OCDE (OCDE, 2009c). Si de nombreuses collectivités se sont inquiétées de l'augmentation du prix des terrains entraînée par l'arrivée de ces résidents urbains et l'embourgeoisement de la région qui en a résulté, les opportunités que représentent pour le développement local l'allongement de l'espérance de vie et une population importante de résidents âgés n'ont pas encore été suffisamment examinées. Avec une population qui vieillit, la demande de soins de santé et de services liés à la santé s'accroît. Au rang des exigences nouvelles figurent des formules de logement pour les aînés, des soins de longue durée et de services spécialisés, des pharmacies et des services médicaux mais aussi des programmes d'apprentissage tout au long de la vie. L'expérience finlandaise montre comment une stratégie régionale de grappes d'entreprises voit dans le vieillissement et dans la vie après la retraite une opportunité de création de valeur ajoutée susceptible de créer des emplois en milieu rural (voir encadré 4.11).

> **Encadré 4.11 Voir dans l'allongement de la vie une opportunité :
> le cas de Ristijärvi, Finlande**
>
> La municipalité finlandaise de Ristijärvi a été choisie comme région pilote pour l'initiative Seniorpolis qui cherche à relever le défi de l'offre de soins de santé et de services sociaux aux personnes âgées tout en gérant la pénurie de main d'œuvre spécialisée en Finlande rurale. La stratégie locale en faveur des aînés voit dans le vieillissement et l'allongement de la vie non pas un problème mais une opportunité de création de valeur ajoutée. Conçue comme une stratégie commerciale régionale au sein du programme des Centres d'expertise, l'initiative Seniorpolis monte des opérations commerciales qui font la promotion des opportunités de bien-être et de mode de vie pour les aînés. Les objectifs qui devraient aider à la création d'emplois dans la région sont les suivants :
>
> - attirer les aînés et générer une demande de services spécialisés de loisirs et de soins de santé, de formules de logement adaptées, d'apprentissage tout au long de la vie via des systèmes interactifs d'enseignement à distance, de relaxation, de spectacles, etc.
>
> - devenir une référence en matière de services de bien-être pour les personnes âgées.
>
> A titre d'exemple, la municipalité a créé un certificat de qualité et une marque pour la commercialisation des différents produits et services de bien-être des personnes âgées reposant sur les activités de Seniorpolis. Cette démarche pourrait conduire à l'établissement d'une offre intégrée de produits et de services.
>
> *Source* : Seniorpolis (n.d.), « A Unique Finnish Concept for Senior Citizens », Seniorpolis brochure, *www.seniorpolis.com*.

Valoriser l'accumulation de capital humain et faciliter l'accès à la terre et aux ressources naturelles

Attirer, retenir et créer une main d'œuvre qualifiée dans les régions rurales

Le fait de disposer d'un réservoir de main d'œuvre qualifiée donne aux régions rurales la possibilité de développer les secteurs émergents en peu de temps et à coût moindre. Dans un contexte de mondialisation, de concurrence des pays à faible coût de production et de pénurie de main d'œuvre qualifiée, il est de plus en plus difficile et coûteux d'attirer de nouvelles entreprises. Dans ce contexte, les politiques de développement économique requièrent différents outils pour recréer des emplois, comme le soutien à la création et au développement des entreprises, l'entrepreneuriat et l'innovation, enfin, les politiques actives du marché du travail (PAMT) pour attirer et fidéliser les travailleurs qualifiés.

La concentration de travailleurs qualifiés peut être accrue par des politiques ciblées sur l'entrepreneuriat, le travail indépendant et l'innovation.[2] Les approches entrepreneuriales et les investissements publics et privés pour soutenir l'innovation ont un impact à long terme plus fort sur la création d'emplois en milieu rural que l'incitation à l'implantation et la relocalisation d'entreprises par des aides publiques. Toutefois, la sensibilisation aux approches entrepreneuriales est souvent faible, ce qui rend plus difficile le maintien d'un soutien politique. En effet, si le recrutement d'un nouvel employeur dans une région est hautement visible, il peut être difficile de démontrer, en raison de l'impact indirect, que de nouveaux savoirs, réseaux et contacts acquis via la participation à des programmes de formation et de soutien ont conduit à la création ou au maintien des PME et des emplois. Si, bien souvent, les petites entreprises peuvent, elles aussi, connaître des succès, il s'agit habituellement d'un processus progressif qui se déroule hors de la vue du public.

Les investissements publics dans les TIC et les infrastructures de transport mais aussi les services éducatifs et de santé ont un impact plus direct. En maintenant la qualité des infrastructures et des services sanitaires, éducatifs et financiers dans les régions rurales, on améliorera leur compétitivité et on attirera plus facilement de nouveaux résidents et de nouvelles entreprises. Sachant qu'un nombre croissant d'entrepreneurs peuvent travailler généralement partout sous réserve d'avoir accès à l'Internet large bande et à un bon réseau de transport, le gouvernement du Québec devrait améliorer le branchement des ménages à l'Internet haut débit dans les zones rurales à habitat dispersé. Le Québec peut s'inspirer de l'expérience d'autres pays comme l'Allemagne (voir encadré 4.12). Si l'accès aux financement est une préoccupation courante dans les différents types de territoires, les collectivités éloignées du Québec rural sont plus fortement concernées par la gestion des ressources humaines, en particulier le recrutement et la fidélisation des personnels qualifiés dans les activités commerciales et la production. Il semble également que les compétences limitées des banquiers opérant dans les régions essentiellement rurales limitent la capacité d'innovation des PME (St-Pierre et Mathieu, 2005).

> ### Encadré 4.12 **L'Internet à large bande dans les zones rurales à habitat dispersé, Allemagne**
>
> Pour améliorer l'offre de connexions à l'Internet large bande dans les zones rurales à habitat dispersé, le gouvernement fédéral allemand s'est fixé deux grands objectifs : *i*) étendre l'accès à l'Internet large bande à l'ensemble du pays d'ici à 2010 et *ii*) raccorder 75 % des foyers à l'Internet haut débit avec des vitesses de transmission minimums de 50 Mbit/s d'ici à 2014.
>
> La réalisation de ces objectifs requiert un « mix » de technologies et de fournisseurs d'accès mais aussi une coopération entre les différents niveaux de gouvernement (fédéral, *Länder*, local) et le secteur privé, en particulier les PME implantées localement. Outre des programmes de soutien à hauteur de 300 millions EUR dans les régions où les incitations du marché ne sont pas suffisantes, le gouvernement travaille sur deux éléments clés : a) l'affectation des fréquences radio désormais inutiles (le « dividende numérique ») à l'offre de wifi large bande dans les régions rurales et b) la coopération avec les autorités locales qui prévoient des travaux d'infrastructures souterrains comme les services des transports, de l'énergie et de l'eau, pour réduire les coûts des ouvrages de génie civil dans les régions rurales.
>
> À **Helmste** (*Land* de Basse-Saxe), un projet pilote montre comment la coopération des responsables locaux, des citoyens et des fournisseurs d'accès peut permettre de raccorder une région rurale au réseau large bande dans des conditions viables. Du fait de sa situation géographique, cette municipalité rurale n'était pas jusqu'ici connectée à la large bande. Une analyse de la demande effectuée par les autorités locales et d'autres acteurs a comporté l'envoi d'un questionnaire à tous les ménages. L'enquête a montré que les entreprises et les ménages étaient très demandeurs de pouvoir se connecter au réseau large bande mais qu'ils n'étaient guère disposés à payer un prix supérieur à celui du marché pour une interconnexion forfaitaire à la large bande. Il a été ensuite demandé à différents fournisseurs d'accès de faire une offre pour la couverture large bande d'Helmste. Une analyse économique de ces offres a montré que pour parvenir à une solution efficace et techniquement réalisable, une coopération entre deux fournisseurs soumissionnaires combinée à l'utilisation de l'infrastructure existante, des techniques de transmission DSL et de la fibre optique, serait nécessaire. Les promoteurs du projet (le Centre public de Compétences large bande de Basse Saxe et la municipalité) se sont engagés à fixer un délai pour la réalisation de la couverture et à contrôler son respect tout en continuant à informer et impliquer la population pour obtenir son acceptation et soutenir la demande des résidents locaux. Les acteurs locaux auront un rôle de communicateurs et transmettront leur expérience de l'utilisation de la technologie large bande à l'école, aux entreprises, aux citoyens, etc. De même, les résidents pourront réduire les coûts de développement en participant aux travaux d'infrastructure souterrains.
>
> *Source* : Micus Management Consulting (2008), « Praxisnahe Lösungen zur Schließung von Breitband-Versorgungslücken: Pilotprojekt Helmste », Bearbeitungsnummer I D 4 – 02 08 15, Projekt-Nr. 62/07.

Le soutien de l'entrepreneuriat et des investissements d'infrastructure et de services publics devrait s'inscrire dans une approche régionale intégrée. Toutefois, l'analyse effectuée dans les pays de l'OCDE montre que ces investissements n'ont aucune incidence sur la croissance régionale si les régions rurales n'ont pas des niveaux adéquats de capital social et humain mais aussi d'innovation. En effet, si elles sont intégrées dans une stratégie globale de développement régional, ces sources endogènes de croissance sont plus déterminantes pour le développement que les difficultés spécifiquement liées au territoire comme la taille restreinte des marchés ruraux locaux et leur éloignement par rapport aux marchés extérieurs (OCDE, 2009g).

Encadré 4.13 Protéger la main d'œuvre qualifiée dans un territoire rural : le centre de gestion des prêts étudiants de Gaspé, au Québec

Attirer et protéger la main d'œuvre qualifiée dans les régions rurales suppose un engagement de long terme des acteurs publics et privés en matière de développement régional et d'investissements financiers. Le cas du Centre de gestion Desjardins des prêts étudiants (CGDPE) de Gaspé illustre bien cet engagement. Il repose sur cette politique de déconcentration des coopératives d'épargne et de crédit ciblée sur le développement économique régional. La décision d'établir le centre dans la région éloignée de Gaspésie – Îles-de-la-Madeleine a été facilitée par un accord avec le gouvernement du Québec, qui contribue à hauteur de 500 000 CAD par an sur dix ans, au financement des coûts de fonctionnement supplémentaires liés à l'implantation du centre en Gaspésie.

L'université de Sherbrooke a analysé l'impact économique local de ce centre administratif. L'étude a montré que le multiplicateur local des dépenses induites dans l'économie de Gaspé tant par les dépenses directes du centre (par exemple, loyer et médias,) que par les achats du personnel (par exemple, logement, nourriture et pharmacie, transports, services financiers) se situe entre 1.40 et 1.50. Cela signifie que les impacts induits et indirects représentent 40 à 50 % du montant net de 3.02 millions CAD injecté localement en 2005, soit 1.2 à 1.5 million CAD. Avec ces impacts, le centre assure entre 35 et 43 emplois dans la région de Gaspé en plus de son propre effectif d'une centaine de travailleurs qualifiés (en supposant un salaire annuel moyen de 35 000 CAD).

Source : Fortin, Mario (2007), « Mesure d'impact économique de la création du Centre de gestion Desjardins des prêts étudiants », rapport final, Chaire Bombardier de gestion de la marque, Université de Sherbrooke ; Radio Canada (2002), « Les prêts étudiants de Desjardins gérés à Gaspé », *www.radio-canada.ca/régions/gaspesie-lesiles/nouvelles/2002/archives/index.asp?val=30484.*

Le monde de l'entreprise et les organismes à but non lucratif peuvent être des partenaires précieux pour la promotion de l'entrepreneuriat et de l'innovation en milieu rural. S'agissant du soutien aux entreprises, ils présentent plusieurs atouts par rapport aux administrations locales. Premièrement, ils ne se formalisent pas des frontières administratives. Ils peuvent donc être des véhicules efficaces de coopération multijuridictionnelle. Deuxièmement, ils se heurtent à moins de contraintes juridiques et réglementaires. Troisièmement, ils ne sont pas responsables de l'application des règles *vis-à-vis* de l'entreprise qu'ils soutiennent. Des gouvernements qui investissent significativement dans une entreprise particulière pourraient être perçus comme faisant preuve de partialité dans l'application des lois et règlements dans la mesure où ils détiennent une participation importante dans son capital.

Pour conserver une main d'œuvre qualifiée, il est essentiel de soutenir les coopératives. En effet, les coopératives et autres formes d'entreprise sociale reposent pour l'essentiel sur le capital social local et sont des acteurs actifs pour l'offre de services ruraux comme les services de proximité (épiceries, postes d'essence, restaurants…), les services nationaux de santé et de soins ou les produits spécialisés dans lesquels l'offre privée avec ses différents objectifs diminue. Les coopératives, qui ont la capacité de mobiliser les citoyens, sont un mécanisme important de cohésion sociale pour la collectivité. Sous différentes formes (coopératives multilatérales, coopératives de solidarité…), elles peuvent renforcer les principaux principes et objectifs de la politique rurale du Québec.

La création de coopératives peut être une solution au problème de la transmission intergénérationnelle d'entreprise. Avec le départ à la retraite, dans les prochaines années, d'un grand nombre d'entrepreneurs ayant créé leur entreprise dans les années 60 et 70, les collectivités rurales sont confrontées à des risques importants de fermetures industrielles. Les études estiment que 70 % des entreprises familiales canadiennes ne survivent pas à la transmission à la deuxième génération et que 10 % seulement survivent à la transmission à la troisième génération (Mucalov et Mucalov, n.d.). Jusqu'ici, c'est principalement le secteur agricole qui est confronté à ce défi. Le fonds local d'investissement (FLI) des CLD et plusieurs fonds de développement régional (par exemple le FRSTQ) aident les salariés à devenir propriétaires de l'entreprise.

Dans les régions rurales, les politiques actives du marché du travail peuvent encourager l'entrepreneuriat en améliorant à la fois la qualité de la main d'œuvre régionale et celle des institutions locales du marché du travail. Des interventions proactives visent à *i*) modifier l'offre de main d'œuvre par la formation professionnelle et l'aide à l'émigration ; *ii*) accroître la demande de main d'œuvre en subventionnant les salaires ou en stimulant la création ou le développement des entreprises et *iii)* améliorer le fonctionnement des marchés du travail en encourageant les programmes d'adéquation de l'offre et de la demande d'emploi. Au Québec, la commission réunissant les partenaires du marché du travail (gouvernement, représentants des travailleurs et des entreprises, secteur éducatif, organisations collectives) est un instrument important pour le développement de la formation et la réponse aux besoins spécifiques de la main d'œuvre locale et régionale. Il est important que ces outils soient mis en œuvre à l'intérieur d'unités territoriales correctement définies sur les marchés du travail locaux (voir encadré 4.14).

L'immigration et l'intégration des travailleurs sont une autre manière de recréer des emplois mais elle pose également des problèmes pour les régions rurales du Québec (Conference Board, 2009a). La faiblesse actuelle de la natalité conjuguée à l'exode des jeunes menace la viabilité de la politique rurale de la province. Pour lutter contre le dépeuplement, le vieillissement et la pénurie de main d'œuvre et stabiliser les marchés du travail locaux, la deuxième PNR du Québec s'est fixé comme objectif prioritaire de renouveler les populations en attirant les immigrants et en les aidant à trouver un emploi et de meilleures conditions de vie en milieu rural. Des régions de pays de l'OCDE comme la France et le Royaume-Uni (voir encadré 4.15) ont montré que l'immigration peut concerner certes les régions périurbaines et intermédiaires, comme cela est le cas dans de nombreux pays de l'OCDE, mais aussi (quoique dans une mesure moindre) les régions essentiellement rurales et même les régions éloignées si des politiques appropriées visent à les rendre plus attractives pour les migrants (OCDE, 2008d et OCDE, 2006b). La facilitation d'accords gouvernementaux ciblés sur la reconnaissance des qualifications acquises ailleurs peut contribuer à attirer les immigrants dans les régions rurales. A cet égard, les efforts du Québec pour accélérer les mécanismes de reconnaissance des qualifications et passer des accords avec l'Ontario et la France ne sont que les premiers pas vers une plus grande ouverture qui permettra aux travailleurs étrangers qualifiés de s'installer en milieu rural.

Dans la mesure où la plupart des migrants d'origine étrangère vivent dans les grands centres urbains, les efforts des acteurs ruraux pour établir une présence parmi ces communautés d'émigrés doivent être renforcés. Cela devrait permettre de persuader un plus grand nombre de migrants des opportunités qu'offrent les régions rurales et atténuer ainsi leur forte concentration actuelle dans la région métropolitaine de Montréal. Mais attirer et garder des migrants d'origines ethniques et culturelles diverses suppose une participation importante et une grande volonté de compromis des immigrants et des populations locales. Aujourd'hui, étant donné le caractère multiethnique de l'immigration au Québec, (GQ, 2009b), les

> Encadré 4.14 **Les politiques actives du marché du travail (PAMT) :
> un mécanisme pour recréer des emplois**
>
> Les politiques actives du marché du travail (PAMT) peuvent être un instrument approprié pour recréer des emplois lorsque la relocalisation d'entreprises est de plus en plus difficile. Des évaluations effectuées dans plusieurs pays de l'OCDE montrent toutefois que les PAMT mises en œuvre au niveau national génèrent peu de gains d'emplois en raison d'effets de réduction importants (des personnes prennent un emploi subventionné qu'elles auraient pris de toute façon) et d'effets de substitution élevés (les travailleurs existants sont remplacés par des personnes admissibles à l'aide). Pour être efficaces, les PAMT doivent être mises en œuvre à l'intérieur d'unités territoriales correctement définies sur des marchés du travail locaux (MTL) autonomes. Le navettage des travailleurs et les liaisons fonctionnelles entre les entreprises doivent également être évalués pour mesurer la dimension de l'économie locale et celle de son marché du travail. Plusieurs pays de l'OCDE, comme l'Italie, l'Espagne, le Portugal et le Royaume-Uni, ont déjà procédé à une décomposition territoriale des MTL qui, dans certains cas, sont utilisés comme éléments constitutifs des politiques territoriales.
>
> En coordonnant les PAMT avec d'autres politiques publiques, on améliore leur efficacité. Des PAMT plus efficaces parce que liées aux politiques sociales peuvent améliorer l'employabilité des travailleurs défavorisés et utiliser la réinsertion dans l'emploi pour lutter contre l'exclusion sociale. Etant donné l'étroitesse des marchés du travail et les faibles densités de population en milieu rural, il est particulièrement important que les programmes du marché du travail tiennent compte des caractéristiques de l'économie locale (telles que l'existence d'infrastructures, de transports publics et autres services) et qu'ils cherchent à mettre en adéquation l'offre et la demande des marchés locaux du travail (par exemple les compétences demandées par les entreprises).
>
> Enfin, l'intégration des PAMT dans des politiques plus traditionnelles de développement régional permet un développement local plus fort et plus efficace car il est hautement improbable qu'une collectivité survive avec des niveaux d'emploi inadéquats. La crise économique mondiale pourrait être l'occasion de repenser les économies locales en concentrant les stratégies et les ressources sur les avantages comparatifs locaux et sur les nouveaux secteurs comme la « Nouvelle économie de l'environnement » qui ne sont pas encore verrouillés et où l'industrie est exposée à des évolutions technologiques rapides.
>
> La mise en œuvre des PAMT au niveau local suppose de nouveaux mécanismes de gouvernance. A ce jour, le principal outil élaboré par les pays de l'OCDE pour améliorer la gouvernance locale a été la décentralisation. En décentralisant la prise de décision, on encourage les solutions pragmatiques aux problèmes locaux mais, utilisée seule, la décentralisation ne facilite ni la coordination des PAMT avec les autres politiques locales ni l'inclusion du secteur privé dans l'élaboration et la mise en œuvre des politiques. En dépit de la décentralisation, de nombreuses administrations locales continuent d'allouer des fonds selon un schéma sectoriel. Les collectivités rurales devraient donc coordonner étroitement les politiques pour améliorer les résultats des PAMT (tout en réduisant leur coût) et accroître la participation du secteur privé et de la société civile à l'élaboration et à la mise en œuvre des politiques.
>
> *Source* : Freshwater, D. (2008), « Active Labour Market Policy: Implications for Local Labour Markets and Regional Development », municipalités Terre-Neuve-et-Labrador.

Encadré 4.15 **L'immigration en milieu rural dans les pays de l'OCDE**

L'expérience précieuse de plusieurs pays de l'OCDE devrait aider le Québec dans ses efforts pour accroître l'immigration à destination de ses régions rurales :

Écosse (Royaume-Uni). Pays essentiellement rural, l'Écosse affiche depuis la fin des années 80, un solde migratoire positif. La part de l'immigration dans sa population est passée de 19 % en 2001 à 21 % en 2004. Le cas de la région des *Highlands and Islands*, partie la plus éloignée du pays à faible densité de population, est particulièrement intéressant. Après plus d'un siècle de déclin, elle a enregistré une croissance démographique de 15 % entre 1961 et 2001 puis de 1.7 % entre 2001 et 2005. La création du *Highlands and Islands Development Board*, connu aujourd'hui sous le nom de *Highlands and Islands Enterprise Network* (HIE), a été à cet égard une décision importante. Outre le concours financier qu'il apporte aux entreprises, le réseau HIE travaille avec les collectivités et les acteurs à identifier les initiatives qui reflètent ses priorités : croissance démographique, atouts territorialisés, amélioration de la productivité et activités économiques plus rémunératrices.

Par ailleurs, la structure collégiale et décentralisée de la UHI (*University of Highlands and Islands*) présente dans les principales îles et les petites villes de la région, mais aussi aux côtés des centres ruraux d'apprentissage ouverts dans de nombreuses localités éloignées, représente une approche innovante des besoins éducatifs des régions rurales. Enfin, l'attraction des immigrants étrangers peut également s'expliquer par la stratégie en trois temps du gouvernement : *i*) campagne de lutte contre le racisme par le biais de spots télévisés ; *ii*) campagne sur la nécessité d'une population plus importante et d'un recours à l'immigration ; *iii*) présentation d'une solution possible qui a consisté à attirer les migrants d'Europe orientale après l'élargissement de l'Union européenne en 2004.

France. Depuis 1990, la France a enregistré de nouveaux flux de population des zones rurales vers les zones urbaines ou des zones urbaines vers les zones périurbaines mais aussi des flux migratoires à destination de certaines régions rurales. Sur la période 1990-1999, plus de la moitié des municipalités rurales ont enregistré un accroissement net de leur population et cette tendance s'est encore renforcée entre 1999 et 2005. La plupart de ces nouveaux arrivants se sont installés dans les zones périurbaines, ce qui confirme la poursuite du processus de suburbanisation. Mais un accroissement de la population a été également enregistré dans des régions rurales hors de la zone d'influence d'une ville adjacente, en particulier dans les zones résidentielles se caractérisant par une activité touristique. De surcroît, en dépit du déclin persistant des emplois agricoles, les régions rurales ont connu sur la même période une progression nette de l'emploi avec une forte croissance dans le secteur des services et une stabilité de l'emploi industriel.

> Encadré 4.15 **L'immigration en milieu rural dans les pays de l'OCDE** (*suite*)
>
> Les mesures de soutien économique ciblées sur les régions rurales dynamiques qui attirent les immigrants sont les suivantes : *i*) aide à l'installation des jeunes agriculteurs, à la pluriactivité et à l'agriculture extensive ; *ii*) facilitation de la création d'entreprises, de la formation et de la transmission intergénérationnelle ; *iii*) aides aux entreprises dans le domaine foncier ; *iv*) soutien budgétaire aux secteurs émergents comme le tourisme et le transfert d'innovation et *v*) 376 grappes/centres d'excellence ruraux appuyant des projets ruraux innovants susceptibles de créer des emplois dans des secteurs tels que la promotion des ressources naturelles, culturelles et touristiques, la gestion des bioressources, l'offre de services et l'attraction de nouveaux résidents, l'innovation technologique.
>
> *Source* : OCDE (2008), *OECD Rural Policy Reviews: Scotland, UK*, OCDE, Paris ; Fairbairn, J. et L.J. Gustafson (2008), *Au-delà de l'exode : mettre un terme à la pauvreté rurale,* rapport du Comité sénatorial permanent de l'agriculture et des forêts et Sénat du Canada, juin 2008 ; OCDE (2006), *Examens territoriaux de l'OCDE : France*, OCDE, Paris ; DIACT, « Les politiques en faveur des zones rurales », *www.diact.gouv.fr*.

collectivités rurales désireuses d'attirer les immigrants doivent être préparées à répondre à de nouveaux besoins en matière de services éducatifs, culturels, religieux ou commerciaux. Des études portant sur des femmes émigrées dans le Québec rural montrent qu'elles ont des difficultés à trouver un logement adapté et qu'elles se heurtent à la résistance de certains propriétaires ruraux d'appartements (Vatz-Laaroussi et Bezzi, n.d.). Avant de prendre une décision, il est donc crucial de parvenir à un consensus de la communauté sur le recrutement et l'intégration des migrants. Instance-conseil en matière de ruralité, *Solidarité rurale du Québec* (SRQ) conseille les collectivités rurales sur une planification stratégique du processus d'attraction et d'intégration des immigrants pour devenir une « collectivité d'accueil » (voir encadré 4.16).

Toutefois, le gouvernement et les collectivités rurales doivent être bien conscients que le plus important n'est pas de faire de la publicité autour du désir d'accueillir des immigrants mais de créer un environnement leur offrant des opportunités économiques, des emplois et une grande qualité de vie. En définitive, ce qui incite les migrants à s'installer dans une région rurale n'est pas le désir de répondre aux efforts des gouvernements mais la perception d'opportunités économiques et sociales pour eux-mêmes et pour leur famille. On a observé dans de nombreux pays de l'OCDE que les immigrants vont dans les régions ou l'offre d'emplois bien rémunérés est

> ## Encadré 4.16 **Devenir une « collectivité d'accueil » au Québec**
>
> Plusieurs municipalités et MRC rurales du Québec ont élaboré des projets en vue d'attirer les immigrants et de devenir une « collectivité d'accueil ». L'une de ces projets est le laboratoire rural *Portes Ouvertes sur le Lac* réalisé conjointement par trois MRC (37 municipalités rurales) dans la région éloignée du Lac-St-Jean, qui vise à attirer et intégrer annuellement 30 foyers de migrants sur quatre ans. *Solidarité rurale du Québec* (SRQ) a défini les principales conditions à remplir pour devenir une collectivité d'accueil :
>
> - Les collectivités rurales doivent planifier de manière stratégique l'attraction et l'intégration des nouveaux immigrants en communiquant constamment avec la population résidente de manière à comprendre les difficultés auxquelles la collectivité est confrontée et l'importance de l'immigration.
>
> - L'exercice de planification couvre les objectifs et les mesures à prendre, la clientèle ciblée et un processus de suivi. Les objectifs en matière d'immigration doivent établir à la fois des cibles quantitatives (nombre de migrants sur une période donnée) et qualitatives (profil des migrants).
>
> - L'implication des résidents locaux, des institutions (CLD, SADC…) et du secteur privé est cruciale.
>
> - La stratégie doit s'accompagner de l'élaboration d'un bilan démographique présentant l'évolution démographique, ses conséquences pour l'économie locale et les services publics, mais aussi d'un inventaire de l'offre de la collectivité en matière de services éducatifs et sanitaires, TIC, entreprises, soins et loisirs, zones résidentielles, atouts naturels et culturels, une description de son identité, de ses valeurs communes et de ses façons d'encourager la vie communautaire.
>
> - Les représentants et responsables municipaux ont un rôle clé à jouer dans la facilitation de l'intégration des immigrants.
>
> - Le contact personnel avec les nouveaux arrivants par le biais de rituels (cérémonies d'accueil, repas, etc.) et de manifestations sociales rassemblant la collectivité renforce la culture de l'accueil et peut faire tomber les barrières culturelles. Dans certains cas, des modèles de parrainage liant une famille nouvellement arrivée à une famille d'accueil ont été mis en place.
>
> - Les MRC et les municipalités doivent constituer un comité d'accueil responsable de la mise en œuvre et du contrôle de la structure de réception, établir un contact direct avec les migrants potentiels et réels et éventuellement désigner des répondants directs.
>
> *Source* : Solidarité rurale du Québec (2006), *Migration et nouvelle ruralité : devenir une collectivité d'accueil*, série « Réflexion », SRQ, Nicolet.

importante, souvent sans un soutien des pouvoirs publics ou alors, même si ceux-ci s'emploient activement à décourager l'immigration (cas des Mexicains dans le Kentucky aux États-Unis).

Les autorités du Québec et du Canada devraient également mieux se préparer à l'émergence d'une situation nouvelle dans certaines parties du Québec rural où l'équilibre économique sera plus instable que par le passé. L'accroissement de la population dans les régions attractives pour les retraités ne saurait masquer le fait que, compte tenu du grand nombre de travailleurs partant à la retraite, de la faiblesse des taux de natalité et d'immigration, la taille de la population active de ces régions va diminuer. En dépit de tous les efforts déployés dans le cadre de la politique rurale du Québec pour assurer la pérennité des collectivités, une transition vers un nouvel équilibre s'opère. Alors que le gouvernement du Québec promet un accès équivalent aux services publics en milieu rural, le débat politique sur l'avenir des territoires ruraux devrait accorder davantage d'importance aux enjeux liés à l'ajustement de l'offre d'infrastructures et de services publics dans ces régions. Comme le Québec (voir Chapitre 3), les pays de l'OCDE ont trouvé des solutions innovantes pour répondre aux besoins de services publics dans un contexte de diminution de la population active (voir encadré 4.17).

Faciliter l'accès aux terres dans les régions essentiellement rurales

En dépit de la taille du Québec, la protection des terres agricoles peut être un fardeau pour le développement économique de la région. L'analyse conduite dans les chapitres précédents montre que la province possède une grande diversité de régions rurales qui impose des politiques à même de s'adapter aux spécificités locales. Les zones rurales et les zones urbaines sont étroitement imbriquées et s'affectent mutuellement. C'est particulièrement évident dans le domaine de la politique rurale où une forte protection des terres agricoles peut générer une pénurie de terrains pour le développement urbain et où la demande citadine de constructions nouvelles de logements peut faire pression sur la conversion des terres agricoles, faisant grimper le prix des terrains en milieu rural au-delà du niveau justifié par les rendements agricoles. L'agriculture est une activité qui a une spécificité spatiale car les rendements agricoles aussi bien que le coût d'opportunité du maintien en exploitation des terres varient d'un lieu à l'autre. Des politiques générales de protection des terres sont donc inefficaces contre la conversion des terres agricoles.[3] Dans les pays de l'OCDE, la réaffectation à d'autres usages de certaines terres agricoles est pratique courante depuis de nombreuses années ; la proportion de terres agricoles a diminué en moyenne de 4 % sur les 20 dernières années (OCDE, 2009a).

> **Encadré 4.17 L'offre de services en milieu rural : l'expérience de l'Australie et du Royaume-Uni**
>
> De nombreux pays confrontés à une réduction de la population active dans les régions rurales ont adopté une stratégie de points de services fixes pour les services publics aussi bien que privés. Ces points se présentent sous des formes diverses, offrent aux particuliers et aux entreprises un accès aux principaux services gouvernementaux, financiers et autres. S'il n'est pas possible d'établir un site permanent, des formules mobiles sont mises en place dans les régions à habitat dispersé (banques et commerces ambulants, bibliobus, prestataires de soins de santé itinérants, etc.).
>
> **Australie.** Le programme *Rural Transaction Centres* (RTC) aide les petites collectivités à créer des centres autofinancés et gérés localement pour assurer de nouveaux services ou réintroduire des services que les communes rurales n'offrent plus. Plus de 200 RTC ont été admis à recevoir l'aide du programme gouvernemental des partenariats régionaux. Un consultant de terrain aide à la consultation préalable des collectivités concernées et à la réalisation d'une étude de faisabilité. Le RTC est conçu pour répondre aux besoins des collectivités en question sans concurrencer d'autres services. Il comporte en général des services financiers, l'accès aux services postaux et aux TIC, les services de l'État fédéral, des États et de l'administration locale, des services d'assurance et des services fiscaux. Les RTC emploient entre une personne à temps partiel et quatre personnes à plein temps. Le financement assuré par le gouvernement central couvre les coûts d'investissement pour la création d'un RTC et subventionne, si nécessaire, les frais de fonctionnement durant les premières années d'existence.
>
> **Royaume-Uni.** En Écosse, le concept du guichet unique est appliqué dans un large éventail de domaines dont l'éducation, les services sociaux, l'aide aux entreprises et les services de proximité. Une étude a montré que les guichets uniques sont en général jugés favorablement par les prestataires, le personnel et les clients, qu'ils fournissent des services nouveaux ou améliorés plus accessibles. Ils s'attaquent parfois à des problèmes transversaux comme la misère sociale, les jeunes et la fourniture de services à des communautés éloignées et dispersées. Un certain nombre de questions importantes doivent être prises en compte dans la conception, la configuration, l'implantation, le financement et la dotation en personnel des guichets uniques et l'implication et l'adhésion de la collectivité concernée sont essentielles.
>
> *Source* : OCDE (2006), « Policy Strategies for Regional Competitiveness: Analytical Report », GOV/TDPC(2006)24.

La conversion des terres agricoles est un problème tant dans les zones périurbaines que dans les zones de confins ou marges extensives. Dans les zones périurbaines (au Québec, en particulier dans les régions métropolitaines de Montreál et de Québec), l'activité urbaine influence fortement l'utilisation des terres poussant à la conversion des terres agricoles en terrains urbanisés de plus grande valeur. Dans les zones de confins ou marges extensives comme les régions situées au nord-ouest et au nord-est du Québec, l'agriculture n'a qu'une rentabilité marginale du fait de l'éloignement et de la faible productivité. Si une activité agricole ne peut être poursuivie, la terre retourne à une utilisation moins intensive comme la forêt ou le couvert naturel. Enfin, dans la zone agricole centrale où les rendements sont suffisamment élevés pour que les terres continuent d'être affectées à l'agriculture, le risque de reconversion n'est que mineur. Ici, les politiques agricoles n'influent pas de manière significative sur la superficie des exploitations : habituellement, les terres ne sont pas vendues et si elles sont laissées en friche, elles peuvent être restituées à l'agriculture lorsque le contexte économique devient favorable. Alors que dans de nombreux pays de l'OCDE la zone agricole centrale englobe la plupart des terres agricoles, au Québec elle est moins étendue du fait de la situation géographique et des types de peuplement.

Au Québec, le système de protection des terres agricoles ne prend pas suffisamment en compte la complexité des types de terres car il est désormais appliqué de façon uniforme à toutes les terres agricoles désignées. La loi adoptée en 1978 (voir Chapitre 3) vise à protéger les terres agricoles contre un développement non agricole. La loi sur la protection du territoire et des activités agricoles (LPTAA) est appliquée à l'ensemble de la province pour encadrer la conversion des terres agricoles. Bien que la loi et les règlements connexes du zonage agricole aient été révisés dans les années 90 pour les mettre en cohérence avec les objectifs du développement territorial et impliquer davantage les autorités municipales, il n'en reste pas moins vrai qu'à bien des égards la législation supervisant la protection des terres agricoles du Québec ne correspond plus aux réalités actuelles.

La même protection est accordée à toutes les terres considérées comme de grande qualité pour un usage agricole et privilégie l'agriculture intensive, que les terres soient situées dans un contexte où la pression urbaine est forte ou dans des régions rurales éloignées à faible densité de population. La Loi permet une certaine souplesse par le biais de sa mise en concordance avec les modes d'utilisation et d'aménagement du territoire qui devront être élaborés tous les sept ans par les MRC et les collectivités métropolitaines. Toutefois, la loi et son application par la Commission de protection du territoire agricole du Québec (CPTAQ) qui veille à son respect demeurent rigides et près de la moitié des MRC englobant des terres agricoles n'ont pas actualisé leurs plans d'occupation et d'aménagement du territoire (Pronovost, 2008). La protection privilégie l'agriculture intensive, bien que les nouvelles tendances comme les cultures spécialisées et l'agriculture biologique mais aussi une plus grande pluriactivité à la ferme, les revenus complémentaires tirés d'activités extra-agricoles et l'exploitation à temps partiel (voir Chapitre 2), aient réduit la nécessité d'échelle dans l'agriculture.

En dehors des grandes régions métropolitaines du Québec, la situation des terres agricoles protégées est bien différente de celle des terres agricoles périmétropolitaines. Dans les régions essentiellement rurales qui ne sont pas fonctionnellement reliées à des centres urbains, la pression exercée par le développement urbain sur les zones protégées est beaucoup moins forte et le type de requêtes soumis à la CPTAQ de ces régions concerne bien davantage la diversification des activités à la ferme et la pluriactivité. La CPTAQ a eu tendance à adopter une position rigide à l'encontre des agriculteurs des régions rurales sollicitant l'autorisation de diversifier leurs activités à la ferme ou de morceler leurs propriétés pour obtenir des tailles d'exploitations optimisées bien adaptées aux nouvelles tendances des activités agricoles.

La législation devrait établir une distinction entre la protection des terres dans les régions rurales et dans les régions périmétropolitaines ; elle devrait ensuite être modifiée pour les régions essentiellement rurales qui ne sont pas fonctionnellement reliées à des centres urbains. On peut se demander si une simple réforme d'une loi s'appliquant à l'ensemble du territoire sera suffisante pour mettre en œuvre le principe d'une approche législative adaptée aux spécificités territoriales, compte tenu notamment des réalités différenciées des régions essentiellement rurales comparées aux zones périurbaines et de leurs différences respectives en matière de pratiques agricoles. Comme le suggère Ouimet (2009), la législation devrait promouvoir un système plus dynamique d'exploitation agricole et de développement économique rural. Un assouplissement de la LPTAA dans les régions rurales qui ne sont pas fonctionnellement reliées à des centres urbains permettrait une plus grande diversification des activités à la ferme ne se limitant pas à la liste des activités actuellement jugées acceptables. En effet, cette liste ne prend pas en compte un grand nombre de tendances actuelles du secteur agricole, de l'agroalimentaire, de l'agrotourisme et autres secteurs complémentaires.

Une modification de la loi pourrait également avoir un impact important sur les activités extra-agricoles et promouvoir la diversification économique. Du fait de pressions moindres au titre de l'aménagement du territoire, la diversification est possible sans pertes significatives de terres agricoles, contribuant à la réalisation des principaux objectifs de la PNR pour les collectivités dynamiques. Dans les régions rurales plus éloignées, un assouplissement de la LPTAA facilitant la diversification extra-agricole pourrait ralentir les pertes de terres agricoles en augmentant les revenus des familles agricoles. Des flux de revenus plus importants peuvent conduire au développement d'une activité agricole à temps partiel mais augmentent les chances de préserver la terre dans les exploitations (OCDE, 2009a).

Le processus actuel d'évaluation au cas par cas appliqué aux demandes d'aménagement devrait être remplacé par un plan pluriannuel pour les terres agricoles, élaboré par les MRC en concertation avec le public. Une fois ce plan approuvé par la CPTAQ, il faudrait déléguer aux MRC la tâche de le mettre en œuvre et de le contrôler. Le plan agricole devrait être élaboré conjointement avec les plans stratégiques de développement local. Un mécanisme de consultation du public englobant les agriculteurs locaux, les propriétaires terriens, les fonctionnaires et la collectivité dans son ensemble devrait être mis en place au sein de chaque MRC pour générer un forum de discussions et de résolutions concernant les projets agricoles. Le MAMROT devrait également insister pour que les MRC révisent et mettent en œuvre leurs modes d'occupation et de mise en valeur des terres. Ceux-ci devraient être intégrés au plan et établis de concert avec les mesures de développement rural de la PNR et autres planifications stratégiques effectuées dans les MRC. Dans le même temps, l'élaboration d'une vision et une gestion accrue des terres au niveau supralocal permettrait d'éviter une concurrence entre municipalités dans le domaine financier.

Étant un actif collectif, les terres agricoles devraient être gérées étroitement par les collectivités locales. En impliquant les agriculteurs et les collectivités locales dans un processus de gestion participative, il sera plus facile de communiquer sur la valeur des terres agricoles tout en stimulant parmi les agriculteurs une vision communautaire (Perxacs, 2007). Au Québec, la division entre agriculture et développement rural ne semble pas relever de l'échelon local mais plutôt d'autorités et d'organismes de niveau supérieur. Une délégation accrue aux MRC de la gestion des terres agricoles sur la base d'un plan pluriannuel approuvé pourrait désamorcer la situation. Dans un tel scénario, rien ne justifie le maintien d'un veto du secteur agraire sur les décisions de la Commission. À travers sa politique rurale, le MAMROT peut jouer un rôle important dans le rapprochement de points de vue divergents et créer une vision partagée du développement rural cohérente avec les objectifs de l'occupation du territoire.

4.3 Environnement et développement durable

La croissance démographique exerce une pression sur les régions rurales de la frange urbaine…

Les régions métropolitaines devraient faire l'objet d'une politique visant à mieux protéger les terres agricoles, les activités environnementales et le patrimoine naturel. Si la protection du territoire peut limiter le développement dans les régions essentiellement rurales, c'est l'inverse qui se produit dans les régions de la frange urbaine. Un problème délicat qui se pose souvent est celui de la croissance urbaine qui génère des demandes de conversion de terres agricoles et rurales fertiles. La solution ne saurait être d'empêcher totalement l'expansion urbaine dans la mesure où les régions métropolitaines sont souvent les principaux pôles de croissance et où leur succès a des retombées pour les régions rurales. De plus, étant donné les fortes incitations économiques à la conversion des terres agricoles, beaucoup de pressions sont faites afin d'infléchir l'intention des restrictions imposées à la conversion (OCDE, 2009a). Mais, en même temps il importe de ne pas dilapider des terres agricoles de valeur, un patrimoine naturel et des paysages pour un étalement urbain qui a été intense dans certaines parties du Canada (voir Chapitre 1). Selon Ouimet (2009), il est donc nécessaire de mieux lier les politiques urbaines et agricoles en planifiant les besoins futurs en terres urbaines et de trouver un compromis valable entre la protection des terres agricoles, de l'environnement et du patrimoine naturel et le regroupement et l'aménagement des zones urbaines.

En dépit de la protection des terres agricoles, l'agriculture périurbaine est en voie de marginalisation rapide au Québec. Les MRC et les conseils des collectivités métropolitaines ont autorité en matière de zonage territorial. Lorsqu'il s'agit d'un aménagement urbain sur des terres agricoles protégées relevant de la juridiction de la LPTAA, une pétition est adressée à la CPTAQ qui doit traiter chaque requête au cas par cas et on peut faire appel de ses décisions. Les pressions auxquelles la Commission est soumise et les possibilités d'intervention judiciaire font que le mécanisme d'évaluation de la LPTAA est d'une efficacité infra-optimale.

Avant d'arrêter une stratégie pour leur agriculture urbaine et périurbaine, les régions métropolitaines du Québec doivent bien comprendre les valeurs et les fonctions des régions agricoles. Premièrement, la valeur créée par une activité agricole résulte de la production de produits de base (et ce d'autant plus que les terres agricoles des régions métropolitaines du Québec sont d'excellente qualité), mais aussi de la production de biens non marchands (rôle écologique de préservation de la biodiversité au sein d'un écosystème plus large et rôle culturel de conservation et de transmission des paysages et des aménités culturelles du Québec). Deuxièmement, les multiples fonctions des régions agricoles sont économiques, sociales et environnementales et bénéficient à l'ensemble de la société. De fait, les changements d'affectation des terres qui soulignent la contribution multifonctionnelle des terres rurales peuvent avoir, au plan de l'environnement, des avantages considérables en termes d'amélioration de la qualité des sols et de l'eau, d'économies d'énergie, de réduction des émissions de gaz à effet de serre et d'amélioration de la biodiversité (OCDE, 2008g). Au sein de l'Union européenne, la contribution multifunctionnelle des terres agricoles est explicitement reconnue dans le modèle européen d'agriculture et financée, dans une mesure limitée, par des postes de dépenses de la Politique agricole commune (PAC) (OCDE, 2008a).

Une modification des sources de revenus des municipalités contribuerait à protéger les terres et les paysages de qualité. Les municipalités périurbaines sont souvent responsables d'une grande partie des pressions exercées sur la CPTAQ. Étant donné que la fiscalité municipale repose pour une large part sur les taxes foncières (voir Chapitre 3), les administrations locales s'efforcent d'attirer sur leur territoire de nouveaux contribuables afin d'accroître leurs recettes fiscales. Comme de nombreuses municipalités des deux grandes agglomérations métropolitaines ont épuisé leurs stocks de terres disponibles pour le développement industriel et commercial et la construction d'immeubles d'habitation, elles se tournent désormais vers les terres agricoles protégées pour trouver une nouvelle source de développement et donc d'accroissement de leurs recettes fiscales.

Il est important de changer la perception du développement urbain et de promouvoir le concept de ville compacte. Les régions métropolitaines de Montréal et de Québec ont une densité de population inférieure à la moyenne des autres régions métropolitaines des Pays de l'OCDE comme Londres, Los Angeles, New York, Paris ou Toronto (données : OCDE). La maison de banlieue individuelle avec cour et jardin est la norme dans les régions métropolitaines du Québec, et s'étend aux centres urbains. Au cours des deux dernières décennies, la rapidité de l'étalement urbain, notamment dans les zones périurbaines de Montréal a été relativement constante. Le phénomène a eu une incidence sur l'étendue d'espaces verts et de terres agricoles disponibles. L'immensité du Québec ne doit pas présupposer que l'espace aménageable est illimité, d'autant que les principaux centres urbains sont situés sur les terres agricoles fertiles mais nullement illimitées de la province. Citoyens et décideurs doivent réaliser que le développement urbain doit se faire essentiellement à travers une densification des villes et non pas en repoussant leurs frontières. Pour encourager ce processus, il peut être utile de s'appuyer sur l'expérience acquise par ailleurs (voir encadré 4.18).

> **Encadré 4.18 Colombie-Britannique (Canada) : la Division des relations intergouvernementales et de la planification**
>
> En Colombie-Britannique, le ministère du Développement communautaire et du développement rural a créé une division des relations intergouvernementales et de la planification. La tâche de cette Division est de faciliter les relations entre les différents niveaux de gouvernement de la Colombie-Britannique, de soutenir la planification communautaire, de conseiller sur les stratégies de croissance régionale, d'aider les collectivités rurales et de proposer des services de règlement des litiges. La Division intervient, en particulier, dans quatre domaines :
>
> - Elle apporte son concours aux administrations locales et aux agences provinciales en matière de planification communautaire ; elle les aide à élaborer une vision, des objectifs et des politiques de viabilité sociale, économique et environnementale.
>
> - Elle aide les régions de la Colombie-Britannique dont la croissance est la plus rapide à promouvoir une gestion efficace de la croissance.
>
> - Elle propose ses services en matière de règlement des litiges et conflits entre les différentes juridictions du gouvernement provincial.
>
> - De manière générale, elle encourage les interactions positives entre la province et les administrations locales.
>
> Concernant l'aménagement du territoire, la Division aide les administrations locales en matière de planification communautaire et régionale (c'est-à-dire au-delà des limites des arrondissements municipaux et des districts régionaux), de développement économique, de logement à un prix abordable, de pureté de l'air et d'eau potable, mais aussi de protection des terres agricoles, de la faune et des espaces naturels uniques.
>
> *Source* : Gouvernement de la Colombie-Britannique (2009), ministère de la Communauté et du développement régional, *www.cd.gov.bc.ca/lgd/intergov_relations/index.htm*.

La législation actuelle sur la protection des terres devrait être réformée ou remplacée dans les principales régions métropolitaines du Québec par une politique plus stricte contrôlant plus efficacement l'étalement urbain. Il est important de commencer par convaincre les institutions et les résidents urbains et périurbains de considérer les terres agricoles et les espaces verts comme un actif collectif. C'est un principe de base énoncé par Pronovost (2008) qui n'a reçu qu'une attention relativement limitée. Alors, et alors seulement, devrait être mise en place une législation forte de protection des terres agricoles et des espaces verts dans les zones urbaines et périurbaines des régions métropolitaines. Les terres protégées devraient être clairement identifiées et inscrites dans une législation pluriannuelle afin d'éviter toute ambiguïté concernant leur utilisation. Ces zones protégées devraient faire l'objet d'une stricte protection n'autorisant aucune exception ou interprétation. Les révisions visent à adapter la législation à l'évolution des techniques agricoles et non pas à ajuster les frontières des zones protégées ou à modifier leur zonage. En tant qu'organisme de surveillance, la CPTAQ devrait compter un plus grand nombre de représentants de la société civile ; elle devrait également avoir davantage de pouvoir judiciaire afin d'éviter que l'on puisse aisément faire appel de ses décisions.

À Montréal et à Québec, les autorités devraient donc élaborer, avec les agriculteurs locaux, les représentants des groupes de défense de l'environnement et des groupes locaux de citoyens, un plan pour les terres agricoles urbaines et périurbaines. La collaboration du niveau provincial et du niveau métropolitain est cruciale compte tenu des responsabilités des administrations locales en matière d'occupation des sols. C'est le manque de coordination entre les niveaux de gouvernement concernant leur vision de l'aménagement qui explique le fort étalement urbain dans plusieurs régions métropolitaines comme celle de Toronto (voir l'examen territorial de l'OCDE à paraître). Il convient d'analyser les efforts de mise en oeuvre de plans pour les terres agricoles urbaines et périurbaines des différents pays de l'OCDE afin d'en tirer des enseignements sur les bonnes pratiques à adopter et sur les erreurs à ne pas commettre. Il faudrait formuler un nouveau système de protection des terres agricoles urbaines et périurbaines qui prenne en compte les spécificités des régions métropolitaines du Québec.

Les autorités du Québec peuvent examiner l'expérience internationale acquise dans ce domaine (voir encadré 4.19). La loi de 2005 sur la protection de la ceinture de verdure adoptée par l'Ontario et visant à gérer le développement de l'ensemble de la zone désignée de manière à préserver les utilisations agricoles et autres utilisations naturelles des terres est, à cet égard, un cas intéressant. Ciblée sur la protection des zones de cultures spécialisées et des terres agricoles, elle admet néanmoins la construction des infrastructures nécessaires et les utilisations créatrices de valeur ajoutée d'une agriculture durable que sont le secteur agroalimentaire et l'agrotourisme. Elle crée en outre un climat de confiance qui permet au secteur agricole d'encourager les investissements à long terme dans une meilleure gestion du territoire. De nombreuses ceintures vertes sont menacées par la construction de logements, de routes et autres utilisations urbaines mais, dans le cas de l'Ontario, la situation est différente. La province a dit clairement aux promoteurs qui espéraient empiéter sur la ceinture verte que ses frontières sont intouchables. (Carter-Whitney, 2008).

> **Encadré 4.19 Exemples d'agriculture périurbaine protégée dans les pays de l'OCDE**
>
> Plusieurs pays de l'OCDE se sont dotés d'une législation pour gérer les problèmes de l'étalement urbain, de la préservation des terres agricoles et/ou de la protection des zones humides, des ressources naturelles et de l'environnement.
>
> **Ceinture verte de Toronto/Ontario (Canada).** S'étendant sur une superficie de 728 000 ha, la ceinture de verte de Toronto/Ontario est probablement la plus grande du genre dans le monde. La loi sur la protection de la ceinture de verdure, adoptée en 2005 par le gouvernement provincial de l'Ontario, vise à désigner et limiter le développement sur une grande étendue de terres rurales situées à proximité de la région métropolitaine du Grand Toronto ; elle est perçue comme assurant une forte protection juridique. Bien que la ceinture verte ne soit pas de nature strictement agricole, elle englobe également quelques unes des meilleures terres agricoles du Canada, par exemple des parties de l'escarpement du Niagara et de la moraine d'Oak Ridges. Le principal objectif du plan est de préserver la qualité de vie et d'améliorer le développement rural en prévision d'une croissance démographique continue (jusqu'en 2006, la population du Grand Toronto a augmenté de plus de 30 % en l'espace de seulement 15 ans). La loi appelle à l'élaboration d'un plan renouvelable tous les dix ans et à la mise en place d'un conseil composé d'organismes gouvernementaux et non gouvernementaux. La participation au plan est obligatoire et l'audience cible comprend les municipalités, les défenseurs de l'environnement et les propriétaires ruraux, les promoteurs et les agriculteurs. Il incombe aux municipalités de s'assurer de la conformité des décisions locales et des plans officiels avec le plan de ceinture verte.
>
> Bien que la réglementation traitant de l'utilisation du territoire puisse être un frein à la conversion des terres agricoles, elle ne peut garantir une agriculture économiquement viable. L'un des sujets d'inquiétude est l'effet de surenchère pour la valeur des terres agricoles situées en dehors de la zone protégée, en particulier dans les zones sous l'influence urbaine de Toronto. Une autre inquiétude concerne la perte de valeur foncière des terres agricoles de la zone protégée car l'option développement a été supprimée (Amborski, 2005) ce qui a eu un impact important sur la valeur nette des terres agricoles en question. De même, dans de nombreuses parties de la zone protégée, les pratiques de gestion sont soumises à des restrictions et des parties importantes du territoire ont déjà été converties à des utilisations non agricoles. Pour les agriculteurs restants, ces deux facteurs empêchent une exploitation économiquement viable. Certes le plan de la ceinture verte voulait préserver des terres agricoles de qualité il n'a pas pris en considération la rentabilité de l'exploitation agricole.
>
> **Coeur vert des Pays-Bas.** Contrairement au concept de la ceinture verte dans lequel la nature entoure la ville, le Coeur vert (160 000 ha) est une région à vocation agricole et faible densité de population située dans la partie la plus urbanisée des Pays-Bas, le *Randstad*. Dans cette zone rurale importante

> Encadré 4.19 **Exemples d'agriculture périurbaine protégée dans les pays de l'OCDE** (*suite*)
>
> d'agriculture de serre et de laiteries, l'agriculture est actuellement menacée par la transformation des fermes en résidences secondaires de « standing » (Carter-Whitney, 2008). Pour préserver de l'étalement urbain les terres agricoles et les espaces récréatifs et protéger les zones de captage des eaux, huit zones tampon ont été créées dans la région en 1958. Au lieu d'avoir un statut juridique officiel, le Coeur vert est une politique d'aménagement qui bénéficie d'un soutien important du gouvernement néerlandais. Le contrôle de l'utilisation des sols s'est accompagné de rachats de terrains par les pouvoirs publics. Lorsqu'ils rachètent des terres, ils garantissent que leur utilisation ne sera pas modifiée. Cette pratique associée à un plan foncier global émanant du niveau national et renforcé au niveau provincial et municipal, à travers des Offices des eaux et des groupes d'intérêts locaux, donne l'assurance que les terres désignées comme espaces verts échapperont à la convoitise des promoteurs.
>
> **Réseau Natura 2000 à Barcelone (Espagne).** Sur ce territoire de 101 180 ha qui entoure la zone urbaine de Barcelone, le développement des terres agricoles est fortement encadré par la loi. Ce réseau de parcs naturels et d'agriparcs forme un maillage autour de la région métropolitaine de Barcelone. Les collines qui traversent la RMB sont protégées de l'étalement urbain par des parcs naturels reliés par des parcs agricoles qui forment de véritables corridors « verts ». La politique de protection des espaces naturels est entrée en vigueur en 1972 lorsque la Loi régissant l'utilisant des sols (*Llei del Sòl*) a conduit à la création des six premiers parcs. Un nouveau plan, mis en place pour une durée de 50 ans, a récemment rajouté au réseau de nouveaux territoires et accru une gestion coordonnée des parcs du réseau. Le principal objectif des agriparcs est de garantir la continuité des utilisations agricoles et de réduire la spéculation tout en lançant des programmes spécifiques de développement de son potentiel économique, environnemental et socio-culturel.

… tandis que l'environnement et la pérennité des ressources naturelles doivent être protégés dans les régions rurales éloignées.

Les politiques rurales devraient garantir la prise en compte dans l'approche publique d'un développement durable, de la qualité de l'environnement et de la pérennité des ressources naturelles des régions éloignées qui sont souvent soumises aux contraintes de l'exploitation de ces ressources. En raison du fort déclin relatif de leur population, les régions rurales éloignées risquent d'être perçues comme des territoires à exploiter plutôt que comme faisant partie intégrante de la « ruralité » du Québec. Une telle perception pourrait favoriser une forme de « colonisation » (Hessing *et al.*, 2005) préjudiciable pour l'environnement, menaçant la qualité des aménités et posant des problèmes d'émission de GES et autres polluants.

Le Canada et le Québec ont commencé plus tardivement que d'autres pays à mener une réflexion sur la viabilité environnementale des collectivités rurales, et en particulier de celles reposant sur l'exploitation des ressources naturelles. C'est n'est qu'en 2005 que le Québec a adopté une législation pour veiller à ce que la gestion forestière maintienne la biodiversité et assure la viabilité des écosystèmes tout en répondant aux besoins socio-économiques (GQ, 2007b). Globalement au Canada, l'approche en circuit fermé de la gestion des ressources est au mieux en phase de transition plutôt lente vers un système plus ouvert de développement durable. Cette prise de conscience tardive de la dégradation de l'environnement, de l'épuisement des ressources et des capacités limites de l'environnement est probablement due à l'immensité du territoire conjuguée à une population relativement faible et urbanisée (Hessing *et al.*, 2005). Elle a été également favorisée par le pouvoir et le champ d'intervention accrus des sociétés transnationales d'extraction qui, bien souvent, n'ont guère d'attaches culturelles avec la collectivité, ses résidents et ses paysages.

Les collectivités rurales devraient être impliquées dans la prise de décisions stratégiques concernant leurs ressources naturelles. Elles devraient devenir les gardiens et les protecteurs des aménités locales et avoir plus facilement accès aux bénéfices de la valorisation des aménités. Le Québec met actuellement en place une politique de ce type que promeut le ministère en charge des ressources naturelles et de la faune (MRNF). Toutefois, une intégration de ces initiatives à la PNR améliorerait l'efficacité des interventions et pourrait donner de nouvelles fonctions aux collectivités rurales éloignées. Des compétences spécifiques pourraient être développées localement et devenir partie intégrante du patrimoine partagé de la collectivité. Par exemple, le fait de confier aux MRC (et aux communautés autochtones) la charge des forêts de proximité est une avancée prometteuse sur la voie d'un élargissement de leur rôle jusqu'ici limité dans une gestion durable des ressources naturelles situées sur leur territoire. Ceci leur donne davantage un droit de parole concernant l'impact de la planification et de la gestion des ressources forestières pour leurs communautés, et facilite l'accès des populations locales aux aménités naturelles. A cet égard, les administrations locales (municipalités) auront probablement besoin du soutien des autorités provinciales lors du transfert de l'expertise de gestion et de la capacité de surveillance.

Des mécanismes d'apprentissage social peuvent permettre l'intégration de valeurs non marchandes importantes dans les pratiques de gestion forestière. Ces mécanismes impliquent souvent un apprentissage évolutif et perturbateur pour des groupes forestiers multilatéraux (coopératives forestières, associations de propriétaires forestiers et dispositifs de gestion coopérative des forêts) et vont au-delà des politiques contraignantes. Les valeurs non marchandes prises en compte dans une gestion viable des forêts sont la diversité des paysages, les externalités spatiales et le souci de la diversité des espèces. Bien qu'il existe une grande variété de schémas de gouvernance de réseau dans la gestion des ressources naturelles, il est important d'y inclure des mécanismes d'apprentissage social qui peuvent aider à créer un changement normatif et cognitif. Les pouvoirs publics ont un rôle crucial à jouer dans la facilitation de ces dynamiques de réseau (Dedeurwardere, 2009).

Les différents plans d'action des organismes gouvernementaux reposant sur la Stratégie de développement durable 2008-2013 (SDD) devraient comporter des mesures concrètes de production durable d'énergie dans les collectivités rurales, comme indiqué dans les orientations de la SDD. Comme de nombreux secteurs de l'énergie sont liés aux disponibilités en eau, ils sont vulnérables aux effets des changements climatiques. Bien que le Plan d'action de développement durable (PADD) 2008-2013 appelle à une plus grande implication collective et locale, son efficacité pourrait être renforcée par une coordination plus étroite entre les SDD, la stratégie énergétique et la politique rurale du Québec. Les premières mesures en ce sens ont été prises en utilisant également plusieurs indicateurs de la PNR comme indicateurs de suivi de la SDD.

Notes

1. Si l'Espagne a créé un ministère multisectoriel responsable du développement rural, la coordination horizontale avec d'autres ministères au sein de la commission interministérielle pour l'environnement rural n'intervient qu'après que les politiques aient été déjà conçues.

2. Dans les années 60 et 70, la Révolution tranquille du Québec a donné naissance à un nouveau modèle social qui a encouragé l'entrepreneuriat, conduisant à la création d'un grand nombre d'entreprises nouvelles. Parallèlement, différents facteurs ont conduit à des restructurations et des réductions d'effectifs dans les grandes entreprises et à l'arrivée de nouvelles entreprises : à l'instar de nombreux pays de l'OCDE, le Québec a vu sa structure industrielle évoluer dans le sens de la décentralisation et d'un rôle accru des petites entreprises sous l'effet d'une évolution des techniques de production, de la demande des consommateurs, de l'offre de travail et de la recherche de flexibilité et d'efficience (Loveman et Sengenberger, 1991 ; Acs et Audretsch, 1993).

3. S'agissant de la conversion des terres agricoles, on peut distinguer trois types de territoires (OCDE, 2009a) : *i*) la *zone périurbaine* (ou frange urbaine) ; *ii*) la *zone agricole* et *iii*) la *zone de confins ou marge extensive*.

Bibliographie

Acs, Z. et C. Armington (2006), *Entrepreneurship, Geography, and American Economic Growth*, Cambridge University Press, Cambridge, MA.

Ahrend, R. (2006), « How to Sustain Growth in a Resource Based Economy? The Main Concepts and their Application to the Russian Case », documents de travail du Département des affaires économiques de l'OCDE, n°478, OCDE, Paris.

Alasia, A., R.D. Bollman, R.D., A. Weersink et J. Cranfield (2007), « Décisions de travailler hors ferme des exploitants agricoles canadiens en 2001 : rôle des déterminants individuels, de la ferme, du milieu et de la région », document de travail sur l'agriculture et le milieu rural n°85, Statistique Canada, 21-601-XWE, Ottawa.

Amborski, R. (2007), « The Challenge of Farmland Preservation », *Journal of the American Planning Association*, vol. 63, n°2, pp. 1-33.

Arbour, A. (2007), « Régionalisation : déconcentration et/ou décentralisation », http://politiqueregionale.blogspot.com/2007/07/rgionalisation-dconcentration-etou_12.html.

Barichello, R.R. (1995), « Overview of Canadian Agricultural Policy Systems », in R.M.A. Loyns, R.D. Knutson et K. Mielke (eds.), *Understanding Canada/United-States Grain Disputes*, pp. 37-59.

Beauchemin, J. (2004), « What Does it Mean to be a Québecer? Between Self-Preservation and Openness to the Other », in Alain-G. Gagnon, *Québec: State and Society* (3e édition), Broadview Press, Peterborough, pp. 17-32.

Beaujot, R., K. McQuillan et Z. Ravanera (2007), « Population Change in Canada to 2017 and Beyond. The Challenges of Policy Adaptation », *Horizons*, Policy Research Initiative, vol. 9, n°4, gouvernement du Canada.

Behrooz Afrasiabi, A. (2008), « Procyclicality of Primary Commodity Prices a Stylized Fact? », in P.V. Sheffer, *Commodity Modelling and Pricing Methods for Analyzing Resource Market Behaviour*, John Wiley & Sons, Inc., Hoboken, New Jersey.

Beshiri, R. (2005), « Une promenade à la campagne : le tourisme dans les régions rurales au Canada », *Bulletin d'analyse – Régions rurales et petites villes du Canada*, vol. 6, n°5 (juillet), Statistique Canada, *www.statcan.gc.ca/pub/21-006-x/21-006-x2005005-fra.pdf*.

Beshiri, R. et J. He (2009), « Les immigrants au Canada rural : 2006 », *Bulletin d'analyse – Régions rurales et petites villes du Canada*, vol. 8, n°2, Statistique Canada, numéro au catalogue : 21-006-XIE, Bulletin, Ottawa.

Blake, R. (2003), « Regional and Rural Development Strategies in Canada: The Search for Solutions », document de recherche préparé pour la Commission royale d'enquête sur le renouvellement et le renforcement de notre place au sein du Canada, St. John's.

Bollman, R.D. (2007), « Les facteurs stimulant l'économie rurale canadienne, document de recherche », série de documents de travail sur l'agriculture et le milieu rural, Statistique Canada.

Bollman, R.D. et M. Prud'homme (2006), « Tendances des prix de la ruralité », *Bulletin d'analyse : régions rurales et petites villes au Canada*, vol. 6, n°7, Statistique Canada, 21-006-XIF, Ottawa.

Borgen, W.A. (2000), « Developing partnerships to meet client's needs within changing government organizations: A consultative process », coédition spéciale du journal *Career Development Quarterly*, n°48, pp. 357-369 et du *Journal of Emploi Counselling*, n°37, pp. 128-14.

Boter, H. et A. Lundstrom (2005), « SME Perspectives on Business Support Services », *Journal of Small Business and Enterprise Development*, vol. 12, n°2, pp. 244-258.

Bouchard, J. (1978), *Les 36 cordes sensibles des Québécois*, Éditions Héritage.

Bradford, N. (2003), « Public-private partnership? Shifting paradigms of economic governance in Ontario », *Revue canadienne de science politique*, vol. 36, n°5, pp. 1005-1033.

Broadway, M. (2007), « Meatpacking and the Transformation of Rural Communities: A Comparison of Brooks, Alberta and Garden City, Kansas », *Rural Sociology*, vol. 72, n°4, pp. 560–582.

Canada's Rural Partnership/Partenariat rural canadien (2009), *La Lentille rurale*, www.rural.gc.ca/RURAL/display-afficher.do?id=1246383722421&lang=eng.

Carter-Whitney, M. (2008), « Ontario's Greenbelt in an International Context: Comparing Ontario's Greenbelt to its Counterparts in Europe and North America », Institut Canadien du Droit et de la Politique de l'Environnement.

Castonguay, C. (2008), « En avoir pour notre argent. Des services accessibles aux patients, un financement durable, un système productif, une responsabilité partagée », rapport du Groupe de travail sur le financement du système de santé, gouvernement du Québec.

CEFRIO (2008), *Netendances 2008, Évolution de l'utilisation d'Internet au Québec depuis 1990*, www.cefrio.qc.ca/fichiers/documents/publications/NETendances (depliant).pdf.

Cheng, S., P. Schaeffer et M. Middleton (2009), « Incubators in Rural Environments: A Preliminary Analysis », document présenté à l'Institut Tinbergen, VU University Amsterdam, Pays-Bas, 15-16 juin 2009.

CIRUR, Comité intergouvernemental de recherches urbaines et régionales (2005), *Facing the Challenge of Industry Closure: Managing Transition in Rural Communities*, rapport des responsables des départements provinciaux et territoriaux pour le Comité du projet de l'endurance et du rétablissement du gouvernement local, édité par Catherine Marchand, ICURR Press, Toronto.

Commission de consultation sur les pratiques d'accommodement reliées aux différences culturelles (2008), *Fonder l'avenir. Le temps de la conciliation*, gouvernement du Québec, Québec.

Conference Board [Le Conference Board du Canada] (2009a), *Les communautés rurales : l'autre moteur économique du Québec*, préparé pour le Groupe de travail sur la complémentarité rurale urbaine, juin 2009.

Conference Board (2009b), *Assessing the Impact of the Community Futures Lending Program. An Economic Impact Analysis of the Community Futures Lending Program on Ontario's Economy*, préparé pour Ontario Association of Community Futures Development Corporations.

Dandy, K. et R.D. Bollman (2008), « Les aînés des régions rurales du Canada », *Bulletin d'analyse – Régions rurales et petites villes du Canada*, vol. 7, n°8, Statistique Canada, numéro au catalogue : 21-006-X2000003-fra.pdf, Ottawa.

DEO (Diversification de l'économie de l'Ouest Canada) (2009), « De l'espoir pour les collectivités basées sur les ressources naturelles », *www.wd.gc.ca/fra/11015.asp.*

Desmeules, M. et R. Pong (2006), *Comment se portent les Canadiens vivant en milieu rural ? Une évaluation de leur état de santé et des déterminants de la santé ?*, Initiative sur la santé de la population canadienne.

Donato, K.M., C.M. Tolbert, A. Nucci, et Y. Kawano (2007), « Recent Immigration Settlement in the Nonmetropolitan United States: Evidence from Internal Census Data », *Rural Sociology*, vol. 72, n°4, pp. 537-559.

Dumais, M., B. Jean *et al.* (2005), *La propriété locale des entreprises, la relève entrepreneuriale et le développement des collectivités*, rapport de recherche présenté au Réseau des SADC du Québec, Université du Québec à Rimouski, avril 2005.

Du Plessis, V., R. Beshiri, R., R.D. Bollman et H. Clemenson (2001), Définitions de « rural », *Bulletin d'analyse – Régions rurales et petites villes du Canada*, vol. 3, n°3, Statistique Canada, numéro au catalogue : 21-006-XIE, Ottawa.

Environnement Canada (1996), *L'état de l'environnement au Canada*, Environnement Canada, Ottawa.

Fairbairn, J. et L.J. Gustafson (2008), *Au-delà de l'exode : mettre un terme à la pauvreté rurale*, rapport final du Comité sénatorial permanent de l'agriculture et des forêts, Le Sénat du Canada.

Fairy, D. *et al.* (2008), *Cultivating Farmworker Rights*, Centre canadien de politiques alternatives.

Freshwater, D. (2004), *Local Development and the Roles of Community*, rapport contractuel préparé pour le ministère de l'Agriculture et de l'agroalimentaire du Canada, Ottawa.

Freshwater, D. (2008), « Active Labour Market Policy: Implications for Local Labour Markets and Régional Development », document de travail, études de troisième cycle en économie de l'agriculture, Université de Kentucky.

Freshwater, D. et R. Trapasso (2009), « Where Did the Rural Jobs Go », document présenté lors du Forum de l'OCDE sur la politique régionale, « Global Crises – Régional Responses », 30 mars 2009, Paris.

Girard, J.P. (2009), « Solidarity Co-operatives (Quebec, Canada): How Social Enterprises can Combine Social and Economic Goals », in OCDE, *The Changing Boundaries of Social Enterprises*, OCDE, Paris.

GQ (gouvernement du Canada) (1983), *Le choix des régions*, gouvernement du Québec, Québec.

GQ (2001), *Politique nationale de la ruralité. Une vision d'avenir*, gouvernement du Québec, Québec.

GQ (2005), Québec (2005), *La population du Québec par territoire des centres locaux de services communautaires, par territoire des réseaux locaux de services et par région sociosanitaire de 1981 à 2026*, ministère de la Santé et des services sociaux, Québec.

GC (2006), *Vue d'ensemble du système agricole et agroalimentaire canadien*, Agriculture et agroalimentaire Canada, Ottawa.

GQ (2006a), *Politique nationale de la ruralité 2007-2014. Une force pour tout le Québec*, gouvernement du Québec, Québec.

GQ (2006b), *Plan de soutien au secteur forestier*, gouvernement du Québec, Québec, www.mrnf.gouv.qc.ca/forets/evolution/evolution-soutien.jsp.

GQ (2007a), *Éléments d'évaluation de la Politique Nationale de la Ruralité 2002-2007. Éléments de suivi de la politique 2007-2014*, ministère des Affaires municipales et des régions, Québec.

GQ (2007b), *Québec Forests. Rigorous and Adaptive Forest Management. Main Highlights*, ministère des Ressources naturelles et de la faune, Québec.

GQ (2007c), *Une gestion forestière rigoureuse et adaptée*, ministère des Ressources naturelles et de la faune, www.mrn.gouv.qc.ca/publications/forest/comprendre/gestion-forestiere.pdf.

GQ (2008), *Pour une plus grande prospérité et vitalité de nos municipalités. Plan d'action gouvernemental à l'intention des municipalités dévitalisées*, ministère des Affaires municipales et des régions, Québec.

GC (2009), « Unités thermiques de croissance (UTC) pour les Provinces Maritimes », Ressources naturelles Canada, http://cfs.nrcan.gc.ca/subsite/glfc-climate/maritimecropheatunits.

GQ (2009a), *Bilan triennal des centres locaux de développement 2004-2006*, ministère du Développement économique, de l'innovation et de l'exportation, Québec.

GQ (2009b), *Immigrants admis au Québec selon les 15 principaux pays de naissance*, Direction de la recherche et de l'analyse prospective, Ministère de l'immigration et des communautés culturelles, Québec, www.bdso.gouv.qc.ca/pls/ken/Ken263_Liste_Total.p_tratr_reslt?p_iden_

tran=REPERZWG71D33-185264104000r*20&p_modi_url= 0727060308&p_id_rapp=538.

GQ (2009c), *Vers la valorisation de la biomasse forestière. Un plan d'action*, ministère des Ressources naturelles et la faune, Québec.

GQ (2009d), *Rapport annuel de gestion 2008-2009*, ministère des Affaires municipales, des régions et de l'occupation du territoire, Québec.

Green, M.B. et S.P. Meyer (1997a), « Occupational Stratification of Rural Commuting », in R.D. Bollman et J.M. Bryden, *Rural Employment: An International Perspective*, Brandon University for the Canadian Rural Revitalization Foundation et Wallingford, U.K., pp. 225-238.

Green, M.B. et S.P. Meyer (1997b), « An Overview of Commuting in Canada: With special emphasis on rural commuting and employment », *Journal of Rural Studies*, vol. 13, n°2, pp. 163-175.

Grescoe, T. (2000), *Sacré Blues. Un portrait iconoclaste du Québec*, Macfarlane Walter & Ross, Toronto.

Groupe CNW (2009), « Équipe spéciale Canada-Québec sur le secteur forestier – 200M$ pour aider les travailleurs et les communautés à faire face à la crise », *www.newswire.ca/en/releases/archive/May2009/15/c4509.html*.

GWEC (Global Wind Energy Council) (2009), *Global Wind Report 2008*, Bruxelles.

Halseth, G. et L. Ryser (2007), « The Deployment of Partnerships by the Voluntary Sector to Address Service Needs in Rural and Small Town Canada », *Voluntas: International Journal of Voluntary and Nonprofit*, vol. 18, n°3, pp. 241-265.

Harris, C. et M. Burns (2004), *Seven Reports on the Identification of Rural Indicators for Rural Communities – Social Progress*, secrétariat rural à l'Agriculture et à l'agroalimentaire du Canada, Ottawa.

Harris, S., A. Alasia et R.D. Bollman (2008), « Le navettage en milieu rural : son importance pour les marchés du travail ruraux et urbains », *Bulletin d'analyse – Régions rurales et petites villes du Canada*, vol. 7, n°6, Statistique Canada, numéro au catalogue : 21-006-XIF, Ottawa.

Hélimax (2004), *Étude sur l'évaluation du potentiel éolien, de son prix de revient et des retombées économiques pouvant en découler au Québec*, Dossier R-3526-2004, Montréal.

Hessing, M., M. Howlett et T. Summerville, (2005), *Canadian Natural Resource and Environmental Policy* (2e édition), UBC Press, Vancouver.

Hofmann, N., G. Filoso et M. Schofield (2005), « La perte de terres agricoles cultivables au Canada », *Bulletin d'analyse : régions rurales et petites villes du Canada*, vol. 6, n°1, Statistique Canada, numéro au catalogue : 21-006-XIF20050001, Ottawa.

ICIS (Institut canadien d'information sur la santé) (2005), *Les soins de santé au Canada*, ICIS, Ottawa.

Jean, B. (2002), « Les territoires ruraux dans la modernité avancée et la recomposition des systèmes ruraux », *Estudos Sociedade e Agricultura*, vol. 18, pp. 5-27.

Jean, B. (2006), « The study of rural communities in Quebec: from the 'folk society' monographic approach to the recent revival of community as place-based rural development », *Journal of Rural and Community Development*, vol. 1, n°2, pp. 56-68.

Jean, B. et S. Dionne (2007), « La ruralité entre les appréciations statistiques et les représentations sociales : comprendre la reconfiguration socio-spatiale des territoires ruraux québécois », Norois, n°202, 2007/1.

Jetté-Nantel, S. (2008), *Quebec's National Policy on Rurality*, AEC-640, automne 2008.

Johnson, T.G. (1997), « Policy Conundrums in Rural North America: Discussion », *American Journal of Agricultural Economics*, vol. 79, n°5, pp. 1527-1529.

Labbe, A., B. J. Deaton, A. Weersink et G. Fox (2007), « Examining Farmland Loss in Ontario », *APRN Policy Brief FLP-07*, Université d'Alberta, Edmonton, Alberta.

Lacassagne, A. et T. Nieguth, (2009), « Contesting the Nation: Reasonable Accommodation in Rural Quebec », *Canadian Political Science Review*, vol. 3, n°1, pp. 1-16.

Lemmen, D.S., F.J. Warren, J.E. Lacroix et E. Bush (eds.) (2008), *Vivre avec les changements climatiques au Canada : édition 2007*, gouvernement du Canada, Ottawa.

Loveman, G. et W. Sengenberger (1991), « The Re-Emergence of Small-Scale Production: An International Comparison », *Small Business Economics*, vol. 3, n°1, pp. 1-37.

Loxley, J. et D. Simpson (2007), « Government Policies Towards Community Economic Development and the Social Economy in Quebec and Manitoba », document préparé pour le projet : « Linking, Learning, Leveraging Social Enterprises, Knowledgeable Economies and

Sustainable Communities », antenne régionale (Ontario du Nord, Manitoba et Saskatchewan) du Centre canadien d'économie sociale.

MacGregor, R. (2007), *Canadians, a Portrait of a Country and its People*, Penguin Canada, Toronto.

Maclure, J. (2004), « Narratives and Counter-Narratives of Identity in Quebec », in Alain-G. Gagnon, *Quebec: State and Society* (troisième édition), Broadview Press, Petersborough, pp. 33-50.

Marino, D. et R. Trapasso (2009), « The New Approach to Regional Economics Dynamics: Path Dependence and Spatial Self-Reinforcing Mechanisms », in U. Fratesi et L. Senn (2009), *Growth and Innovation of Competitive Régions*, Springer Verlag Berlin Heidelberg, pp. 329-367.

Mitura, V. et R.D. Bollman (2003), « La santé des Canadiens des régions rurales : une comparaison rurale-urbaine des indicateurs de la santé », *Bulletin d'analyse : régions rurales et petites villes du Canada*, vol. 4, n°6, Statistique Canada, numéro au catalogue : 21-006-XIE, Ottawa.

Mucalov J. et G. Mucalov (n.d.), « Passing down a business need not be a recipe for its failure », Harper Grey LLP, Vancouver, *www.harpergrey.com/articles-51.html*, consulté le 28 juillet 2009.

Murphy, B.B. (1992), « The distribution of federal-provincial taxes and transfers in rural Canada », in R.D. Bollman, *Rural and Small Town Canada*, Thompson Educational Publishing, Toronto, pp. 337-356.

Nieguth, T. et A. Lacassagne (2009), « Contesting the Nation: Reasonable Accommodation in Rural Quebec », *Canadian Political Science Review*, vol. 3, n°1, pp. 1-16.

NREL (United States National Renewable Energy Laboratory) (2008), « Biomass energy basics », *www.nrel.gov/learning/re_biomass.html*.

O'Toole, K. et N. Burdess (2004), « New community governance in small rural towns: the Australian experience », *Journal of Rural Studies*, vol. 20, n°4, pp. 433-443.

OCDE (Organisation de Coopération et de développement économiques) (2001), *Multifonctionnalité : élaboration d'un cadre analytique*, N°512001042E1, OCDE, Paris.

OCDE (2002), *Examens territoriaux de l'OCDE : Canada*, N°042002082E1, OCDE, Paris.

OCDE (2004), *Examens territoriaux de l'OCDE : Montréal, Canada*, N°042004012E1, OCDE, Paris.

OCDE (2006a), *Le nouveau paradigme rural : politiques et gouvernance*, N°422006072P1, OCDE, Paris.

OCDE (2006b), *Examens territoriaux de l'OCDE : France*, N°042006032P1, OCDE, Paris.

OCDE (2007), « Mesurer et favoriser le progrès des sociétés », *Deuxième Forum mondial de l'OCDE*, juin 2007, Istanbul, Turquie.

OCDE (2007a), *OECD Rural Policy Reviews: Mexico*, N°042007031P1, OCDE, Paris.

OCDE (2007b), *Politiques agricoles des pays de l'OCDE 2007 : suivi et évaluation*, N°512007052E1, OCDE, Paris.

OCDE (2007c), *OECD Rural Policy Reviews: Germany*, N°042007041P1, OCDE, Paris.

OCDE (2008a), *OECD Rural Policy Reviews: Netherlands*, N°042008031P1, OCDE, Paris.

OCDE (2008b), *OECD Rural Policy Reviews: Finland*, N°042008021P1, OCDE, Paris.

OCDE (2008c), *Études économiques de l'OCDE : Canada 2008*, N°102008112P1, OCDE, Paris.

OCDE (2008d), *OECD Rural Policy Reviews: Scotland, UK*, N°042008011P1, OCDE, Paris.

OCDE (2008e), *Des emplois pour les jeunes/Jobs for Youth : Canada 2008*, N°812008112P1, OCDE, Paris.

OCDE (2008f), *Politiques agricoles des pays de l'OCDE 2008 : Panorama*, N°512008042E1, OCDE, Paris.

OCDE (2008g), *La performance environnementale de l'agriculture dans les pays de l'OCDE depuis 1990*, N°512008012P1, OCDE, Paris.

OCDE (2008h), *Perspectives de l'environnement de l'OCDE à l'horizon 2030*, N°972008012E1, OCDE, Paris.

OCDE (2009a), « Farmland Conversion: The Spatial Dimension of Agricultural and Land Use Policies », Groupe de travail sur l'Agriculture et l'Environnement, COM/TAD/CA/ENV/EPOC(2008)18/FINAL.

OCDE (2009b), *OECD Rural Policy Reviews: China*, N°042009031P1, OCDE, Paris.

OCDE (2009c), *Panorama des régions de l'OCDE 2009*, N°042009012P1, OCDE, Paris.

OCDE (2009d), « Sub-National Dimension and Policy Responses to the Crisis », Réseau de l'OCDE sur les relations financières entre niveaux d'administration, COM/CTPA/ECO/GOV(2009)5.

OCDE (2009e), *OECD Rural Policy Reviews: Spain*, N°042009051E1, OCDE, Paris.

OCDE (2009f), *OECD Rural Policy Reviews: Italy*, N°042009071E1, OCDE, Paris.

OCDE (2009g), *Régions et croissance : une analyse des tendances*, N°042009022P1, OCDE, Paris.

OCDE (2010 – à paraître), *Examens territoriaux de l'OCDE : Suède*, N°042010012E1, OCDE, Paris.

OMT (Organisation mondiale du tourisme) (2004), *Rural Tourism in Europe : Expériences, Développement and Perspectives*, Organisation mondiale du tourisme.

Osborne, S.P. et N. Flynn (1997), « Managing the Innovative Capacity of Voluntary and Non-Profit Organizations in the Provision of Public Services », *Public Money & Management*, vol. 17, n°4, pp. 1-39.

Ouimet, B. (2009), *Protection du territoire agricole et développement régional. Une nouvelle dynamique mobilisatrice pour nos communautés*, rapport remis au ministre de l'Agriculture, des Pêcheries et de l'Alimentation du Québec, avril 2009.

Pacom, D. (2001), « Being French in North America: Quebec culture and globalization », *American Review of Canadian Studies*, vol. 31.

Partridge, M.D. et M.R. Olfert (2008), « Dissension in the Countryside: Bridging the Rural-Urban Divide with a New Rural Policy », présenté au symposium International Agriculture Trade Research Consortium (IARTC), « Globalization and the Rural-Urban Divide », Seoul National University, 30 juin 2008, Séoul, Corée.

Petrick, M. (2006), « Why and How Should the Government Finance Public Goods in Rural Areas? A Review of Arguments », Leibniz Institute of Agricultural Development in Central and Eastern Europe, *http://ageconsearch.umn.edu/bitstream/14961/1/cp06pe03.pdf*.

Polèse, M. et R. Shearmur (2004), « Is Distance Really Dead? Comparing Industrial Location Patterns over Time in Canada », *International Regional Science Review*, vol. 27, n°4, pp. 431-457, *http://irx.sagepub.com/cgi/content/abstract/27/4/431*.

Présidence Française de l'Union Européenne (2008), « La cohésion au service des territoires (Dossier de presse) », Réunion informelle des ministres de l'Aménagement du territoire et de la politique de cohésion, Marseille (France), 26 novembre 2008, *www.eu2008.fr*.

Preville, E. (2004), *Le Canada rural : produit intérieur brut et emploi, 1986-2001*, Bibliothèque du Parlement, Direction de la recherche parlementaire, PRB 03-45E, Ottawa.

Pronovost (2008), *Agriculture et agroalimentaire : assurer et bâtir l'avenir. Propositions pour une agriculture durable et en santé*, rapport de la Commission sur l'avenir de l'agriculture et de l'agroalimentaire québécois, janvier 2008.

Radford, P. (2007), « Importance de pousser la recherche : arguments en faveur de l'étude des populations d'immigrants et de minorités visibles vivant en dehors des trois plus grandes villes du Canada », *Nos diverses cités*, n°3, Paul Radford, Université Concordia, pp. 50-54.

Radin, B.A. et B.S. Romzek, (1996), « Accountability expectations in an intergovernmental arena: The national rural development partnership », *The Journal of Federalism*, vol. 26, n°2, pp. 59-81.

Ram, B. et Y.E. Shin, (1999) « Internal Migration of Immigrants », in S. Halli et L. Driedger (eds.), *Immigrant Canada: Demographic, Economic, and Social Challenges*, Presses de l'Université de Toronto, Toronto.

Rambeau, S. et K. Todd (2000), « Zones d'influence des régions métropolitaines de recensement et des agglomérations de recensement (ZIM) accompagnées de données du recensement », série de documents de travail de la géographie n°2000-1, 92F0138, Statistique Canada, Ottawa.

Ribichesi, C. et R. Shearmur (2008), *Les communautés mono-industrielles au Québec : portrait et analyse de vulnérabilité*, Institut national de la recherche scientifique (INRS), Montréal.

Rothwell, N. (2001), « Situation de l'emploi dans les régions rurales et petites villes du Canada : mise à jour jusqu'en 2000 », *Bulletin d'analyse – Régions rurales et petites villes du Canada*, vol. 3, n°4, Statistique Canada, numéro au catalogue : 21-006-XIF, Ottawa.

Rupnik, C., M. Thompson-James et R.D. Bollman (2001), « Évaluation du bien-être économique des Canadiens ruraux au moyen d'indicateurs de revenu », série de documents de travail sur l'agriculture et le milieu rural, document de travail n°45, 21-601-MIF01045, Statistique Canada, Ottawa.

Saint-Pierre, M.R. (2009), *Une nouvelle génération de programmes de soutien financier à l'agriculture. Pour répondre aux besoins actuels et soutenir l'entrepreneuriat*, Ministère du Conseil exécutif.

Salée, D. (1995), « Espace public, identité et nation au Québec : mythes et méprises du discours souverainiste », *Cahiers de recherche sociologique*, vol. 25, pp. 125-151.

Schultz, T.W. (1972) « The Increasing Economic Value of Human Time », *American Journal of Agricultural Economics*, vol. 54, n°5 (décembre), pp. 843-850.

Seymour, M. (2002), « Une nation indécisive qui ne nie pas ses origines », in Michel Venne, *Penser la nation québécoise*, Éditions Québec Amérique, Montréal, pp. 245-258.

Shaeffer P.V. et S. Loveridge (eds.) (2000), *Small Town and Rural Economic Development: A Case Study Approach*, Praeger Publications, Westport.

Sociétés d'aide au développement des collectivités en Ontario (2009), *Annual Review*, www.oacfdc.com/Downloads/General/Annual_Reveiw_2008_Final_Eng. pdf.

Sorensen, M. et J. De Peuter, (2005). « Profil du Canada rural : une analyse des données de recensement sur dix ans (1991-2001) », secrétariat rural à l'Agriculture et à l'agroalimentaire du Canada, Ottawa, pp. 1-96.

Sriram, M. S., (1999), « Financial Co-operatives for the New Millenium: A Chronographic Study of the Indian Financial Co-operatives and The Desjardins Movement, Quebec », document de travail, Indian Institute of Management.

SRQ (Solidarité rurale du Québec) (2006a), *Avis pour une nouvelle Politique nationale de la ruralité*, Solidarité rurale du Québec, Nicolet (Québec).

SRQ (2006b), « En quoi consiste une décentralisation démocratique ? », Vincent Lemieux, 14e Conférence nationale de Solidarité rurale du Québec, http://agora.qc.ca/colloque/solidariterurale.nsf/Conferences/En_quoi_co nsiste_une_decentralisation_democratique__Vincent_Lemieux.

Statistique Canada (1998), *Enquête sur les finances des consommateurs*, Ottawa.

Statistique Canada (2003), « Population totale selon la population des minorités visibles, recensement de 1996 », régions métropolitaines de recensement.

Statistique Canada (2007), *Dictionnaire du Recensement de 2006*, Statistique Canada, numéro au catalogue : 92-566-XWF, Ottawa.

Statistique Canada (2008), *Enquête sur la dynamique du travail et du revenu (EDTR)*, Ottawa.

St-Pierre, J. et C. Mathieu (2005), « The Competitiveness of SMEs: Obstacles and the Need for Outside Help », in I.D. Salavrakos, *From Small Firms to Multinationals: Industrial, Entrepreneurial, Managerial, Financial, Fiscal, Transaction Cost and Consumer Perspectives in the Era of Globalisation*, ATINER, Athènes, pp. 37-52.

TBS (Secrétariat du Conseil du Trésor du Canada) (n.d.), « Rapports sur les plans et les priorités (RPP), Agriculture et agroalimentaire Canada », *www.tbs-sct.gc.ca/rpp/2007-2008/aafc-aac/aafc-aac01-eng.asp*, consulté le 4 juin 2009.

Vatz-Laaroussi, M. et G. Bezzi (n.d.), « Les femmes réfugiées installées dans les milieux ruraux au Québec », présentation effectuée pour la Société d'habitation du Québec, *www.habitation.gouv.qc.ca/bibliotheque/entretiens_habitat/immigration_milieu_rural.pdf*.

Walisser, B., B. Mueller et C. McLean (2006), « The Resilient City », *Vancouver Working Group Discussion Paper*, Vancouver.

Wall, E. et T. Gordon, (1999), « Voluntary organizations in rural Canada: An education strategy », in B. Reimer, *Voluntary organizations in rural Canada: Final report*, Fondation canadienne pour la revitalisation rurale, Université de Concordia, Montréal, pp. 3.1-3.30.

Woehrling, J. (2001), « Les anciens et les modernes : une conciliation difficile au Québec », *Raisons politiques*, vol. 2, pp. 195-206.

Zahner, S.J., (2005), « Local Public Health System Partnerships », *Public Health Reports*, vol. 120, n°1, pp. 76-83.

ÉDITIONS OCDE, 2, rue André-Pascal, 75775 PARIS CEDEX 16
IMPRIMÉ EN FRANCE
(04 2010 03 2 P) ISBN 978-92-64-08216-8– n° 57387 2010